Die Digitalisierung der Patientenverfügung im Rettungsdienst

Europäische Hochschulschriften Recht

European University Studies in Law

Publications Universitaires Européennes de Droit

Band/Volume 6677

Christian A. Pleser

Die Digitalisierung der Patientenverfügung im Rettungsdienst

Ein denkbarer Lösungsansatz

PETER LANG

Bibliografische Information der Deutschen Nationalbibliothek
Die Deutsche Nationalbibliothek verzeichnet diese Publikation in der Deutschen Nationalbibliografie; detaillierte bibliografische Daten sind im Internet über http://dnb.d-nb.de abrufbar.

Zugl.: Bielefeld, Univ., Diss.,20.

Gedruckt auf alterungsbeständigem, säurefreiem Papier.
Druck und Bindung: CPI books GmbH, Leck

D 361
ISSN 0531-7312
ISBN 978-3-631-85358-0 (Print)
E-ISBN 978-3-631-86025-0 (E-PDF)
E-ISBN 978-3-631-86026-7 (EPUB)
E-ISBN 978-3-631-86027-4 (MOBI)
DOI 10.3726/b18702

Peter Lang – Berlin · Bern · Bruxelles · New York · Oxford · Warszawa · Wien

Diese Publikation wurde begutachtet.

www.peterlang.com

Für Mama, Papa,
Anna und Jan

„Zu der Angst vor dem eigenen Tod ist die Angst hinzugekommen, ohne Möglichkeit der Einflussnahme einem hoch technisierten und unpersönlichen Gesundheitsbetrieb ausgeliefert zu sein, in dem der Sieg über den Tod ungeachtet der Qualität des erhaltenen Lebens als Ziel definiert wird."

BT-Drs. 16/8442, S. 7.

Vorwort

Die vorliegende Arbeit entstand während meiner Zeit als wissenschaftlicher Mitarbeiter am Lehrstuhl für Öffentliches Recht, Staatslehre und Verfassungsgeschichte der Fakultät für Rechtswissenschaft der Universität Bielefeld. Sie lag dort im Herbst 2020 als Dissertation vor. Spätere Änderungen oder erschienene Literatur konnten nur noch vereinzelt berücksichtigt werden.

Mein Dank gilt meinem Doktorvater Herrn Prof. Dr. Christoph Gusy für seine ungebrochene Hilfsbereitschaft sowie stets wertvollen Anregungen und Hinweise. Herrn Prof. Dr. Fritz Jost danke ich für das zügige Erstellen des Zweitgutachtens. Bedanken möchte ich mich ebenfalls bei Frau Prof.'in Dr. Angelika Siehr, LL.M. (Yale) für ihre Mitwirkung in der Prüfungskommission.

Nicht versäumen möchte ich meinen ehemaligen Kolleginnen und Kollegen vom Lehrstuhl meines Doktorvaters zu danken; allen voran Herrn Jonas Blaszkowski. Er war mir eine überaus wertvolle Hilfe in der redaktionellen Fertigstellung dieser Arbeit. Danken möchte ich zudem Herrn Dr. Jan-Peter Möhle, der sich fortwährend den Sorgen und Nöten aus dem Nachbarbüro annahm sowie angeregt mit mir diskutierte.

Dank gebührt auch meinen Wegbegleiterinnen und Wegbegleitern; Kriemhild Ottensmeier, Sebastian Rasche, Dr. Oliver Nißing und Dominik Take für unzählige hilfreiche Vorschläge, aufmunternde Worte, gemeinsame Mensagänge und Kaffeerunden, die mir in Erinnerung bleiben werden.

Dass diese Arbeit erfolgreich abgeschlossen werden konnte, verdanke ich zum guten Schluss meiner Familie. Meinen Eltern und meinen Geschwistern danke ich für ihr beständiges Vertrauen in mich und ihre unermüdliche Unterstützung sowie ihr stets offenes Ohr.

Zuletzt möchte ich Kristina danken. Ohne ihre Geduld und ihren Rückhalt wäre diese Arbeit nicht möglich gewesen.

Bielefeld, im April 2021
Christian A. Pleser

Inhaltsverzeichnis

Vorwort ... 7

Abkürzungsverzeichnis ... 17

Einführung ... 23

Hauptteil ... 31

Teil 1 - Grundlagen und Begriffsbestimmungen ... 33

A. Selbstbestimmungsrecht im Rettungsdienst ... 34
I. Verfassungsrechtliche Grundlagen der Selbstbestimmung ... 34
1. Art. 1 Abs. 1 GG ... 35
2. Art. 2 Abs. 2 GG ... 38
3. Art. 2 Abs. 1 GG i.V.m. Art. 1 Abs. 1 GG ... 43
4. Art. 2 Abs. 1 GG ... 45
5. Sonstige Einflussfaktoren der Selbstbestimmung ... 46
6. Zwischenergebnis ... 47
II. Grenzen der Selbstbestimmung im Rettungsdienst ... 48
1. Tatsächliche Grenzen ... 48
2. Rechtliche Grenzen ... 49
3. Zwischenergebnis ... 51
III. Folgen der Selbstbestimmung ... 51
1. Medizinische Indikation einer Behandlung ... 51
2. Aufklärung des Patienten ... 53
3. Einwilligung des Patienten ... 54
4. Mutmaßliche Einwilligung und Behandlungsaufnahme ... 55
5. Kunstgerechte Ausführung der Behandlung ... 58
6. Zwischenergebnis ... 60

IV. Zwischenergebnis 60

B. Patientenverfügung als einfachgesetzliche Konkretisierung der Selbstbestimmung 61

I. Einfachgesetzliche Grundlage und Voraussetzungen 61

1. Allgemeines 61
2. Rechtsnatur 63
3. Bestimmtheit 65
4. Widerruf 67
5. Betreuer 67
6. Reichweite der Patientenverfügung 68

II. Abgrenzung zur Vorsorgevollmacht, Betreuungsverfügung und Behandlungswünschen 68

III. Zwischenergebnis 69

C. Rettungsdienst 70

I. Aufgabe und Organisation 70

II. Personal im Rettungsdienst 72

1. Ärztliches Personal im Rettungsdienst 73
2. Nichtärztliches Rettungsdienstpersonal 74

a. Notfallsanitäter 74
b. Rettungsassistenten 78
c. Rettungssanitäter und Rettungshelfer 79

3. Einschub: Ersthelfer 80

III. Der reanimationspflichtige Notfallpatient 81

IV. Einsatzorganisation 83

V. Einsatzorte des Rettungsdienstes 87

VI. Zusammenfassung 89

D. Zwischenergebnis 89

Teil 2 – Rechtliche Bindung – Zugriff/Mitwirkung – praktische Umsetzung 91

A. Rechtliche Bindung des Rettungsdienstes an Patientenverfügungen 91

I. Generelle rechtliche Bindung des Rettungsdienstes an Patientenverfügungen 92
1. Dauerhafte Einwilligungsunfähigkeit als Bindungsvoraussetzung 93
2. Kein Widerruf der Patientenverfügung als Bindungsvoraussetzung 96
3. Dialogischer Prozess zwischen Rettungsdienst und Betreuer als Bindungsvoraussetzung 98
4. Zeitspanne als Bindungshindernis 101
5. Eröffnung des Anwendungsbereichs durch medizinisches Eingreifen? 102
6. Zwischenergebnis 105
II. Personelle rechtliche Bindung an Patientenverfügungen im Rettungsdienst 105
1. Bindung des Notarztes 105
2. Bindung des nichtärztlichen Rettungsdienstpersonals 106
3. Einschub: Bindung des Ersthelfers 110
4. Zwischenergebnis 112
B. Rettungsmedizinischer Zugriff auf Patientenverfügungen: Mitwirkungshandlungen der Beteiligten 112
I. Mitwirkung des Patienten 113
II. Mitwirkung des Rettungsdienstes 116
1. Such- bzw. Frageverpflichtung bei Anhaltspunkten 117
2. Such- bzw. Frageverpflichtung ohne Anhaltspunkte? 119
3. Such- bzw. Frageverpflichtung nach elektronischer Gesundheitskarte? 122
a. Elektronische Gesundheitskarte 123
b. Zugriffskonzept auf Daten der elektronischen Gesundheitskarte 128
c. Vorbehalt 133
d. Zwischenfazit 134
4. Zwischenergebnis 134
III. Fallgruppenorientierte Mitwirkungsanforderungen an Notfallpatienten und Rettungsdienst je nach Einsatzort 135

1. Betreuungseinrichtung ... 136
2. Häusliches Umfeld ... 137
3. Öffentlichkeit ... 138
IV. Zwischenergebnis ... 139
V. Inhalt einer Patientenverfügung im Rettungsdienst und Mitwirkungshandlungen der Beteiligten ... 139
1. Formulierungsverantwortung des Patienten ... 139
2. Inhalt einer Patientenverfügung im Rettungsdienst ... 142
3. Feststellung der Adressatenstellung ... 144
C. Praktische Umsetzung der Patientenverfügung im Rettungsdienst .. 145
I. Umsetzung durch den Notarzt ... 146
II. Umsetzung durch den nichtärztlichen Rettungsdienst ... 147
1. Alleinige notärztliche Umsetzungsbefugnis ... 148
2. Umsetzungsbefugnis des nichtärztlichen Rettungsdienstes ... 150
3. Eigene Bewertung einer nichtärztlichen Umsetzungsbefugnis ... 151
4. Zwischenergebnis ... 159
III. Einzelfragen zur Umsetzung einer Patientenverfügung ... 159
1. Sterbeprozess ... 160
2. Besondere Einsatzlagen ... 161
3. Entgegenstehende Vorgaben des Ärztlichen Leiters Rettungsdienst? ... 161
4. Einschub: Umsetzung einer Patientenverfügung durch einen Ersthelfer? ... 162
D. Zwischenergebnis ... 163

Teil 3 – Analyse der derzeitigen Praxisanwendung von Patientenverfügungen im Rettungsdienst ... 165

A. Tatsächliche Möglichkeit der Umsetzung einer Patientenverfügung unter rettungsmedizinischen Gegebenheiten ... 165
I. Ist-Zustand ... 165
II. Soll-Zustand ... 168
III. Zwischenfazit ... 169

B. Abhilfe durch bereits existierende Lösungsansätze? 169
I. Notfallbögen 170
II. Sonstige Abhilfemöglichkeiten 174
III. Zwischenergebnis 179
C. Bewertung der tatsächlichen Möglichkeit der Umsetzung einer Patientenverfügung im Rettungsdienst und rechtliche Relevanz 180
I. Bewertung des Tatsächlichen 180
II. Rechtliche Relevanz der tatsächlichen Einflussfaktoren 184
D. Zwischenergebnis 189

Teil 4 – Register digitalisierter Patientenverfügungen für den Rettungsdienst 191

A. Elektronisches Patientenverfügungsregister 193
I. Ansatzpunkte 194
II. Stellungnahme 195
B. Konzeption eines elektronischen Patientenverfügungsregisters 198
I. Ausgangspunkt: Register für Erklärungen zur Organ- und Gewebespende 198
II. Konzeptvorschlag eines Patientenverfügungsregisters 201
III. Zusammenfassung 206
C. Realisierbarkeit eines Patientenverfügungsregisters 207
I. Technische Realisierbarkeit 207
1. Telematikinfrastruktur 208
2. Elektronische Gesundheitskarte 211
3. Erweiterung der Telematikinfrastruktur um ein Patientenverfügungsregister 212
4. Zwischenergebnis 214
II. Rechtliche Realisierbarkeit eines Patientenverfügungsregisters 214
1. Wahrung verfassungsrechtlicher Vorgaben 214
2. Wahrung einfachgesetzlicher Vorgaben 215
a. Einwilligung 216
b. Schriftform 216

c. Bestimmtheit 220
d. Widerruf 221
e. Zwischenergebnis 224
3. Wahrung datenschutzrechtlicher Vorgaben 225
a. Datenschutzrechtliche Verantwortlichkeit 226
b. Einwilligung 230
c. Datenschutzrechtliche Betroffenenrechte 234
(1) Widerruf 234
(2) Einschränkung des Datenzugriffs 236
(3) Löschung und Vernichtung 237
(5) Zwischenergebnis 239
d. Datensicherheit 239
4. Weitere datenschutzrechtliche Vorgaben 243
5. Zwischenergebnis 244

D. Praxisgerechter Zugriff auf ein Patientenverfügungsregister 244
I. Registerzugriff durch die Rettungsleitstelle 245
II. Registerzugriff durch den Rettungsdienst 249
1. Notfallrelevante Funktionen der elektronischen Gesundheitskarte 249
2. Anwendungserweiterung der elektronischen Gesundheitskarte 250
a. Technische Anwendungserweiterung 250
b. Rechtliche Anwendungserweiterung 251
3. Praxistauglichkeit eines Registerzugriffs über die elektronische Gesundheitskarte 253
4. Zuordnung 258
5. Zwischenergebnis 259
III. Technisches Störungspotential 259
1. Konzeptionsspezifizierung 260
2. Realisierbarkeit 261
a. Rechtliche Realisierbarkeit 262
b. Praktische Realisierbarkeit 263
IV. Zwischenergebnis 265

E. Ergebnis 267

Schlussbetrachtung 269

A. Ergebnisse 269

B. Limitationen 275

C. Ausblick 276

Literaturverzeichnis 279

Abkürzungsverzeichnis

a.A.	andere Ansicht
Abs.	Absatz
AcP	Archiv für die civilistische Praxis
ACP	Advance Care Planning
AED	automatisierter externer Defibrillator
AEUV	Vertrag über die Arbeitsweise der Europäischen Union
a.F.	alte Fassung
AG	Amtsgericht
AI	Anästhesiologie & Intensivmedizin
AINS	Fachzeitschrift für Anästhesiologie, Intensiv-, Notfall- und Schmerzmedizin
Alt.	Alternative
Anaesthesist	Der Anaesthesist – Zeitschrift für Anästhesie, Intensivmedizin, Notfall- und Katastrophenmedizin, Schmerztherapie
AöR	Archiv des öffentlichen Rechts
ARSP	Archiv für Rechts- und Sozialphilosophie
Art.	Artikel
Aufl.	Auflage
BÄK	Bundesärztekammer
BASt	Bundesanstalt für Straßenwesen
BayRDG	Bayerisches Rettungsdienstgesetz
BbgRettG	Brandenburgisches Rettungsdienstgesetz
BDSG	Bundesdatenschutzgesetz
BeckOGK	beck-online Grosskommentar
BeckOK	Beck`sche Online-Kommentare
Begr.	Begründer
BGB	Bürgerliches Gesetzbuch
BGBl.	Bundesgesetzblatt
BGH	Bundesgerichtshof
BGHSt	Entscheidungen des Bundesgerichtshofes in Strafsachen
BGHZ	Entscheidungen des Bundesgerichtshofes in Zivilsachen
BMG	Bundesministerium für Gesundheit
BNotO	Bundesnotarordnung
BR-Drs.	Drucksachen des Deutschen Bundesrats
BremHilfeG	Bremisches Hilfeleistungsgesetz

BSI	Bundesamt für Sicherheit in der Informationstechnik
bspw.	beispielsweise
BT-Drs.	Drucksachen des Deutschen Bundestages
BVerfG	Bundesverfassungsgericht
BVerfGE	Entscheidungen der amtlichen Sammlung des Bundesverfassungsgerichts
BVerwG	Bundesverwaltungsgericht
BVerwGE	Entscheidungen des Bundesverwaltungsgerichts
BZRG	Bundeszentralregistergesetz
bzw.	beziehungsweise
DÄBl	Deutsches Ärzteblatt
ders.	derselbe
d.h.	das heißt
dies.	dieselbe(n)
DIMIDI	Deutsches Institut für Medizinische Dokumentation und Information
DIN	Deutsches Institut für Normung
DMW	Deutsche Medizinische Wochenschrift
DNotZ	Deutsche Notar-Zeitschrift
DÖV	Die Öffentliche Verwaltung
DSGVO	Verordnung (EU) 2016/679 des europäischen Parlaments und des Rates vom 27. April 2016 zum Schutz natürlicher Personen bei der Verarbeitung personenbezogener Daten, zum freien Datenverkehr und zur Aufhebung der Richtlinie 95/46/EG (Datenschutz-Grundverordnung)
DuD	Datenschutz und Datensicherheit
Einl.	Einleitung
ErwG	Erwägungsgrund
et al.	et alii; und andere
f.	folgende (Einzahl)
FamRZ	Zeitschrift für das gesamte Familienrecht
ff.	folgende (Mehrzahl)
Fn.	Fußnote
FPR	Familie Partnerschaft Recht
gematik	Gesellschaft für Telematik
gen.	genannt
GesR	Zeitschrift für Gesundheitsrecht
GesW	Das Gesundheitswesen
GG	Grundgesetz

GRCh	Charta der Grundrechte der Europäischen Union
GS	Gedächtnisschrift
GuP	Gesundheit und Pflege
HeilPrG	Heilpraktikergesetz
HdArztR	Handbuch des Arztrechts
HdRW	Handbuch des Rettungswesens
HGB	Handelsgesetzbuch
HK	Handkommentar
HmbRDG	Hamburgisches Rettungsdienstgesetz
HRDG	Hessisches Rettungsdienstgesetz
Hrsg.	Herausgeber
i.d.R.	in der Regel
ILCOR	International Liaison Committee on Resuscitation
Int.	International
Intensiv	intensiv – Fachzeitschrift für Intensivpflege und Anästhesie
Int Med	Intensivmedizin und Notfallmedizin
IRegG	Implantateregistergesetz
i.S.d.	im Sinne des/r
i.S.e.	im Sinne eines/r
IT	Informationstechnik
i.V.m.	in Verbindung mit
i.w.S.	im weiteren Sinne
JA	Juristische Arbeitsblätter
Jhg.	Jahrgang
jM	juris – Die Monatszeitschrift
JuS	Juristische Schulung
JZ	Juristen Zeitung
Kap.	Kapitel
KommJur	Kommunaljurist
lit.	littera; Buchstabe
LG	Landgericht
m. Anm.	mit Anmerkung
MBO-Ä	Musterberufsordnung-Ärzte
Med Klinik	Medizinische Klinik – Intensivmedizin und Notfallmedizin
MedR	Medizinrecht
medstra	Zeitschrift für Medizinstrafrecht
MDR	Monatsschrift für Deutsches Recht
MittBayNot	Mitteilungen des Bayerischen Notarvereins, der Notarkasse und der Landesnotarkammer Bayern

MüKo	Münchener Kommentar
MWBO	Muster-Weiterbildungsordnung
m.w.N.	mit weiteren Nachweisen
n.F.	neue Fassung
NFDM	Notfalldatenmanagement
NJ	Neue Justiz
NJW	Neue Juristische Wochenschrift
NJW-RR	Neue Juristische Wochenschrift Rechtsprechungs-Report
Notarzt	Der Notarzt – The German Journal of Emergency Physicians
N+R	Notfall + Rettungsmedizin – Zeitschrift für präklinische und innerklinische Notfallmedizin
NotSan-AprV	Ausbildungs- und Prüfungsverordnung für Notfallsanitäterinnen und Notfallsanitäter
NotSan heute	Notfallsanitäter Heute
NotSanG	Notfallsanitätergesetz
Nr.	Nummer
NRettDG	Niedersächsisches Rettungsdienstgesetz
NZS	Neue Zeitschrift für Sozialrecht
NZV	Neue Zeitschrift für Verkehrsrecht
OLG	Oberlandesgericht
Palliativmed	Zeitschrift für Palliativmedizin
PatVG	Österreichisches Bundesgesetz über Patientenverfügungen (Patientenverfügungs-Gesetz)
PDSG	Patientendaten-Schutzgesetz
RD	Rettungsdienst: Zeitschrift für präklinische Notfallmedizin
RDG-B	Rettungsdienstgesetz Berlin
RDG-BW	Rettungsdienstgesetz Baden-Württemberg
RDG LSA	Rettungsdienstgesetz des Landes Sachsen-Anhalt
RDG M-V	Rettungsdienstgesetz Mecklenburg-Vorpommern
RettAPO NRW	Ausbildungs- und Prüfungsverordnung für Rettungssanitäterinnen und Rettungssanitäter sowie Rettungshelferinnen und Rettungshelfer Nordrhein-Westfalen
RettAssG	Rettungsassistentengesetz
RettDG RPF	Rettungsdienstgesetz Rheinland-Pfalz
retten	retten! – Das Fachmagazin für den Rettungsdienst
RettG NRW	Rettungsgesetz Nordrhein-Westfalen
RGSt	Entscheidungen des Reichsgerichts in Strafsachen
Rn.	Randnummer

S.	Satz/Seite/siehe
SächsLRettDPVO	Sächsische Landesrettungsdienstplanverordnung
SächsRettDG	Sächsisches Rettungsdienstgesetz
SaRegG	Samenspenderregistergesetz
SGb	Die Sozialgerichtsbarkeit – Zeitschrift für das aktuelle Sozialrecht
SGB V	Sozialgesetzbuch Fünftes Buch – Gesetzliche Krankenversicherung
SHRDG	Schleswig-Holsteinisches Rettungsdienstgesetz
sog.	sogenannte
SRettG	Saarländisches Rettungsdienstgesetz
StA	Staatsanwaltschaft
StGB	Strafgesetzbuch
str.	strittig
ThürRettG	Thüringer Rettungsdienstgesetz
TI	Telematikinfrastruktur
TPG	Transplantationsgesetz
TR	Technische Richtlinie
u.a.	unter anderem
Urt.	Urteil
UVB	Unfallverhütungsbericht
v.	vom/von
Var.	Variante
Vers.	Version
VersR	Zeitschrift für Versicherungsrecht, Haftungs- und Schadensrecht
Vgl.	vergleiche
Vor.	Vorbemerkungen
VuR	Verbraucher und Recht
WD	Wissenschaftliche Dienste des Deutschen Bundestages
z.B.	zum Beispiel
ZEFQ	Zeitschrift für Evidenz, Fortbildung und Qualität im Gesundheitswesen
ZEKO	Zentrale Ethikkommission
ZFA	Zeitschrift für Allgemeinmedizin
zit.	zitiert
ZME	Zeitschrift für Medizinische Ethik
ZMGR	Zeitschrift für das gesamte Medizin- und Gesundheitsrecht

ZPhF	Zeitschrift für philosophische Forschung
ZRP	Zeitschrift für Rechtspolitik

Einführung

Um sich anschaulich den Rechtsfragen dieser Arbeit im Zusammenhang mit einer Patientenverfügung im Rettungsdienst zu nähern, soll zunächst ein erdachtes, aber typisches Einsatzszenario vorangestellt werden, dem sich Mitarbeiter[1] des Rettungsdienstes so ausgesetzt sehen können:

> *Mit dem Einsatzstichwort „Herz-Kreislauf-Stillstand“*[2] *wird ein Rettungswagen zu einer Wohnung gerufen. Parallel wird ein Notarzt alarmiert. Ersteintreffendes Fahrzeug ist nach wenigen Minuten der Rettungswagen, dessen Besatzung am Einsatzort auf einen reglos am Boden liegenden, bewusstlosen Notfallpatienten trifft. Ein lebensbedrohlicher Sauerstoffmangel des Notfallpatienten zeigt sich den nichtärztlichen Einsatzkräften bereits unmittelbar in dessen blass-bläulichem Hautkolorit. Die emotional aufgewühlten, anwesenden Angehörigen geben an, dass der Notfallpatient plötzlich kollabiert sei. Daraufhin habe man vor etwa zehn Minuten zügig den Notruf gewählt, aber sonst nichts weiter unternommen, da man „nichts falsch machen wollte“. Die Rettungswagenbesatzung stellt eine fehlende Atmung sowie keinen tastbaren Puls beim Notfallpatienten fest und beginnt mit den angezeigten und standardisiert vorgegebenen Wiederbelebungsmaßnahmen.*[3] *Dafür werden zunächst die Atemwege gesichert und der Notfallpatient beatmet. Diese Maßnahmen binden einen der nichtärztlichen Mitarbeiter, der zu Beginn der Rettungsmaßnahmen auch die Herzdruckmassage übergebeugt aus Richtung des Kopfes des Notfallpatienten durchführt. Nebenbei wird versucht, weitere Informationen, etwa zu Vorerkrankungen und Medikamenteneinnahmen des Notfallpatienten, von den anwesenden Angehörigen zu erfahren.*[4] *Ein Grund des Kollabierens kann nicht in Erfahrung gebracht werden. Auch werden etwa ein intravenöser Zugang sowie reanimationswirksame Medikamente*

---

1 Hier und im weiteren Verlauf der Arbeit wird stets die männliche Form in einem allgemeingültigen Sinne gebraucht und soll alle Geschlechter in gleichem Maße abbilden.

2 Der Herz-Kreislauf-Stillstand ist ein gängiges und dringliches Szenario, mit dem sich ärztliche und nichtärztliche Einsatzkräfte der rettungsmedizinischen Berufe regelmäßig konfrontiert sehen. Jährlich erleiden bundesweit zwischen 50.000-100.000 Menschen einen Herz-Kreislauf-Stillstand außerhalb einer Klinik. Die Überlebenschancen (sog. Outcome) sind trotz des flächendeckenden Rettungsdienstes gering. Hierzu siehe bspw. *Adler*, et al., Anaesthesist 2018, 343 (343); *Bürger*, et al., DÄBl Int. 2018, 541 (547); *Fischer*, et al., AI 2020, V89 (V92).

3 Zum empfohlenen Vorgehen in Reanimationssituationen siehe *Deutscher Rat für Wiederbelebung*, S. 43 ff. (Basismaßnahmen für Erwachsene); S. 83 ff. (erweiterte Reanimationsmaßnahmen für Erwachsene); S. 180 ff. (lebensrettende Maßnahmen bei Kindern); S. 234 ff. (Reanimation von Neugeborenen). Vgl. etwa auch *ILCOR*, Resuscitation 2017, 201 ff.

4 Vgl. hierzu *Salomon*, Pflegezeitschrift 2018, 18 (19).

vorbereitet. Der weitere anwesende Rettungsdienstmitarbeiter zerschneidet gleichzeitig die Kleidungsstücke am Oberkörper des Notfallpatienten, um Elektroden für eine Ableitung der Herzfunktionen anbringen zu können, die auch für eine Defibrillation geeignet sind.[5] *Nach entsprechender Anlage wird die Herzdruckmassage kurz unterbrochen, um die abgeleiteten Herzfunktionen auswerten zu können. Auf dem Bildschirm des Elektrokardiogramms (EKG) zeigen sich keine wahrnehmbaren Aktivitäten des Herzens. Nunmehr wird die Herzdruckmassage vom nicht beatmenden Rettungsdienstmitarbeiter übernommen, sodass sie seitlich vom Notfallpatienten und damit effektiver ausgeführt werden kann. Für alle Anwesenden wahrnehmbar erleidet der Notfallpatient durch die fortgesetzte Herzdruckmassage mehrere Frakturen der Rippen.*[6] *Die Angehörigen sind weiterhin aufgeregt und mit der Situation überfordert. Nun treffen – nach kurzer Anfahrt im städtischen Einsatzgebiet – der Notarzt und dessen Fahrer ein, denen die Lage geschildert wird. Der Notarzt übernimmt an der Kopfposition die Atemwegssicherung sowie das Sauerstoffmanagement beim Notfallpatienten und delegiert weitere Behandlungsmaßnahmen. Insbesondere werden zusätzliche Vitalparameter erhoben. Es wird versucht, das Überleben des Notfallpatienten zu sichern und dessen akut lebensbedrohliche Situation beherrschbar zu machen. Die Herzdruckmassage wird dafür kontinuierlich fortgesetzt. In der weiteren Befragung der Angehörigen kommt nun heraus, dass der Notfallpatient eine Patientenverfügung erstellt habe. Die Angehörigen kennen aber weder den Inhalt der Verfügung noch wissen sie, wo diese genau aufbewahrt wird. Man wisse nur, dass die Patientenverfügung wohl abgeheftet in einem Ordner im Büro verwahrt würde. Allerdings sind die Angehörigen der Meinung, dass der Notfallpatient in jedem Fall wiederbelebt werden wolle. Ohne nähere Kenntnis des Patientenwillens wird daraufhin der Transport des Notfallpatienten vorbereitet, wobei alle Rettungsdienstmitarbeiter mit der Patientenbetreuung gebunden sind. Die Angehörigen werden gebeten, nach der Patientenverfügung zu suchen, was auch erfolgreich gelingt. Dem Notarzt wird ein mehrseitiger Verfügungstext ausgehändigt. Aufgrund des medizinisch instabilen Zustandes des Notfallpatienten ergibt sich allerdings kein hinreichendes Zeitfenster, um diesem die Patientenverfügung konkret zuzuordnen oder aber inhaltlich zu prüfen. Es wird lediglich vage wahrgenommen, dass in einem Fließtext lebenserhaltende Maßnahmen erwähnt sind und wohl abgelehnt werden. Unter den laufenden Reanimationsmaßnahmen wird daher der zwischenzeitlich vorbereitete Transport weiter durchgeführt, da die Erfolgsprognose eines Überlebens des Notfallpatienten durch den Notarzt als nicht völlig aussichtslos eingeschätzt wird. Die Übergabe des*

---

5 Siehe zu den jeweiligen Aufgabenbereichen – je nachdem, ob es sich um einen Rettungsdienstmitarbeiter auf der „Kopfposition“ oder der „Seitenposition“ am Notfallpatienten handelt – bspw. die Behandlungspfade und Standardanweisungen im Rettungsdienst für NRW, Stand November 2019, S. 71 ff.; abrufbar unter https:// www.mags.nrw/sites/default/files/asset/document/bpr_saa_2020.pdf (zuletzt abgerufen am 05.09.2020).

6 Mit einer korrekt durchgeführten Herzdruckmassage gehen stumpfe Thoraxtraumata einher, sodass Rippenserienbrüche regelmäßige Begleitverletzungen eines Wiederbelebungsversuchs darstellen, *Buschmann*, et al., Anaesthesist 2016, 601 (602).

Notfallpatienten erfolgt in die nächstgelegene Notaufnahme. Bei Übergabe verfügt er über einen noch präklinisch wiedergekehrten Spontankreislauf und wird weiterhin beatmet. Die Zeit vom Eintreffen des ersten Rettungsmittels beim Notfallpatienten bis zur Übergabe im Krankenhaus beläuft sich insgesamt auf weniger als 60 Minuten.

Dieser geschilderte Rettungsdiensteinsatz zeigt, dass tatsächlich präklinisch viel und vor allem Vieles parallel geschieht, um den bereits eingesetzten Sterbeprozess des reanimationspflichtigen[7] Notfallpatienten aufzuhalten.[8] Dabei ist der konkrete Notfallpatient ersichtlich nicht mehr in der Lage, aktiv am Einsatzgeschehen mitzuwirken. Er ist vielmehr auf die Kommunikation mit dem Rettungsdienst einerseits über die anwesenden Angehörigen angewiesen, die aber in der für sie besonderen Ausnahmesituation nur bedingt Auskünfte geben können, oder aber andererseits über seine Patientenverfügung, die jedoch nicht unmittelbar greifbar und auch beim späteren Zugriff nicht berücksichtigt werden kann. Darüber hinaus werden die ersteintreffenden, nichtärztlichen Rettungsdienstmitarbeiter ohne Umschweife mit den angezeigten Wiederbelebungsmaßnahmen gebunden. Die eingangs bestehende personelle Knappheit relativiert sich etwas mit dem Eintreffen des Notarzteinsatzfahrzeugs und dessen Besatzung. Aber auch mit nun regelmäßig vier professionellen Helfern vor Ort ist allerhand an medizinischen Maßnahmen durchzuführen bzw. vorzubereiten, wie etwa der Transport des Notfallpatienten. Insgesamt steht in dem beschriebenen Geschehen die Lebensrettung klar im Vordergrund. Das zügige Handeln und eine Dichte an schnell zu treffenden Entscheidungen sowie die parallele Durchführung von Rettungsmaßnahmen prägen den geschilderten Einsatzverlauf. Daneben wird versucht, Informationen zum konkreten Notfallpatienten zu sammeln. Dabei erfuhr im beschriebenen Szenario die geteilte Information und Aushändigung der Patientenverfügung des Notfallpatienten kaum Relevanz. Obwohl mit deren Hilfe ein Patient Einfluss auf bestimmte, zum Zeitpunkt der Erstellung des Verfügungstextes noch nicht unmittelbar bevorstehende, medizinische Behandlungsmaßnahmen nehmen können soll (§ 1901a Abs. 1, Abs. 3

---

7 Der Begriff wird im Rahmen dieser Arbeit nicht rein rechtlich i.S.e. Rechtspflicht des reanimieren Müssens verstanden. Vielmehr wird ein medizinisch angelehntes Begriffsverständnis i.S.e. Reanimationsbedürfnisses zu Grunde gelegt, um Leben erhalten zu können.

8 Dabei ist der einführende Beispielsfall bereits an Brisanz entschärft. Er lässt sich durch beliebige Eventualitäten erweitern, etwa insoweit das keine auskunftsfähigen Angehörigen anwesend sind oder aber sich der Einsatzort nicht im häuslichen Umfeld, sondern in der Öffentlichkeit befindet (Supermarkt, Arbeitsplatz, etc.), sodass eine existierende Patientenverfügung nicht greifbar ist.

BGB), blieb die Patientenverfügung schlussendlich unberücksichtigt. Die Nichtberücksichtigung der Patientenverfügung hatte mehrere, vornehmlich praktische Gründe: Zum einen ermöglichten die situativen Gegebenheiten es erst, im Verlauf des Einsatzgeschehens einen Zugriff auf die Patientenverfügung zu erreichen. Zum anderen handelte es sich um einen umfangreichen Verfügungstext, der innerhalb des zeitkritischen Geschehens weder zugeordnet noch inhaltlich erfasst werden konnte. Typischerweise enthalten Patientenverfügungen aber einen Passus, der sich mit Fragen einer Wiederbelebung befasst.[9] Aus rechtlicher Sicht besteht hiermit für den Notfallpatienten die Möglichkeit mit Hilfe einer Patientenverfügung, sich ganz bewusst gegen potentiell lebensrettende Wiederbelebungsmaßnahmen – auch durch den Rettungsdienst – zu entscheiden. Allerdings ist der Rettungsdienst, wie gesehen, wiederum generell bestrebt, mit der initialen Einleitung einer indizierten Herz-Lungen-Wiederbelebung das Leben des Notfallpatienten zu erhalten. Dabei wird im Wettlauf gegen die Zeit die Beendigung des Atem- und Kreislaufstillstandes beabsichtigt. Ein solches Vorgehen erscheint auf den ersten Blick auch in keiner Weise verwerflich. Ein ursprünglich reanimationspflichtiger Notfallpatient erleidet jedoch – bei einem Überleben nach Wiederherstellung der Herz-Kreislauf-Funktionen – nur im Optimalfall keine weiteren Schäden, insbesondere keine sauerstoffmangelinduzierten Folgeschäden des Gehirns. Nicht außer Acht gelassen werden darf daher, inwieweit präklinische Wiederbelebungsbemühungen sekundär zu Einschränkungen des Lebens trotz einer „erfolgreichen" Reanimation führen können.[10] Eine geglückte Wiederherstellung der Herz-Kreislauf-Funktionen bildet lediglich das „Ob" des Überlebens des Notfallpatienten ab.[11] Das „Wie" dieses Lebens kann hingegen schwerstpflegebedürftig sein.[12] Überlebt ein Notfallpatient einen Stillstand der lebenswichtigen Vitalfunktionen, sind aufgrund von Sauerstoffmangel (massive) neurologische Einschränkungen nicht auszuschließen, sodass sich der Patient etwa dauerhaft in einem Zustand „zwischen Koma

---

9 Vgl. *in der Schmitten/Rixen/Marckmann*, in: Coors/Jox/in der Schmitten, S. 293; vgl. auch *Schneider*, in: MüKo/BGB, § 1901a, Rn. 25: „Darin liegt in der Regel der eigentliche Sinn der Patientenverfügung, die auf die Vermeidung sinnlosen Leidens durch die technischen Möglichkeiten der modernen Medizin ausgerichtet zu sein pflegt."

10 Vgl. *Salomon*, N+R 2018, 199 (199).

11 *Salomon*, N+R 2018, 199 (199) spricht bei der Wiedererlangung der Herz-Kreislauf-Funktionen als lediglich dem ersten „Teilziel".

12 *Ruhs*, RD 2005, 94 (95); *Sternberg-Lieben*, MedR 2017, 42 (43).

und Wachheit“[13] befinden kann, dem sog. Wachkoma. Dies soll eine kurze Fallfortsetzung des oben beschriebenen Einsatzgeschehens illustrieren:

> *Trotz der wiedergekehrten Herz-Kreislauf-Funktion wird nach längerer, intensivmedizinischer Behandlung der nunmehr bettlägerige ehemalige Notfallpatient in ein Pflegeheim überführt. Mangels eindeutig bestimmter Behandlungsentscheidungen in der präklinisch aufgefundenen Patientenverfügung konnte diese auch in der Klinik nicht berücksichtigt werden. Aufgrund der Sauerstoffunterversorgung des Gehirns während des Herz-Kreislauf-Stillstandes trägt der Patient fortan schwere neurologische Einschränkungen mit sich, ist auf eine kontinuierliche Beatmung angewiesen sowie eine Flüssigkeits- und Nahrungszufuhr über eine Sonde. Eine Kommunikation oder Interaktion ist nicht möglich. Ohne maschinelle Unterstützung in Atmung und Ernährung sowie einer externen pflegerischen Versorgung würde der Patient zeitnah versterben. Die Angehörigen sind sich sicher, dass der Patient niemals so habe „leben“ wollen.*

Mit den so ergänzten Folgen der „erfolgreichen“ Reanimation zeigt sich im Beispielsfall, dass – obwohl ein Notfallpatient eine Patientenverfügung erstellen kann, um nicht Gefahr zu laufen als Pflegefall den eigenen Alltag dauerhaft nicht mehr bewältigen, geschweige denn überhaupt wahrnehmen zu können – die Situation eintreten kann, die unbedingt mithilfe einer Patientenverfügung vermieden werden sollte.[14] Dieser Unsicherheit kann sich der Ersteller einer

---

13 *Pschyrembel*, Stichwort: Vegetativer Status; siehe auch *Mohr/Gerth/Janssens*, N+R 2017, 602 (607).

14 Hierzu sei direkt gesagt, dass die in der Fallfortsetzung beschriebene Situation nicht stets als Folge einer Wiederbelebung eintritt. Aufgrund der reellen Chancen, einen Herz-Kreislauf-Stillstand auch ohne Folgeschäden zu überleben, werden überhaupt erst Wiederbelebungsmaßnahmen unternommen. Denkbar ist, dass ein ursprünglich reanimationspflichtiger Notfallpatient ohne oder nur mit geringen körperlichen und geistigen Einschränkungen überlebt. Der präklinische Herz-Kreislauf-Stillstand wird allerdings generell lediglich in 5-10% überlebt (*Adler*, et al., Anaesthesist 2018, 343 (343) m.w.N.; *Fischer*, et al., AI 2020, V89 (V92)). Ein schneller Transport unter laufenden Reanimationsbemühungen hat dabei einen positiven Effekt auf die Überlebensrate, ist jedoch von vielen weiteren Faktoren, wie dem Alter, einem beobachteten Herz-Kreislauf-Stillstand und einem defilierbaren Herzrhythmus abhängig, hierzu *Adler*, et al., Anaesthesist 2018, 343 ff.; *Roedl*, et al., Resuscitation 2018, 6 ff.; *Salomon*, Pflegezeitschrift 2018, 18 (20). Maßgeblich sind ebenfalls die Leistungsstärke des konkreten Rettungsdienstes und die Dauer der Eintreffzeit bis zum Einsatzort (*Adler*, et al., Anaesthesist 2018, 343 (347); *Bürger*, et al., DÄBl Int. 2018, 541 (541 f.)). Siehe auch *Mohr/Gerth/Janssens*, N+R 2017, 602 (604) m.w.N. Mehrere Faktoren spielen damit kumulativ eine Rolle, sodass schlussendlich auch der Zufall entscheidet, ob und wenn ja, wie ein Herz-Kreislauf-Stillstand überlebt wird.

Patientenverfügung ganz bewusst entziehen wollen, indem mit deren Hilfe Wiederbelebungsmaßnahmen abgelehnt werden.

Im beispielhaft genannten Einsatzverlauf bestand nun Zugriff auf einen Verfügungstext. Dies bedeutet, dass das Rettungsteam grundsätzlich tatsächliche Einsicht in eine Patientenverfügung, parallel zu laufenden Behandlungsmaßnahmen, nehmen kann, um den tatsächlichen Patientenwillen in Erfahrung zu bringen. Deutlich wird aber bereits auch, dass mit einem rettungsmedizinischen Zugriff auf eine Patientenverfügung maßgebliche Problembereiche zu Tage treten, die den Rettungsdienst vor dem Hintergrund zügigen Handelns vor große Herausforderungen stellt. Neben der Zuordnung eines aufgefundenen Verfügungstextes zum konkreten Notfallpatienten ist eine inhaltliche Prüfung nötig. Es bedarf der eindeutigen Klärung, was der Notfallpatient im Voraus an selbstbestimmt getroffenen Behandlungsentscheidungen festgelegt hat. Innerhalb dieser noch unsicheren Schwebelage vom Inhalt des Patientenwillens findet auf Basis eines gemutmaßten Überlebenswillens die Fortsetzung medizinisch angezeigter Wiederbelebungsmaßnahmen statt.[15] Solange keine Klarheit über den Patientenwillen herrscht, überwiegt der rettungsmedizinische Erhaltungsversuch des Lebens des Notfallpatienten. Umfassen Patientenverfügungen nun noch mehrere Seiten, fehlt für eine inhaltliche Prüfung im vorklinischen Reanimationskontext mit begrenzten Personalressourcen schlicht die Zeit. Darüber hinaus muss präklinisch der Patientenwille hinreichend deutlich zum Ausdruck kommen, insbesondere wenn ein patientenseitig gewünschter Therapieverzicht im Raum steht. Ohne einen weiteren Vorgriff auf die folgende Bearbeitung lässt sich bereits erahnen, dass der praktische Umgang mit Patientenverfügungen im Rettungsdienst einige Fallstricke in sich birgt, selbst wenn der Zugriff auf einen Verfügungstext gegeben ist. Mit Blick auf die verfassungsrechtlich gewährleistete Selbstbestimmung[16] ist fraglich, wie ein therapieablehnender Verfügungstext eine effektive rettungsmedizinische Berücksichtigung finden kann.

Ein weiteres und letztes Mal soll der Eingangsfall abgewandelt werden, um eine zweite Dimension der rettungsmedizinischen Problematik im Umgang mit Patientenverfügungen aufzuzeigen:

Wie im obigen Fall versucht der Rettungsdienst relevante Informationen der Anwesenden etwa über Vorerkrankungen des Notfallpatienten zu erhalten. Nicht bekannt ist nunmehr, dass eine formwirksame Patientenverfügung existiert, die zügig auslesbare Festlegungen für das konkrete Behandlungsgeschehen enthält. Spezifisch festgelegt ist dort, dass eine

---

15 Hierzu siehe Teil 1, A. III. 4.

16 Hierzu siehe Teil 1, A.

Reanimation bei einem erlittenen Herz-Kreislauf-Stillstand entschieden abgelehnt wird. Aus Unkenntnis erfolgt kein entsprechender Hinweis der anwesenden Angehörigen auf die Patientenverfügung. Auch auf Nachfrage des Rettungsdienstes wird die Existenz einer Patientenverfügung fälschlicherweise verneint. Da die Patientenbehandlung unter den laufenden Reanimationsbedingungen weiterhin im Vordergrund steht, macht der Rettungsdienst auch keine weiteren Anstalten einer – wenn überhaupt – vagen Annahme einer existierenden Patientenverfügung weiter nachzugehen. Der Notfallpatient wird rettungsmedizinisch transportiert, der Klinik übergeben und nach Therapiebeendigung, entsprechend der körperlichen und geistigen Verfassung der ersten Fallfortsetzung, in ein Pflegeheim überführt.

Diese Fallfortsetzung zeigt nun, dass bei an sich patientenseitig ausgeschlossenen Wiederbelebungsmaßnahmen ein mangelnder Zugriff auf eine Patientenverfügung regelmäßig in der Durchführung von medizinisch angezeigten Reanimationsmaßnahmen mündet, auch wenn der Notfallpatient mittels einer Patientenverfügung versuchte, gerade diese Situation zu vermeiden. Der Zugriff bildet somit die erste entscheidende Bedingung, um überhaupt eine Patientenverfügung u.a. rettungsmedizinisch berücksichtigen zu können, so trivial diese Erkenntnis auch erscheinen mag.[17] Des Weiteren kann der Rettungsdienst bei den ihm regelmäßig unbekannten Notfallpatienten nicht wissen, welcher Notfallpatient Inhaber einer Patientenverfügung ist und welcher nicht. Daher muss sowohl der Notfallpatient selbst (vor Eintritt des Notfallereignisses und der Einwilligungsunfähigkeit) als auch der Rettungsdienst (im Einsatzgeschehen) zugriffsfördernd mitwirken, um im Einsatzgeschehen einer Patientenverfügung habhaft zu werden.[18] Ohne einen rettungsmedizinischen Zugriff auf den verschriftlichten Patientenwillen besteht keine höchstpersönliche, effektive Einflussnahmemöglichkeit auf das rettungsmedizinische Geschehen des Notfallpatienten, sobald er sich im einwilligungsunfähigen Zustand befindet.

Das erdachte Einsatzszenario und dessen Folgen lassen einen ernüchternden Eindruck zurück: Wie kann ein Patient mithilfe einer Patientenverfügung den eigenen Willen so in den Rechtsverkehr entäußern, dass sie den Rettungsdienst unter den tatsächlichen und zeitkritischen Gegebenheiten erreicht und präklinisch umgesetzt werden kann? Gibt es eine denkbare Möglichkeit, die Kommunikation zwischen dem Notfallpatienten und dem Rettungsdienst zu erleichtern, die perspektivisch eine tatsächliche Verständigung in der Notfallrettung bietet? Mit diesen Fragen ist nun das Feld abgesteckt, indem sich die interessierenden Rechtsfragen dieser Arbeit bewegen sollen. Es soll im Allgemeinen um die

---

17 *Meier*, in: Höfling/Otten/in der Schmitten, S. 211.

18 Hierzu siehe Teil 2, B. I., II. und III.

rechtlichen Rahmenbedingungen der Patientenverfügung im Rettungsdienst gehen. Ob sich das Instrument der Patientenverfügung in ihrer derzeitigen Ausgestaltung in diesem Kontext bewährt, wird zu zeigen sein. Im Speziellen wird sich den kommunikativen Fragen zugewandt, wie ein effektiver Zugriff auf einen Verfügungstext in denkbarer Weise ermöglicht werden kann, um schlussendlich einen im Voraus antizipierten, reanimationsverneinenden Patientenwillen auch präklinisch umsetzen zu können. Dabei treffen an der Schnittstelle der Patientenverfügung im Rettungsdienst praktisch-tatsächliche und zeitkritische Gegebenheiten auf rechtliche Fragen der effektiven Selbstbestimmungswahrnehmung eines nicht mehr aktiv äußerungsfähigen Notfallpatienten. Insgesamt folgt hieraus ein Kommunikationsproblem zwischen den Beteiligten, an dem angesetzt werden soll. Es wird versucht einen digital unterstützten Ansatz zu entwickeln, der zum einen technisch, rechtlich und praktisch den Zugriff auf Patientenverfügungen im Rettungsdienst ermöglichen kann und zum anderen eine präklinische Umsetzung von therapiebegrenzenden Verfügungstexten zulässt. Gesucht werden soll nach einer perspektivischen, rechtlichen Ausgestaltungsmöglichkeit, die einen praktischen Mehrwert im rettungsdienstlichen Umgang mit Patientenverfügungen bietet. Momentan ist ein digitaler Ansatz kein vertiefter Gegenstand der rechtswissenschaftlichen Diskussion um Patientenverfügungen im Rettungsdienst.[19] Daher soll sich hiermit im Rahmen der nachfolgenden Bearbeitung befasst werden.

---

19 Andeutend etwa *Tamm*, VuR 2009, 449 (457), die eine Digitalisierung allerdings zügig wieder verwirft. Auch der Gesetzgeber nimmt sich dieser Frage nicht an, obwohl jüngst das Patientendaten-Schutzgesetz (BT-Drs. 19/18793; BT-Drs. 19365 sowie BR-Drs. 470/20) verabschiedet wurde. Das Hauptaugenmerk liegt hierbei allerdings in der Etablierung der elektronischen Patientenakte sowie dem elektronischen Rezept. Die Patientenverfügung im Zusammenhang der Telematikinfrastruktur wird nur rudimentär neu strukturiert, indem die Vorgängerregelung des § 291a Abs. 3 S. 1 Nr. 9 SGB V a.F. im weitestgehend inhaltsgleichen § 334 Abs. 1 S. 2 Nr. 3 SGB V n.F. aufgeht. Mithilfe der elektronischen Gesundheitskarte kann ein Hinweis auf die Existenz und den Aufbewahrungsort einer Patientenverfügung gegeben werden. Eine Patientenverfügung wird hierdurch aber nicht digital hinterlegt bzw. abrufbar.

Hauptteil

Im ersten Teil werden nunmehr das Selbstbestimmungsrecht in seiner therapiebegrenzenden Ausformung, dessen einfachgesetzliche Konkretisierung über die Patientenverfügung sowie der Rettungsdienst jeweils in ihren relevanten Grundzügen vorangestellt. Anschließend wendet sich die Bearbeitung im zweiten Teil der Frage zu, inwieweit der Rettungsdienst an Patientenverfügungen rechtlich gebunden ist sowie ob eine präklinische Umsetzung durch ärztliche und nichtärztliche rettungsdienstliche Mitarbeiter in Betracht kommt. Dabei werden auch Teilfragen der Mitwirkung hinsichtlich des präklinischen Zugriffs auf einen Verfügungstext durch den Notfallpatienten selbst sowie des rettungsmedizinischen Personals besprochen. In einem dritten Teil widmet sich diese Arbeit dann der Frage, ob Patientenverfügungen im Rettungsdienst unter den derzeitigen rechtlichen und tatsächlichen Rahmenbedingungen überhaupt effektive Berücksichtigung finden können. Wie sich unschwer aus dem geschilderten Eingangsfall entnehmen lässt, bestehen hier tatsächliche und rechtliche Kommunikationsschwierigkeiten. Um wieder die Frage des effektiven Zugriffs auf einen Verfügungstext in den Vordergrund zu rücken, sodass ein im Voraus antizipierter Patientenwille auch präklinisch umgesetzt werden kann, wird im vierten Teil die Frage eines perspektivischen Lösungsansatzes aufgeworfen. Hierfür wird sich einerseits an der sich im Aufbau befindenden Telematikinfrastruktur – als dem gesetzgeberisch anvisierten, sicheren zentralen Gesundheitsdatennetz[20] – orientiert sowie andererseits der rechtliche Rahmen des Registers für Erklärungen zur Organ- und Gewebespende[21] in die Überlegungen mit einbezogen. Neben den technischen und rechtlichen Fragen wird insbesondere der praktische Zugriff auf eine therapiebegrenzende präklinisch relevante Patientenverfügung erörtert. Schließlich werden in einer abschließenden Schlussbetrachtung die in dieser Arbeit gewonnen wesentlichen Ergebnisse zusammengetragen.

20 Vgl. BT-Drs. 19/18793, S. 2.

21 Vgl. Gesetzes zur Stärkung der Entscheidungsbereitschaft bei der Organspende vom 16. März 2020 (BGBl. I S. 497).

Teil 1 – Grundlagen und Begriffsbestimmungen

Angeklungen ist die Notwendigkeit der Informationsbeschaffung des Rettungsdienstes über den konkreten Notfallpatienten, um diesen in der Eile des Geschehens hinreichend behandeln zu können. Aufschluss über den Willen des Patienten kann hier eine Patientenverfügung bieten, die als Ausdruck der Patientenselbstbestimmung gemäß § 1901a Abs. 1 BGB erstellt werden kann. Eine Patientenverfügung beinhaltet antizipierte Behandlungsentscheidungen, die ein einwilligungsfähiger Volljähriger für den Zeitpunkt der Einwilligungsunfähigkeit schriftlich niedergelegt hat, § 1901a Abs. 1 BGB. Dabei können insbesondere Therapiebegrenzungen patientenseitig über eine Patientenverfügung gewünscht sein und an den Rettungsdienst kommuniziert werden. Für entsprechende vorab getroffene Patientenentscheidungen bildet das Selbstbestimmungsrecht das verfassungsrechtliche Fundament.[22] Diese Möglichkeit der (therapiebegrenzenden) Selbstbestimmungsausübung über eine Patientenverfügung ist verfassungsrechtlich vorausgesetzt und strahlt in medizinrechtliche Behandlungsgegebenheiten aus.

Von der Selbstbestimmung mitumfasst ist die eigene, von Zwängen unabhängige Entscheidungsmacht über lebenserhaltende oder lebensbeendende Maßnahmen, die in einer Patientenverfügung festgelegt werden können.[23] Wo aber die verfassungsrechtliche Basis zu finden ist, die diese Patientenselbstbestimmung hinsichtlich therapiebegrenzender rettungsmedizinische Behandlungsmaßnahmen gewährt, ist Gegenstand der nachfolgenden Ausführungen (A). Was sich hinter der Selbstbestimmung, als einem „große[n], voraussetzungsreiche[n] Wort“[24] verbirgt, soll nunmehr näher spezifiziert werden. Anschließend

---

22 BT-Drs. 16/8442, S. 2 f., 8. Oftmals wird auch von der Patientenautonomie gesprochen. Beide Begriffe werden teils synonym, teils jedoch auch mit unterschiedlichem Verständnis verwandt. Hierzu etwa *Beckmann*, in: Welsh/Ostgathe/Frewer/Bielefeldt, S. 29 ff.; *Birnbacher*, MedR 2012, 560 (563 f.); *Bobbert/Werner*, in: Lenk/Duttge/Fangerau, S. 105 ff.; *Härle*, FPR 2007, 47 (47). Auch nutzt etwa das BVerfG die Begrifflichkeiten nicht einheitlich. Hierzu kritisch *Höfling*, ZME 2020, 245 (249 f.). In dieser Arbeit wird der Begriff der Selbstbestimmung verwandt.

23 BT-Drs. 16/8442, S. 9.

24 *Rixen*, in: Coors/Jox/in der Schmitten, S. 172.

wird die Patientenverfügung (B) als einfachgesetzliches Kommunikationshilfsmittel der Selbstbestimmung und schließlich der Rettungsdienst (C) erörtert.

A. Selbstbestimmungsrecht im Rettungsdienst

Eine akutmedizinische Versorgung muss sich an dem individuellen Notfallpatienten orientieren. Daher wird sich der Rettungsdienst mit Aufnahme der hilfeleistenden Maßnahmen zusätzlich darum bemühen, konkrete Informationen zum Patienten zu erhalten. Neben Arztbriefen und Medikationsplänen kann eine Patientenverfügung dabei als eine taugliche Informationsquelle dienen, um die Qualität der individuellen Patientenversorgung zu steigern. Nach der Erörterung der verfassungsrechtlichen Grundlagen der Selbstbestimmung (I), findet eine knappe Auseinandersetzung mit den Grenzen des Selbstbestimmungsrechts im vorklinischen Rettungsdienstgeschehen statt (II). Aus den allgemein benannten verfassungsrechtlichen Ausgangspunkten zur (therapiebegrenzenden) Selbstbestimmung des Patienten ergeben sich ferner konkrete Folgerungen hinsichtlich der Grundlagen medizinischer Heilbehandlungen (III).

I. Verfassungsrechtliche Grundlagen der Selbstbestimmung

Nicht eindeutig ist, wo die verfassungsrechtliche Basis zu finden ist, die die Patientenselbstbestimmung gewährt. Als Grundlage kann zunächst die Menschenwürde herangezogen werden (1). Aufgeladen und besprochen in den verschiedensten Disziplinen (Rechtswissenschaft, Theologie, Philosophie, Medizin und Ethik) hat sich allerdings keine klare Kontur des Würdebegriffs herausgebildet. Aus diesem Grund soll der Menschenwürdebegriff als „heikelste[r] Rechtsbegriff“[25] nur als Ausgangspunkt der Selbstbestimmung für die rettungsmedizinische Behandlungsphase umrissen werden. Ein religiös motiviertes Würdeverständnis bleibt dabei ausgeklammert, da dieses in einer säkularisierten Gesellschaft nicht auf einen breiten Konsens stoßen wird, auch wenn es entstehungsgeschichtlich nicht hinweg gedacht werden kann.[26]

Für die Schutzbereichskonkretisierung der Selbstbestimmung kommen ferner das Recht auf Leben und der Schutz der körperlichen Unversehrtheit (Art. 2 Abs. 2 S. 1 GG) in Betracht (2) sowie das allgemeine Persönlichkeitsrecht aus Art. 2 Abs. 1 GG i.V.m. Art. 1 Abs. 1 GG (3) und die allgemeine Handlungsfreiheit,

25 *Nishino*, ARSP 2017, 304 (321).

26 Zum ideengeschichtlichen Begründungsansatz der Würde siehe *Dreier*, in: ders., GG, Art. 1, Rn. 1 ff.; *Rohrer*, S. 40 m.w.N.

Art. 2 Abs. 1 GG (4). Ergänzend wird das Selbstbestimmungsrecht mitunter über anderweitige verfassungsrechtliche Gewährleistungsgehalte, wie Art. 4 Abs. 1, Abs. 2 GG und Art. 6 Abs. 1 GG näher ausgeformt (5), was nicht unerwähnt bleiben soll.

1. Art. 1 Abs. 1 GG

Der Würdebegriff ist Gegenstand unterschiedlichster Interpretations- und Definitionsansätze.[27] Diese Offenheit ist dabei Stärke und Schwäche zugleich.

---

27 Die folgenden Definitionsansätze zum Würdebegriff geben lediglich einen Überblick, der einerseits keinen Anspruch auf Vollständigkeit erhebt und andererseits bewusst kurz gehalten ist. Unter dem Schlagwort der „Mitgift" wird Würde als eine dem Menschen mitgegebene Eigenschaft verstanden (*Rohrer*, S. 32, 39). Demnach haftet die Würde dem Individuum unmittelbar an. Aus Leben resultiert Würde. Sie kann nicht relativiert werden und stellt einen nicht austauschbaren absoluten Wert dar, welcher in jeder Lebensphase gilt, wobei das Leben „die vitale Basis der Menschenwürde" (BVerfGE 39, 1 (36, 42); 88, 203 (252); 115, 118 (152); *Goos*, S. 82; ähnlich *Nishino*, ARSP 2017, 304 (306)) bildet. Die Würde kann nicht starr umschrieben werden, sondern verlangt eine „Entwicklungsoffenheit" (*Rohrer*, S. 28.), sodass gesellschaftliche Vielfältigkeit in Vorstellungen und kulturellen sowie religiösen Anschauungen den Würdebegriff stets der Zeit entsprechend formen. (*Badura*, JZ 1964, 337 (340 f.) spricht von „konkurrierenden Wertvorstellungen"; weiterführend hierzu vgl. *Rohrer*, S. 30 ff.)). Dabei liegt der Menschenwürde grundsätzlich „die Vorstellung vom Menschen als einem geistig-sittlichen Wesen zugrunde, welches darauf angelegt ist, in Freiheit sich selbst zu bestimmen und sich zu entfalten." (BVerfGE 45, 187 (227); 115, 118 (153 f., 158)). Nach anderem Verständnis generiert sich die Menschenwürde des Einzelnen als einem sozial-kommunikatives Wesen aus der Achtung im Miteinander (*Hofmann*, AöR 1993, 353 (364)). Menschenwürde entsteht aus der gegenseitigen Anerkennung als Subjekt und dem Umgang miteinander im Rahmen der Mitmenschlichkeit (*Hofmann*, AöR 1993, 353 (364); *Hufen*, JZ 2004, 313 (317)) als einem gesellschaftlichen Versprechen, in der Wechselbeziehung untereinander (*Hofmann*, AöR 1993, 353 (374) spricht von der Solidargemeinschaft; *Rohrer*, S. 41 f.). Dieses wechselseitige Versprechen entfaltet seine Wirkung horizontal innerhalb der Trägerschaft und gleichzeitig vertikal im Achtungs- und Schutzanspruch des Staates (*Neumann*, ARSP 2017, 287 (302). Um den Schwierigkeiten der Schutzbereichskonkretisierung des Menschenwürdebegriffs zu umgehen, ändert ein weiterer Ansatz den Blickwinkel. Wenn „der konkrete Mensch zum Objekt, zu einem bloßen Mittel, zur vertretbaren Größe herabgewürdigt wird" (*Dürig*, AöR 1956, 117 (127)) ist nach diesem Verständnis, von einer Würdeverletzung auszugehen. Sofern die Subjektqualität des Einzelnen gewahrt wird, wird auch die Menschenwürde gewahrt. In Fortführung dieser Objektformel soll ein Würdeverstoß nur gegeben sein, wenn der Mensch als Subjekt grundlegend in

Verschiedene Lesarten untermauern Argumentationen für die jeweilige Position. Überwiegend wird davon ausgegangen, dass die Würde dem Menschen als einem lebenden Subjekt anhaftet und nicht erworben werden muss. Überall dort wo menschliches Leben existiert, kommt diesem Leben Würde zu.[28] Der würdebasierte Eigenwert des Einzelnen als Rechtssubjekt haftet diesem „kraft seines Personseins"[29] unmittelbar an. Unabhängig von persönlichen, körperlichen, geistigen oder seelischen Eigenschaften[30] unterfällt der lebende Mensch dem Würdeschutz. Hierbei umfasst Art. 1 Abs. 1 GG selbstbestimmte Entscheidungen des Einzelnen zu eigenverantwortlichen Lebensentscheidungen.[31] Die Selbstbestimmung nimmt dementsprechend in der Würde des Einzelnen ihren Ausgang.[32] Als eine Ausprägung dieser Würde zählt es zum „Wesen des Menschen [...], in Freiheit sich selbst zu bestimmen und sich frei zu entfalten [...]."[33] Hieran anknüpfend kann u.a. der selbstverantwortete Entschluss, das eigene Leben nicht zu erhalten und fortzusetzen, aus der Menschenwürde abgeleitet werden.[34] Der Menschenwürde wohnt die Persönlichkeitsentfaltung inne, die ein jeder selbstbestimmt gestalten und ausformen kann.[35] Dies reicht bis zur

---

Frage gestellt wird; wenn also der Wert des Personseins eine willkürliche Missachtung erfährt (BVerfGE 30, 26 ff.). Wird der Mensch verdinglicht und als vertretbare Größe vergleichbar einer Sache behandelt, wird dem Menschen der Wert abgesprochen, der ihm kraft seines Menschseins zukommt (BVerfGE 115, 118 (153 f., 158). Der Würdebegriff wird aus Eingriffsperspektive definiert und erhält erst hierdurch seine Konturen (*Nishino*, ARSP 2017, 304 (307). Verfolgten die vorangegangenen Definitionsansätze der Menschenwürde weitestgehend die individuelle Ebene, sucht ein anderer Ansatz auf der Makroebene nach einer Definition der Würde. Dieser, am Menschen an sich angeknüpfte, Begriff betrachtet Würde nicht vom Standpunkt des Individuums aus, sondern umfasst die Würde der Menschheit im Allgemeinen und allgemein betrachtet. Diese sog. Gattungswürde (*Dreier*, in: ders., GG, Art. 1, Rn. 115; *Rohrer*, S. 45 ff.) zielt auf die Achtung der Würde der Menschheit. Der Wortlaut des Art. 1 Abs. 1 GG lässt den benannten Interpretationsansatz grundsätzlich zu. Aus dem Grundgesetz ergibt sich keine Beschränkung lediglich auf einen individuellen Würdebegriff (BVerfGE 87, 209 (228); *Rohrer*, S. 46).

28 BVerfGE 39, 1 (41).

29 BVerfGE 115, 118 (153).

30 BVerfGE 87, 209 (228); *Rohrer*, S. 80.

31 *Herdegen*, in: Maunz/Dürig, GG, Art. 1, Rn. 84.

32 *Hufen*, JuS 2010, 1 (4).

33 BVerfGE 115, 118 (153).

34 *Herdegen*, in: Maunz/Dürig, GG, Art. 1, Rn. 89.

35 BVerfG, Urt. v. 26.02.2020 – 2 BvR 2347/15 u.a. = NJW 2020, 905 (907).

freiverantwortlich getroffenen Entscheidung, sein eigenes Leben aktiv zu beenden, wodurch das Leben zwar erlischt, eine derartige Entscheidung allerdings gerade als der letzte Ausdruck individueller Entfaltung der Würde anzusehen ist.[36] Dies eröffnet einem Notfallpatienten – erst recht – auch die Möglichkeit, nach eigenen Vorstellungen behandlungsbegrenzend über eine medizinische Maßnahme frei zu entscheiden. Da freiwillig getroffene Entscheidungen zum Wesen der Selbstbestimmung zählen, tangieren diese auch Art. 1 Abs. 1 GG. Als Folge von Eingriffen in die körperliche Integrität kann dabei der geschützte Kern des Menschenwürdegehalts betroffen sein.[37] Insgesamt ist die Selbstbestimmung das Ergebnis einer gewährleisteten würdevollen Entfaltungsmöglichkeit des Einzelnen, welches durch Entscheidungen zu medizinischen Maßnahmen ausgeübt werden kann. Die Würde bildet folglich den Ausgangspunkt einer selbstbestimmten Einflussnahmemöglichkeit auf medizinische Behandlungsfragen. Diese selbstbestimmte und in der Menschenwürde fundierte Entscheidungsfreiheit hinsichtlich medizinischer Behandlungsfragen ist im präklinischen Akutgeschehen ebenfalls von Bedeutung. Rettungsmedizinisch sind häufig einerseits Patienten anzutreffen, die akutmedizinische Hilfe benötigen, und andererseits solche, die sich bereits im Sterbeprozess befinden. Das Sterben ist Bestandteil des Lebens[38] und zählt zum natürlichen Lebensverlauf. Unabhängig von Kontrollverlust des Patienten bei Reanimationsbedürftigkeit, hohem Alter oder schwerer Krankheit ist die Würde des Notfallpatienten zu wahren. Je hilfsbedürftiger ein Mensch ist, desto stärker liegt der Fokus auf der Wahrung seiner Würde.[39] Folglich ist die Wahrung der Subjektsqualität eines jeden Notfallpatienten in jeder Lebensphase durch den Gewährleistungsgehalt des Art. 1 Abs. 1 GG verstärkt.[40] Auch eine Akutsituation mindert nicht den Anspruch eines Notfallpatienten an einem würdevollen Umgang durch den Rettungsdienst. Er ist rettungsmedizinisch als würdevolles Wesen zu achten, auch wenn Wesen und Anspruch des Rettungsdienstes darin bestehen, zeitnah die hilfsbedürftige Lage beherrschbar zu machen. Dabei ist aber auf einen würdevollen Umgang Acht zu geben und das Selbstbestimmungsrecht zu berücksichtigen. Die Menschenwürde bildet somit auch im rettungsmedizinischen Zusammenhang einen Teilbereich der verfassungsrechtlichen Basis der Patientenselbstbestimmung. Umfasst

36 BVerfG, Urt. v. 26.02.2020 – 2 BvR 2347/15 u.a. = NJW 2020, 905 (907).

37 *Hufen*, JuS 2010, 1 (4).

38 *Eser*, MedR 2018, 734 (739); *Schulze-Fielitz*, in: Dreier, GG, Art. 2 Abs. 2, Rn. 30 m.w.N.

39 *Rohrer*, S. 66 f.

40 Vgl. hierzu auch BT-Drs. 17/10488, S. 23.

die Selbstbestimmung eine frei von Willensmängeln getroffene Entscheidung, lebenserhaltende Maßnahmen für konkret bestimmte Behandlungssituationen über eine Patientenverfügung abzulehnen, ist diese als Ausdruck der Selbstbestimmung auch über Art. 1 Abs. 1 GG abgesichert.[41]

2. *Art. 2 Abs. 2 GG*

Da Patientenverfügungen oftmals lebenserhaltende Maßnahmen begrenzen und Art. 2 Abs. 2 S. 1 GG die Schutzgüter Leben und körperliche Unversehrtheit beinhaltet, kommt diesen grundrechtlichen Gewährleistungen ebenfalls Bedeutung für die verfassungsrechtliche Anknüpfung der Selbstbestimmung zu.[42]

Zunächst hat das Grundgesetz eine generelle objektive Wertentscheidung getroffen, Leben zu erhalten, die körperliche Unversehrtheit zu wahren („Ob") und einhergehend staatlicherseits zu schützen.[43] Im Speziellen schützt Art. 2 Abs. 2 S. 1 Alt. 1 GG sachlich das Leben als einen Höchstwert der Rechtsordnung.[44] Vom Entstehungszeitpunkt des menschlichen Lebens bis zu dessen Ende wird dieses als bei jedem Menschen gleichwertig wertvoll in seiner biologisch-physischen Existenz geschützt.[45] Das menschliche Leben beginnt mit der Verschmelzung von Ei und Samenzelle[46] bzw. spätestens mit der Einnistung der befruchteten Eizelle in der Gebärmutter[47] und endet mit dem generalisierten endgültigen Zusammenbruch der Vitalfunktionen bzw. dem Hirntod des Menschen.[48] Träger des Grundrechts sind alle natürlichen Personen. In

---

41 Vgl. *Dreier*, in: ders., GG, Art. 1, Rn. 154.

42 *Wietfeld*, S. 38 f.; *Höfling*, NJW 2009, 2849 (2852).

43 Bspw. BVerfGE 88, 203 (251); BVerwGE 158, 142 (155); *Rohrer*, S. 89 f.

44 BVerfGE 39, 1 (42); 46, 160 (164); 49, 24 (53); daneben verwendet das BVerfG diese Formulierung auch zur Unterstreichung der Menschenwürde, vgl. etwa BVerfG, Beschl. v. 13.03.2002 – 2 BvR 261/01, Rn. 17 –, juris: „Dem Recht auf Achtung der Menschenwürde […] kommt in der Verfassung ein Höchstwert zu; […]."

45 BVerfGE 115, 118 (139).

46 Offen gelassen in BVerfGE 88, 203 (251).

47 Str. vgl. *Schulze-Fielitz*, in: Dreier, GG, Art. 2 Abs. 2, Rn. 26 ff.; *Murswiek/Rixen*, in: Sachs, GG, Art. 2, Rn. 143 jeweils m.w.N.

48 Str. vgl. *Murswiek/Rixen*, in: Sachs, GG, Art. 2, Rn. 142 m.w.N.; zur Diskussion um das Hirntodkriterium als neurologischer Todesfeststellung *Höfling*, JZ 1995, 26 (28 ff.); *Rixen*, Lebensschutz am Lebensende, 1998. Der Hirntod lässt sich in aller Regel präklinisch nicht sicher feststellen. Des Weiteren ist der reanimationspflichtige Notfallpatient ein lebender Patient (an der Schwelle zum Tod). Daher können Streitfragen zum Beginn und Ende des menschlichen Lebens dahinstehen.

persönlicher Hinsicht ist der Einzelne vor Vernichtung des Lebens durch staatliche Gewalt geschützt.[49] Unabhängig von Krankheit oder geistigem Zustand des Menschen ist das Lebensrecht gewährleistet.[50] Bewusstlosigkeit oder komatöser Zustand mindern die Grundrechtsträgerschaft in keiner Weise.[51] Erfasst wird folglich auch ein bewusstloser Reanimationspatient, dessen akutmedizinischer Zustand die Übergangsphase vom Leben in den Tod bildet. Ein entsprechender Notfallpatient ist dem uneingeschränkten Schutz des Art. 2 Abs. 2 S. 1 Alt. 1 GG unterworfen. Mit endgültigem Ableben endet hingegen der Lebensschutz des Grundgesetzes und setzt sich über den postmortalen Würdeschutz fort.[52] Im Gegensatz zu Art. 2 Abs. 2 S. 1 Alt. 1 GG umfasst die zweite Alternative des Art. 2 Abs. 2 S. 1 GG das Recht auf körperliche Unversehrtheit. Die körperliche Unversehrtheit ergänzt das Recht auf Leben und umfasst sachlich den Schutz der Psyche und physischen Integrität des menschlichen Körpers.[53] Des Weiteren ist die körperliche Unversehrtheit eng mit dem Recht auf Leben verbunden.[54] So stellt ein Eingriff in das Leben gleichzeitig einen Eingriff in Art. 2 Abs. 2 S. 1 Alt. 2 GG dar. Dies gilt jedoch nicht zwingend in umgekehrter Weise. Daneben umfasst die körperliche Unversehrtheit nicht nur Eingriffe, die mit Schmerzen einhergehen oder aber zu negativen Folgen für den Gesundheitszustand führen, sondern auch Eingriffe, die der Wiederherstellung und Heilung eines Gesundheitszustands dienen.[55] Ebenfalls vom persönlichen Schutzbereich

49 Bspw. BVerfGE 39, 1 (42); 88, 203 (251 ff.).

50 *Wietfeld*, S. 39.

51 Vgl. BVerfGE 10, 302 (309); 58, 208 (224) in Bezug auf psychisch Kranke und nicht voll Geschäftsfähige.

52 Hierzu BVerfGE 30, 173 (194); *Dreier*, in: ders., GG, Art. 1, Rn. 74 f.

53 *Murswiek/Rixen*, in: Sachs, GG, Art. 2, Rn. 148.

54 *Schulze-Fielitz*, in: Dreier, GG, Art. 2 Abs. 2, Rn. 21.

55 Dabei ist der als Teil der körperlichen Unversehrtheit implizierte Begriff des Gesundheitszustandes, enger gefasst als er von der World Health Organization (WHO) verstanden wird. Diese sieht Gesundheit als einen Zustand völligen geistigen und sozialen Wohlbefindens an, unabhängig von Krankheit oder Gebrechen: „Health is a state of complete physical, mental and social well-being and not merely the absence of disease or infirmity." – Constitution of the World Health Organization, http://www.euro.who.int/de/about-us/organization/ who-worldwide (zuletzt abgerufen am 28.03.2019). Allerdings kann rein tatsächlich oder rechtlich kein derartiger Zustand garantiert werden. Siehe hierzu BVerfGE 56, 54 (74 f.); *Schulze-Fielitz*, in: Dreier, GG, Art. 2 Abs. 2, Rn. 38; *Wietfeld*, S. 41. Weiterführend umfasst Art. 2 Abs. 2 S. 1 Alt. 2 GG auch Individualisierungsbestrebungen des Grundrechtsträgers, die medizinisch nicht angezeigt

der körperlichen Unversehrtheit gewährt sind unvernünftige bzw. ungesunde Verhaltensweisen gegenüber sich selbst. Etwa existiert keine Pflicht zu einer gesunden Lebensführung.[56] Der von Art. 2 Abs. 2 S. 1 Alt. 2 GG gewährleistete Freiheitsgehalt kann folglich individuell „ausgelebt" werden, ohne dass eine Relativierung der grundgesetzlichen Rechtsgewährung staatlicherseits erfolgen kann.[57]

Die an den Staat adressierte schutzrechtliche Dimension von Art. 2 Abs. 2 S. 1 GG zeigt sich nunmehr auch in der hoheitlichen Zuordnung rettungsmedizinischer Aufgaben.[58] Ein vermehrtes Einsatzaufkommen durch Motorisierung und Technisierung sorgte für die Implementierung eines bundesweiten Rettungssystems. Als nunmehr etabliertes Hilfeleistungssystem[59] ist der öffentliche Rettungsdienst von seiner Grundstruktur insbesondere auf den Erhalt von Leben ausgerichtet.[60] Mit der Etablierung und Weiterentwicklung des Rettungswesens

---

sind, namentlich etwa Schönheitsoperationen und Tätowierungen. Hierzu *Höfling*, in: Wienke/Eberbach/Kramer/Janke, S. 120.

56 Hierzu *Höfling*, ZEFQ 2009, 286 ff.

57 *Höfling*, ZEFQ 2009, 286 (287).

58 Hierzu siehe Teil 1, C. I. Dies zeigt sich ebenfalls in der Fortentwicklung der rettungsmedizinischen Berufsbilder, namentlich dem Notfallsanitätergesetz (Gesetz über den Beruf der Notfallsanitäterin und des Notfallsanitäters (Notfallsanitätergesetz – NotSanG) vom 22. Mai 2013; BGBl. I S. 1348). In der entsprechenden Gesetzesbegründung wird auf „einen gesetzlichen Anspruch auf eine qualifizierte, bedarfsgerechte, hilfsfristorientierte und flächendeckende präklinisch-notfallmedizinische Versorgung auf dem aktuellen Stand von Wissen und Technik" hingewiesen, BT-Drucks. 17/11689, S. 14. Der demographische Wandel sowie die Gefahr einer lückenhaften medizinischen Versorgung – insbesondere von ländlichen Regionen – haben die schutzrechtlichen Anforderungen fortgeführt. Gesetzgeberisch wird mittels qualifizierenden Berufsbildes in der Notfallrettung auf sich verändernde Anforderungen im vorklinischen Bereich reagiert, die der Anpassung eines erhöhten Bedarfs an Lebenserhalt und Wahrung der körperlichen Unversehrtheit in der präklinischen Notfallversorgung dient. In der vorklinischen Behandlungsphase sichert der bereitgestellte öffentliche Rettungsdienst somit den staatlichen Schutzauftrag an Leben und körperliche Unversehrtheit in einer Akutphase medizinischer Hilfsbedürftigkeit. Hierdurch ist ein gesetzgeberisch spezifizierter Schutz der Grundrechtsträger durch das Rettungswesen gegeben.

59 *Prütting*, RettG NRW, Vor. S. 1.

60 Vgl. § 1 Abs. 2 S. 1 RDG-BW; Art. 2 Abs. 2 BayRDG; § 2 Abs. 2 S. 1 RDG-B; § 3 Abs. 2 BbgRettG; § 24 Abs. 1 S. 1, Abs. 2 Nr. 1 BremHilfeG; § 3 Abs. 1 S. 1 HmbRDG; § 3 Abs. 2 HRDG; § 2 Abs. 2 RDG M-V; § 2 Abs. 2 S. 1 Nr. 1 NRettDG; § 2 Abs. 2 S. 1, 2 RettG NRW; § 2 Abs. 2 RettDG RPF; § 2 Abs. 2 . 1, 2 SRettG; § 2 Abs. 2 S. 1 SächsRettDG; § 2 Abs. 1 RettDG LSA; § 2 Abs. 1 S. 1, 3 SHRDG; § 3 Abs. 3 ThürRettG.

als Teilbereich der Daseinsvorsorge wurde und wird auf „gesteigerte Anforderungen [einer] modernen Industriegesellschaft“[61] reagiert. Der schutzrechtliche Auftrag an den Staat wird durch das Rettungswesen praktisch umgesetzt, um Leben und körperliche Unversehrtheit von Notfallpatienten zu erhalten, wiederherstellen zu können oder den Transport in ein geeignetes Krankenhaus zu gewährleisten. Dies ist Ausdruck der Schutzpflicht des Staates, welche in der Schutzrichtung des Art. 2 Abs. 2 S. 1 GG rückgekoppelt ist.[62]

Aus einer abwehrrechtlichen Perspektive zeigt sich weiter, dass Patientenverfügungen regelmäßig darauf abzielen, einer medizinischen Behandlung Grenzen zu setzen.[63] Konkret werden oftmals lebenserhaltende Maßnahmen ausgeschlossen, deren Durchführung generelle Aufgabe des öffentlichen Rettungsdienstes ist. Hiermit kann der Einzelne den staatlichen Schutz von Leben und körperlicher Unversehrtheit nun vorklinisch bewusst nicht in Anspruch nehmen wollen. Fraglich ist daher, ob dem Art. 2 Abs. 2 S. 1 GG eine diesen rettungsmedizinischen Schutz abwehrende Komponente[64] als (negative) Selbstbestimmungsausübung entnommen werden kann. Dass dies möglich ist, zeigt sich bereits in der einfachgesetzlichen Konkretisierung der Selbstbestimmung mittels Patientenverfügungen. Allerdings kann der verfassungsrechtliche Anknüpfungspunkt des Selbstbestimmungsrechts auch außerhalb von Art. 2 Abs. 2 S. 1 GG zu finden sein.

Angeführt wird in diesem Kontext, dass Grundrechte generell Leben voraussetzen. Daher könnte es sich bei dem Recht auf Leben nur um einen reinen Status handeln, den jeder Grundrechtsträger schlicht hat.[65] Insoweit wird auf den Wortlaut abgestellt, der einerseits eine Abwehrfunktion von ungewollten Eingriffen in Art. 2 Abs. 2 S. 1 GG nahelegt, andererseits aber keine weiteren abwehrrechtlichen Folgen im Sinne einer Selbstbestimmung über den Status „Leben“ beinhaltet.[66] Eine Verfügbarkeit über das eigene Leben sorgt für einen unwiederbringlichen und generalisierten Verzicht anderweitiger grundrechtlicher Gewährleistungsgehalte, denn mit dem irreversiblen Verlust des Rechtsguts Leben werden sämtliche Grundrechte hinfällig.[67] Aufgrund der

61 *Prütting*, RettG NRW, Vor. S. 1.
62 Dies ist in einem generellen Sinne zu verstehen, vgl. *Starck*, in: v. Mangoldt/Klein/Starck, Art. 2, Rn. 211.
63 Vgl. *in der Schmitten/Rixen/Marckmann*, in: Coors/Jox/in der Schmitten, S. 293.
64 Vgl. BVerfGE 52, 131 (171 ff.).
65 *Schulze-Fielitz*, in: Dreier, GG, Art. 2 Abs. 2, Rn. 32 m.w.N.
66 *Wietfeld*, S. 61 ff.
67 *Panagopoulou-Koutnatzi*, S. 31.

Unumkehrbarkeit eines Lebensverzichts soll dem Grundrechtsträger diese Freiheit zur Aufgabe des Lebens im Rahmen des Art. 2 Abs. 2 S. 1 GG abgesprochen werden. Als einschlägig wird vielmehr Art. 2 Abs. 1 GG (i.V.m. Art. 1 Abs. 1 GG) angesehen.[68] Der Fokus dieser Diskussion liegt insbesondere auf Selbsttötungen und Fragen zur aktiven Sterbehilfe.

Dagegen wird argumentiert, dass ein Leben, welches vom Willen des Grundrechtsträgers abgekoppelt ist, mit einem Lebenszwang gleichzusetzen wäre.[69] Teilbereich eines individuellen Freiheitsentschlusses des Patienten ist es, „Angebote der modernen Medizin nicht in Anspruch zu nehmen“[70], auch wenn hieraus bspw. ein Verzicht auf Leben[71] resultiert. Hierbei ist ein Grundrechtsträger darin frei, die medizinische Behandlung betreffenden Entscheidungen nach eigenen Vorstellungen zu fällen[72] („Wie“). Diese abwehrende Komponente bildet die freiheitsbegründende Alternative zum Leben[73] und kann sich auch auf die (patientenseitig) getroffene Entscheidung beziehen, das eigene Leben nicht zu erhalten, welche über Art. 2 Abs. 2 S. 1 GG ausgeübt werden kann. Nach diesem Ansatz kann eine selbstbestimmte Verfügung über das eigene Leben bereits unmittelbar aus Art. 2 Abs. 2 S. 1 Alt. 1 GG abgeleitet werden.

Zu diesen beiden gegenüberliegenden Positionen lässt sich anführen, dass einerseits patientenseitige Bestimmungen „über seine leiblich-seelische Integrität […] zum ureigensten Bereich der Personalität des Menschen“[74] zählen und damit in einer Freiheitskonzeption des Art. 2 Abs. 2 S. 1 GG angeknüpft werden können.[75] Andererseits ist auch zuzugeben, dass beim Recht auf Leben keine gegenteilige Handlungsalternative existiert. Aus dem Tod führt kein selbstbestimmter aktiver Weg hinaus, sodass Art. 2 Abs. 2 S. 1 Alt. 1 GG als ein lediglich auf „Eingriffsabwehr ausgerichtete[s] Grundrecht“[76] angesehen werden kann. Allerdings beinhaltet das Leben zum einen einen Status, der mit dem Tod endet, zum anderen bildet eine selbstbestimmte Einflussnahme auf den Sterbeprozess

68 *Schulze-Fielitz*, in: Dreier, GG, Art. 2 Abs. 2, Rn. 32.
69 *Panagopoulou-Koutnatzi*, S. 31 f.
70 *Panagopoulou-Koutnatzi*, S. 36.
71 *Panagopoulou-Koutnatzi*, S. 31 ff.; in diese Richtung auch *Höfling*, ZME 2020, 245 (249).
72 Ein völliger Ausschluss äußerer Einflussfaktoren ist dabei allerdings nicht denkbar. Hierzu *Lindner*, AöR 2015, 542 ff; *Lindner*, in: ders. (Hrsg.), S. 9 ff., 23. Näheres unter Teil 1, A. I. 5.
73 *Panagopoulou-Koutnatzi*, S. 42.
74 BVerfGE 52, 131 (175).
75 *Wietfeld*, S. 64.
76 *Wietfeld*, S. 63.

(noch) eine Grundrechtsausübung hinsichtlich des Lebens. In der Ablehnung lebensverlängernder Maßnahmen zeigt sich der Lebensverzicht als Grundrechtsausübung. Das Leben ist ein Zustand, der nicht rein starr und ohne die Berücksichtigung des Subjekts betrachtet werden kann. Der Einzelne will vielmehr selbstbestimmt getroffene Entscheidung nach außen tragen. Als Grundrechtsausübung des Lebens wird der vom Leben mitumfasste natürliche Sterbevorgang spezifiziert. Die Selbstbestimmung ist daher auch in Art. 2 Abs. 2 S. 1 Alt. 1 GG zu finden.[77] Es bedarf keiner Kommunikation der individuell getroffenen Entscheidungen an das (medizinische) Umfeld über einen Umweg des allgemeinen Persönlichkeitsrechts.[78] Dieses Hinaustragen der persönlichen Entscheidungsfindung gelingt bereits über Art. 2 Abs. 2 S. 2 Alt. 1 GG.

3. *Art. 2 Abs. 1 GG i.V.m. Art. 1 Abs. 1 GG*

Wird alternativ das allgemeine Persönlichkeitsrecht aus Art. 2 Abs. 1 GG i.V.m. Art. 1 Abs. 1 GG herangezogen, um den verfassungsrechtlichen Anknüpfungspunkt der Selbstbestimmung zu verorten, so dient dies insbesondere als operative und verfügende Seite der Rechtsgüter Leben und körperliche Unversehrtheit.[79] Nach diesem Ansatz folgt aus dem allgemeinen Persönlichkeitsrecht, dass ein sterbender Patient – wie der Reanimationspatient – sich selbstbestimmt gegen eine lebensverlängernde Behandlung entscheiden kann.[80] Der Notfallpatient nimmt hiermit sein Recht auf ein selbstbestimmtes Sterben wahr. Dieses Recht wird als spezifischer Ausdruck des allgemeinen Persönlichkeitsrechts aus Art. 2 Abs. 1 GG i.V.m. Art. 1 Abs. 1 GG angesehen.[81] Das Recht auf selbstbestimmtes Sterben umfasst dabei zweierlei: Zunächst ist die höchstpersönliche Entscheidung des Einzelnen erfasst, sich das Leben zu nehmen. Der Suizid kann dabei allein oder aber mithilfe freiwillig agierender Dritter erfolgen.[82] In der Konstellation der therapiebegrenzenden Patientenverfügung im Rettungsdienst steht nunmehr das „Sterben lassen" im Vordergrund. Wenn aber bereits der Suizid vom Selbstbestimmungsrecht umfasst ist, welches an Art. 2 Abs. 1 GG

---

77 Vgl. *Höfling*, ZME 2020, 245 (249).

78 Hierzu sogleich unter Teil 1, A. I. 3.

79 *Koranyi*, in: May/Kreß/Verrel/Wagner, S. 68; *Wietfeld*, S. 67.

80 *Di Fabio*, in: Maunz/Dürig, GG, Art. 2, Rn. 205.

81 Vgl. bspw. *Hufen*, NJW 2018, 1524 ff. Kritisch *Höfling*, ZME 2020, 245 (249), insbesondere aufgrund der Kombination mit Art. 1 Abs. 1 GG, woraus sich eine „Abwägungsresistenz" ergäbe.

82 BVerfG, Urt. v. 26.02.2020 – 2 BvR 2347/15 u.a. = NJW 2020, 905 (908) m.w.N.

i.V.m. Art. 1 Abs. 1 GG angeknüpft wird, dann muss auch die selbstbestimmte Entscheidung, bei einem erlittenen Herz-Kreislauf-Stillstand den Dingen ihren Lauf zu lassen, umfasst sein. Dies hebt nun auch das BVerfG hervor, indem die Ablehnung lebenserhaltender Maßnahmen als Teilbereich des Rechts auf selbstbestimmtes Sterben an Art. 2 Abs. 1 GG i.V.m. Art. 1 Abs. 1 GG festgemacht wird.[83] Der verfassungsgerichtliche Ausgangspunkt liegt darin, dass der Einzelne, basierend auf seinem individuellen Selbstverständnis, die Entscheidung über die Beendigung des eigenen Lebens treffen kann.[84] Das derart spezifizierte allgemeine Persönlichkeitsrecht umfasst – neben der freiverantwortlichen Entscheidung und Durchführung der aktiven Lebensbeendigung – somit auch „das Recht, nach freiem Willen lebenserhaltende Maßnahmen abzulehnen und auf diese Weise einem zum Tode führenden Krankheitsgeschehen seinen Lauf zu lassen (…)“[85]. Das Ausscheiden aus dem Leben bei Reanimationspflichtigkeit, unabhängig davon, aus welchen individuell antizipierten Antrieben heraus sich der Grundrechtsträger hierzu eigenverantwortlich und auf Basis eines freien Willensentschlusses entscheidet, ist Ausprägung von „Identität und Individualität des Menschen“[86] und kann an Art. 2 Abs. 1 GG i.V.m. Art. 1 Abs. 1 GG angeknüpft werden. Unabhängig von Beschränkungen auf fremddefinierte Einzelfälle gewährt das verfassungsrechtlich abgesicherte Recht auf selbstbestimmtes Sterben in jeder Phase menschlicher Existenz die Entscheidung, nach individuellem Verständnis von Lebensqualität und Sinnhaftigkeit aus dem Leben zu scheiden.[87] Die Nähe zu Art. 1 Abs. 1 GG untermauert die verfassungsrechtliche Garantie der Wahrung der Würde des Einzelnen als eine selbstverantwortlich handelnde Person im staatlichen Gefüge, die ihr Leben und auch ihr Sterben, welches Teil des Lebens ist, individuell gestalten kann.[88] Das Ausscheiden aus dem Leben kann dabei aber der Hilfe anderer bedürfen.[89] Besonders deutlich wird dieser Aspekt bei einer umsetzenden Hilfe eines Suizides durch Mitwirkung von Dritten, weil der Suizident etwa nicht mehr in der Lage ist, ein todbringendes Medikament zu beschaffen und einzunehmen. Für die Umsetzung

83 BVerfG, Urt. v. 26.02.2020 – 2 BvR 2347/15 u.a. = NJW 2020, 905 (907).
84 BVerfG, Urt. v. 26.02.2020 – 2 BvR 2347/15 u.a. = NJW 2020, 905 (907); siehe auch *Di Fabio*, in: Maunz/Dürig, GG, Art. 2, Rn. 205.
85 BVerfG, Urt. v. 26.02.2020 – 2 BvR 2347/15 u.a. = NJW 2020, 905 (907).
86 BVerfG, Urt. v. 26.02.2020 – 2 BvR 2347/15 u.a. = NJW 2020, 905 (907); siehe auch *Höfling*, ZME 2020, 245 (249).
87 BVerfG, Urt. v. 26.02.2020 – 2 BvR 2347/15 u.a. = NJW 2020, 905 (907, 910).
88 BVerfG, Urt. v. 26.02.2020 – 2 BvR 2347/15 u.a. = NJW 2020, 905 (907).
89 BVerfG, Urt. v. 26.02.2020 – 2 BvR 2347/15 u.a. = NJW 2020, 905 (908).

eines therapiebeendenden Behandlungswunsches aus einer Patientenverfügung benötigt ein Notfallpatient nunmehr aber die Hilfe des rettungsmedizinischen Personals am Einsatzort, indem Wiederbelebungsmaßnahmen ausbleiben bzw. abgebrochen werden. Infolgedessen kann es zu Kollisionen zwischen der Patientenselbstbestimmung und dem generellen Versuch des Rettungsdienstes kommen, den Sterbeprozess aufzuhalten. Werden lebenserhaltende Maßnahmen abgelehnt, die aus einer Patientenverfügung ersichtlich werden, ist für die Umsetzung entsprechend selbstbestimmt gefällter Patientenentscheidungen vonnöten, dass der Rettungsdienst seinen Fokus ändert. Die initial angebrachten lebenserhaltenden Behandlungsmaßnahmen wandeln sich hin zu einer würdevoll-begleitenden Behandlungseinstellung. Ein reiner Behandlungsabbruch bzw. ein Sterbenlassen ohne nähere Begleitung verbieten sich hingegen, da der Patient nicht schlicht seinem Schicksal zu überlassen ist.[90] Mithilfe einer Patientenverfügung antizipiert der Grundrechtsträger den Verzicht lebensverlängernder rettungsdienstlicher Maßnahmen. Dabei ist irrelevant, wo diese verzichtende Grundrechtsausübung vollzogen wird. Ob im Krankenhaus oder der vorklinischen Rettungsmedizin ist ohne Belang. Das Recht auf selbstbestimmtes Sterben aus Art. 2 Abs. 1 GG i.V.m. Art. 1 Abs. 1 GG erfährt somit auch präklinische Relevanz. Art. 2 Abs. 1 GG i.V.m. Art. 1 Abs. 1 GG kann damit ebenfalls als Teilbereich des verfassungsrechtlichen Ausgangspunkts der therapiebegrenzenden Patientenselbstbestimmung angesehen werden.[91]

4. *Art. 2 Abs. 1 GG*

Als Grundlage der Selbstbestimmung kann auch die allgemeine Handlungsfreiheit dienen, welche als Auffanggrundrecht[92] jegliche freie Persönlichkeitsentfaltung gewährt[93], mithin auch die Freiheit behandlungsbegrenzende Bestimmungen festzulegen. Art. 2 Abs. 1 GG kann somit auch die Patientenselbstbestimmung schützen.[94] Allerdings sind aufgrund der weiten Auslegung der allgemeinen Handlungsfreiheit primär spezialgesetzliche Schutzbereichsregelungen heranzuziehen, um der Selbstbestimmung nähere Konturen geben

---

90 *Hufen*, NJW 2018, 1524 (1527) spricht anschaulich vom „Beistand im Tode“ zur Leidensvermeidung durch im Sterbeprozess anwesende Garanten.

91 *Di Fabio*, in: Maunz/Dürig, GG, Art. 2, Rn. 204.

92 *Murswiek/Rixen*, in: Sachs, GG, Art. 2, Rn. 10, 51.

93 BVerfGE 6, 32 (36 f.); 54, 143 (146); 74, 129 (151 f.); 80, 137 (152 ff.).

94 BVerfGE 52, 131 (168).

zu können.[95] Eine Anknüpfung an Art. 2 Abs. 1 GG läuft Gefahr, einen bloßen „Sammelbegriff"[96] zur Selbstbestimmung zu fördern. Alltägliche Handlungen könnten mit existentiellen Fragen des Lebenserhalts gleichgesetzt werden.[97]

5. *Sonstige Einflussfaktoren der Selbstbestimmung*

Die individuellen Vorstellungen zu selbstbestimmten Entscheidungen in medizinischen Fragen – auch zu Fragen einer Therapiebegrenzung – speisen sich auch aus Wertentscheidungen, Meinungen und Entscheidungen anderer.[98] Ein gewisser Grad an fremdbestimmenden Einflussfaktoren in einem Zusammenleben mit anderen Grundrechtsträgern ist nicht zu verhindern[99] und auch keinesfalls negativ behaftet. Aufgrund fremder Einflussfaktoren erkennt der Einzelne oftmals erst, welche Entscheidungen und Handlungsweisen er für sich akzeptiert und schärft hierdurch individuelle Präferenzen. Selbstbestimmung wird daher durch ein leichtes Ausmaß an Fremdbestimmung erst möglich, da sich die eigenen individuellen Wertvorstellungen, Absichten und Wünsche auch aus äußeren Einflussfaktoren zusammensetzen.[100]

Neben diesen gesellschaftlichen Einflüssen tragen auch grundrechtsvertypte Gewährleistungsgehalte, namentlich Art. 4 Abs. 1, Abs. 2 GG (Glaubensfreiheit) und mittelbar Art. 6 Abs. 1 GG (Ehe und Familie) zur selbstbestimmten Entscheidungsfindung eines Grundrechtsträgers bei.[101] Diese willensbildenden Einflussfaktoren flankieren das Selbstbestimmungsrecht und gestalten es weiter aus. So ist die Ablehnung einer transfundierten Fremdbluttherapie als Glaubensüberzeugung von Art. 4 Abs. 1, Abs. 2 GG gedeckt.[102] Selbstbestimmung und Glaubensfreiheit überlagern sich in diesem Zusammenhang. Allerdings führen individuelle Einflussfaktoren des Glaubens nicht automatisch zu einer Gesamtablehnung medizinischer Hilfe. Lediglich ein Teilbereich der Selbstbestimmung, wie hier bspw. der Ausschluss der Fremdbluttherapie, kann Einzug in eine Patientenverfügung finden und die Selbstbestimmung auskleiden. Auch aus

---

95 *Jarass*, NJW 1989, 857 (858); *Murswiek/Rixen*, in: Sachs, GG, Art. 2, Rn. 51.

96 *Zuck*, in: Quaas/Zuck/Clemens, § 2, Rn. 36.

97 *Wietfeld*, S. 67.

98 *Lindner*, in: ders., S. 21; *Groß/Joschko*, GuP 2019, 91 (93).

99 *Lindner*, in: ders., S. 21.

100 *Lindner*, in: ders., S. 25.

101 Hierzu vertieft *Wietfeld*, S. 119 ff.; siehe auch *Koranyi*, in: May/Kreß/Verrel/Wagner, S. 72 ff.

102 BVerfGE 32, 98 (106); *Kokott*, in: Sachs, GG, Art. 4, Rn. 79; *Bender*, MedR 1999, 260 ff.

dem familiären Umfeld ergeben sich jedenfalls mittelbare Einflüsse hinsichtlich der Selbstbestimmung. Bspw. ist eine gesetzliche Betreuung eines Patienten bei Erforderlichkeit zunächst im familiären Umfeld zu suchen.[103] Es zeigt sich insgesamt, dass sich die Selbstbestimmung des Patienten aus vielfältigen, willensbildenden Faktoren zusammensetzt. Die Gewichtung dieser Einflüsse, in die nach außen erkennbar werdende Selbstbestimmung über eine Patientenverfügung, ist wiederum individueller Natur.

6. *Zwischenergebnis*

Eine anschauliche und unangreifbare Zuordnung der verfassungsrechtlichen Grundlage der Selbstbestimmung gelingt nicht und ist nicht Anspruch dieser Arbeit. Indes wird die Existenz eines medizinischen Selbstbestimmungsrechts nicht bestritten[104] und bildet die verfassungsrechtliche Grundlage der einfachgesetzlich konkretisierten Patientenverfügung. Einzig die genaue Anknüpfung bereitet Diskussionsbedarf. Infolgedessen wird teilweise Art. 2 Abs. 2 S. 1 GG herangezogen.[105] Andere wiederum sehen die Basis des medizinischen Selbstbestimmungsrechts in Art. 2 Abs. 1 GG i.V.m. Art. 1 Abs. 1 GG.[106] Vermittelnd wird Art. 2 Abs. 1 GG i.V.m. Art. 1 Abs. 1 GG als operatives Element negativer Grundrechtsausübung der Gewährleistungsgehalte aus Art. 2 Abs. 2 S. 1 GG gesehen.[107] Die verfassungsrechtliche Rechtsprechung tendiert nunmehr zu einer Anknüpfung an Art. 2 Abs. 1 GG i.V.m. Art. 1 Abs. 1 GG.[108] Nach Ansicht des Gesetzgebers ist eine Patientenverfügung Ausfluss des grundgesetzlich gewährten Selbstbestimmungsrechts aus Art. 2 Abs. 2 S. 1 GG und Art. 2 Abs. 1 GG i.V.m. Art. 1 Abs. 1 GG.[109]

---

103 *Hufen*, NJW 2001, 849 (854).

104 Bspw. BGH, NJW 1956, 1106 (Einwilligungserfordernis); BGH, NJW 1961, 2203 (Aufklärungspflicht); BGHSt 11, 111; BVerfGE 52, 131 (170); 89, 120 ff.

105 Vgl. BVerfGE 52, 131, (168); 89, 120 ff.; *Erbguth/Erbguth*, DMW 2016, 1484 (1485); *Geier*, MedR 2017, 293 (294); *Höfling*, NJW 2009, 2849 (2852).

106 Etwa BGHSt 55, 191 (204); *Hufen*, NJW 2018, 1524 (1525); *Katzenmeier*, in: Laufs/Katzenmeier/Lipp, Kap. X, Rn. 93.

107 *Wietfeld*, S. 66.

108 BVerfG, Urt. v. 26.02.2020 – 2 BvR 2347/15 u.a. = NJW 2020, 905 (907); vgl. aber auch BVerfGE 52, 131, (168 f.; 171 ff.); 89, 120 ff.

109 BT-Drs. 16/8442, S. 8.

II. Grenzen der Selbstbestimmung im Rettungsdienst

Aufgezeigt wurde ein grundsätzlich weites Verständnis des Selbstbestimmungsrechts bis hin zur Verfügungsmöglichkeit über das eigene Leben, nach Ansicht des BVerfG über Art. 2 Abs. 1 GG i.V.m. Art. 1 Abs. 1 GG. Grenzen des Selbstbestimmungsrechts können jedoch insbesondere in der effektiven Selbstbestimmungsausübung im tatsächlichen (1) und rechtlichen (2) Bereich aufgefunden werden.

1. Tatsächliche Grenzen

Unter rein tatsächlichen Gesichtspunkten kann notfallmedizinisch eine freie Arztwahl, wie sie bspw. § 76 Abs. 1 S. 1 SGB V für die vertragsärztliche Versorgung statuiert, nicht gewährleistet werden.[110] Mit eingehendem Notruf wird stets das nächstgelegene Rettungsmittel nach Priorisierung der Dringlichkeit zum Notfallpatienten entsandt.[111] Ein Notfallpatient kann sich während des Notrufs folglich nicht ein bestimmtes Rettungsteam auswählen. Möglich ist allerdings, dass - ausdrücklich und in ansprechbarem Zustand oder in einer Patientenverfügung - eine konkrete Behandlungsperson patientenseitig ausgeschlossen wird.[112] Ein Patient kann die notärztliche Versorgung bzw. Hilfe durch nichtärztliches Rettungsdienstpersonal im Rahmen des Einwilligungserfordernisses gezielt ablehnen. Dies beinhaltet jedoch nicht die primäre Wahl des konkreten Behandlungspersonals für ein unvorhersehbares Akutereignis, welches durch die Rettungsleitstelle entsandt wird. Lediglich die Verweigerung, sich von einem bestimmten Mitarbeiter bzw. konkreten Rettungsteams am Notfallort helfen zu lassen, ist sekundär möglich.

Neben der freien Arztwahl ist die selbstbestimmte Wahl der Zielklinik vorklinisch ebenfalls nur bei einem wachen, orientierten und ansprechbaren Patienten denkbar. Das mit dem Transport des Patienten anzusteuernde Krankenhaus hängt von Art und Schwere des Krankheitsbildes und den jeweils vorgehaltenen Fachrichtungen ab. Dieses wird von den Mitarbeitern des Rettungsdienstes bestimmt bzw. durch die Rettungsleitstelle als Zielklinik ausgewiesen.[113] Folglich

---

110 Siehe auch *Stark*, in: v. Mangoldt/Klein/Stark, GG, Art. 2, Rn. 123.

111 *Prütting*, RettG NRW, § 8, Rn. 5; bspw. auch § 5 Abs. 1 SächsLRettDPVO.

112 Vgl. BGH, Urt. v. 19.07.2016 – VI ZR 75/15, Rn. 8 ff. –, juris; BGH, Urt. v. 11.05.2010 – VI ZR 252/08, Rn. 6 f. –, juris; jeweils zur Wahl des konkreten Operateurs.

113 *Prütting*, RettG NRW, § 8, Rn. 3.

bildet auch die Auswahl des Zielkrankenhauses eine tatsächliche Grenze der Patientenselbstbestimmung.

Des Weiteren kann eine effektive Berücksichtigung des Selbstbestimmungsrechts des Notfallpatienten nur erfolgen, wenn die konkreten vorklinischen Umstände dies ermöglichen. Dies bedeutet, dass ein am Selbstbestimmungsrecht orientiertes Vorgehen dem Rettungsdienst ohne Eigengefährdungen zumutbar sein muss. So ist etwa eine Hilfeleistung trotz Infektionsrisiko zumutbar, wenn und soweit sich der Rettungsdienst vor einer Ansteckung schützen kann.[114] Nicht zumutbar ist hingegen eine an der Patientenselbstbestimmung orientierte Hilfeleistung in Situationen, die nicht von der Ausbildung des jeweiligen Berufsausübenden umfasst sowie gefahrträchtig sind.[115] Zu beachten ist aber, dass Ausnahmesituationen in Rettungseinsätzen regelmäßig auftreten können, das Personal entsprechend geschult wird und demzufolge eine gewisse Routine auch in atypischen Einsatzlagen zu erwarten ist.[116]

Eine entscheidende, weitere tatsächliche Grenze ist bereits durch die obige, einleitende zweite Fallabwandlung deutlich geworden. Die Berücksichtigung des Patientenwillens ist insbesondere vom Auffinden der Patientenverfügung abhängig. Ohne ein Auffinden der Patientenverfügung kann bereits keine Kommunikation mit den rettungsmedizinischen Empfängern stattfinden und sich am Selbstbestimmungsrecht des Notfallpatienten orientiert werden.

2. *Rechtliche Grenzen*

Zu den tatsächlichen Grenzen der präklinischen Selbstbestimmungsausübung des Notfallpatienten kommen rechtliche (und standesrechtliche[117]) Einschränkungen hinzu, die stets einer besonderen Legitimation bedürfen.[118] Im Reanimationskontext können sich nicht mit geltendem Recht vereinbare Wünsche des Patienten zeigen, die in einer Patientenverfügung niedergelegt sind. Entsprechende Behandlungswünsche, wie etwa ein aktives Tötungsverlangen (§ 216 StGB), werden nicht von der gewährleisteten Reichweite der

---

114 *Ufer*, AINS 1999, 3 (6).

115 Bspw. lehnte das AG Hannover (Urt. v. 16.01.1990 – 35 Js 44312/89) eine Verpflichtung zur Hilfeleistung einer nicht schwindelfreien Notärztin ab, eine Feuerwehrleiter zu besteigen, um einen alkoholisierten Suizidenten auf einem knapp 30 Meter hohen Baugerüst zu beruhigen.

116 *Ufer*, AINS 1999, 3 (5); siehe auch Fn. 559.

117 *Ulsenheimer*, in: Laufs/Kern/Rehborn, HdArztR, § 133, Rn. 40.

118 *Coester-Waltjen*, MedR 2012, 553 (557).

Patientenselbstbestimmung getragen.[119] Hinsichtlich rechtswidriger Ansinnen ist eine Selbstbestimmungsausübung begrenzt und eine Patientenverfügung insoweit nicht wirksam.[120] Kann eine Patientenverfügung, die mit dem geltenden Recht nicht zu vereinbarende Behandlungswünsche enthält, hingegen in einen wirksamen und unwirksamen Teil untergliedert werden, berührt der unwirksame Teilbereich den wirksamen Teil der Bestimmungen nicht.[121] Letzterer muss für die Willensermittlung rettungsmedizinisch berücksichtigt werden.

Eine weitere rechtliche Einschränkung der Selbstbestimmung ist aus gesetzgeberischer Sicht ein patientenseitiger Ausschluss medizinisch-pflegerischer Basisversorgung.[122] Hierzu zählen u.a. eine menschenwürdige Unterbringung, Zuwendung, Körperpflege, Schmerzlinderung, Linderung von Atemnot und das Stillen von Hunger und Durst auf natürlichem Wege.[123] Konkretisiert für die Notfallrettung ist etwa ein patientenseitiger vorausverfügter Ausschluss der Sauerstoffgabe zur Verhinderung des Erstickungstodes nicht vom Selbstbestimmungsrecht gedeckt. Aus Gründen der medizinethischen Verhinderung eines qualvollen Sterbeprozesses werden gleichkommende Behandlungswünsche rechtlich nicht erfüllt.[124] In der Übergangsphase von Leben in den Tod ist im Rahmen der palliativmedizinischen Betreuung nicht in den natürlichen Sterbeprozess einzugreifen[125], aber ein qualvolles Dahinsiechen zu verhindern, wenn der Patient eine lebenserhaltende Therapie ablehnt.[126] Für eine Basisbetreuung in der vorbezeichnetet Art „haben Arzt und Pflegepersonal in jedem Fall zu

119 *BÄK/ZEKO*, DÄBl 2018, A2434 (A2436); *Duttge*, Med Klinik 2019, 229 (231); weitere Grenzen ziehen Gesichtspunkte der Sittenwidrigkeit (§ 228 StGB; § 138 BGB). Zum Ganzen *Wietfeld*, S. 177 ff.

120 *Ulsenheimer*, in: Laufs/Kern/Rehborn, HdArztR, § 133, Rn. 40; *Ulsenheimer*, Anaesthesist 2010, 111 (112).

121 *Wietfeld*, S. 302 ff. der § 139 BGB anführt und zusätzlich eine Parallele zur Testamentsauslegung (§ 2085 BGB) zieht.

122 BT-Drs. 16/8442, S. 13; *Götz*, in: Palandt, § 1901a, Rn. 9; vgl. auch zur ärztl. Sterbebegleitung *BÄK*, DÄBl 2011, A346 (A347); *Schneider*, in: MüKo/BGB, § 1901a, Rn. 25.

123 *BÄK*, DÄBl 2011, A346 (A347).

124 BT-Drs. 16/8442, S. 13; *Götz*, in: Palandt, § 1901a, Rn. 9; *Schneider*, in: MüKo/BGB, § 1901a, Rn. 25, 33; kritisch *Albrecht/Albrecht/Böhm/Böhm-Rößler*, S. 47 f.; mit gewichtigen Argumenten a.A. *Wietfeld*, S. 183 ff.

125 *Janda*, MedR 2018, 778 (784).

126 Gerade das palliativmedizinisch häufig auftretende Symptom der Luftnot führt zu Todesangst und Panik beim Patienten, was bspw. durch eine notärztliche Opioidgabe gelindert werden kann; *Wiese/Ittner/Graf/Lassen*, Notarzt 2011, 223 (226 f.).

sorgen."[127] Die gesetzgeberisch aufgezeigten Grenzen der Selbstbestimmung werden also nur in Teilbereichen rettungsmedizinisch bedeutsam. So können eine patientenseitig ausgeschlossene medikamentöse Schmerzbekämpfung durch den Notarzt sowie eine nicht gewünschte Sicherung der Atemwege und Sauerstoffgabe relevant werden. Aufgrund der Reichweite des Begriffs der Körperpflege kann auch diese bei Erbrechen des Patienten oder Einnässen mitunter von Bedeutung sein und rettungsmedizinisches Tätigwerden auslösen.

3. Zwischenergebnis

Die Patientenselbstbestimmung ist in engen Grenzen einschränkbar. Diese Einschränkungen können tatsächlicher oder rechtlicher Natur sein. In tatsächlicher Hinsicht kann die Selbstbestimmung in Bezug auf eine Arztwahl, die Zielklinik und in Gefahrlagen regelmäßig nicht erfolgen oder berücksichtigt werden. Eine Berücksichtigung kann darüber hinaus auch bei mangelnder Auffindbarkeit der Patientenverfügung nicht stattfinden. Die rechtlichen Einschränkungen der Selbstbestimmung finden sich bspw. in einem Tötungsverlangen und ein Ausschluss der Basisversorgung kann rettungsmedizinisch kein berücksichtigungsfähiger Inhalt eines selbstbestimmten Entschlusses sein. Diese Einschränkungen hat der Grundrechtsträger hinzunehmen.

III. Folgen der Selbstbestimmung

Als Folge des Selbstbestimmungsrechts des Patienten, unabhängig einer therapiebegrenzenden Behandlungsentscheidung, prägen die nachfolgenden Grundlagen einer medizinischen Heilbehandlung das rettungsmedizinische Behandler-Patienten-Verhältnis. Zunächst ist stets eine Indikationsstellung hinsichtlich einer Heilbehandlung vonnöten (1). Namentlich relevant sind ferner die Aufklärung (2) und (mutmaßliche) Einwilligung des Patienten (3 und 4). Des Weiteren ist die Heilbehandlung wiederum nach den Regeln der ärztlichen Kunst (5) vorzunehmen.

1. Medizinische Indikation einer Behandlung

Neben dem Einwilligungserfordernis nach Aufklärung für die Legitimation der medizinischen Behandlung bedarf es stets der Möglichkeit des Erreichens des medizinisch indizierten Behandlungsziels (§ 1901b Abs. 1 S. 1 BGB).[128] Die

---

127 BT-Drs. 16/8442, S. 13.
128 *Lipp*, MedR 2015, 762 (762).

Indikationsstellung[129] erfolgt vor der Einwilligung des Patienten und bezeichnet ein fachliches Urteil bzw. eine Einschätzung darüber, dass eine als erforderlich erachtete und spezifizierte medizinische Maßnahme geeignet ist, das im Interesse des aufgeklärten Patienten stehende Behandlungsziel zu erreichen.[130] Das Behandlungsziel wiederum kann zwischen Arzt und Patient ausdrücklich oder konkludent festgelegt werden[131], denn die Indikation ist kein reiner Nachweis für eine Behandlungsaufnahme, sondern vielmehr ein „eigenständiger Legitimationsgrund ärztlichen Handelns“[132]. Für die vorklinische Phase ist die sog. Notfallindikation relevant. Diese ist gegeben, wenn der Patient aufgrund einer lebensbedrohlichen Lage Akutmaßnahmen zur Lebensrettung bedarf und diese keinen Aufschub dulden.[133] Etwa zeigte sich im Eingangsfall die Indikation von Reanimationsmaßnahmen an fehlender Atmung und Puls sowie der Hautfarbe des Patienten.

Neben der Feststellung der Behandlungsbedürftigkeit des Patienten stellt eine Erfolgsprognose bzw. eine Risikoabwägung der Behandlung einen Teilaspekt der medizinischen Indikation dar.[134] Je nach Art und Schwere der Krankheit bzw. Verletzung des Notfallpatienten muss das Behandlungsziel individuell bestimmt werden. Grundsätzlich obliegt diese Erfolgsprognose rettungsmedizinisch dem Notarzt, kann jedoch oftmals nicht abschließend gestellt werden. Auch nichtärztliches Personal, namentlich etwa Notfallsanitäter, sollen gemäß § 4 Abs. 2 Nr. 1a)-c) NotSanG befähigt sein, den Gesundheitszustand des Notfallpatienten, insbesondere eine vitale Bedrohung, richtig einzuschätzen.[135] Selbiges gilt für Rettungsassistenten, deren Ausbildungsinhalte insbesondere das Erkennen und Behandeln von Herz-Kreislauf-Stillständen umfasste.[136]

---

129 Zum nicht unstrittigen, wertungsoffenen Indikationsbegriff, da dieser außerhalb des Rechts von der Medizin selbst festgelegt wird und die Indikation auch vom subjektiven Bewertungsmaßstab des Behandelnden abhängig ist, siehe *Dörries*, in: Dörries/Lipp, S. 13 ff. Vgl. zu gestuften Indikationsgraden auch *Richter*, S. 130 ff. Treffend *Gahl*, ZME 2020, 273 (273): „Die Indikationsstellung vermittelt zwischen medizinischer Empfehlung und einvernehmlicher Selbstbestimmung.“

130 *Lipp*, MedR 2015, 762 (763).

131 *Lipp*, MedR 2015, 762 (763); vgl. auch *Gahl*, ZME 2020, 273 (274 ff.).

132 *Lipp*, MedR 2015, 762 (762).

133 *Richter*, S. 131.

134 *Lipp*, MedR 2015, 762 (763).

135 *Dielmann/Malottke*, NotSanG, § 4, Rn. 10.

136 Vgl. § 3 RettAssG. Die Norm ist außer Kraft getreten am 31. Dezember 2014 durch Artikel 5 Satz 2 des Gesetzes über den Beruf der Notfallsanitäterin und des Notfallsanitäters vom 22. Mai 2013 (BGBl. I S. 1348). Auch Rettungssanitäter und Rettungshelfer,

Der Herz-Kreislauf-Stillstand als Indikation für eine Reanimation kann somit durch Notärzte und nichtärztliches Rettungsdienstpersonal vorklinisch festgestellt werden. Allerdings lassen sich weder für Notärzte noch Notfallsanitäter oder Rettungsassistenten mangels abschließender Prognosemöglichkeit sichere Reanimationsfolgen beim Notfallpatienten abschätzen. Daher ist eine Behandlung im Sinne eines rettungsmedizinischen Wiederbelegungsversuchs indiziert, wenn ein Behandlungserfolg gegeben sein kann und insbesondere keine sicheren Todeszeichen[137] vorliegen.[138]

2. *Aufklärung des Patienten*

Ein Patient ist vor jeder (ärztlichen oder nichtärztlichen) indizierten Behandlungsmaßnahme grundsätzlich aufzuklären.[139] Dem Patienten wird in einem Dialog der beabsichtigte Heileingriff vor Augen geführt. Bei der Aufklärung des Patienten handelt es sich um eine rechtliche Pflicht des Behandelnden. Diese ergibt sich einfachgesetzlich aus §§ 630c, 630e BGB und findet ihren Ausgangspunkt in der Patientenselbstbestimmung.[140] Ohne Aufklärung in die Behandlung kann keine „sinnvolle Wahrnehmung [des] Selbstbestimmungsrechts"[141] erfolgen. Grundlage einer patientenseitigen Zustimmung zur Behandlung ist zumindest ein Grundverständnis der teilweise komplexen medizinischen Prozesse. Dabei sind die Anforderungen und der Umfang an die ärztliche Aufklärung abhängig vom jeweiligen Kontext, indem Behandler und Patient aufeinandertreffen.[142] Die preisgegebenen Informationen sind sorgfältig zu wählen und sollen dem Patienten ein Gesamtbild des notwendigen Heileingriffs verdeutlichen, sodass der Patient selbstbestimmt entscheiden kann. Nachdem wesentliche behandlungsbezogene Informationen[143] offengelegt wurden, liegt

---

die überwiegend für den Krankentransport bzw. als Fahrer von Rettungsmitteln ausgebildet sind (hierzu bspw. § 1 Abs. 1, 2 RettAPO NRW), können einen Herz-Kreislauf-Stillstand erkennen und sind in entsprechenden Basismaßnahmen geschult.

137 Sichere Todeszeichen sind Leichenflecken, Totenstarre, Fäulnis und mit dem Leben nicht mehr zu vereinbarende Verletzungen, wie etwa der Enthauptung; *Pschyrembel*, Stichwort: Todeszeichen.

138 *Mohr/Gerth/Janssens*, N+R 2017, 602 (603).

139 Vgl. *Kern/Rehborn*, in: Laufs/Kern/Rehborn, HdArztR, § 20, Rn. 23.

140 Zum standesrechtlichen Aufklärungserfordernis siehe § 8 MBO-Ä.

141 *Katzenmeier*, in: Laufs/Katzenmeier/Lipp, Kap. V, Rn. 6.

142 Aufschlussreich zur Vermeidung gesundheitsschädigender Aufklärung *Siqueira*, medstra 2018, 153 ff.

143 *Holzem*, S. 93.

die Entscheidungsmacht hinsichtlich der in Rede stehenden Behandlung beim einwilligungsfähigen Patienten.

Im rettungsmedizinischen Zusammenhang erfolgt die Aufklärung beim ansprechbaren Notfallpatienten regelmäßig parallel zur Behandlung. Gründe hierfür sind zum einen der Zeitdruck und zum anderen die Entscheidungsdichte im Notfalleinsatz. Befreit ist der Rettungsdienst hingegen nicht, einem ansprechbaren Notfallpatienten in verständlicher Weise erforderliche Behandlungsmaßnahmen zu erläutern. Ist der Notfallpatient hingegen, wie bei der Herz-Kreislauf-Wiederbelebung, nicht ansprechbar, erübrigt sich dessen Aufklärung. Der Patient ist nicht in der Lage Informationen aufzunehmen, sodass die Ausnahme des § 630e Abs. 3 BGB greift. Gemäß § 630e Abs. 3 BGB bedarf es einer Aufklärung des Patienten nicht, soweit die Aufklärung ausnahmsweise aufgrund besonderer Umstände entbehrlich ist, insbesondere wenn die Maßnahme unaufschiebbar ist. Dies ist mit Blick auf die Sauerstoffunterversorgung des Patienten der Fall und damit die Regel beim reanimationspflichtigen Notfallpatienten.

3. *Einwilligung des Patienten*

Neben der grundsätzlichen Aufklärung des Patienten über die beabsichtigten Behandlungsmaßnahmen ist die patientenseitige Einwilligung in den Behandlungsprozess vonnöten. Das erklärte Einwilligungserfordernis in einen Heileingriff ist ein wesentlicher Ausdruck der Patientenselbstbestimmung.[144] Als maßgebende Behandlungsgrundlage kann die Einwilligung nicht schlicht unterstellt werden.[145] Erforderlich und einfachgesetzlich normiert ist eine Einwilligung des aufgeklärten Patienten, um eine Behandlung zu rechtfertigen, § 630d Abs. 1 S. 1, Abs. 2 BGB.[146] In Anlehnung an § 183 S. 1 BGB bezeichnet die Einwilligung die vorherige Zustimmung hinsichtlich der Behandlung. Ferner ist die Patienteneinwilligung nicht an eine konkrete Behandlungssituation gebunden, sondern grundsätzlich für jede medizinische Behandlung erforderlich, somit auch in der rettungsdienstlichen Akutsituation. Die Behandlungseinwilligung unterliegt dagegen keinem Formerfordernis.[147] Sie kann schriftlich,

144 *Katzenmeier*, in: Laufs/Katzenmeier/Lipp, Kap. V, Rn. 5; zur Frage der Rechtsnatur der Einwilligung vgl. *Ballhausen*, S. 177 ff. und *Ohly*, S. 201 ff.; 337 ff.

145 *Panagopoulou-Koutnatzi*, S. 28.

146 RGSt 25, 375; bzgl. der Qualifizierung eines ärztlichen Heileingriffs als tatbestandsmäßige Körperverletzung vgl. etwa auch *Fischer*, StGB, § 223, Rn. 16 ff.; *Magnus*, S. 146 ff.; differenzierend *Sternberg-Lieben*, in: Schönke/Schröder, StGB, § 223, Rn. 29 ff.

147 *Tellioglu*, S. 53.

mündlich oder aber konkludent erklärt werden. Der Patient muss dabei einwilligungsfähig, frei von Willensmängeln und aufgeklärt die medizinische Behandlung autorisieren. Des Weiteren ist die Einwilligung jederzeit frei und formlos widerruflich, § 630d Abs. 3 BGB. Das Einwilligungserfordernis in medizinisch relevante Eingriffe verdeutlicht insgesamt, dass die Behandlung auf Basis einer achtenswerten Entscheidungsfreiheit des Patienten beruhen muss.[148] Ansonsten liegt ein eigenmächtiges Vorgehen von medizinischer Seite vor, welches in die Selbstbestimmung des Patienten eingreift. Ferner wird in § 630d BGB deutlich, dass nicht zwischen medizinischen Berufsgruppen differenziert wird. Abgestellt wird in § 630d Abs. 1 S. 1 BGB auf eine medizinische Maßnahme, unabhängig davon, ob diese durch einen Arzt oder nichtärztliches medizinisches Personal vorgenommen wird. Die Einwilligung des Patienten ist damit Grundvoraussetzung jeder medizinischen Behandlung. Sie ist auch für einen Notarzt und den nichtärztlichen Rettungsdienst vonnöten.[149] Dabei ist der spezifische, i.d.R. eilige, rettungsmedizinische Kontext zu berücksichtigen. Aber auch bei drängenden medizinischen Maßnahmen ist die Einwilligung des Notfallpatienten nach situationsangemessener Aufklärung einzuholen, sofern dies aufgrund der Verfassung des Patienten im Einzelfall patientenseitig möglich ist.

4. *Mutmaßliche Einwilligung und Behandlungsaufnahme*

Der Einwilligungssystematik in medizinische Heileingriffe liegt ein Regel-Ausnahme-Verhältnis zugrunde. Maßgeblich ist zunächst stets der tatsächliche Wille, der die Grundlage der Einwilligung bildet. Die Einwilligung kann mündlich oder aber schriftlich – bspw. über eine Patientenverfügung – geäußert werden. Regelmäßig kommt es aber vor, dass eine Einwilligung des Notfallpatienten nicht eingeholt werden kann. Mit dem Herz-Kreislauf-Stillstand geht eine Bewusstlosigkeit und damit Einwilligungsunfähigkeit einher.[150] Zurückgegriffen

---

148 BVerfGE 52, 131 (173); lediglich in Ausnahmefällen kann die körperliche Unversehrtheit in gebotener Weise eingeschränkt werden, vgl. bspw. §§ 28 ff. IfSG.

149 Die Achtung des Patientenwillens als Ausdruck von dessen Selbstbestimmung, prägen die generellen Behandlungsgrundsätze auch im ärztlichen Standesrecht (§ 7 Abs. 1 MBO-Ä). Aufklärung und Einwilligung bei jeder medizinischen Behandlung bilden ebenfalls dort eine anerkannte Grundlage, §§ 7 Abs. 1 S. 1, 8 S. 1 MBO-Ä. Der selbstbestimmt handelnde Patient ist Zentralgestalt des Behandlungsgeschehens, wobei auch dessen Ablehnungsentscheidung in einen Heileingriff zu respektieren ist, § 7 Abs. 1 S. 3 MBO-Ä.

150 *Kern*, NJW 1994, 753 (756).

wird in diesen Fällen hilfsweise[151] auf die mutmaßliche Einwilligung, um die notfallmedizinische Hilfe bei Indikation rechtfertigen zu können. Gegenüber dem tatsächlichen Willen subsidiär wird bei der mutmaßlichen Einwilligung anhand der Wertvorstellungen des Patienten dessen Wille abgeleitet bzw. (re) konstruiert. Angewiesen ist der Behandler demzufolge auf Quellen, die den gemutmaßten Patientenwillen formen können, bspw. Familienangehörige, die Auskunft über Vorstellungen und Wünsche des Patienten geben. Die Bedingung der Rechtsfigur der mutmaßlichen Einwilligung bildet die in der konkreten Situation unzureichende Möglichkeit, den primär maßgeblichen, tatsächlichen Patientenwillen festzustellen.[152] Ansonsten ist stets der tatsächliche Wille zu berücksichtigen. Die Zulässigkeit eines Rückgriffs auf gemutmaßte Vorstellungen und Wünsche des Patienten statuiert einfachgesetzlich § 630d Abs. 1 S. 4 BGB. Dargelegt wurde bereits, dass das Grundgesetz den Schutz des Lebens mit Verfassungsrang ausgestaltet hat. Kann aus den tatsächlichen rettungsmedizinischen Gegebenheiten der Patientenwille nur gemutmaßt werden, dienen als maßgebliche Informationsquelle hierfür die Wertvorstellungen der Allgemeinheit zum Lebensschutz. In der Folge wird die überwiegende Wahrscheinlichkeit des Wunsches zu Überleben angenommen.[153] Die Einzigartigkeit und absolute Verlustmöglichkeit des Lebens durch den Tod rechtfertigt daher grundsätzlich ein lebenserhaltendes Eingreifen durch den Rettungsdienst bei Reanimationspflichtigkeit des Patienten.

Bei einer vorklinisch unaufschiebbaren Behandlungsnotwendigkeit wird regelmäßig auf diese Grundsätze der mutmaßlichen Einwilligung zurückgegriffen, wenn Einwilligungsunfähigkeit gegeben und der tatsächliche Patientenwille nicht erkennbar ist.[154] Die Ermittlung des gemutmaßten Patientenwillen zielt darauf ab, herauszufinden, was der Patient in der konkreten Situation gewollt hätte. Allerdings herrscht im schnelllebigen Notfallgeschehen überwiegend eine unsichere Informationslage, sodass aus diesem Defizit heraus die Ermittlungsanforderungen an den mutmaßlichen Behandlungswillen zusätzlich reduziert sind. Je weniger individuelle Präferenzen des Notfallpatienten erkannt werden können, desto „stärker muss bei der Ergründung des mutmaßlichen Willens auf das zurückgegriffen werden, woran sich ein verständiger Mensch in der

---

151 *Diener*, in: BeckOGK/BGB, § 1901a, Rn. 97.

152 *Erb*, in: MüKo/StGB, § 34, Rn. 42 f.

153 *Linoh*, medstra 2017, 216 (219); *Magnus*, S. 312 ff.; *Mohr/Gerth/Janssens*, N+R 2017, 602 (603).

154 *Linoh*, medstra 2017, 216 (216).

jeweiligen Situation allgemein orientieren würde […]"[155]. Ist, wie insbesondere in der Reanimationssituation, die Einleitung der Behandlung unaufschiebbar, orientiert sich der mutmaßliche Wille daran, dass ein Patient mit einer objektiv vernünftigen Behandlung einverstanden wäre.[156] Objektiv vernünftig ist eine schnelle Behandlungseinleitung, denn diese ist trotz unsicherer Erfolgsprognose einer Wiederbelebung geeignet, die lebensbedrohliche Situation abzuwenden. Im Zweifelsfall wird daher der Lebenserhalt als mutmaßlicher Wille des Patienten angelegt und alles rettungsmedizinisch Erforderliche bei Indikation eingeleitet.[157] Denn ein Reanimationsversuch beim Herz-Kreislauf-Stillstand stellt die objektiv erfolgversprechendste Behandlung dar. Aller Voraussicht nach würde ein vernünftiger Patient entsprechend entscheiden.[158] Ein anderer in Grenzsituationen zu beschreitender Weg erscheint nicht ersichtlich, selbst wenn die Mutmaßung über die Einwilligung des Patienten als „Illusion" angesehen wird[159] oder eine Projektionsgefahr Dritter von subjektiven Wertvorstellungen besteht.[160] Zu beachten ist aber, dass der gemutmaßte Patientenwille stets laufend zu hinterfragen und bei Bedarf die Behandlung entsprechend zu korrigieren ist. Dies mindert die Gefahr der subjektiven Missdeutung des Patientenwillens durch die behandelnden Akteure. Ergeben sich neue Erkenntnisse durch aufgefundene Arztbriefe, Informationen von Anwesenden, etc. sind diese in den gemutmaßten Patientenwillen mit einzubeziehen. Ein Restrisiko der Verkennung des Patientenwillens besteht dennoch, denn „von außen" wird festgelegt, was den Vorstellungen des Hilfsbedürftigen am ehesten entspricht und entsprechend gehandelt. Auch eine vorliegende Patientenverfügung, die jedoch nicht auf die konkrete Behandlungssituation zutrifft, ist als Informationsquelle zur Ermittlung des mutmaßlichen Willens zu berücksichtigen.[161] Liegt allerdings

155 *Erb*, in: MüKo/StGB, § 34, Rn. 43.

156 BGHSt 35, 246 (249 f.); 40, 257 (263); *Linoh*, medstra 2017, 216 (219).

157 BGHSt 40, 257 (263); *Magnus*, S. 312 ff.; Das Kriterium des mutmaßlichen Willens wird kritisch gesehen. Hauptkritikpunkt ist die Fremdbestimmung, die unter dem Deckmantel einer an der Selbstbestimmung des Patienten orientierten Behandlung stattfinde. Denn schlussendlich sei der mutmaßliche Wille des Patienten eine Entscheidung einer Person über den Patienten und nicht des Patienten, welcher möglicherweise nicht die objektiv sinnvollste Behandlung wünsche. Des Weiteren könne nur ein „Wahrscheinlichkeitsurteil" bzgl. des tatsächlichen Patientenwillens getroffen werden. Vgl. zum Ganzen *Linoh*, medstra 2017, 216 ff. m.w.N.

158 Vgl. *Verrel*, in: Verrel/Simon, S. 50.

159 *Linoh*, medstra 2017, 216 (222).

160 *Kubiciel*, GS Tröndle, S. 615 ff.; *Verrel*, in: Verrel/Simon, S. 49.

161 BT-Drs. 16/8442, S. 11 f.

eine eindeutig zuzuordnende und aussagekräftige Patientenverfügung vor, verbietet sich ein Rückgriff auf den mutmaßlichen Willen, da der tatsächliche Wille des Patienten erkennbar vorliegt.[162] Einschränkend gilt dies aber nur für diejenigen Bereiche, in denen die Patientenverfügung tatsächliche Entscheidungen trifft.

5. *Kunstgerechte Ausführung der Behandlung*

Nach festgestellter Indikation, Aufklärung und Einwilligung bedarf es der Behandlungsdurchführung nach den Regeln der ärztlichen Kunst. Die kunstgerechte Ausführung bemisst sich an Behandlungsstandards, wie § 630a Abs. 2 BGB bestimmt. Demnach hat die Behandlung nach den zum Zeitpunkt der Behandlung bestehenden, allgemein anerkannten fachlichen Standards zu erfolgen, soweit nicht etwas anderes vereinbart ist. Dabei ergänzt § 630a Abs. 2 BGB den allgemeinen Sorgfaltsmaßstab aus § 276 Abs. 2 BGB.[163] Zwar liegt beim einwilligungsunfähigen Notfallpatienten rettungsmedizinisch regelmäßig eine Geschäftsführung ohne Auftrag, in Form der Notgeschäftsführung, vor[164], unabhängig ihrer Stellung im Vertragsrecht beanspruchen beide Normen als allgemeine Handlungsvorgaben aber auch für die Notfallrettung Geltung.[165] Was unter dem benannten Standard zu verstehen ist, konkretisiert das Gesetz nicht, fixiert diesen aber in zeitlicher Hinsicht. Entscheidend ist der Zeitpunkt der Behandlung, denn der medizinische Fortschritt kann frühere Erkenntnisse überholen und obsolet werden lassen.[166] Generell findet eine ausdifferenzierte Bemessung des ärztlichen Standards in der jeweiligen Berufsgruppe statt.[167] So geben fachliche Spezialisierungen und Vorgaben innerhalb der gegenständlichen Fachrichtung Aufschluss über die standardmäßige Art und Weise der Behandlung, welche u.a. durch Leitlinien umrissen werden.[168] Dem Behandlungsstandard

---

162 Vgl. *Sternberg-Lieben*, in: Schönke/Schröder, StGB, § 223, Rn. 38j.

163 BT-Drs. 17/10488, S. 19.

164 *Mesch*, in: Spickhoff/Kossak/Knit, S. 187; *Nüßen*, in: Salomon, S. 73; *Wurmb/Brederlau*, Med Klinik 2016, 113 (115).

165 *Killinger*, S. 93 ff.

166 „Der Standard von heute bildet den Fehler von morgen." – *Deutsch/Spickhoff*, in: dies., Medizinrecht 7. Aufl. 2014, Kap. I, Rn. 17. Vgl. auch *Deutsch/Spickhoff*, in: Spickhoff, Einl. Rn. 13. Eine Vereinbarung im Sinne des zweiten Halbsatzes des § 630a Abs. 2 BGB erscheint im Notfalleinsatz fernliegend.

167 BT-Drs. 17/10488, S. 19.

168 *Taupitz*, AcP 2011, 352 (355).

entsprechend gelten die gesicherten Überzeugungen in der Medizin darüber, was von einem durchschnittlichen Angehörigen des jeweiligen Berufsstandes aufgrund der allgemein gelehrten und erlernten Erkenntnisse und Fähigkeiten erwartet werden kann sowie medizinwissenschaftlichem Wissen entspricht.[169] Naturgemäß entwickeln sich Erkenntnisse fort und können zur Regel werden. Daher handelt es sich bei einem allgemein anerkannten fachlichen Standard um kein starres, sondern ein entwicklungsfähiges und flexibles Element an Verhaltensanforderungen.[170] Somit bleibt Raum für Abweichungen.[171] In Grundzügen gibt der Standard eine gleichartige Vorgehensweise wieder, die im Einzelfall Abweichungen zulässt.[172] Innerhalb einer mustergültigen Verhaltensanforderung folgt daraus eine minimale Untergrenze und ein optimale Behandlung als perfekte Obergrenze,[173] was auch der Vielfalt der Patienten geschuldet ist.[174] Durch eine gewisse Flexibilität kann die standardisiert zu erwartende Behandlungsanforderung in der abgesteckten Breite dieser Vielfältigkeit gerecht werden. In Übereinstimmung mit diesem Behandlungsspielraum muss versucht werden, dem konkreten Patienten die individuelle und dem Therapieziel effektiv fördernde Heilbehandlung zukommen zu lassen, wobei ein leitliniengerechtes Verhalten Indiz für die Einhaltung des Behandlungsstandards ist.

Wie angedeutet, haben Leitlinien einen maßgeblichen Einfluss auf die kunstgerechte Behandlungsausführung. Wissenschaftlich ausgearbeitete Leitlinien stehen außerhalb des Rechts, modifizieren aber die vorgegebenen rechtlichen Standards, namentlich die allgemeine und kunstgerechte Sorgfalt. Sie erheben den Anspruch, wissenschaftlich fundiert praktisch-informatorische Aspekte zu ordnen, um aktuelle Indizien für gebotenes Verhalten zu liefern.[175] Zur Bestimmung des anzulegenden Standards in der rettungsmedizinischen Behandlung kann eine Ergänzungsbedürftigkeit des Rechts durch die entsprechenden Fachkreise nicht verleugnet werden, um kunstgerechtes Verhalten herausarbeiten zu können.[176] Eine Leitlinie bietet entsprechende Hilfestellungen für die rechtliche Bewertung eines medizinischen Sachverhalts. Abstrakt-generelle juristische Maßstäbe werden um leitliniengerechte Handlungsanweisungen so für

---

169 *Katzenmeier*, in: Laufs/Katzenmeier/Lipp, Kap. X, Rn. 7 ff.
170 *Kern*, MedR 2004, 300 (301).
171 *Katzenmeier*, in: Laufs/Katzenmeier/Lipp, Kap. X, Rn. 11.
172 *Taupitz*, AcP 2011, 352 (359).
173 *Kern*, MedR 2004, 300 (301).
174 *Taupitz*, AcP 2011, 352 (376).
175 *Taupitz*, AcP 2011, 352 (378).
176 Hierzu *Taupitz*, AcP 2011, 352 (366 f.).

den Notfall ergänzt.[177] Der leitliniengerechte Behandlungsstandard beim präklinischen Herz-Kreislauf-Stillstand wird durch spezielle Reanimationsleitlinien festgelegt. Diese Reanimationsleitlinien werden von einer internationalen Dachorganisation regelmäßig veröffentlicht und evaluiert.[178] Standardmäßig wird die Wiederbelebung bei Indikation anhand dieser Leitlinien eingeleitet und durchgeführt. Sie stellen den breiten Konsens der zielführendsten Behandlung dar und müssen Notarzt und nichtärztlichem Rettungsdienst bekannt sein.

6. *Zwischenergebnis*

Festhalten lässt sich, dass das Einwilligungserfordernis und die einhergehende Berücksichtigung des Patientenwillens generell im Rahmen medizinischer Behandlungsmaßnahmen und damit auch im Rettungsdienst gelten. Die notwendige Einwilligung ist die konsequente Weiterführung des Selbstbestimmungsrechts des Patienten. Dabei haben die Besonderheiten des zeitkritischen Geschehens Einfluss, was einerseits zu Ausnahmen im Rahmen der Aufklärung bzw. des Umfangs der Aufklärung führt und andererseits die mutmaßliche Einwilligung in den Vordergrund rücken kann. Bei einer Behandlungseinleitung auf Grundlage einer mutmaßlichen Einwilligung ist diese laufend zu hinterfragen. Des Weiteren sind die Indikation sowie die kunstgerechten Behandlungsausführung ebenfalls in der Notfallrettung relevant. Leitlinien wiederum erweitern den Behandlungsstandard notwendigerweise um medizinische Erkenntnisse, da sie die erforderliche Fachkunde widerspiegeln, die gesetzlich nicht vollumfänglich abgebildet werden kann.

IV. Zwischenergebnis

Das Selbstbestimmungsrecht umfasst die patientenseitige Entscheidungsfreiheit, auch rettungsmedizinische Behandlungsmaßnahmen abzulehnen. Im Tatsächlichen kann die Selbstbestimmung in der Notfallrettung allerdings auch an ihre Grenzen stoßen. Rechtliche Grenzen der Selbstbestimmungsausübung zeigen sich insbesondere in der durchzuführenden medizinisch-pflegerischen Basisversorgung. Die sich teils aus dem Selbstbestimmungsrecht ergebenden einfachgesetzlichen Behandlungsgrundlagen gelten generell auch in der präklinischen Rettungsmedizin, wobei die eiligen situativen Gegebenheiten zu berücksichtigen sind.

---

177 Vgl. *Taupitz*, AcP 2011, 352 (357 f.).

178 *ILCOR*, Resuscitation 2017, 201 ff.

B. Patientenverfügung als einfachgesetzliche Konkretisierung der Selbstbestimmung

Nachdem die grundgesetzliche Anknüpfung des Selbstbestimmungsrechts und die hieraus resultierenden Folgerungen dargelegt wurden, widmet sich der nachfolgende Abschnitt überblicksartig der einfachgesetzlichen Konkretisierung der verfassungsrechtlichen Vorgaben über die Normierung der Patientenverfügung im Zivilrecht (I). An dieser Stelle sei darauf hingewiesen, dass weitere Rechtsfragen zum Themenkomplex der Patientenverfügung im Rettungsdienst an den gebotenen Stellen im weiteren Verlauf der Arbeit vertieft behandelt werden. Im Nachgang werden abgrenzend noch Vorsorgevollmachten und Betreuungsverfügungen kurz angesprochen (II).

I. Einfachgesetzliche Grundlage und Voraussetzungen

Dem Einzug der Patientenverfügung in die §§ 1901a ff. BGB ging eine länger währende und kontrovers geführte Debatte voraus.[179] Initiale Vorschläge des Schrifttums[180] und verschiedene Gerichtsurteile[181] kristallisierten die Notwendigkeit und Spezifizierung einer gesetzlichen Regelung heraus. Mit der Änderung des Betreuungsrechts zum 01.09.2009[182] befriedigte der Gesetzgeber das Bedürfnis nach Klarstellung und konkretisierte die Möglichkeit, das Selbstbestimmungsrecht mittels einer Patientenverfügung auszudrücken. Patientenverfügungen bilden nunmehr die einfachgesetzliche Ausdrucksmöglichkeit für eine selbstbestimmt gefasste Behandlungsentscheidung, die in der Zukunft liegt, wenn der Patient nicht mehr in der Lage ist, aktiv die Behandlungseinwilligung bzw. -ablehnung zu kommunizieren.

1. Allgemeines

Eine Patientenverfügung ist eine höchstpersönliche[183], schriftliche Erklärung, in der ein einwilligungsfähiger Volljähriger für den Fall seiner

---

179 BT-Drs. 16/8442, S. 2 f., 7; Kurzüberblick über die jüngere Rechtsentwicklung bei *Verrel*, in: Bormann, S. 617 ff.

180 *Uhlenbruck*, NJW 1978, 566 ff.

181 BGHSt 40, 257; BGHSt 55, 191; BGHZ 154, 205; BGHZ 163, 195; für die Zeit nach 2009 auf Grundlage der eingeführten §§ 1901a ff. BGB siehe BGHZ 202, 226; BGHZ 211, 67; BGHZ 214, 62; BGH, Beschl. v. 14.11.2018 – XII ZB 107/18 = NJW 2019, 600.

182 Drittes Gesetz zur Änderung des Betreuungsrechts vom 29. Juli 2009 (BGBl. I S. 2286).

183 *Albrecht/Albrecht*, MitBayNot 2009, 426 (431); *Spickhoff*, FamRZ 2009, 1949 (1950).

Einwilligungsunfähigkeit festlegt, ob er in bestimmte, zum Zeitpunkt der Festlegung noch nicht unmittelbar bevorstehende Untersuchungen seines Gesundheitszustands, Heilbehandlungen oder ärztliche Eingriffe einwilligt oder sie untersagt, § 1901a Abs. 1 S. 1 BGB. Anknüpfungspunkt der Erklärung ist die Einwilligung des Patienten in etwaige Behandlungsmaßnahmen bzw. deren Untersagung, die dieser im Voraus festlegt. Ein Verfügungstext soll die antizipierte medizinische Situation nach den Patientenvorstellungen leiten. Ist der Patient nicht mehr äußerungsfähig, treten dessen vorweggenommenen Festlegungen in den Vordergrund.[184]

Weiter handelt es sich bei einer Patientenverfügung um eine Erklärung des volljährigen zukünftigen Patienten, § 2 BGB. Minderjährige und einwilligungsunfähige Personen sind ausweislich des § 1901a Abs. 1 S. 1 BGB von der Erstellung von Patientenverfügungen ausgenommen.[185] Als generelles Formerfordernis hat der Gesetzgeber die Schriftform gemäß § 126 BGB vorgesehen. Ein handschriftliches Verfassen einer Patientenverfügung ist wiederum nicht erforderlich[186], sodass sich der Verfasser einem Musterformular bedienen kann.[187] Eine Aufklärung vor dem Verfassen einer Patientenverfügung, die sich auf die Ablehnung medizinische Maßnahmen bezieht, ist hingegen nicht vorgesehen.[188] Ferner sieht die gesetzliche Regelung keine Aktualisierungspflicht oder ärztliche Beratung bei Erstellen der Patientenverfügung vor.[189] Auch muss

184 *Zimmermann*, Rn. 381.

185 Vertiefend hierzu *Diener*, in: BeckOGK/BGB, § 1901a, Rn. 31 m.w.N.; zutreffend kritisch *Götz*, in: Palandt, § 1901a, Rn. 10; ebenfalls etwa *Kahlert*, in: Bergmann/Pauge/Steinmeyer, BGB, 1901a, Rn. 5; siehe auch *Koranyi*, in: May/Kreß/Verrel/Wagner, S. 76, 79 ff.

186 *Breidenstein*, jM 2016, 222 (222).

187 Die von *May* begründete Liste mit Formulierungsmustern zu Patientenverfügungen zählt etwa 256 Einträge (Stand: 11.05.2015). Abrufbar unter https://ethikzentrum.de/patientenverfuegung/verfuegungsliste /verfuegungen.htm (zuletzt abgerufen am 31.08.2020).

188 BT-Drs. 17/10488, S. 24; *Götz*, in: Palandt, § 1901a, Rn. 13.

189 Für Verwirrungen sorgte BT-Drs. 17/10488, S. 23 f. Eine ohne ärztliche Aufklärung erstellte Patientenverfügung solle lediglich als Indiz für den mutmaßlichen Patientenwillen gelten, aber die Ablehnung ärztlicher Maßnahmen in einer Patientenverfügung auch ohne ärztliche Aufklärung unmittelbar gelten. Kritisch hierzu und zu Beweisproblemen *Duttge*, Intensiv- und Notfallbehandlung 2019, 77 (81); vgl. *Röthel*, AcP 2011, 196 ff.; die eigenständige Informationsbereitschaft des Patienten hervorhebend *Tamm*, VuR 2009, 449 (453 f.).

die Patientenverfügung nicht mit einem Datum bzw. einer Ortsangabe versehen werden.[190] Eine Patientenverfügung ist ohne die genannten Angaben wirksam. Ausweislich des § 1901a Abs. 5 S. 1 BGB ist die Verpflichtung zur Errichtung einer Patientenverfügung unzulässig. Daher muss eine Patientenverfügung frei von Zwang und äußeren Einflüssen erstellt worden sein.[191] Des Weiteren darf gemäß § 1901a Abs. 5 S. 2 BGB die Errichtung oder Vorlage einer Patientenverfügung nicht zur Bedingung eines Vertragsschlusses gemacht werden. Der Gesetzgeber will hierdurch verhindern, dass in Heim- und Versicherungsverträgen eine Patientenverfügung zur Vertragsvoraussetzung gemacht werden kann.[192]

2. Rechtsnatur

Nicht eindeutig geklärt ist die Rechtsnatur von Patientenverfügungen.[193] Teilweise wird diese als Willenserklärung[194] angesehen, als Willensbekundung sui generis[195] oder etwa als geschäftsähnliche Erklärung[196]. Ohne weiter auf diesen ungeklärten Punkt vertiefend einzugehen, lässt sich festhalten, dass die Einwilligung des Patienten die maßgebliche Behandlungsgrundlage darstellt, die vor medizinischen Eingriffen einzuholen und freiverantwortlich wiederum nicht erteilt werden muss. Demensprechend kommt es nicht auf die Rechtsnatur sondern allein die Einwilligungsfähigkeit bei Errichtung

190 § 1901a BGB enthält (in Abgrenzung zum Testament) nicht einmal eine dem § 2247 Abs. 2 BGB entsprechende Formulierung, wonach die Erklärung enthalten soll, zu welcher Zeit (Tag, Monat und Jahr) und an welchem Ort sie niedergeschrieben wurde.

191 *Albrecht/Albrecht/Böhm/Böhm-Rößler*, S. 85 ff.

192 BT-Drs. 16/13314, S. 20. Präklinisch hat dies keinen Einfluss, da die Patientenverfügung vor dem rettungsmedizinischen Einsatz erstellt und keine Vertragsbeziehung mit dem einwilligungsunfähigen Reanimationspatienten eingegangen wird.

193 Hierbei handelt es sich um einen Streitstand, der auch mit Einführung der gesetzlichen Neuregelung nicht gelöst wurde, vgl. *Diener*, BeckOGK/BGB, § 1901a, Rn. 22; umfassend *Choi*, S. 173 ff. sowie *Wietfeld*, S. 131 ff.

194 *Holzhauer*, FamRZ 2006, 518 (519); *Roth*, JZ 2004, 494 (497), *Tamm*, VuR 2009, 449 (451); dagegen *Spickhoff*, in: ders. BGB, § 1901a, Rn. 4.

195 *Duttge*, Preis der Freiheit, S. 33; ähnlich *Spickhoff*, in: ders. BGB, § 1901a, Rn. 4 der von einer „Sonderform der Einwilligung" spricht.

196 *Albers*, MedR 2009, 138 (140); *Boemke*, NJW 2017, 1706 (1707); *Ellenberger*, in: Palandt, Überblick v. § 104, Rn. 6; *Mesch*, in: Spickhoff/Kossak/Knit, S. 188.

an.[197] Hierbei genügt die natürliche Einsichtsfähigkeit über die Tragweite der Entscheidung.[198] Der Ersteller einer Patientenverfügung muss im Errichtungszeitpunkt in der Lage sein, zu verstehen, dass er für eine in der Zukunft liegende ungewisse[199] Einwilligungsunfähigkeit eine medizinische Therapierichtung mit seiner Patientenverfügung vorgibt.[200] Ohne die Rechtsnatur näher zu spezifizieren, ist auch unverkennbar, dass es sich bei der Patientenverfügung um ein Kommunikationsinstrument für individuelle Interessen des Erstellers handelt. Für eine beabsichtigte Kommunikation im einwilligungsunfähigen Zustand muss zunächst eine Patientenverfügung höchstpersönlich erstellt und ausgestaltet werden. Anschließend ist sie in Empfängerrichtung in den Rechtsverkehr zu bringen. Danach muss eine Patientenverfügung den maßgeblichen Adressaten zugehen, sodass eine Kenntnisnahme der Patienteninteressen möglich ist. Anders gewendet, hat der Sender (Patient) das Medium[201] (Patientenverfügung) dem Empfänger (hier dem Rettungsdienst) so zugänglich zu machen, dass eine Kommunikation stattfindet. Der Empfänger muss dann das Empfangene interpretieren. Diese Vorgänge erinnern nun stark an die zivilrechtlichen Regelungen zu Abgabe und Zugang von Willenserklärungen in den §§ 130 ff. BGB. Besonders deutlich wird die Ähnlichkeit zu Willenserklärungen darüber hinaus in der Ermittlung des wirklichen Patientenwillens von Seiten des Empfängers. Auch wenn im Falle der rettungsmedizinischen Einsatzsituation möglichst kein Interpretationsspielraum bestehen darf, um zielführend und zügig die Behandlungsentscheidungen des Notfallpatienten in das Behandlungsgeschehen mit einbeziehen zu können, ändert dies nichts an der grundsätzlichen Auslegungsfähigkeit einer Patientenverfügung.[202] Der beschriebene Kommunikationsakt zwischen den Beteiligten weist damit insgesamt eine Nähe zu Willenserklärungen auf, ohne dass es sich bei einer Patientenverfügung um eine solche im engeren Sinne

---

197 *Diener*, in: BeckOGK/BGB, § 1901a, Rn. 22; vgl. *Lipp*, in: Laufs/Katzenmeier/Lipp, Kap. VI, Rn. 147; *Schneider*, in: MüKo/BGB, § 1901a, Rn. 10; vertiefend *Wietfeld*, S. 131 ff.

198 BT-Drs. 16/8442, S. 9, *Lipp*, in: Laufs/Katzenmeier/Lipp, Kap. VI, Rn. 148; *Zimmermann*, Rn. 386.

199 *Albers*, MedR 2009, 138 (140).

200 *Diener*, in: BeckOGK/BGB, § 1901a, Rn. 38 ff.; die Einwilligungsfähigkeit im Errichtungszeitpunkt wird im Anwendungsfall der Patientenverfügung praktisch selten nachgeprüft, *Kudlich/Klautke*, in: GS Tröndle, S. 438.

201 *Wietfeld*, S. 138.

202 Hierzu siehe Teil 2, B. V. 1.

handeln muss. Dies hat zur Folge, dass etwa §§ 133, 157 BGB, in direkter oder entsprechender Anwendung, herangezogen werden können.[203] Mit einem (vorsichtigen) Rückgriff auf den Allgemeinen Teil des BGB können so etwa Risikosphären in den Mitwirkungshandlungen der Beteiligten näher spezifiziert werden.[204]

3. *Bestimmtheit*

Ein wesentlicher Bestandteil für die Bindung an eine Patientenverfügung ist deren hinreichende Bestimmtheit der Festlegungen, die der Patient für den einwilligungsunfähigen Zustand getroffen hat, § 1901a Abs. 1 BGB. Erst die Bestimmtheit löst die rechtliche Bindung an die Festlegungen des Patienten aus.[205] Die Bestimmtheit einer Patientenverfügung bezeichnet die konkrete Beschreibung einer ärztlichen Maßnahme für eine umrissene Behandlungssituation in der Zukunft, wobei die Anforderungen an Handlungsanweisung und antizipierten Situationsbezug[206] nicht überspannt werden dürfen.[207] Dieses von der Rechtsprechung spezifizierte Bestimmtheitsgebot[208] sorgt dafür, dass in der Anwendungssituation aus der

---

203 Hierfür werden die allgemeinen Auslegungsgrundsätze zu Willenserklärungen angewandt, vgl. *Diener*, in: BeckOGK/BGB, § 1901a, Rn. 51 m.w.N. In diese Richtung auch *Wietfeld*, S. 137 f. Generell zum Anwendungsbereich *Ellenberger*, in: Palandt, § 133, Rn. 3.

204 Hierzu siehe Teil 2, B. I., II. und III.

205 *Diener*, in: BeckOGK/BGB, § 1901a, Rn. 47.

206 *Seibl*, NJW 2016, 3277 (3279).

207 BGHZ 214, 62 (68); BGH, Beschl. v. 14.11.2018 – XII ZB 107/18 = NJW 2019, 600 (602).

208 BGHZ 202, 226; BGHZ 211, 67; BGHZ 214, 62; BGH, Beschl. v. 14.11.2018 – XII ZB 107/18 = NJW 2019, 600. Die zivilrechtliche Rechtsprechung zum Bestimmtheitsgebot von Patientenverfügungen lässt sich im Wesentlichen wie folgt nachzeichnen: Vor der einfachgesetzlichen Aufnahme der Patientenverfügung ins BGB wurde angenommen, dass keine lebensverlängernden Maßnahmen bei Einwilligungsunfähigkeit und irreversibel tödlichem Verlauf des Grundleidens des Patienten erfolgen dürfen, wenn dies dem geäußerten Willen des Patienten, bspw. kommuniziert über eine Patientenverfügung, entspricht, siehe hierzu BGHZ 154, 205 (217). Nach Kodifikation der Patientenverfügung entschied der BGH, in genereller Abgrenzung zu BGHZ 154, 205, dass u.a. keine betreuungsgerichtliche Genehmigung erforderlich ist, wenn der Patient seinen Willen bereits hinreichend bestimmt in der Patientenverfügung niedergelegt hat, wobei strenge Maßstäbe zur Feststellung des Willens anzulegen sind, BGHZ 202, 226 (241). Die Bestimmtheit bezeichnet nach Auffassung der Rechtsprechung dabei eine klare Umschreibung der gewünschten Behandlungsmaßnahmen. Die Formulierung „keine lebenserhaltenden Maßnahmen" zu wünschen

Patientenverfügung erkennbar hervorgehen muss, welche Behandlungsrichtung von der Vorausverfügung erfasst ist. Dementsprechend genügt die Formulierung, „keine lebenserhaltenden Maßnahmen“[209] zu wünschen oder bei „Eintritt eines schweren Dauerschadens des Gehirns“[210] die medizinische Behandlung einzustellen, ohne nähere Konkretisierungen nicht dem Bestimmtheitsgebot.[211] Nicht erforderlich ist hingegen, dass der Patient im Erstellungszeitpunkt seinen zukünftigen Krankheitsverlauf dezidiert beschreibt und welche medizinischen Maßnahmen gewünscht bzw. abgelehnt werden.[212] Patientenverfügungen müssen anwenderfreundlich bleiben. Ausreichend ist, dass sich der Patientenwille in der Gesamtschau der Patientenverfügung feststellen lässt.[213] Dementsprechend muss sich aus einer Patientenverfügung ohne verklausulierte Formulierungen deutlich ergeben, welche Behandlungsrichtung für den aktuellen Gesundheitszustand dem Patientenwillen entspricht. Eine Patientenverfügung genügt damit dem Bestimmtheitsgrundsatz, wenn sie „einerseits konkret die Behandlungssituationen beschreibt, in der die

---

genügt ohne zusätzliche Bezugnahme oder Benennung ärztlicher Maßnahmen für sich genommen nicht, um eine konkretisierte Behandlungsentscheidung feststellen zu können, BGHZ 211, 67 (83). In BGHZ 214, 62 (72 f.) wiederum weist der BGH darauf hin, dass in einer hinreichend bestimmten Patientenverfügung – neben Erklärungen zu ärztlichen Maßnahmen – zum Ausdruck kommen muss, dass die Festlegungen in der konkreten Behandlungssituation Geltung entfalten sollen. Dass es nicht ausreicht festzulegen, keine lebenserhaltenden Maßnahmen zu wünschen, wird bestätigt. Allerdings kann sich im Einzelfall die erforderliche Konkretisierung durch eine Bezugnahme auf spezifizierte Behandlungssituationen ergeben (Relativierung zu BGHZ 211, 67). In neuerer Zeit führt der BGH aus, dass sich die Bestimmtheit einer Patientenverfügung im Einzelfall durch Auslegung einer weniger detailreichen Benennung ärztlicher Maßnahmen mit Bezugnahme auf ausreichend konkretisierte und spezifizierte Behandlungssituationen ergeben kann. Die Voraussetzungen zur Bestimmtheit (Behandlungssituation und Bezeichnung der ärztlichen Maßnahme) dürfen jedoch nicht überspannt werden. Es genügt eine Umschreibung, was der Patient in einer bestimmten Lebens- oder Behandlungssituation will. Dabei wird nicht verlangt, dass der Patient die eigene Krankengeschichte im Voraus übersehen kann (BGH, Beschl. v. 14.11.2018 – XII ZB 107/18 = NJW 2019, 600 (602)). Vgl. auch Überblick bei *Eser/Sternberg-Lieben*, in: Schönke/Schröder, StGB, Vor. §§ 211 ff., Rn. 28f.

209 BT-Drs. 16/8442, S. 15; *Breidenstein*, jM 2016, 222 (222*); in der Schmitten/Nauck/ Marckmann*, Palliativmed 2016, 177 (183) sprechen bei dieser Formulierung von einem „Autonomie-Placebo“.

210 BGHZ 211, 67 (86); BGHZ 214, 62 (68 f.).

211 Weitere Beispiele bei *Diener*, in: BeckOGK/BGB, § 1901a, Rn. 53 ff.

212 BGH, Beschl. v. 14.11.2018 – XII ZB 107/18 = NJW 2019, 600 (602).

213 *Diener*, in: BeckOGK/BGB, § 1901a, Rn. 50.

Verfügung gelten soll, und andererseits die ärztlichen Maßnahmen genau bezeichnet, in die der Ersteller einwilligt oder die er untersagt, etwa durch Angaben zur [...] Wiederbelebung [...].“[214] Nötig für eine spätere (rettungsmedizinische) Befolgung der Patientenverfügung ist weiter, dass diese nicht widerrufen wurde.

4. *Widerruf*

Ausweislich des § 1901a Abs. 1 S. 3 BGB kann eine Patientenverfügung jederzeit formlos widerrufen werden. Dafür genügt, dass der Ersteller erkennbar nicht mehr an seine Festlegungen gebunden sein will. Der Widerruf ist formfrei möglich[215], und muss lediglich hinreichend deutlich nach Außen treten.[216] Dafür genügt, dass der ursprüngliche Ersteller des Verfügungstextes einwilligungsfähig ist; auf dessen Geschäftsfähigkeit kommt es nicht an.[217] Die jederzeitige Widerruflichkeit hat den Zweck, dass bei tatsächlichem Eintritt der erfassten Behandlungssituation eine zuvor abgelehnte Heilbehandlung stets eingeleitet werden können soll, indem der Patient seine Patientenverfügung widerruft. Der niedergelegte Wille „versteinert“ den Patientenwillen nicht, so dass Änderungen hin zu einem Behandlungswunsch jederzeit möglich bleiben.[218] Regelmäßig kommt es in der Anwendungssituation dabei auf ein Zusammenwirken zwischen behandelndem Arzt und Betreuer an.[219]

5. *Betreuer*

Ein Arzt prüft im Idealfall zunächst die Indikation medizinischer Maßnahmen hinsichtlich des konkreten Gesundheitszustands des Patienten.[220] Die einfachgesetzliche Regelung sieht in § 1901a Abs. 1 S. 1 BGB weiter vor, dass ein

---

214 BGH, Beschl. v. 14.11.2018 - XII ZB 107/18 = NJW 2019, 600 (602).

215 *Verrel*, in: Bormann, S. 626.

216 *Götz*, in: Palandt, § 1901a, Rn. 25.

217 *Götz*, in: Palandt, § 1901a, Rn. 25.

218 Anders die Diskussion um sog. Odysseus-Anweisungen. Diese erfassen die Sachlage, dass eine konkrete Behandlungssituation, bspw. Demenz, antizipiert und eine Selbstbindung statuiert wird. Probleme ergeben sich dadurch, dass der Patient nunmehr ansprechbar aber ggf. nur minimal einwilligungsfähig ist und dem früher antizipierten Bestimmungen widerspricht; vgl. hierzu *Eser/Sternberg-Lieben*, in: Schönke/Schröder, StGB, Vor. §§ 211 ff., Rn. 28h; *Hallich*, ZPhF 2011, 151 (151 f.); auch *Lindner/Huber*, NJW 2017, 6 ff.; *Lanzrath*, MedR 2017, 102 ff.; *Magnus*, S. 200 f.

219 Hierzu siehe unten Teil 2, A. I. 3.

220 *Breidenstein*, jM 2016, 222 (223).

Betreuer grundsätzlich die Festlegungen der Patientenverfügung mit der aktuellen Behandlungssituation vergleicht. Der Betreuer prüft also, ob diese Festlegungen auf die aktuelle Lebens- und Behandlungssituation zutreffen. Unterstützung erfährt er durch das Zusammenwirken mit dem Arzt.[221] Ist dies der Fall, hat der Betreuer dem Willen des Betreuten zu Ausdruck und Geltung zu verhelfen, vgl. § 1901a Abs. 1 S. 2 BGB.[222] Dies erfolgt durch Kommunikation mit den behandelnden Personen und Angehörigen (§§ 1901b Abs. 1 S. 2, Abs. 2 BGB), um – ggf. mit Nachdruck – auf die tatsächliche Berücksichtigung der antizipierten Bestimmungen des Patienten hinzuwirken.[223] Einer Einwilligung des Betreuers in eine anstehende medizinische Behandlung bedarf es hingegen nicht, da der Patient die Entscheidung hinsichtlich des Eingriffs in seine körperliche Integrität bereits selbst getroffen hat.[224]

6. *Reichweite der Patientenverfügung*

Festzuhalten bleibt noch, dass keine gesetzliche Begrenzung der Reichweite einer Patientenverfügung gegeben ist.[225] Dies bedeutet, dass ausweislich des § 1901a Abs. 3 BGB eine Patientenverfügung unabhängig von Art und Stadium einer Erkrankung Geltungskraft entfalten kann. Ein antizipierter Wille des Patienten ist damit in allen Lebenslagen beachtlich und es kommt nicht bspw. auf einen bereits eingesetzten Sterbeprozess an.[226] Dementsprechend sind vorausverfügte Behandlungsentscheidungen im vorklinischen Bereich, insbesondere auch in der Notfallrettung zu beachten.

II. Abgrenzung zur Vorsorgevollmacht, Betreuungsverfügung und Behandlungswünschen

Abzugrenzen ist die Patientenverfügung von Vorsorgevollmachten und Betreuungsverfügungen, die eine andere Zielrichtung verfolgen. Daneben ist eine Patientenverfügung von reinen Behandlungswünschen zu unterscheiden. Im Gegensatz zu einer Patientenverfügung beinhaltet eine Vorsorgevollmacht die Ermächtigung einer Vertrauensperson zur Vertretung in näher spezifizierten

221 *Breidenstein*, jM 2016, 222 (223).

222 *Albrecht/Albrecht/Böhm/Böhm-Rößler*, S. 61 ff. sehen den Betreuer/Vertreter als alleinigen Adressaten an.

223 *Diener*, in: BeckOGK/BGB, § 1901a, Rn. 65.

224 BT-Drs. 16/8442, S. 14; *Verrel*, in: Bormann, S. 628 f.

225 BT-Drs. 16/8442, S. 12, 16.

226 BT-Drs. 16/8442, S. 16.

Angelegenheiten bei künftiger Geschäftsunfähigkeit oder Betreuungsbedürftigkeit.[227] Rechtsgrundlagen bilden der § 1896 Abs. 2 S. 2 BGB sowie die §§ 158, 167 BGB. Der Vorsorgefall ist die Bedingung für eine Vorsorgevollmacht und soll eine Betreuung verhindern. Dagegen legt eine Patientenverfügung konkrete Handlungsanweisungen im Falle der eigenen Einwilligungsunfähigkeit fest.[228] Eine Betreuungsverfügung wiederum bemisst sich nach den §§ 1908f Abs. 1 Nr. 2a, 1897 Abs. 4, 1901c BGB und bezeichnet eine Willenserklärung des Betroffenen. Diese Willenserklärung legt fest, wer im Falle einer Betreuungsanordnung als Betreuer eingesetzt und wie diese durchgeführt werden soll.[229] Eine Betreuungsverfügung setzt, im Gegensatz zur Vorsorgevollmacht, regelmäßig die Betreuung voraus. In Abgrenzung zur Patientenverfügung, die die Festlegung ärztlicher Maßnahmen im Blick hat (§ 1901a Abs. 1 BGB), ist die Intention einer Betreuungsverfügung, eine bestimmte Person im Falle der Betreuungsnotwendigkeit als Betreuer zu benennen.[230] Ein reiner Behandlungswunsch wiederum kann sich aus einer unwirksamen Patientenverfügung ergeben.[231] Dabei wird eine Lebens- oder Behandlungssituation zwar zum Ausdruck gebracht und wie medizinisch vorgegangen werden soll, jedoch die gesetzlichen Anforderungen der §§ 1901a ff BGB an eine Patientenverfügung nicht gewahrt.[232] Bspw. kann es sich um schriftliche Festlegungen eines minderjährigen Patienten handeln. Lassen sich augenscheinliche Bezüge zur konkreten Behandlungssituation aus einem Behandlungswunsch entnehmen, so ist auch dieser beachtenswert. Ein Behandlungswunsch kann somit als eigene Kategorie neben dem mutmaßlichen Patientenwillen oder als Hilfestellung für dessen Ermittlung dienen.[233] Eine Patientenverfügung i.S.d. § 1901a Abs. 1 BGB liegt hingegen nicht vor.

III. Zwischenergebnis

Die Erstellung einer Patientenverfügung ist grundsätzlich an wenig strenge Anforderungen geknüpft. Maßgeblich ist die Schriftlichkeit des Behandlungswunsches, der hinreichend bestimmt sowohl die Krankheitssituation als auch die gewünschten oder zu unterlassenden Behandlungsmaßnahmen benennt.

227 *Wietfeld*, S. 139; *Zimmermann*, Rn. 29.
228 *Diener*, in: BeckOGK/BGB, § 1901a, Rn. 23.
229 *Zimmermann*, Rn. 29.
230 *Diener*, in: BeckOGK/BGB, § 1901a, Rn. 25.
231 *Müller-Engels*, in: BeckOK/BGB, § 1901a, Rn. 31.
232 BGHZ 202, 226 (232 f.).
233 *Verrel*, in: Bormann, S. 630 f. m.w.N.

Liegen insgesamt keine evidenten Hinweise auf einen unfreiwillig niedergelegten Willensentschluss vor, gilt eine hinreichend bestimmte Patientenverfügung unabhängig von Art und Stadium der Erkrankung.

C. Rettungsdienst

Um weiter der Frage nachgehen zu können, ob und wie eine Patientenverfügung rettungsmedizinisch effektiv umgesetzt werden kann, werden nunmehr der Rettungsdienst in seiner organisatorischen Aufgabenausgestaltung (I) sowie die beteiligten Akteure (II) vorgestellt. Dies soll verdeutlichen, in welchem praktischen Kontext sich die Rechtsfigur der Patientenverfügung bewähren muss. Geleitet werden die Ausführungen vom reanimationspflichtigen Notfallpatienten (III), der bereits im einleitenden Beispielsfall herangezogen worden ist. Die Einsatzorganisation über die Rettungsleitstelle (IV) sowie die gängigen Einsatzorte rettungsmedizinischer Akutgeschehen (V) sind ebenfalls Teilbereiche der nachfolgenden Ausführungen.

I. Aufgabe und Organisation

Die flächendeckende Versorgung der Bevölkerung mit rettungsdienstlichen Leistungen stellt eine öffentliche Aufgabe dar.[234] Dabei ist der Rettungsdienst der Daseinsvorsorge und dem Gefahrenabwehrrecht zugehörig.[235] Der heutige Rettungsdienst bildet einen eigenständigen Teilbereich in der Gesundheitsvorsorge und gliedert sich in die Notfallrettung und den Krankentransport auf.[236]

234 Vgl. bspw. Art. 1 S. 2 BayRDG; *Denninger*, DÖV 1987, 981 (985), zur Abgrenzung insgesamt *Kloepfer*, § 14, Rn. 27 ff.

235 Exemplarisch § 6 Abs. 1 RettG NRW; *Buschmann*, et al., Anaesthesist 2016, 601 (602); *Fehn/Selen*, S. 227 f.; *Katzenmeier/Schrag-Slavu*, S. 7; *Kloepfer*, § 13, Rn. 5: „nichtpolizeiliche Gefahrenabwehr"; *Lechleuthner*, N+R 2019, 136 (139): „medizinische Gefahrenabwehr" m.w.N.; *Müller-Platz*, in: Praxis der Kommunalverwaltung NRW, § 1 S. 1; *Zoller/Wurmb*, Die Polizei 2018, 178 (180).

236 DIN 13050: 2015-04, S. 9. Vgl. bspw. auch § 2 Abs. 3 RettG NRW. Der Krankentransport erfordert keine vertieften medizinischen Kenntnisse der Mitarbeiter und umfasst den nicht akutmedizinischen Transport von Patienten. Zur Geschichte des Rettungsdienstes vgl. *Ahnefeld/Brandt*, N+R 2002, 607 ff.; *Ahnefeld*, N+R 2003, 520 (520); *Goldmann*, S. 21; *Hausner*, S. 15 ff.; grundlegend *Kirschner*, Der Chirurg 1938, 714 ff.; *Moecke*, N+R 2007, 515 ff. Ausgeklammert wird der vertragsärztliche Notdienst in den sprechstundenfreien Zeiten, § 75 Abs. 1b SGB V. Dieser Notfalldienst bzw. allgemeiner ärztlicher Bereitschaftsdienst steht Patienten außerhalb der regulären Sprechzeiten für nicht lebensbedrohliche Krankheitsbilder zur Verfügung und ist

Unter dem hier maßgeblichen Begriff der Notfallrettung fällt die präklinische Notfallmedizin bzw. Notfallversorgung. Die Notfallmedizin dient der Überbrückung einer akut lebensbedrohlichen Lage, um klinisch die auslösende Ursache dieser Lage behandeln zu können.[237] Als verlängerter und mobiler Ausläufer des Krankenhauses[238] steht die präklinische medizinische Versorgung der Bevölkerung im Vordergrund. Allerdings nimmt sie nur einen Teilbereich in der sog. Rettungskette ein.[239] Die Rettungskette bezeichnet das Zusammenspiel von Laienersthelfern und Berufsrettern.[240] Als erstes Glied dieser Kette trifft der Ersthelfer auf den Patienten, setzt einen Notruf ab und beginnt mit Erste-Hilfe-Maßnahmen. Die hier relevante Notfallrettung übernimmt sodann den Teilbereich von der Notrufannahme durch die Rettungsleitstelle, über die Anfahrt zum Einsatzort und professionelle medizinische Erstversorgung, bis hin zum Transport des Notfallpatienten in die Zielklinik.[241] Im Krankenhaus findet anschließend die umfangreichste Patientenversorgung statt. Ein Verbringen des Patienten in die Zielklinik nach initialer Versorgung am Notfallort stellt damit den Kernbereich der notfallmedizinischen Aufgabenzuweisung dar.

Die Organisation des Rettungsdienstes fällt in die Gesetzgebungszuständigkeit der Länder, da die Art. 73, 74 GG das Recht des Rettungsdienstes nicht ausdrücklich enthalten, Art. 72 Abs. 1 GG.[242] Träger des Rettungsdienstes bzw. der Notfallrettung sind regelmäßig die Gebietskörperschaften.[243] Regelmäßig wird

---

von der präklinischen Notfallrettung des Rettungsdienstes zu unterscheiden. Der vertragsärztliche Notdienst/Bereitschaftsdienst ist für nicht akut lebensbedrohliche Krankheitsgeschehen gedacht, wohl aber ein anwesender Bereitschaftsarzt in der Lage, auch in Notfallsituationen überbrückend Hilfe zu leisten; a.A. *Bahner*, ZMGR 2019, 148 (150). Im Gegensatz zum Rettungsdienst ist der ärztliche Bereitschaftsdienst bundesweit nicht unter der Rufnummer 112, sondern unter der 116117 erreichbar. Vgl. bspw. *Engelbrecht*, in: May/Kreß/Verrel/Wagner, S. 190; *Killinger*, S. 16 ff. Zu Verwechslungsgefahren im Akutereignis, die wohl eher ein Scheinproblem darstellen, siehe *Bahner*, ZMGR 2019, 148 (154).

237 *Janda*, S. 113; *Salomon*, AINS 2000, 319 (321).

238 *Katzenmeier/Schrag-Slavu*, S. 5.

239 *Prütting*, RettG NRW, Vor. S. 2.

240 Vgl. *Pschyrembel*, Stichwort: Rettungs-Kette.

241 *Prütting*, RettG NRW, Vor. S. 2; die rettungsdienstliche Transportleistung fällt unter § 60 SGB V und stellen damit eine Leistung der gesetzlichen Krankenkasse dar.

242 *Katzenmeier/Schrag-Slavu*, S. 7 f.; vgl. auch *Trenk-Hinterberger*, in: Spickhoff, SGB V, § 133, Rn. 5.

243 Exemplarisch § 6 Abs. 2, 3 RettG NRW; *Kloepfer*, § 13, Rn. 47 ff. Eine Sonderrolle nimmt Baden-Württemberg ein. Gemäß den §§ 2, 4, 5 RDG-BW liegt die Organisation

die Notfallrettung durch Vergabe an Hilfsorganisationen[244] oder private Anbieter von Rettungsdienstleistungen ausgeführt, um so dem öffentlichen Auftrag gerecht zu werden.[245]

II. Personal im Rettungsdienst

Die medizinischen Akteure der Notfallrettung untergliedern sich in ärztliches (1) und nichtärztliches Personal (2). Dabei bestimmen die jeweiligen Landesrettungsdienstgesetze die erforderlichen Mindestanforderungen[246] an die Besetzung der Rettungsmittel.[247] Nichtärztliches Rettungsfachpersonal, hauptsächlich bestehend aus Notfallsanitätern, Rettungsassistenten und Rettungssanitätern, ist neben Notärzten an der präklinischen Versorgung von Notfallpatienten beteiligt.[248]

---

des Rettungsdienstes bei den Kostenträgern und jeweiligen Leistungserbringern. Daher wird dem Rettungsdienst in Baden-Württemberg der öffentlich-rechtliche Charakter abgesprochen, BGHZ 118, 304 (306); OLG Karlsruhe, Urt. v. 13. Mai 2016 – 13 U 103/13 –, juris, Rn. 50 ff.; kritisch hierzu *Kloepfer*, § 13, Rn. 51. Als Pflichtaufgabe zur Erfüllung nach Weisung organisieren etwa die Kommunen diesen übertragenen Aufgabenbereich; vgl. *Prütting*, RettG NRW, Vor. S. 2. Hierzu auch *Kloepfer*, § 13, Rn. 63 ff.

244 Bspw. Arbeiter-Samariter-Bund, Johanniter-Unfall-Hilfe, Deutsches Rotes Kreuz und Malteser Hilfsdienst.

245 Rettungsdienstleistungen können in verschiedenen Betreibermodellen (Kommunales-, Konzessions- bzw. Submissionsmodell) kommunal organisiert werden. Im kommunalen Modell werden Rettungsdienstleistungen kommunal aus eigenen Mitteln und Bediensteten (z.B. Feuerwehrbeamte) organisiert und vorgehalten. Das Konzessionsmodell sieht eine Vergabe der Rettungsdienstleistungen an einen Leistungserbringer vor. Der Leistungserbringer erhält ein Recht zur Durchführung des Rettungsdienstes, rechnet diese Leistungen jedoch direkt mit den Sozialversicherungsträgern ab. Im Submissionsmodell hingegen wird die Rettungsdienstleistung öffentlich ausgeschrieben und an externe Anbieter (Hilfsorganisationen, Privatunternehmen) vergeben. Die Vergütung erfolgt zwischen Kommune und Anbieter der Rettungsdienstleistung. Siehe zum Ganzen WD 9 - 3000 - 105/14, S. 7 ff.

246 *Prütting*, RettG NRW, § 4, Rn. 11.

247 Bspw. § 4 Abs. 3 RettG NRW; Überblick zur Mindestqualifikationen der Fahrzeugbesatzungen bei *Lentz*, in: Luxem/Runggaldier/Karutz/Flake, NotSan heute, S. 1330.

248 Vgl. z.B. § 1 Abs. 1, Abs. 2 RettAPO NRW.

1. *Ärztliches Personal im Rettungsdienst*

Neben der Approbation als Arzt wird die Notarztqualifikation regelmäßig durch einen Fachkundenachweis in präklinischer Notfallmedizin länderspezifisch erworben, da sich eine spezielle Facharztausbildung für die Notfallrettung noch nicht herausgebildet hat.[249] Zwischen den Bundesländern sind die maßgeblichen Weiterbildungsinhalte zum Notarzt einander „angenähert"[250], sodass die Zusatzweiterbildung in der Notfallmedizin jedenfalls das Erkennen (Diagnostik) und Behandeln (Therapie) lebensbedrohlich gefährdeter Patienten beinhaltet.[251] Zu den Aufgaben eines Notarztes zählen die Sicherung der lebenswichtigen Vitalfunktionen des Notfallpatienten unter zeitkritischen Gegebenheiten und die Herstellung und Aufrechterhaltung von dessen Transportfähigkeit.[252] Bei der Sicherung der Vitalfunktionen des Patienten kommt dem Notarzt ein gewisser Entscheidungsspielraum (Therapiefreiheit des Arztes) zu.[253] Im Einzelfall muss unter Abwägung von Chancen und Risiken über die Art und Weise des therapeutischen Vorgehens entschieden werden.[254] Zurückgreifen kann ein Notarzt dabei auf eigene Erfahrungswerte und wissenschaftliche Standards. Daneben können originär ärztliche Tätigkeiten auf nichtärztliche Rettungsdienstmitarbeiter delegiert, diese also hiermit betraut werden.[255] Im Einsatzgeschehen besitzt der Notarzt dieses Weisungsrecht gegenüber dem nichtärztlichen Assistenzpersonal.[256] Die notärztliche Struktur des Rettungsdienstes wird durch den Ärztlichen Leiter Rettungsdienst (ÄLRD) und leitende Notärzte (LNA) ergänzt.

---

249 Vgl. bspw. § 2 Abs. 1 Nr. 1 der Richtlinie der Ärztekammer Nordrhein über die Eignungsvoraussetzungen für die im Rettungsdienst mitwirkenden Ärztinnen und Ärzte. Zur Qualifikation eines Facharztes für Notfallmedizin (auf europäischer Ebene) vgl. *Dißmann*, N+R 2014, 697 ff.; *Gries/Arntz/Lackner/Seekamp/Altemeyer*, N+R 2010, 469 ff.; *Reifferscheid/Harding/Dörges/Knacke/Wirtz*, AI 2010, 82 ff.

250 *Prütting*, RettG NRW, § 4, Rn. 43.

251 Kritisch hierzu („Basisqualifikation") *Czaplik/Bergrath*, in: Fischer/Krämer, S. 321; *Prütting*, RettG NRW, § 4, Rn. 43.

252 *Reifferscheid/Harding/Hossfeld*, N+R 2016, 554 (554).

253 *Laufs*, in: Laufs/Katzenmeier/Lipp, Kap. I, Rn. 42.

254 *Katzenmeier*, in: Laufs/Katzenmeier/Lipp, Kap. X, Rn. 83 ff.

255 *Pschyrembel*, Stichwort: Delegation.

256 Vgl. bspw. § 4 Abs. 3 S. 3 RettG NRW; § 4 Abs. 2 S. 3 SRettG; Art. 21 BayRDG; § 30 BremHilfeG; § 7 RDG-SH; *Kern/Rehborn*, in: Laufs/Kern/Rehborn, HdArztR, § 20, Rn. 41 ff. Daneben hat Kommunikation im Behandlungsteam maßgeblichen Einfluss auf das Behandlungsresultat des Patienten, vgl. *Burghofer/Lackner*, N+R 2010, 363 ff.

Der ÄLRD ist ein „im Rettungsdienst tätiger Arzt, der die medizinische Aufsicht und Weisungsbefugnis in medizinischen Angelegenheiten über mindestens einen Rettungsdienstbereich hat, über eine entsprechende Qualifikation verfügt und von der zuständigen öffentlichen Stelle berufen wird.“[257] Das Tätigkeitsfeld umfasst die Leitung und Überwachung in medizinischen und einsatztaktischen Fragen einer regionalen Rettungsdienststruktur.[258] Zu seinen maßgeblichen Aufgaben zählt ferner die standardmäßige Vorgabe heilkundlicher Maßnahmen bei bestimmten notfallmedizinischen Zustandsbildern und Notsituationen zur eigenständigen Durchführung durch Notfallsanitäter.[259] Die Festlegung dieser Handlungsalgorithmen für verschiedene Einsatzszenarien gehört zu den wesentlichen Kompetenzen des ÄLRD. Diese werden von ihm überprüft und auch verantwortet.[260] Um wiederum Großschadensereignisse, bspw. eine größere Anzahl verletzter Personen, zu koordinieren, wird ein LNA bestellt.[261] In diesem Rahmen kann er beteiligten Notärzten Weisungen erteilen.[262]

2. *Nichtärztliches Rettungsdienstpersonal*

Die vorklinisch tätigen Ärzte werden durch nichtärztliches Rettungsdienstpersonal unterstützt. Notfallsanitäter (a), Rettungsassistenten (b) und teilweise auch Rettungssanitäter sowie Rettungshelfer (c) sind in die Notfallrettung eingebunden.

a. *Notfallsanitäter*

Mit ihrer dreijährigen Berufsausbildung verfügen Notfallsanitäter über den höchsten nichtärztlichen Ausbildungsstand im Rettungsdienst.[263] Sie unterstützen einerseits den Notarzt in der Notfallbehandlung und sind andererseits auch

---

257 DIN 13050: 2015-04, S. 3; vgl. bspw. auch Art. 12 BayRDG; § 10 Abs. 3 NRettDG.
258 *Prütting*, RettG NRW, § 7, Rn. 16b ff.
259 § 4 Abs. 2 Nr. 2 c) NotSanG.
260 Vgl. § 4 Abs. 2 Nr. 2 c) NotSanG; weiterführend *Prütting*, RettG NRW, § 7, Rn. 16b ff.
261 Bspw. § 7 Abs. 2 NRettDG; § 7 Abs. 4 S. 1 RettG NRW.
262 Etwa § 7 Abs. 2 S. 2 NRettDG; § 7 Abs. 4 S. 3 RettG NRW; zum Pendant des Organisatorischen Leiters Rettungsdienst siehe *Lechleuthner*, N+R 2019, 136 (141 ff.).
263 Der Notfallsanitäter ist ein relativ junges Berufsbild im Rettungsdienst. Im Januar 2014 trat das NotSanG mit der Intention in Kraft, den Rettungsassistenten in der präklinischen Notfallmedizin abzulösen. Durch die neu geschaffene Notfallsanitäterausbildung wurde insbesondere eine gegenüber Rettungsassistenten und Rettungssanitätern hochwertigere, nichtärztlich-fachliche Qualifizierung in die Notfallrettung eingeführt; *Prütting*, RettG NRW, § 4, Rn. 13.

eigenverantwortlich tätig. Die zentrale Aufgabenbeschreibung von Notfallsanitätern findet sich in einer Zusammenschau aus den Ausbildungszielen des § 4 NotSanG und den die konkrete Berufsausübung ausformenden Rettungsdienstgesetzen der einzelnen Bundesländer.[264] Zu den eigenverantwortlich durchführbaren Aufgaben des Notfallsanitäters zählen zunächst die Lageerfassung am Einsatzort und Beurteilung des Gesundheitszustandes des Patienten sowie dessen Erstversorgung (§ 4 Abs. 2 Nr. 1a), b) NotSanG).[265] Die Erstversorgung beinhaltet dabei auch die Vornahme von Wiederbelebungsmaßnahmen. Im Rahmen der Erstversorgung soll der Notfallsanitäter überbrückende invasive Maßnahmen bis zum Eintreffen des Notarztes vornehmen, wenn ein lebensgefährlicher Zustand vorliegt oder wesentliche Folgeschäden zu erwarten sind, § 4 Abs. 1 Nr. 1c) NotSanG.[266] Eine (nachträgliche) Bewertung dieser „auf eigene Verantwortung"[267] vorgenommenen - unbestimmten - invasiven Maßnahmen durch einen Notfallsanitäter erfolgt über den rechtfertigenden Notstand nach § 34 StGB.[268] Derartige notfallmedizinische Maßnahmen sind zeitlich bis zum Eintreffen des Notarztes bzw. anderweitiger ärztlicher Versorgung des Notfallpatienten befristet.[269] Weiter zählen der Umgang mit Notfallpatienten, der Transport sowie die Dokumentation und Übergabe des Patienten zur ärztlichen Weiterbehandlung zum Aufgabenkreis eines Notfallsanitäters.[270] Ergänzend sind ferner die Kommunikation am Einsatzort unter allen Beteiligten, organisatorische qualitätssichernde Maßnahmen sowie die Herstellung und Aufrechterhaltung der Einsatz- und Betriebsfähigkeit von Rettungsmitteln wesentliche Tätigkeitsfelder, die in der Ausbildung erlernt werden.[271]

---

264 Bspw. §§ 2 Abs. 2, 5 Abs. 1, 6 RettG NRW. Das NotSanG stellt ein Gesetz über die Berufszulassung dar, worauf sich die Gesetzgebungskompetenz des Bundes nach Art. 74 Abs. 1 Nr. 19 GG erstreckt. Die Ausbildungszielbeschreibungen dienen dabei als Auslegungshilfen des Aufgabenbereichs eines Notfallsanitäters; BT-Drs. 17/11689, S. 16.

265 *Hadasch/Bens*, in: Bens/Lipp, NotSanG, § 4 S. 63 sprechen von der Ersteinschätzung i.S.e. „Arbeitsdiagnose".

266 § 4 Abs. 2 Nr. 1 c) NotSanG bezeichnet die sog. Erstversorgungskompetenz.

267 BT-Drs. 17/11689, S. 21.

268 BT-Drs. 17/11689, S. 21; WD 9 - 3000 - 042/16, S. 16.

269 BT-Drs. 17/11689, S. 21.

270 Vgl. § 4 Abs. 2 Nr. 1 d)-g) NotSanG, *Kern/Rehborn*, in: Laufs/Kern/Rehborn, HdArztR, § 20, Rn. 52 f.

271 Vgl. § 4 Abs. 2 Nr. 1 h)-j) NotSanG.

Zu den genannten, in eigener Verantwortung durchzuführenden Aufgaben des Notfallsanitäters, treten die durch ärztliche Mitwirkung geprägten Tätigkeiten (§ 4 Abs. 2 Nr. 2 NotSanG). Neben der Assistenz in der notärztlichen Akutversorgung von Patienten und dem eigenständigen Durchführen ärztlich veranlasster Maßnahmen,[272] sollen Notfallsanitäter auch heilkundliche Maßnahmen eigenständig durchführen können.[273] Heilkundliche Maßnahmen stellen invasive Maßnahmen dar, die grundsätzlich Ärzten im Sinne des § 1 Abs. 1 HeilPrG vorbehalten sind (sog. Arztvorbehalt).[274]

Der Entscheidungsspielraum begrenzt sich vielmehr auf das Erkennen, ob „eine in Standardprozeduren beschriebene Situation vorliegt und – je nach den in den Standardprozeduren enthaltenen Spielräumen – wie darauf zu reagieren

272 Vgl. § 4 Abs. 2 Nr. 2 a), b) NotSanG.

273 § 4 Abs. 2 Nr. 2 c) NotSanG.

274 BT-Drs. 17/11689, S. 21; vgl. auch *Schelling*, in: Spickhoff, HeilPrG, § 1, Rn. 11 ff. Nach Einführung des NotSanG war zunächst fraglich, ob es sich bei diesen Maßnahmen um originär heilkundliche Tätigkeiten des Notfallsanitäters handelt, die dieser auch entsprechend des § 4 Abs. 2 Nr. 1c) NotSanG zu verantworten hat oder aber eine delegierte und verantwortete Tätigkeit des ÄLRD ist. Die „eigenständige Mitwirkung" in § 4 Abs. 2 Nr. 2 NotSanG ist nach anfänglichen Unsicherheiten nunmehr so zu verstehen, dass vom ÄLRD spezifizierte, überprüfte und verantwortete notfallmedizinische Zustandsbilder anhand standardisierter Vorgaben vorweggenommen ärztlicherseits delegiert werden. Trotz mangelnder Anwesenheit eines Notarztes wird ein Notfallsanitäter nicht anstelle eines Arztes kraft übertragenen Wirkungskreises eigenständig tätig (sog. Substitution), sondern handelt auf (antizipierte) ärztliche Weisung. In dem Ausbildungsziel des § 4 Abs. 2 Nr. 2c) NotSanG ist folglich eine vorweggenommene Delegation ohne tatsächlichen diagnostischen Entscheidungsspielraum des Notfallsanitäters („Ob") erkennbar, die unter Beachtung der Vorgaben der ärztlichen Leitung des konkreten Rettungsdienstbereichs erfolgt („Wie"). Der vermeintlich eigenständig handelnde Notfallsanitäter wird in den Behandlungsmaßnahmen insofern durch Algorithmen angeleitet, sodass kein wesentlicher Entscheidungsspielraum bei Vornahme invasiver Maßnahmen verbleibt. Zum Ganzen *Lechleuthner/Neupert*, N+R 2015, 413 (413 ff.); *Mann*, et al., N+R 2020, 16 (16); WD 9 - 3000 - 042/16, S. 3, 4, 14 f. sog. Standard Operating Procedures (SOP) bzw. Standardarbeitsanweisungen (SAA). Die SOP/SAA des ÄLRD definieren den Verantwortungsbereich des Notfallsanitäters; hierzu *Flentje/Seebode/Flemming*, N+R 2017, 24 (24); vgl. *Dielmann/Malottke*, NotSanG, § 4, Rn. 9 ff.; *Mann*, et al., N+R 2020, 16 (17). Durch Art. 12 des Referentenentwurfs eines Gesetzes zur Reform der technischen Assistenzberufe in der Medizin und zur Änderung weiterer Gesetze (MTA-Reform-Gesetz) v. 31.07.2020 des BMG, welches heilkundliche Maßnahmen auch invasiver Art durch Notfallsanitäter vorsieht, ist mit einer weiteren Auseinandersetzung zu der Thematik zu rechnen.

ist“[275]. Der jeweilige Notfallsanitäter entscheidet somit lediglich, ob die vom ÄLRD standardisierten Vorgaben die konkrete Situation erfassen[276] und handelt entsprechend. In diesen ärztlicherseits abgesteckten Grenzen können prähospital somit durch Nichtärzte ärztliche Maßnahmen durchgeführt werden, die im Rahmen der Ausbildung sicher erlernt worden sind. Solche Maßnahmen sind nicht für Notfallsanitäter freigegeben, sondern nur innerhalb der Vorgaben des ÄLRD anzuwenden. Die in Betracht kommenden invasiven Maßnahmen werden durch den jeweiligen ÄLRD spezifiziert.[277] Allerdings geben die nun über § 4 Abs. 2 Nr. 2c) NotSanG festgelegten invasiven Handlungsvorgaben einer freien Patientenbehandlung des Notfallsanitäters keinen Raum. Die wesentlichen notstandsähnlichen Gegebenheiten, die ohne Notarzt durchzuführen sind, wie das Legen eines intravenösen Zugangs oder Verhalten bei akutem Koronarsyndrom, werden durch die vom ÄLRD vorgegebenen Algorithmen weitestgehend umfasst und nehmen Notfallsanitätern den Entscheidungsspielraum.[278] Neben den benannten Aufgaben wird von Notfallsanitätern zusätzlich verlangt, die Gesamtlage vom individual-medizinischen Einzelfall bis zum Großschadens- und Katastrophenfall angemessenen zu berücksichtigen und „mit anderen Berufsgruppen und Menschen am Einsatzort“[279] patientenorientiert zusammenzuarbeiten. Zu den Kompetenzen zählt ferner die Ersteinschätzung des Patienten und das Erkennen bspw. der Notwendigkeit weiterer Einsatzkräfte.[280]

---

275 *Lechleuthner/Neupert*, N+R 2015, 413 (416).

276 WD 9 - 3000 - 042/16, S. 17.

277 In NRW finden sich in Anlage 2 und 3 zum Teil 1 der Ausführungsbestimmungen zur Ausbildung zur Notfallsanitäterin/zum Notfallsanitäter in Nordrhein-Westfalen vom 13.11.2015 (S. 18 f.) ein Katalog invasiver Maßnahmen durch Notfallsanitäter sowie ein Medikamentenkatalog, abrufbar unter https://www.mags. nrw/rettungswesen (zuletzt abgerufen am 05.09.2020).

278 Vgl. hierzu bspw. die von den Landesverbänden der ÄLRD in Mecklenburg-Vorpommern, Nordrhein-Westfalen, Sachsen und Sachsen-Anhalt herausgegebenen Behandlungspfade und Standardanweisungen im Rettungsdienst, Stand November 2019; abrufbar unter https://www.mags.nrw/sites/default/files/asset/ document/bpr_saa_2020.pdf (zuletzt abgerufen am 05.09.2020).

279 § 4 Abs. 2 Nr. 3 NotSanG.

280 *Hadasch/Bens*, in: Bens/Lipp, NotSanG, § 4 S. 63.

b. Rettungsassistenten

Trotz des neu geschaffenen Berufsbildes des Notfallsanitäters sind neben Notfallsanitätern weiterhin Rettungsassistenten in der Notfallrettung tätig.[281] Rettungsassistenten sind als Helfer des Arztes[282] (noch) in der Notfallrettung aktiv und verfügen im Vergleich zum Notfallsanitäter über einen geringeren Ausbildungsstand. Bis zum Eintreffen des Notarztes sollen sie in der Lage sein, am Notfallort bis zur Behandlungsübernahme durch einen Arzt lebensrettende Maßnahmen bei Notfallpatienten durchzuführen.[283] Entsprechend der Tätigkeit von Notfallsanitätern zählt es zu den Aufgaben eines Rettungsassistenten die Transportfähigkeit von Patienten herzustellen, die lebenswichtigen Körperfunktionen während des Transports zum Krankenhaus zu beobachten und aufrechtzuerhalten sowie kranke, verletzte und sonstige hilfsbedürftige Personen, auch soweit sie nicht Notfallpatienten sind, unter sachgerechter Betreuung zu befördern.[284] Diskussionsbedarf besteht, trotz des neugeschaffenen Berufsbildes des Notfallsanitäters, weiterhin hinsichtlich der sog. Notkompetenz von Rettungsassistenten.[285] Aufgrund des Arztvorbehalts (§§ 1 Abs. 1, 5 HeilPrG) ist die strafrechtliche Rechtfertigung von eigenständig durchgeführten heilkundlichen Maßnahmen besonders begründungsbedürftig. Als Garant mit grundsätzlicher Rettungspflicht[286] muss in lebensbedrohlichen Notlagen die Patientenversorgung aber auch ohne ärztliche Beteiligung überbrückt werden können.[287] Originär ärztliche Tätigkeiten, wie das Legen eines intravenösen Zugangs oder eine (ausgewählte) Medikamentenapplikation, werden bisweilen in diesem „rettungsdienstlichen Notstand“[288], in dem noch kein Notarzt am Einsatzort anwesend ist, durch Rettungsassistenten vorgenommen. Die zulässigen Notkompetenzmaßnahmen basieren dabei auf inhaltlichen Handlungsempfehlungen der Bundesärztekammer, die den Rahmen der zulässigen Maßnahmen eng umfassen.[289] Die

281 Vgl. Art. 55 Abs. 4 BayRDG; § 10 Abs. 2 S. 3 NRettDG; § 4 Abs. 3 S. 1 RettG NRW.
282 Vgl. ehemaliges Ausbildungsziel gemäß § 3 RettAssG (außer Kraft).
283 Vgl. § 3 RettAssG (außer Kraft).
284 Vgl. § 3 RettAssG (außer Kraft).
285 Vgl. nur *Neupert*, MedR 2004, 134 (134 f.) m.w.N.
286 *Prütting*, RettG NRW, § 4, Rn. 31.
287 *Neupert*, MedR 2004, 134 (135).
288 *Neupert*, MedR 2004, 134 (135).
289 Stellungnahme der Bundesärztekammer zur Notkompetenz von Rettungsassistenten und zur Delegation ärztlicher Leistungen im Rettungsdienst vom 02.11.1992, S. 2; http://www.bundesaerztekammer. de/fileadmin/user_upload/downloads/BAEK_Stellungnahme_Rettungsassistenten.pdf (zuletzt abgerufen am 20.06.2018).

ins Feld geführte Notkompetenz dient der juristischen Rechtfertigung invasiver Maßnahmen durch nichtärztliches Personal über die mutmaßliche Einwilligung des Patienten sowie § 34 StGB. Bis zur vollständigen Ablösung des Rettungsassistenten durch den Notfallsanitäter im vorklinischen Rettungswesen werden sich Rettungsassistenten wohl auch weiterhin an den Notkompetenzkatalog messen lassen müssen, obwohl sie mitunter über eine langjährige Berufserfahrung im Gegensatz zum „frisch ausgebildeten“ Notfallsanitäter verfügen.

Eine Ausbildung zum Rettungsassistenten ist seit Inkrafttreten des NotSanG nicht mehr möglich. Jedoch kann eine zuvor begonnene Ausbildung noch zu Ende gebracht werden.[290] Rettungsassistenten stellten vormals – neben Notärzten – die präklinische Berufsgruppe mit der umfänglichsten Verantwortung für Notfallpatienten dar.[291] Mit Ablauf des 31.12.2026 werden etwa in NRW die Rettungsassistenten durch Notfallsanitäter vollständig ersetzt.[292]

c. *Rettungssanitäter und Rettungshelfer*

Notfallsanitäter sowie Rettungsassistenten erfahren Unterstützung durch Rettungssanitäter und im Einzelfall mitunter auch durch Rettungshelfer. Die Tätigkeit des Rettungssanitäters ist auf eine unterstützende Funktion von Notfallsanitätern, Rettungsassistenten und auch Notärzten ausgerichtet.[293] Insbesondere bezieht sich die fachliche Eignung auf das Fahren von Rettungsmitteln.[294] Daneben müssen auch Störungen der Vitalfunktionen, insbesondere Ursachen eines Herz-Kreislauf-Stillstandes bekannt sein und erkannt werden können.[295] Hiervon ist ferner die Durchführung von entsprechenden lebenserhaltenden Maßnahmen umfasst, was in überaus kurzer Ausbildungszeit erlernt wird.[296] Folglich müssen Rettungssanitäter, wie auch Notärzte, Notfallsanitäter und Rettungsassistenten, leitliniengerechte Reanimationsmaßnahmen kennen und durchführen können. Die Vornahme invasiver Maßnahmen durch Rettungssanitäter ist hingegen nicht vorgesehen. Eine entsprechende Behandlung

290 § 32 Abs. 1 NotSanG.
291 BT-Drs. 17/11689, S. 1.
292 § 4 Abs. 7 RettG NRW.
293 Vgl. § 1 Abs. 1 S. 1 RettAPO NRW.
294 Bspw. § 10 Abs. 2 S. 4 NRettDG; § 4 Abs. 4 S. 2 RettG NRW.
295 Vgl. § 8 Abs. 4 Nr. 1, 2 RettAPO NRW und Anlage 1 zu § 1 Abs. 1 S. 2 Nr. 1 RettAPO NRW.
296 Die Ausbildung zum Rettungssanitäter umfasst (nur) mindestens 520 Ausbildungsstunden, vgl. § 1 Abs. 1 S. 2 RettAPO NRW.

durch einen Rettungssanitäter wird rechtlich erneut nur über eine etwaige mutmaßliche Einwilligung und den rechtfertigen Notstand nach § 34 StGB bewertet.

Den geringsten Ausbildungsstand rettungsmedizinischen Personals weisen Rettungshelfer auf.[297] Diese werden als Fahrer im Krankentransport ausgebildet und sollen Rettungssanitäter unterstützen.[298] In der Notfallrettung sind Rettungshelfer somit grundsätzlich nicht relevant. Entsprechend herabgesetzt sind die vermittelten Ausbildungsinhalte und der zu erwartende Kenntnisstand an einen Rettungshelfer.[299] Allerdings zählt auch beim Rettungshelfer bspw. die Beherrschung von Sofortmaßnahmen im Rahmen einer patientenseitig gestörten Herz-Kreislauf-Funktion zu dem zu erwartenden Aufgabenbereich.[300] Kommt ein Rettungshelfer etwa mit einem reanimationspflichtigen Patienten in Berührung, können sachgerechte Wiederbelebungsmaßnahmen erwartet werden.

3. *Einschub: Ersthelfer*

Neben den rettungsmedizinischen Akteuren können auch Ersthelfer an der Patientenversorgung beteiligt sein. Ersthelfer sind Personen, die in akuten Notsituationen Erste Hilfe leisten.[301] Ein Ersthelfer setzt die Rettungskette mit dem Notruf als deren erstes Glied in Gang. Begrifflich wird hier der medizinische Laie zu Grunde gelegt, den grundsätzlich eine Hilfeleistungspflicht bei Zumutbarkeit trifft, vgl. § 323c StGB. Im Einzelfall können auch qualifizierte Ersthelfer, bspw. ein zufällig vor Ort anwesender Arzt, in der Patientenversorgung beteiligt sein. Teilweise verfügen Ersthelfer auch über Kenntnisse aus einer Erste-Hilfe-Ausbildung,[302] sodass erste Rettungsbemühungen erfolgen. Bspw. werden initiale Wiederbelebungsbemühungen bei Herz-Kreislauf-Stillständen durch medizinische Laien europaweit zunehmend geschult.[303] Vertiefte Reanimationskenntnisse

---

297 *Lentz*, in: Luxem/Runggaldier/Karutz/Flake, NotSan heute, S. 1331 f.

298 Bspw. § 1 Abs. 2 S. 1 RettAPO NRW; Überblick bei *Lentz*, in: Luxem/Runggaldier/Karutz/Flake, NotSan heute, S. 1330.

299 Vgl. die geringen Prüfungsanforderungen an Rettungshelfer gemäß § 8 Abs. 2 RettAPO NRW sowie den Lernzielkatalog in Anlage 4 zu § 1 Abs. 2 S. 2 Nr. 1 RettG NRW.

300 Vgl. Anlage 4, III. zu § 1 Abs. 2 S. 2 Nr. 1 RettG NRW; dies umfasst bspw. die Frühdefibrillation mit einem AED, *Lentz*, in: Luxem/Runggaldier/Karutz/Flake, NotSan heute, S. 1332.

301 *Pschyrembel*, Stichwort: Ersthelfer.

302 Vgl. § 19 FeV; *Groß/Böttiger/Thaiss*, N+R 2019, 715 (718).

303 *Groß/Böttiger/Thaiss*, N+R 2019, 715 ff.

können hingegen nicht erwartet werden. Allerdings ist eine Anleitung des Ersthelfers als einem Notfallzeugen vor Ort durch den Leitstellendisponenten denkbar (sog. Telefonreanimation).[304] Obwohl Ersthelfer nicht zum engeren Kreis des Rettungsdienstes zählen, nehmen sie durch die initiale Hilfeleistung und Absetzung des Notrufs eine wichtige präklinische Stellung ein.

III. Der reanimationspflichtige Notfallpatient

Im Zentrum der notfallmedizinischen Versorgung durch den Rettungsdienst steht der Notfallpatient. Bei einem Patienten handelt es sich generell um eine Person, die an einer Erkrankung bzw. Krankheitssymptomen leidet und medizinisch behandelt wird.[305] Notfallpatienten wiederum sind Personen, die sich infolge von Verletzungen, Krankheiten oder sonstiger Umstände entweder in Lebensgefahr befinden oder bei denen schwere gesundheitliche Schäden zu befürchten sind, wenn sie nicht unverzüglich medizinische Hilfe erhalten.[306] Wie erwähnt, wird im Rahmen dieser Arbeit exemplarisch auf den außerklinisch angetroffenen, reanimationspflichtigen Notfallpatienten Bezug genommen, unabhängig der den Herz-Kreislauf-Stillstand auslösenden Ursache.

Trifft der Rettungsdienst im Einsatz auf einen reanimationspflichtigen Notfallpatienten, handelt es sich hierbei um einen Patienten, welcher sich in einem Stadium akuter Mangelzirkulation sauerstoffangereicherten Blutes aufgrund schwerer Störungen des Herz-Kreislauf-Systems befindet.[307] Innerhalb kürzester Zeit treten irreversible Organschädigungen auf. Besonders empfindlich auf einen Sauerstoffmangel reagiert das Gehirn, was zügige Rettungsbemühungen erforderlich macht, um irreversible Schädigungen bei Überleben des Patienten einzudämmen bzw. zu vermeiden.[308] Die rettungsmedizinisch erforderliche

---

304 Eine telefonisch angeleitete Reanimation findet in ca. 20 % der entsprechenden Einsätze vor Eintreffen des Rettungsdienstes statt, *Fischer*, et al, AI 2020, V89 (V90); vgl. auch *Wnent*, et al., AI 2019, 1 (2).

305 *Pschyrembel*, Stichwort: Patient.

306 § 2 Abs. 2 S. 3 RettG NRW; vgl. auch § 1 Abs. 2 S. 2 RDG-BW; Art. 2 Abs. 2 S. 2 BayRDG; § 2 Abs. 2 S. 2 RDG-B; § 3 Abs. 1 BbgRettG; § 24 Abs. 2 Nr. 1 BremHilfeG; § 2 Nr. 1 HmbRDG; § 3 Abs. 4 HRDG; § 2 Abs. 2 RDG M-V; § 2 Abs. 2 S. 1 Nr. 1 NRettDG; § 2 Abs. 2 S. 1 RettDG RPF; § 2 Abs. 2 S. 3 SRettG; § 2 Abs. 2 S. 2 SächsRettDG; § 2 Abs. 2 RettDG LSA; § 2 Abs. 1 S. 2 RDG-SH; § 3 Abs. 2 ThürRettG.

307 Weitere Beispiele bei *Müller-Platz*, in: Praxis der Kommunalverwaltung NRW, § 2 S. 3.

308 Ausgenommen sind Reanimationsbemühungen bei sicheren Todeszeichen. Hierzu siehe Fn. 137. Ein Kreislaufstillstand hat häufig eine kardiale Ursache (bspw. Myokardinfarkt). Daneben kann der Kreislaufstillstand respiratorisch veranlasst (bspw.

initiale Behandlung eines Herz-Kreislauf-Stillstandes erfolgt anhand aktueller Reanimationsleitlinien. Diese Leitlinien stellen anerkannte Regeln der Praxis (medizinischer Standard) dar, stoßen auf flächendeckende Akzeptanz im Rettungswesen und werden regelmäßig evaluiert.[309] Sie sehen beim erwachsenen Patienten ein Verhältnis von dreißig Thoraxkompressionen zu zwei Atemspenden vor.[310] Zur Verabreichung reanimationswirksamer Medikamente ist weiter ein intravenöser/intraossärer Zugang erforderlich, welcher eine körperverletzende Maßnahme i.S.v. § 223 Abs. 1 StGB darstellt. Daneben wird oftmals eine (notärztliche) Intubation des Patienten durchgeführt, um eine effektive Beatmung zu gewährleisten. Primär erfolgt eine Rechtfertigung derartiger Reanimationsmaßnahmen des Rettungsdienstes über den mutmaßlichen Patientenwillen, gerichtet auf den Erhalt des Lebens. Herzdruckmassage und Sauerstoffgabe dienen der Re-Perfusion, insbesondere des Gehirns mit sauerstoffangereichertem Blut. Eine solche als Basic-Life-Support (BLS) bezeichnete Vorgehensweise wird u.a. durch die Defibrillation und Medikamentengabe im Advance-Life-Support (ALS) durch die Rettungsdienste ergänzt.[311] Rettungsmedizinisch wird bei festgestellter Behandlungsbedürftigkeit zügig ein Wiederbelebungsversuch aufgenommen, der sich an entsprechenden Leitlinien orientiert. Die aktuellen Empfehlungen zur Vorgehensweise bei Wiederbelebungsversuchen zählen dabei zum alltäglichen „Handwerkszeug" der präklinischen Notfallversorgung und werden vorausgesetzt. Das rettungsmedizinische Personal ist in Reanimationsmaßnahmen entsprechend geschult.[312]

---

intrazerebrale Blutung), traumatologisch (bspw. Schädel-Hirn-Trauma) oder aber anderweitig ausgelöst sein (bspw. Elektrounfall, Erfrieren, Ertrinken). Generell lässt sich festhalten, dass eine eingestellte Atemfunktion sowie kein tastbarer Puls im Regelfall den Wiederbelebungsversuch initial erforderlich machen.

309 *ILCOR*, Resuscitation 2017, 201 ff.; *Spickhoff*, VersR 2013, 267 (271); vgl. generell zu Leitlinien *Taupitz*, AcP 2011, 352 (369).

310 Die aktuellen Reanimationsleitlinien abrufbar unter https://www.grc-org.de/wissenschaft/leitlinien; im Stand vom 07.06.2018 (zuletzt abgerufen am 30.01.2019). Angesichts der Covid-19-Pandemie wurde die Veröffentlichung aktualisierter Reanimationsleitlinien auf 2021 verschoben, siehe hierzu Mitteilung des Deutschen Rates für Wiederbelebung, N+R 2020, 236 (236).

311 *Sefrin*, S. 42.

312 Vgl. für Notärzte die MWBO 2018 – Stand: 20.09.2019, S. 381; für das nichtärztliche Rettungsdienstpersonal vgl. § 17 Abs. 2 S. 3 NotSan-AprV; Anlage 1 Nr. 7 d, f, g, h zu § 1 Abs. 1 Nr. 1 NotSan-AprV und bspw. § 8 Abs. 4 Nr. 1, 2 Abs. 6 RettAPO NRW.

IV. Einsatzorganisation

Einsatzorganisatorisch nimmt die (integrierte) Rettungsleitstelle die koordinierende Funktion bei vorklinischen Notfallereignissen ein.[313] Eingehende Notrufe werden von geschulten Telefondisponenten angenommen und nach Ersteinschätzung entsprechende Rettungsmittel zum Notfallort entsandt. Die Rettungsleitstelle lenkt und dokumentiert die Einsätze des Rettungsdienstes.[314] Aus einem Notarztindikationskatalog[315] ergibt sich für die Leitstelle bspw. wann die typische Notwendigkeit eines Notarztes im Umgang mit Notfallpatienten in akut lebensgefährlichen Gesundheitszuständen erforderlich ist. Für die Mitalarmierung eines Notarztes neben einem Rettungswagen genügt dabei der „Verdacht auf fehlende oder deutlich beeinträchtigte Vitalfunktionen“[316]. Sofern im Notrufgespräch ein Herz-Kreislauf-Stillstand des Patienten festgestellt wird, leitet der Leitstellendisponent regelmäßig eine telefonunterstützte Reanimation des Laienersthelfers vor Ort an.[317] Hieraus ergibt sich ferner die Notwendigkeit der umfangreichen Kenntnis aktueller Reanimationsleitlinien des Leitstellenpersonals.[318] Parallel fragt bereits die Leitstelle wesentliche Informationen zum Notfallpatienten und insbesondere dessen Aufenthaltsort vom Anrufer ab und gibt diese Angaben an die ausrückenden Rettungsmittel weiter. Da im Notrufgespräch aufgrund der situativen Ausnahmesituation des Anrufers Informationsdefizite auftreten können, ist es dann Aufgabe des Rettungsdienstes am jeweiligen Einsatzort weitere behandlungsrelevante Informationen zum Patienten zu ermitteln.

---

313 Die sog. integrierte Rettungsleitstelle koordiniert die nicht-polizeiliche Gefahrenabwehr. Feuerwehreinsätze und die des Rettungsdienstes werden i.d.R. über integrierte Leitstellen gesteuert; vgl. *Pitz/Hartweg*, SGb 2019, 395 (399) dort auch zur Sonderkonstellation in Baden-Württemberg; *Pötsch*, KommJur 2018, 86 (86).

314 Bspw. § 8 Abs. 1 S. 1 RettG NRW; *Pötsch*, KommJur 2018, 86 (86); vgl. auch WD 9 - 3000 - 105/14, S. 12.

315 *BÄK*, DÄBl 2013, A521 (A521).

316 *BÄK*, DÄBl 2013, A521 (A521).

317 Je geringer das Zeitintervall zwischen Notrufeingang, Feststellung der Reanimationspflichtigkeit und Anleitung des Laienhelfers vor Ort zur Reanimationsaufnahme ist, desto besser stellt sich neurologische Genesung des Patienten dar, vgl. hierzu *Ko,* et al., Resuscitation 2018, 61 (61 ff.).

318 Daneben ist eine feuerwehrtechnische Ausbildung vonnöten, um Hilfeersuchen aus dem Brandbekämpfungsbereich sachgerecht bearbeiten zu können; *Pitz/Hartweg*, SGb 2019, 395 (400); *Prütting*, RettG NRW, § 8, Rn. 20.

Alle rettungsdienstlichen Mitarbeiter erreichen den Notfallpatienten in den dafür vorgesehenen Rettungsmitteln, wobei ärztliches und nichtärztliches Rettungsdienstpersonal in verschiedenen Rettungsfahrzeugen zum Einsatzort gelangen. Weit überwiegend handelt es sich um bodengebundene Krankenkraftwagen.[319] Die Rettungsmittel der bodengebundenen Notfallrettung sind Rettungswagen[320], Notarzteinsatzfahrzeuge[321] und Notarztwagen[322]. Die Luftrettung wird mittels Rettungshubschraubern durchgeführt und nimmt eine ergänzende Funktion in der Notfallrettung ein.[323] In NRW sind bspw. Notarzteinsatzfahrzeuge mit einem Notarzt sowie einem Notfallsanitäter bzw. Rettungsassistenten als Fahrer besetzt.[324] Rettungswagen müssen mindestens einen Notfallsanitäter bzw. Rettungsassistenten für die Patientenversorgung vorhalten.[325] Rettungssanitäter hingegen werden als Fahrer von Rettungswagen [326] oder aber im reinen Krankentransport[327] tätig. Rettungshelfer sind ausschließlich im Krankentransport tätig.[328] Bei der notärztlichen Hilfeleistung und

---

319 Zu speziellen Rettungsfahrzeugen, wie den sog. Baby-Notarztwagen, vgl. *Müller-Platz*, in: Praxis der Kommunalverwaltung NRW, § 3 S. 5 ff.

320 Rettungswagen sind mit zwei nichtärztlichen Mitarbeitern besetzt, deren Anforderungen sich nach den Rettungsgesetzen der Länder richten.

321 Notarzteinsatzfahrzeuge sind mit einem Notarzt und einem Fahrer besetzt, um den Notarzt zum Patienten zu bringen. Des Weiteren hält das Notarzteinsatzfahrzeug insbesondere Betäubungsmittel vor, kann den Notfallpatienten jedoch nicht transportieren.

322 Notarztwagen sind mit einem Notarzt und zwei nichtärztlichen Mitarbeitern besetzt. Der Notarztwagen dient insbesondere dem intensivmedizinischen Sekundärtransport von Patienten zwischen zwei Kliniken. Diese werden bundesweit wenig eingesetzt, *BASt*, Leistungsniveau Rettungsdienst 2016/2017, S. 3; *BASt*, Leistungen Rettungsdienst 2012/13, S. 44.

323 *UVB* Straßenverkehr von 2016 und 2017, BT-Drs. 19/5000, S. 103. Ein Rettungshubschrauber ist mit einem Piloten, Notarzt und speziell für die Luftrettung ausgebildeten Rettungsassistenten bzw. Notfallsanitäter besetzt. Wie auch der Notarztwagen oder das Notarzteinsatzfahrzeug dient der Rettungshubschrauber als „Notarztzubringer" zum Einsatzort. Da die bodengebundene Notfallrettung in Deutschland überwiegt, wird die sich in der Einsatztaktik unterscheidende Luftrettung in dieser Arbeit vernachlässigt. Siehe hierzu bspw. *Helm/Lampl/Hossfeld*, Notarzt 2017, 38 ff.

324 § 4 Abs. 4 S. 2 Nr. 3 RettG NRW; Übersicht zur Besetzung der Rettungsmittel in den jeweiligen Bundesländern bei *Roth*, et al., N+R 2017, 237 (248).

325 § 4 Abs. 3 S. 1 2. HS RettG NRW.

326 § 4 Abs. 4 S. 2 Nr. 2 RettG NRW.

327 § 4 Abs. 3 S. 1 RettG NRW.

328 § 4 Abs. 4 S. 2 Nr. 1 RettG NRW.

derjenigen des nichtärztlichen Hilfspersonals handelt es sich strukturell um zwei eigenständige Systeme, die sich ergänzen. Einsatztaktisch verbunden werden beide Formen der Hilfeleistung über das Rendezvous- oder Stationssystem. Das Rendezvous-System bezeichnet dabei eine Organisationsform mit getrennter Anfahrt zum Einsatzort durch Notarzt (im Notarzteinsatzfahrzeug) und nichtärztlichem Rettungsfachpersonal (im Rettungswagen).[329] Ein Zusammentreffen („Rendezvous") findet erst am Einsatzort statt und ermöglicht eine größere Flexibilität. Der Notarzt kann für den Transport und die Patientenbetreuung in den Rettungswagen umsteigen.[330] Das Notarzteinsatzfahrzeug übernimmt dann eine begleitende Funktion des Rettungswagen.[331] Das alternativ denkbare Stationssystem, indem Notarzt und nichtärztliches Rettungsdienstpersonal gemeinsam in einem Rettungsmittel den Patienten aufsuchen, hat den Nachteil, dass eine schnelle Wiederverfügbarkeit des Notarztes nicht möglich ist.[332] Auch bei nicht gegebener Notarztindikation – die sich erst am Einsatzort herausstellt – ist der Notarzt nicht abkömmlich. Das Rendezvous-System hingegen lässt schnelle notärztliche Hilfe, bspw. bei Fehlalarmierung, an einem weiteren Einsatzort zu und ermöglicht ein breiteres notärztliches Einsatzgebiet.[333] Das Rendezvous-System ist die weit überwiegend genutzte Organisationsform im Rettungsdienst.[334]

In der getrennten Anfahrt im Rendezvous-System liegt allerdings der Nachteil, dass Notarzt und nichtärztlicher Rettungsdienst den Notfallpatienten nicht stets gleichzeitig, sondern regelmäßig in zeitlichem Abstand erreichen.[335] Die Zeitspanne bis zum bedarfsgerechten Eintreffen eines Rettungsmittels wird als

---

329 *Pschyrembel*, Stichwort: Rendezvous-System; *Boll*, N+R 2003, 345 (345); *Lentz*, in: Luxem/Runggaldier/Karutz/Flake, NotSan heute, S. 1335; *Engelbrecht*, in: May/Kreß/Verrel/Wagner, S. 191.

330 *Prütting*, RettG NRW, § 3, Rn. 8a; WD 9 - 3000 - 105/14, S. 11.

331 Zu Sonderproblemen des begleitenden Notarzteinsatzfahrzeug als „Straßenräumer" siehe *Nimis*, NZV 2009, 582 (584 f.); *Prütting*, RettG NRW, § 3, Rn. 8a, mit dem Hinweis, dass auch das nunmehr nichtärztlich besetzte Notarzteinsatzfahrzeug (restriktiv) Sonder- und Wegerechte in Anspruch nehmen kann, um die Sicherheit für den gesamten Rettungseinsatz während des Transports im Straßenverkehr zu erhöhen.

332 *Lentz*, in: Luxem/Runggaldier/Karutz/Flake, NotSan heute, S. 1335; *Pschyrembel*, Stichwort: Stationssystem; teils auch als Kompaktsystem bezeichnet, *Prütting*, RettG NRW, § 3, Rn. 8b.

333 *Pschyrembel*, Stichwort: Stationssystem.

334 *BASt*, Leistungsniveau Rettungsdienst 2016/2017, S. 3, 96; vgl. auch *Prütting*, RettG NRW, § 3, Rn. 8a.

335 Vgl. *Kern/Rehborn*, in: Laufs/Kern/Rehborn, HdArztR, § 20, Rn. 48.

Hilfsfrist bezeichnet.[336] Die Hilfsfrist stellt eine Planungsgröße für den Vorhalt rettungsdienstlicher Leistungen im jeweiligen Gebiet dar. Sie beginnt mit der Beendigung des Meldegesprächs mit der Leitstelle, deren Dispositionsentscheidung und Einsatzvergabe, wird fortgesetzt über die einsatzbereite Besetzung des alarmierten Rettungsmittels und dessen Fahrt unter Sonderrechten bis zum Einsatzort.[337] Die Hilfsfrist endet mit Eintreffen des ersten geeigneten Rettungsmittels am Einsatzort.[338] Im Bundesdurchschnitt 2016/2017 betrug die Hilfsfrist für das ersteintreffende geeignete Rettungsmittel neun Minuten.[339] Da bereits die Anfahrt von nicht beherrschbaren Faktoren, wie der Verkehrslage oder Witterungsbedingungen, beeinflusst werden kann, ist eine Einhaltung der veranschlagten Hilfsfrist nicht stets gewährleistet.[340] Zu unterscheiden ist die Hilfsfrist ferner von der Eintreffzeit. Die Eintreffzeit eines Rettungsmittels bezeichnet den zeitlichen Abschnitt von der Einsatzentscheidung und Alarmierung der Leitstelle bis zur übermittelten Information des Rettungsmittels, am Einsatzort eingetroffen zu sein.[341] Jedes Rettungsmittel besitzt somit seine eigene Eintreffzeit,

---

336 Das RettG NRW sieht keine Hilfsfrist vor und diese variiert je nach Bundesland. Bundesweit wird eine Maximalgrenze bei 15 Minuten gezogen. Im Optimalfall beträgt die Hilfsfrist zwischen fünf und acht Minuten. Vgl. *Prütting*, RettG NRW, § 2, Rn. 5 ff. (verwendet Hilfsfrist und Eintreffzeit synonym); vgl. auch § 3 Abs. 2 RDG B-W; § 22 Abs. 2 HRDG; § 7 Abs. 2 RDG M-V; § 8 Abs. 2 RettDG RPF; § 7 Abs. 2 RettDG-LSA.

337 *UVB* Straßenverkehr von 2016 und 2017, BT-Drs. 19/5000, S. 104. Das Meldegespräch wird ggf. noch fortgesetzt, nachdem die Dispositionsentscheidung und Einsatzvergabe bereits getroffen wurde, z.B. zur Anleitung einer Telefonreanimation. Hierzu *Marung/Hackstein/Lenz*, N+R 2015, 567 ff.

338 *UVB* Straßenverkehr von 2016 und 2017, BT-Drs. 19/5000, S. 104. Zu Bedenken ist, dass der Einsatzort nicht stets identisch mit dem Aufenthaltsort des Patienten ist. Bspw. befindet sich der Einsatzort an der Wohnanschrift des Patienten, dieser kann sich wiederum im oberen Stockwerk eines Mehrfamilienhauses aufhalten. Der tatsächliche Zeitraum bis zum Eintreffen des Rettungsdienstes beim Patienten wird folglich nicht abgebildet. Daher definieren einige Rettungsdienstgesetze die Hilfsfrist einschränkend als Eintreffen an einem an einer (befestigten) Straße liegenden Einsatzort, z.B. § 28 Abs. 2 BremHilfeG; § 15 Abs. 2 S. 2 HRDG; § 8 Abs. 2 Nr. 7 RDG M-V; vertiefend *BASt*, Leistungsniveau Rettungsdienst 2016/2017, S. 49 f.; *BASt*, Leistungen Rettungsdienst 2012/13, S. 31.

339 *UVB* Straßenverkehr von 2016 und 2017, BT-Drs. 19/5000, S. 104.

340 *Prütting*, RettG NRW, § 2, Rn. 9; *Ufer*, AINS 1999, 3 (4).

341 Diese Rückmeldung erfolgt in aller Regel noch per Funk. *BASt*, Leistungsniveau Rettungsdienst 2016/2017, S. 45 ff.; *BASt*, Leistungen Rettungsdienst 2012/13, S. 33.

mehrere beteiligte Rettungsmittel haben wiederum die Hilfsfrist gemeinsam.[342] Unabhängig vom Rettungsmittel erfolgt ein Eintreffen am Einsatzort in 95 % der Einsätze nach weniger als 17 Minuten.[343] Die Eintreffzeit des bodengebundenen Notarztes beträgt durchschnittlich 13 Minuten; spätestens aber nach ca. 30 Minuten ist ein erforderlicher Notarzt in 95 % der Einsätze am Einsatzort eingetroffen.[344] In knapp 91 % der Notfalleinsätze erreicht ein Rettungswagen innerhalb von 15 Minuten den Einsatzort.[345] Die durchschnittliche Gesamtdauer eines Notfalleinsatzes (Einsatzzeit) beträgt ca. 60 Minuten.[346] Das Zusammenspiel der Rettungsmittel im Rendezvous-System kann somit zu unterschiedlichen Eintreffzeiten beim Patienten führen. Damit kann sich das nicht zwingend notärztlich besetzte ersteintreffende Rettungsmittel mit einer Patientenverfügung konfrontiert sehen, während weitere Einsatzkräfte nachrücken.

V. Einsatzorte des Rettungsdienstes

Die gängigen Einsatzorte von präklinischen Notfallgeschehen lassen sich in drei typische Einsatzgegebenheiten kategorisieren: Der rettungsdienstliche Einsatz bei einem Notfallpatienten in einer Betreuungseinrichtung, im häuslichen Umfeld und dem Notfall in der Öffentlichkeit. Jeder dieser drei typischen Einsatzorte weist Besonderheiten hinsichtlich der rettungsdienstlichen Informationsbeschaffung über den konkreten Notfallpatienten auf.

Bei Betreuungseinrichtungen handelt es sich um Einrichtungen stationärer Pflege, wie Altenpflegeheimen. Patienten befinden sich in einer betreuten Umgebung, um mit Hilfe von anwesendem Pflegepersonal bspw. gesundheitliche Beschwerden im Alter und eine eingeschränkte Mobilität zu meistern. Vorteilhaft an diesem Einsatzort ist, dass rettungsmedizinisch durch das anwesende Pflegepersonal auf frühere Arztbriefe, Pflegebögen bzw. die Bewohnerakte und auch eine Patientenverfügung zugegriffen werden kann sowie ausgebildete

342 *BASt*, Leistungsniveau Rettungsdienst 2016/2017, S. 49 f.; *BASt*, Leistungen Rettungsdienst 2012/13, S. 33.

343 *BASt*, Leistungen Rettungsdienst 2012/13, S. 52.

344 *BASt*, Leistungsniveau Rettungsdienst 2016/2017, S. 48; *BASt*, Leistungen Rettungsdienst 2012/13, S. 44, 52.

345 *BASt*, Leistungen Rettungsdienst 2012/13, S. 43.

346 *BASt*, Leistungsniveau Rettungsdienst 2016/2017, S. 43 f. Zu Unterscheiden von der Einsatzzeit ist die Einsatzabwicklungszeit, die – im Gegensatz zur Einsatzzeit – auch die Zeit des Wiedereinrückens des Rettungsmittels nach Freimeldung erfasst. Hierzu *BASt*, Leistungsniveau Rettungsdienst 2016/2017, S. 39, 44 f.

Ersthelfer vor Ort sind. Zügig kann sich der Rettungsdienst hier Informationen beschaffen, um eine am Selbstbestimmungsrecht des Patienten orientierte Behandlung vornehmen zu können. Ferner ist der Einsatzort in aller Regel gut zugänglich, was förderlich für die rettungsmedizinische Herstellung der Transportfähigkeit des Notfallpatienten ist.[347]

Ein rettungsmedizinischer Einsatzort kann sich neben einer betreuten Einrichtung ebenfalls im häuslichen Umfeld, bspw. der Wohnung des Notfallpatienten, befinden. Im Gegensatz zu einer betreuten Einrichtung ist dieser Einsatzort weitaus vielfältiger. Der Rettungsdienst kann mit mannigfaltigen Einsatzsituationen konfrontiert sein, etwa überforderten Angehörigen wie im Eingangsbeispiel, oder beengten und schwer zugänglichen Wohnverhältnissen. Insbesondere kann sich die Beschaffung von Informationen über die Krankenvorgeschichte des Notfallpatienten als schwierig erweisen, da relevante Unterlagen – wie eine Patientenverfügung – nicht greifbar bereit liegen. Auf reanimationspflichtige Patienten trifft der Rettungsdienst allerdings überwiegend im häuslichen Umfeld.[348] Dieser rettungsmedizinische Einsatzort ist derart vielfältig, dass der Einzelfall entscheidet, ob ein tatsächlicher Zugriff auf eine Patientenverfügung gegeben sein kann.

Den Einsatzort mit den meisten Unwägbarkeiten im Hinblick auf die präklinische Behandlung und insbesondere den Zugriff auf Informationen zum Patienten bildet ein Einsatzgeschehen in der Öffentlichkeit. Eine rettungsmedizinische Behandlungsbedürftigkeit kann sich an jedem Aufenthaltsort des Betroffenen ergeben (z.B. Fußgängerzone, Straßenverkehr, Badesee, Arbeitsplatz). Informationen zum Patienten können dann oftmals nur über Angehörige oder Ersthelfer erfragt werden. Nur in seltenen Fällen wird nach allgemeiner Lebenserfahrung bspw. eine Patientenverfügung vom Notfallpatienten mit sich geführt, die Auskunft über den Patienten und dessen Vorstellungen geben kann.

Diese Vielgestaltigkeit der verschiedenen Einsatzorte macht deutlich, dass die Informationsbeschaffung zum konkreten Notfallpatienten den Rettungsdienst vor unterschiedliche Herausforderungen stellt. Im Rahmen des rettungsmedizinischen Zugriffs auf Patientenverfügungen eines Notfallpatienten stellt dies den Rettungsdienst vor enorme Schwierigkeiten, worauf noch eingegangen wird.[349]

---

347 Zu äußerst schlechten Überlebensraten bei Wiederbelebungsversuchen in Pflegeeinrichtungen für Senioren siehe etwa *Mohr*, N+R 2007, 182 (184 f.).

348 *Fischer*, et al., AI 2020, V89 (V90); siehe auch *Wnent*, et al., AI 2019, 1 (2).

349 Siehe hierzu Teil 2, B. I. und II.

VI. Zusammenfassung

Der Rettungsdienst füllt die Lücke der Patientenversorgung zwischen präklinischer Akutversorgung von Notfallpatienten bis zu ihrem Transport in eine geeignete Zielklinik aus. Ärztliches und nichtärztliches Personal werden gleichermaßen mit Notfallpatienten konfrontiert, wobei entweder Notarzteinsatzfahrzeug oder Rettungswagen das jeweils ersteintreffende Rettungsmittel im Rendezvous-System sein können. Unterstützung erfährt das rettungsmedizinische Personal durch Ersthelfer. Je nach Einsatzort können Informationen zum konkreten Notfallpatienten schwierig zu beschaffen sein. Oftmals entscheidet im häuslichen Umfeld oder beim Einsatzgeschehen in der Öffentlichkeit der Einzelfall, ob Informationen zum Patienten oder eine Patientenverfügung erlangt werden können.

D. Zwischenergebnis

Grundgesetzlich wird das Selbstbestimmungsrecht des Patienten gewährleistet und geschützt. Dabei ist die genaue verfassungsrechtliche Anknüpfung fraglich, was jedoch nicht die Existenz eines Selbstbestimmungsrechts zu medizinischen Behandlungsfragen relativiert. Der Patient kann dementsprechend eigenverantwortlich in medizinische Maßnahmen einwilligen oder diese untersagen. Mit den §§ 1901a ff. BGB hat der Gesetzgeber den einfachgesetzlichen Handlungsrahmen geschaffen, um auch im einwilligungsunfähigen Zustand die Selbstbestimmung auszuüben. Die Wahrnehmung des Selbstbestimmungsrechts reicht dabei in die präklinische Behandlungsphase hinein, was § 1901a Abs. 3 BGB festhält. Hierfür können patientenseitig therapiebegrenzende Behandlungsentscheidungen hinsichtlich eines vorklinischen Herz-Kreislauf-Stillstandes antizipiert festgelegt werden. Des Weiteren sind derartige Notfalleinsätze oftmals zeitkritisch. Insbesondere Reanimationssituationen erfordern eine zügige Hilfeleistung, die durch ärztliches und nichtärztliches Personal durchgeführt wird. Die Herausforderungen der Patientenverfügung im Rettungsdienst liegen nun darin, dass die Erklärung des Notfallpatienten den Rettungsdienst im Einsatzgeschehen erreicht und schlussendlich auch umgesetzt werden kann bzw. darf.

Teil 2 – Rechtliche Bindung – Zugriff/ Mitwirkung – praktische Umsetzung

Nachdem die verfassungsrechtliche Basis der (therapiebegrenzenden) Selbstbestimmung und ihre einfachgesetzliche Konkretisierung mittels Patientenverfügungen dargelegt worden sind, stellt sich nunmehr die Frage, ob der Rettungsdienst an einen aufgefundenen Verfügungstext rechtlich gebunden und – infolge einer Bindung – auch zur präklinischen Umsetzung verpflichtet ist. Aufgrund der Unwägbarkeiten im schnelllebigen und unvorhersehbaren Notfallgeschehen könnten Patientenverfügungen außerhalb einer Klinik auch grundsätzlich unberücksichtigt bleiben[350], was etwa den situativen Gegebenheiten geschuldet wäre. Nach Klärung der generellen rechtlichen Gebundenheit an Patientenverfügungen in der präklinischen Behandlungsphase wird untersucht, inwieweit Patientenverfügungen für Notärzte und nichtärztliches Rettungsdienstpersonal verbindlich sind (A). Im Nachgang werden erforderliche Mitwirkungshandlungen des Notfallpatienten (B. I.) und des Rettungsdienstes (B. II.) sowie die praktische Umsetzung einer im Notfall aufgefundenen Patientenverfügung durch das rettungsmedizinische Behandlungspersonal thematisiert (C).

A. Rechtliche Bindung des Rettungsdienstes an Patientenverfügungen

Im vorliegenden Zusammenhang stellt die rechtliche Bindung die rettungsdienstliche Verpflichtung der Befolgung der durch den Patienten vorgegebenen Therapierichtung dar, die in der Patientenverfügung ausgedrückt wird. Im Speziellen wird hier die Nichtvornahme von Reanimationsbemühungen zu Grunde gelegt. Die Bindung an eine Patientenverfügung bildet die rechtliche Basis der Umsetzung. Die Umsetzung der patientenseitig im Voraus festgelegten Behandlungsentscheidungen wird hier wiederum als die operative Ausführung durch den Rettungsdienst verstanden. Sie ist die tatsächliche Befolgung des niedergelegten Patientenwillens und stellt ein Handeln oder Unterlassen, ausgerichtet an den inhaltlichen Festlegungen des Patienten, dar. Bindung und Umsetzung sind damit kein einheitliches Begriffspaar, bedingen sich jedoch gegenseitig. Fraglich

350 Hierfür u.a. *Lentz*, in: Luxem/Runggaldier/Karutz/Flake, NotSan heute, S. 1354 f.

ist nun, ob eine generelle rechtliche Bindung des Rettungsdienstes an Patientenverfügungen besteht (I). Bei Bestehen einer rechtlichen Bindung ist wiederum zu klären, ob und inwieweit eine personelle Bindung der rettungsmedizinischen ärztlichen und nichtärztlichen Akteure gegeben ist (II). Erst im Anschluss kann sich den Fragen der praktischen Umsetzung eines präklinisch aufgefundenen Verfügungstextes durch einen Notarzt und den nichtärztlichen Rettungsdienst gewidmet werden.

I. Generelle rechtliche Bindung des Rettungsdienstes an Patientenverfügungen

Außerhalb eines Notfallgeschehens konsultiert der Patient einen Arzt und erwartet „emotional neutral“[351] eine patientenorientierte professionelle Hilfe als mündige Person. Bereits hier ist, ohne Vorliegen rettungsmedizinischen Handlungsdrucks, regelmäßig ein Gefälle in der fachlichen Mündigkeit zwischen Arzt und Patient zu sehen.[352] Als i.d.R. medizinischer Laie ist der Patient abhängig von der fachlichen Einschätzung des Arztes, dass die vorgeschlagene Behandlung zielführend ist. Die präklinische Beziehung des Patienten zu den Behandelnden wiederum ist durch eine noch stärkere einseitige Abhängigkeit[353] geprägt. In einem akutmedizinischen Zustand ist eine Kommunikation auf „Augenhöhe“ zum Behandlungsteam stark eingeschränkt, da der Patient schneller medizinischer Hilfe bedarf. Verliert der Patient die Kontrolle über das Geschehen und bedarf der Hilfe anderer, steigert sich die einseitige Abhängigkeit des Betroffenen von externer Hilfe. Diese Situation ist beim akutmedizinischen Herz-Kreislauf-Stillstand gegeben, zumal der Patient mit der Reanimationspflichtigkeit bewusstlos und infolgedessen einwilligungsunfähig ist. Die gebotene Eile relativiert das Einwilligungserfordernis, macht es für die notfallmedizinische Behandlung allerdings nicht entbehrlich. Wie jede medizinische Behandlung erfordert auch die rettungsdienstliche die Einwilligung des (aufgeklärten) Patienten, § 630d Abs. 1 S. 1, Abs. 2 BGB. Eine Patientenverfügung kann an der erforderlichen Behandlungseinwilligung des Notfallpatienten anknüpfen und diese antizipierend erteilen oder ablehnen. Dies gilt sowohl für eine stationäre Behandlung im Krankenhaus als auch in der präklinischen Notfallmedizin. Die Einwilligung ist Basis der medizinischen Behandlung und grundsätzlich bindend. Art

351 *Holzem*, S. 267.

352 *Holzem*, S. 267.

353 *Birnbacher*, MedR 2012, 560 (561) spricht u.a. von einer „gravierenden Asymmetrie [des Patienten] in Wissen und Können gegenüber dem Behandelnden“.

und Stadium eines Akutereignisses können patientenseitig vorhergesehen und eigenen Vorstellungen über eine Patientenverfügung unterworfen sein. Aus der gesetzgeberischen Entscheidung in § 1901a Abs. 3 BGB wird deutlich, dass der Patientenwille umfassend und weitreichend niedergelegt werden kann, unabhängig vom Behandlungsort und bspw. von einem eingesetzten Sterbeprozess. Die über eine Patientenverfügung kommunizierte Behandlungseinwilligung bietet damit die grundsätzliche Möglichkeit der Einflussnahme auf den akuten Eilfall bei Einwilligungsunfähigkeit.[354] Dies spricht aus der Formulierung des Gesetzes zunächst für eine umfassende rechtliche Bindungswirkung von Patientenverfügungen im medizinischen Bereich und damit auch im präklinischen Einsatzgeschehen.

Jedoch ergeben sich konkrete Problemstellungen bei der akutmedizinischen Versorgung hinsichtlich der Dauerhaftigkeit des einwilligungsunfähigen Zustands (1), des Widerrufs der Patientenverfügung (2) und ferner der Möglichkeit der Kommunikation mit einem Betreuer (3), um überhaupt eine rechtliche Bindungswirkung von Patientenverfügungen rettungsmedizinisch generell annehmen zu können. Des Weiteren kann zwischen der Erstellung der Patientenverfügung und der Anwendungssituation eine lange Zeitspanne vergangen sein (4). Ob und welche Auswirkungen dieser Zeitraum auf die rechtliche Bindung an den Patientenwillen hat, bedarf ebenfalls einer genaueren Betrachtung. Auch ist zweifelhaft, ob eine rechtliche Bindung an eine Patientenverfügung gegeben ist, wenn der Eintritt der Einwilligungsunfähigkeit des Notfallpatienten als Folge medizinischen Eingreifens erst ausgelöst worden ist (5).

1. Dauerhafte Einwilligungsunfähigkeit als Bindungsvoraussetzung

Abstufungen in der akutmedizinischen rechtlichen Verbindlichkeit von Patientenverfügungen könnten sich nunmehr daraus ergeben, dass es sich präklinisch lediglich um einen vorübergehenden pathologischen Zustand handeln kann. Die Frage ist, ob sich der Patient im Behandlungszeitpunkt in einem unumkehrbaren, einwilligungsunfähigen Zustand befinden muss und diese Voraussetzung als ungeschriebenes Tatbestandsmerkmal[355] in § 1901a Abs. 1, Abs. 3 BGB hineinzulesen ist. Eine generelle rettungsdienstliche Gebundenheit an Patientenverfügungen wäre damit nur gegeben, wenn feststeht, dass der konkrete Notfallpatient dauerhaft nicht mehr mit seiner Umgebung kommunizieren kann. Bei Aussicht

354 Vgl. a.A. *Lentz*, in: Luxem/Runggaldier/Karutz/Flake, NotSan heute, S. 1354 f.
355 *Magnus*, S. 188 ff.

auf ein Wiedererlangen der Einwilligungsfähigkeit könnte die Patientenverfügung so lange suspendiert werden, bis feststeht, dass eine Überlebensprognose negativ ausfällt und kein angemessenes Maß an Lebensqualität mehr erreichbar ist.[356] Genügt hingegen die vorübergehende Einwilligungsunfähigkeit für den rechtlich bindenden Charakter einer Patientenverfügung[357], könnte ein Patient in einem potentiell reversiblen Zustand keine Behandlung erfahren und infolgedessen versterben. Trotz positiver Prognose zur Wiedererlangung der Einwilligungsfähigkeit wäre die Behandlungsaufnahme entgegen des niedergelegten Willens nicht gerechtfertigt. Zur Beantwortung der Frage eines Erfordernisses einer dauerhaften Einwilligungsunfähigkeit können verschiedene Standpunkte eingenommen werden.

Für das Erfordernis eines unumkehrbaren Zustandes der Einwilligungsunfähigkeit und eine rechtliche Bindung an eine Patientenverfügung erst ab diesem Stadium sprechen die unsichere Schwebelage. Wird davon ausgegangen, dass eine dauerhafte Unumkehrbarkeit der Einwilligungsunfähigkeit für die Verbindlichkeit von Patientenverfügungen vonnöten ist[358], führt dies praktisch zum vorklinischen Ausschluss von Patientenverfügungen, denn es ist nahezu unmöglich, an der Einsatzstelle die Erfolgsaussichten des hier maßgeblichen Reanimationsversuchs abschließend festzustellen.[359] Indikatoren und Erfahrungswerte lassen zwar einen Erfolg oder Misserfolg für ein Überleben und die Wiedererlangung der Einwilligungsfähigkeit vorklinisch vermuten. Eine völlige Sicherheit einer Unumkehrbarkeit der Einwilligungsunfähigkeit bei Reanimationspflichtigkeit – auch bei guter Überlebensprognose – besteht hingegen nicht.

Gegen eine dauerhafte Unumkehrbarkeit der Einwilligungsunfähigkeit als Bindungserfordernis spricht allerdings der Wortlaut des § 1901a Abs. 3 BGB, der das Tatbestandsmerkmal des unumkehrbaren Stadiums nicht kennt.[360] Patientenverfügungen sollen gerade unabhängig von Art und Stadium der Erkrankung erstellt werden können und ihre Geltungskraft entfalten. Des Weiteren umfasst die weitreichend gewährte Selbstbestimmung des Notfallpatienten sich dem generellen Behandlungsziel des Rettungsdienstes – dem Lebenserhalt – entziehen zu können. Ein zur selbstbestimmten Entscheidung fähiger Patient kann nicht gezwungen werden, nicht gewünschte medizinische

---

356 *Coeppicus*, NJW 2011, 2085 (2085).
357 *Rieger*, FamRZ 2010, 1601 (1605); vgl. *Verrel*, in: Verrel/Simon, S. 32.
358 *Coeppicus*, NJW 2011, 2085 (2085), *Magnus*, S. 189 f.
359 *Ufer*, AINS 1999, 3 (8).
360 Wie hier *Kieß*, in: Jurgeleit, BetrR, § 1901a, Rn. 31; *Götz*, in: Palandt, § 1901a, Rn. 20.

Behandlungen zu erdulden.[361] Der Gesetzgeber wollte mit der Patientenverfügung ein weitgehendes Instrument der Selbstbestimmungsverwirklichung schaffen.[362] Dementsprechend sollen Patienten auch in der Lage sein können, die medizinische Behandlung in einem möglicherweise nur vorübergehenden Zustand vorausschauend festzulegen. Ferner muss sich ein Patient auch nicht in einer terminalen Sterbephase befinden, um eine rechtliche Bindung des Behandlungspersonals über eine Patientenverfügung zu erreichen.[363] Hieraus folgend kann über einen antizipierten Patientenwillen bspw. auch eine heilbare Situation bewusst abgelehnt werden.[364] Insbesondere der Wiederbelebungsversuch ist von Unwägbarkeiten abhängig und nicht stets erfolgreich. Die Gefahr dauerhafter Folgeschädigungen aufgrund der Sauerstoffunterversorgung des Gehirns ist in Reanimationssituationen stets präsent. Vorweg angestellte persönliche Folgenbetrachtungen einer Wiederbelebung können dementsprechend den Patientenwunsch reifen lassen, bei Reanimationspflichtigkeit zu versterben. Diese Unsicherheiten, die mit dem Herz-Kreislauf-Stillstand und dessen Behandlung einhergehen und sich dann in einem niedergelegten Patientenwillen zeigen, sind rettungsmedizinisch zu respektieren. Anderenfalls würde die Unwägbarkeit der dauerhaften Einwilligungsunfähigkeit zum stetigen Ausschluss der vorklinischen Patientenverfügung führen. Das Selbstbestimmungsrecht und § 1901a Abs. 3 BGB würden unterlaufen, wenn Patientenverfügungen präklinisch keine Relevanz erführen, weil nicht sicher festgestellt werden kann, ob der Notfallpatient seine Einwilligungsfähigkeit wiedererlangt. Dies konterkariert die Reichweite der Patientenselbstbestimmung und die gesetzgeberisch getätigte einfachgesetzliche Konkretisierung in § 1901a Abs. 3 BGB. Rettungsmedizinisch muss allerdings festgestellt werden, ob die Einwilligungsunfähigkeit an sich bereits eingetreten ist. Diese Feststellung kann rettungsmedizinisches Personal treffen, indem bspw. Atmung, Puls und die Reaktion des Notfallpatienten auf Schmerzreize getestet werden.[365] Die Patientenverfügung greift jedenfalls ab dem komatösen Zustand, auch wenn das zeitkritische Geschehen zur Reanimationsaufnahme zwingt[366], die einer positiven Genesungsprognose unterliegt. Eines dauerhaften einwilligungsunfähigen Zustandes bedarf es hingegen nicht.

---

361 BT-Drs. 16/8442, S. 17; *Zimmermann*, Rn. 378.
362 BT-Drs. 16/8442, S. 8 f.
363 *Ulsenheimer*, Anaesthesist 2010, 111 (116).
364 *Ulsenheimer*, Anaesthesist 2010, 111 (116).
365 *Tachezy*, S. 236.
366 *Sefrin*, S. 14.

Ausreichend ist eine gewisse Festigkeit der Einwilligungsunfähigkeit, die sich nicht ohne Weiteres beheben lässt.[367] Die generelle rechtliche Bindungswirkung einer Patientenverfügung in der Notfallrettung ist damit – unabhängig von der Dauerhaftigkeit des einwilligungsunfähigen Patientenzustands – gegeben, denn die Patientenverfügung soll gerade das Selbstbestimmungsrecht des Patienten sichern.

2. *Kein Widerruf der Patientenverfügung als Bindungsvoraussetzung*

Ferner darf eine Patientenverfügung nicht widerrufen sein, um eine vorklinische rechtliche Bindungswirkung zu entfalten. Ausweislich des § 1901a Abs. 1 S. 3 BGB ist ein Widerruf jederzeit formlos möglich. Bringt der Patient zum Ausdruck, dass der schriftlich im Voraus formulierte Wille nicht mehr unmittelbar gelten soll, entfällt die rechtliche Bindung an die antizipierten inhaltlichen Festlegungen einer Patientenverfügung. Diese jederzeitige Widerrufsmöglichkeit dient dem Zweck, eine Korrekturmöglichkeit der einmal getroffenen Vorstellungen des Patienten offen zu halten.[368] Im Gegensatz zu einem bereits einwilligungsunfähigen Patienten kann ein ansprechbarer Notfallpatient gegenüber dem Rettungsdienst die eigene Patientenverfügung widerrufen. Eine rechtliche Bindung des Rettungsdienstes an den Verfügungstext scheidet in diesem Fall aus. Ist der Notfallpatient bei Eintreffen des Rettungsdienstes demgegenüber bereits einwilligungsunfähig und sind keine Anhaltspunkte für einen Widerruf ersichtlich, ist grundsätzlich von einer rechtlichen Bindung an eine aufgefundene Patientenverfügung auszugehen. Aus der Sicht eines rettungsdienstlichen Adressaten ist kein Widerruf „zugegangen".

Fraglich ist aber wiederum, ob das Absetzen des Notrufes als Einwilligung und Ausdruck eines Behandlungswunsches in der Akutsituation gedeutet werden kann.[369] Durch das Verlangen nach akutmedizinischer Hilfe ist durch schlüssiges Verhalten ein hiermit einhergehender Widerruf einer Patientenverfügung durch einen Notruf des Patienten denkbar. Allerdings ist für den am Einsatzort

---

367 Im Einzelfall behebbar ist bspw. ein sog. Bolusgeschehen (Verlegung der Atemwege durch einen Fremdkörper). In Folge des Sauerstoffmangels durch die verlegten Atemwege kann dieses Geschehen zum Herz-Kreislauf-Stillstand führen. Durch Entfernung des Fremdkörpers wiederum lässt sich diese drohende Situation schnell beseitigen.

368 *Jurgeleit*, NJW 2015, 2708 (2711).

369 *Ufer*, AINS 1999, 3 (6), der ferner den Patienten in der Verantwortung sieht, Vorkehrungen zum Unterlassen des Notrufs zu treffen, was mit Blick auf etwaige notrufabsetzende Dritte überaus zweifelhaft erscheint.

eintreffenden Rettungsdienst nicht erkennbar, wer den Notruf abgesetzt hat. Empfänger des Notrufs ist der koordinierende Leitstellendisponent. Für diesen ist wiederum nicht zweifelsfrei feststellbar, wer der konkrete Anrufer ist. Neben dem Notfallpatienten selbst kann der Notruf situationsbedingt bspw. durch Angehörige, Pflegepersonal oder Dritte getätigt werden.[370] Allein maßgeblich wäre nur ein Widerruf des höchstpersönlich betroffenen Notfallpatienten, der eine rechtliche Bindung an eine Patientenverfügung entfallen lässt. Zu diesem Zeitpunkt liegen auch die Anwendungsvoraussetzungen einer erstellten Patientenverfügung (noch) nicht vor. Allerdings ist selbst bei einem durch den Notfallpatienten eigenständig gewählten Notruf zweifelhaft, ob hierdurch gleichzeitig auch ein Widerruf der eigenen Patientenverfügung gegeben ist. Regelmäßig handelt der Patient als medizinischer Laie ohne Wissen des den hilfebedürftigen Zustand auslösenden Ereignisses, während er den Notruf wählt.[371] Er begehrt die Hilfe in der sich schnell ändernden individuellen Notlage für eben diese, ohne dass aber aus diesem Antrieb heraus ein genereller Rückschluss auf einen Widerruf der Patientenverfügung geschlossen werden kann.[372] Wird während des Notrufs bzw. bei Eintreffen des Rettungsdienstes vom betroffenen (noch) ansprechbaren Patienten kein Widerruf einer existierenden Patientenverfügung erwähnt, ist von der Geltung einer aufgefundenen und passgenauen Patientenverfügung auszugehen, denn ein Widerruf hat die rettungsmedizinischen Empfänger nicht erreicht.

Etwas anderes kann nur gelten, wenn ein Widerruf höchstpersönlich beim Notruf, im noch ansprechbaren Zustand ausgesprochen oder erkennbar – vor Eintritt der Einwilligungsunfähigkeit – signalisiert wird.[373] Ein während des Notrufs von der Leitstelle erkannter Widerruf der Patientenverfügung durch den konkreten Notfallpatienten ist dann verbindlich und den jeweiligen Rettungsmitteln während der Anfahrt mitzuteilen. Sind Zweifel beim Leitstellendisponenten oder dem rettungsdienstlichen Personal am Einsatzort hinsichtlich eines erfolgten Widerrufs gegeben, ist die rechtliche Bindungswirkung der Patientenverfügung zu ermitteln. Die hierfür benötigte Zeit wird dafür sorgen,

---

370 *Thöns/Schürrle/Korn*, RD 2019, 862 (864); *Thöns/Sitte*, Intensiv 2019, 208 (211).

371 *in der Schmitten/Rixen/Marckmann*, N+R 2011, 448 (454 f.).

372 *Gerth/Kettler/Mohr*, AINS 2005, 743 (748); *in der Schmitten/Rixen/Marckmann*, N+R 2011, 448 (457); *Petri/Zwißler/in der Schmitten/Feddersen*, Anaesthesist 2020, 78 (86); *Schick*, in: May/Kreß/Verrel/Wagner, S. 179; *Thöns/Schürrle/Korn*, RD 2019, 862 (864); *Thöns/Sitte*, Intensiv 2019, 208 (211); *Wiese/Ittner/Graf/Lassen*, Notarzt 2011, 223 (230); a.A. wohl *v. Hintzenstern/Erbguth*, in: v. Hintzenstern, S. 25.

373 *in der Schmitten/Rixen/Marckmann*, N+R 2011, 448 (454).

dass die Patientenverfügung präklinisch aufgeschoben wird. Bis Klarheit über den tatsächlichen Patientenwillen herrscht, ist zwischenzeitlich ein indizierter Rettungsversuch zu unternehmen. Die generelle rechtliche Bindung an die Patientenverfügung wird in dieser Fallkonstellation suspendiert. Hierfür sind aber Äußerungen des Patienten bzw. Anhaltspunkte vonnöten, die sich im Gespräch mit dem Leitstellendisponenten zeigen bzw. dem Rettungsteam am Einsatzort. Der Notruf eines Patienten allein sorgt somit nicht für einen gleichzeitigen generellen Widerruf der eigenen Patientenverfügung. Rettungsdienstliche Spekulationen, die ohne Anhaltspunkte hinsichtlich einer Willensänderung vorgenommen werden, sind unzulässig.[374] Ohne Belege oder Zweifel zum Vorliegen eines Widerrufs besteht die rechtliche Bindung an eine Patientenverfügung fort.

3. *Dialogischer Prozess zwischen Rettungsdienst und Betreuer als Bindungsvoraussetzung*

Weiter sieht § 1901a Abs. 1 BGB vor, dass ein Betreuer die Festlegungen der Patientenverfügung mit der aktuellen Behandlungssituation vergleicht und dem Patientenwillen zu Ausdruck und Geltung verhilft. Vonnöten ist damit grundsätzlich ein Dialog zwischen dem Rettungsdienst und dem Betreuer, was dessen Anwesenheit am Einsatzort oder eine Korrespondenzmöglichkeit erfordert. Eine alleinige Entscheidungskompetenz über die Geltung einer Patientenverfügung kommt einem Betreuer jedoch nicht zu.[375] Er ist vielmehr unterstützend tätig, um den vorausverfügten Patientenwillen gegenüber dem Behandlungspersonal hervorzuheben und umzusetzen. Fraglich ist, ob stets ein Betreuer anwesend bzw. zu bestellen sein muss und damit eine konstitutive Bindungsvoraussetzung der Patientenverfügung darstellt. Aufgrund der regelmäßigen Nichterreichbarkeit bzw. Nichtanwesenheit des Betreuers oder auch der Nichtexistenz eines bestellten Betreuers im Notfall ist ein dialogischer Prozess im rettungsdienstlichen Einsatz zur tatsächlichen Willensermittlung des Patienten mit dessen Hilfe nicht oder nur eingeschränkt möglich.[376] Wird aber von einer erforderlichen Betreuerbestellung auch für den Eilfall ausgegangen[377], führt dies regelmäßig

374 Vgl. *Ulsenheimer*, in: Laufs/Kern/Rehborn, HdArztR, § 159, Rn. 32.

375 *Schneider*, in: MüKo/BGB, § 1901a, Rn. 28 m.w.N.; a.A. *Diehn/Rebhan*, NJW 2010, 326 (329).

376 *in der Schmitten/Rixen/Marckmann*, N+R 2011, 448 (451); *Tamm*, VuR 2009, 449 (456).

377 *Boemke*, NJW 2013, 1412 (1413 ff.); *Lentz*, in: Luxem/Runggaldier/Karutz/Flake, NotSan heute, S. 1355; *Schneider*, in: MüKo/StGB, Vor. § 211, Rn. 156; zutreffend dagegen *Schneider*, in: MüKo/BGB, § 1901a, Rn. 9.

zur präklinischen Zurückstellung einer aufgefundenen Patientenverfügung. Die für eine Betreuerbestellung nötige Zeit steht in der Notfallrettung schlicht nicht zur Verfügung. Daher spricht gegen die Anwesenheitsnotwendigkeit im Notfall, dass die rechtliche Bindung an den Patientenwillen unabhängig von der Existenz eines Betreuers gegeben ist.[378] Denn liegen eindeutige und valide Behandlungsentscheidungen vor, muss der Patientenverfügung in der Notfallrettung zur Geltung verholfen werden.[379] Mit einer verschriftlichten Patientenverfügung, die „auf die konkret eingetretene Lebens- und Behandlungssituation zutrifft, ist eine Einwilligung des Betreuers, die dem betreuungsgerichtlichen Genehmigungserfordernis unterfällt, in die Maßnahme nicht erforderlich, da der Betroffene diese Entscheidung selbst in einer alle Beteiligten bindenden Weise getroffen hat."[380] Die Patientenverfügung spiegelt schriftlich wider, was der Patient geäußert hätte, wäre er ansprechbar. Trotz mangelnder Verfügbarkeit eines Betreuers im Notfalleinsatz ist die Patientenverfügung maßgeblich[381] und allein entscheidend für ihre generelle Bindungswirkung.[382] Sie bildet den entscheidenden Rechtfertigungsgrund für die Behandlungseinleitung bzw. deren Abbruch.[383] Als Konsequenz der mangelnden Anwesenheit oder Bestellung des Betreuers die

---

378 *BÄK/ZEKO*, DÄBl 2018, A2434 (A2437); *Kern*, in: Laufs/Kern/Rehborn, HdArztR, § 65, Rn. 8; zustimmend *Mühe*, et al., Palliativmed 2020, 27 (30).

379 Kritisch *Duttge*, in: Coors/Jox/in der Schmitten, S. 44; *in der Schmitten/Rixen/Marckmann*, N+R 2011, 448 (452); *Müller*, DNotZ 2010, 169 (175 f.); *Spickhoff*, FamRZ 2009, 1949 (1953 f.); *Wietfeld*, S. 325 f. m.w.N.

380 BGHZ 202, 226 (231); sog. „Erforderlichkeitsprinzip", hierzu *Schneider*, in: MüKo/BGB, § 1901a, Rn. 41; vgl. auch Empfehlungen der *BÄK*, in: DÄBl 2013, A1580 (A1585): „Trifft die Patientenverfügung auf die aktuelle Behandlungssituation zu, hat der Arzt den Patienten entsprechend dessen Willen zu behandeln […]. Die Bestellung eines Betreuers ist hierfür nicht erforderlich."; *Schneider*, in: MüKo/StGB, Vor. § 211, Rn. 156 spricht dagegen vom Betreuer als botenähnlichem Vollstreckungsorgan, bei eindeutigen Festlegungen innerhalb einer Patientenverfügung; zustimmend *Verrel*, in: Bormann, S. 628 f.

381 Vgl. *Diener*, in: BeckOGK/BGB, § 1901a, Rn. 72; *in der Schmitten/Rixen/Marckmann*, N+R 2011, 448 (452); *Jurgeleit*, NJW 2015, 2708 (2712); *Kern*, in: Laufs/Kern/Rehborn, HdArztR, § 65, Rn. 8; *Linoh*, medstra 2017, 216 (220); *Coeppicus*, NJW 2013, 2939 (2939); *Zimmermann*, Rn. 381.

382 *Götz*, in: Palandt, § 1901a, Rn. 6, 15 f.; *Mühe*, et al., Palliativmed 2020, 27 (30); *Spickhoff*, FamRZ 2009, 1949 (1953 f.); wohl auch *Ohly*, S. 246 ff., 470; a.A. *Albrecht/Albrecht*, MittBayNot 2009, 426 (432 f.); *Boemke*, NJW 2013, 1412 (1414); weitere Nachweise bei *Breidenstein*, jM 2016, 222 (223); *Stolz*, Notarzt 2012, 101 (102 f.).

383 Vgl. *Fischer*, StGB, Vor. §§ 211-217, Rn. 53a.

Selbstbestimmung zurückzustellen und gegen den vorausverfügten Patientenwillen einen Notfallpatienten rettungsmedizinisch zu behandeln, missachtet den Stellenwert der Patientenselbstbestimmung.[384]

Ist hingegen der Betreuer in der konkreten akuten Notsituation anwesend, hat er in einem Dialog mit den Rettungskräften dem Patientenwillen zu Ausdruck und Geltung zu verhelfen. Möglichst fehlerfrei soll mithilfe des Betreuers der niedergelegte Patientenwille festgestellt werden.[385] Dabei kann es zu einem unterschiedlichen Verständnis des verschriftlichten Patientenwillens kommen und die tatsächliche Bindung zu klären sein. Liegt ein Dissens in der Einschätzung der niedergelegten Sachlage in Bezug auf die konkrete Behandlungssituation zwischen Rettungsdienst und Betreuer vor, bedarf es der Entscheidung einer neutralen Stelle.[386] Folglich ist eine betreuungsgerichtliche Klärung gemäß § 1904 Abs. 4 BGB vonnöten, um bspw. den tatsächlich bindenden Patientenwunsch im Hinblick auf die Einstellung lebenserhaltender Maßnahmen festzustellen. Dies führt in der Notfallrettung in der Folge dazu, dass eine Behandlung eingeleitet oder fortgesetzt wird. Bei Unsicherheiten und Zweifeln hinsichtlich des Patientenwillens überwiegt in der Folgenabwägung zwischen uneindeutigem Patientenwillen und Lebenserhalt der Schutz des Lebens bzw. Versuch das Leben des Patienten zu erhalten.[387] Bei einem reanimationspflichtigen Patienten wird daher bei entsprechender Indikation ein Wiederbelebungsversuch unternommen. Haben Rettungsdienst und anwesender Betreuer Meinungsverschiedenheiten hinsichtlich des Patientenwillens, stellen sich Fragen der Behandlungseinstellung nur bei mangelnder Indikation. Ansonsten ist eine Genehmigung des Betreuungsgerichts erforderlich, wenn die Maßnahme medizinisch angezeigt ist und die begründete Gefahr besteht, dass der Betreute auf Grund des Unterbleibens oder des Abbruchs der Maßnahme stirbt oder einen schweren und länger andauernden gesundheitlichen Schaden erleidet, § 1902 Abs. 1, Abs. 2 BGB. Für die Bindung an den Patientenwillen bedeutet dieses Verfahren, dass Unklarheiten zunächst ausgeräumt werden müssen. Die rechtliche Bindung an eine Patientenverfügung wird in diesen

---

384 Vgl. deutlich und zutreffend *Coeppicus*, NJW 2013, 2939 (2939): „Es wäre grotesk, wenn der Patientenwille keine unmittelbare Geltung hätte, sondern die Umsetzung des einwilligungsfähig gebildeten Patientenwillens nur unter Mitwirkung oder gar nur durch die Entscheidung eines Vertreters rechtmäßig wäre."

385 *Fischer*, StGB, Vor. §§ 211-217, Rn. 53a.

386 *Ulsenheimer*, Anaesthesist 2010, 111 (116).

387 *Tamm*, VuR 2009, 449 (456).

Fallkonstellationen vorübergehend suspendiert und lebt erst wieder auf, wenn der Dissens aufgelöst ist. Generell ist jedoch festzuhalten, dass es keines dialogischen Prozesses zwischen Rettungsdienst und einem Betreuer bedarf, um eine rettungsmedizinische Bindung an die Patientenverfügung in der Notfallsituation anzunehmen.

4. *Zeitspanne als Bindungshindernis*

Fraglich ist weiter, ob ein längerer Zeitraum zwischen der Erstellung eines formwirksamen Verfügungstextes und dem tatsächlichen Anwendungszeitpunkt Auswirkungen auf die Aktualität und damit rechtliche Bindung an den niedergelegten Inhalt einer Patientenverfügung hat. Eine lange Zeitspanne zwischen Erstellungszeitpunkt und Umsetzungssituation könnte die Bindung entfallen lassen.[388] Begründet ist dies damit, dass bis zum konkreten Anwendungszeitpunkt der Patientenverfügung Jahre vergehen können und sich der Patientenwille möglicherweise zwischenzeitlich ändert. Allerdings sah der Gesetzgeber keine Notwendigkeit für regelmäßige Aktualisierungen[389] oder eine Datierung[390] von Patientenverfügungen. Die Frage ist daher, ob ein erkennbarer, aber nicht unerhebliche Zeit zurückliegender niedergelegter Willensentschluss in der konkreten Behandlungssituation überhaupt noch aussagekräftig ist und den Rettungsdienst rechtlich bindet.

Naturgemäß können sich individuelle Patientenvorstellungen im Laufe der Zeit ändern. Allerdings obliegt – ungeachtet einer längeren Zeitspanne zwischen Abfassungs- und Anwendungszeitraum einer Patientenverfügung – die Entscheidung über ein lebenswertes und erhaltenswertes Leben einzig dem Betroffenen.[391] Die Aussicht, sich nicht der „Apparatemedizin"[392] im Rahmen einer „Therapieeskalation"[393] zu unterwerfen oder als „Pflegefall" zu enden, bildet oftmals die Motivationsgrundlage zum Erstellen einer Patientenverfügung, um kein „Leben mit einer so armseligen Qualität"[394] zu leben. Hinsichtlich dieser Aussicht – auch für ein möglicherweise in ferner Zukunft liegendes

---

388 *Albers*, MedR 2009, 138 (139).

389 BT-Drs. 16/8442, S. 14; *Simon*, Int Med 2010, 43 (44); *Müller-Engels*, in: BeckOK/BGB, § 1901a, Rn. 23.

390 *Müller-Engels*, in: BeckOK/BGB, § 1901a, Rn. 23; *Zimmermann*, Rn. 389.

391 BGHSt 40, 257 (260).

392 *Schick*, in: May/Kreß/Verrel/Wagner, S. 183.

393 *Salomon*, AINS 2000, 319 (321).

394 *Zimmermann*, Rn. 376.

Ereignis – kann ein Patient frühzeitig eine Entscheidung getroffen haben, ob oder wie eine medizinische Versorgung durchgeführt werden soll. Maßgeblich ist allein dieser Willensentschluss des Erstellers einer Patientenverfügung. Auch wenn der Erstellungszeitpunkt der Patientenverfügung zeitlich weit zurück liegt, erscheint ein Absprechen der Verbindlichkeit aufgrund einer potentiellen Willensänderung im Moment der tatsächlichen Hilfsbedürftigkeit bzw. eintretenden Sterbephase nicht überzeugend.[395] Denn ein objektives Hereinfühlen in die Entscheidungssituation des Einzelnen ist nicht möglich, sondern vielmehr nur die bewusst niedergelegte und vorab bestimmte Entscheidung zu respektieren.[396] Eine einmal erstellte Patientenverfügung hat somit grundsätzlich kein „Verfallsdatum"[397]. Ändert der Patient seinen vorausverfügten Behandlungswillen, ist es in seiner Verantwortung diesen rechtzeitig – vor Eintritt des Anwendungsfalls der eigenen Patientenverfügung – zu modifizieren.[398] Dieses Erfordernis ist seiner Risikosphäre zuzurechnen. Dementsprechend muss der Patient seinen Verfügungstext schriftlich abwandeln oder widerrufen. Liegen hingegen keine sich aufdrängenden Anhaltspunkte einer zwischenzeitlichen Änderung des Patientenwillens vor, bleibt ein niedergelegter Willensentschluss aussagekräftig und entfaltet generelle rechtliche Bindungskraft gegenüber dem Rettungsdienst.

5. Eröffnung des Anwendungsbereichs durch medizinisches Eingreifen?

Vom bindenden Anwendungsfall einer Patientenverfügung möglicherweise ausgenommen sind einwilligungsunfähige Zustände des Notfallpatienten, die rettungsmedizinisch erst verursacht wurden.[399] Erst aufgrund einer ausgelösten, mitunter unbeabsichtigten Komplikation (sog. iatrogene Störung) – in deren Folge die Einwilligungsunfähigkeit des Patienten eintritt – wird der (vermeintlich) bindende Anwendungsbereich einer Patientenverfügung „künstlich" eröffnet.[400] Problematisch ist, dass sich der nunmehr rettungsmedizinisch verursachte Zustand mit der in der Patientenverfügung niedergelegten antizipierten

395 Vgl. auch *Lipp*, in: Laufs/Katzenmeier/Lipp, Kap. VI, Rn. 163 m.w.N.

396 *Panagopoulou-Koutnatzi*, S. 135.

397 *Erbguth/Erbguth*, DMW 2016, 1484 (1489).

398 *Albrecht/Albrecht/Böhm/Böhm-Rößler*, S. 51 f.

399 Vgl. *Pschyrembel*, Stichwort: Iatrogen.

400 *in der Schmitten/Rixen/Marckmann*, in: Coors/Jox/in der Schmitten, S. 299; zu unerwünschten Arzneimittelwirkungen als iatrogene Störungen siehe *v. Renteln-Kruse*, in: ders., S. 70 ff.

Situation decken kann. Dies löst grundsätzlich die rechtliche Bindung an den Patientenwillen aus. Dabei muss das rettungsmedizinische Handeln nicht zwingend behandlungsfehlerhaft sein, sondern kann eine auftretende Komplikation grundsätzlich indizierten Vorgehens darstellen.[401]

Beim Verfassen einer Patientenverfügung wiederum wird ein zukünftiger Notfallpatient in aller Regel nicht davon ausgehen, dass die Einwilligungsunfähigkeit und Anwendungsbereichseröffnung der eigenen Patientenverfügung rettungsmedizinisch verursacht wird. Eine Patientenverfügung könnte damit nur für „natürliche", d.h. nicht (rettungs-)medizinisch verursachte, Krankheitsverläufe erstellt worden sein, die in einem einwilligungsunfähigen Zustand münden. Treten negative Folgen medizinischen Eingreifens ein und führen zum vermeintlichen Vorliegen des Anwendungsbereichs einer Patientenverfügung, entstünde eine rechtliche Bindung an eine Patientenverfügung bereits nicht, da sich die antizipierte Einwilligung nicht auf diesen rettungsmedizinisch ausgelösten Zustand erstreckt. Auf Grundlage dieser Sichtweise wäre die rettungsmedizinische Behandlung fortzusetzen und eine Ausnahme der Geltung der patientenseitigen Festlegungen gegeben.

Dagegen lässt sich anführen, dass u.a. das Vorliegen des einwilligungsunfähigen Zustandes für die generelle rechtliche Bindung maßgeblich ist und nicht, ob dieser Zustand durch einen Verkehrsunfall, einen Herzinfarkt oder aber (fehlerhaftes) rettungsmedizinisches Eingreifen hervorgerufen wurde. Aus Patientensicht ist irrelevant, wie der einwilligungsunfähige Zustand eingetreten ist, der antizipiert und für sich als nicht tragbar erkannt wurde. Die Ursache der Einwilligungsunfähigkeit und die Anwendungssituation der Patientenverfügung sind in ihrer rechtlichen Bewertung zu trennen und unabhängig voneinander.[402]

---

401 Vgl. Fallbericht zu mehrfach fehlerhaften Intubationsversuchen, die nicht ursächlich für das Versterben der Patienten waren bei *Jaeger*, et al., N+R 1999, 500 (501). Dagegen behandlungsfehlerhafte Anlage eines Druckverbandes im Kopf- und Halsbereich mit der Folge des Erstickungstods bei *Heide/Romanowski/Kleiber*; Rechtsmedizin 2004, 37 ff.

402 Wird auf Grundlage einer verkannten und selbst ausgelösten Ursache rettungsmedizinisch vorgegangen und dem Patientenwunsch aus einer Patientenverfügung entsprochen, sodass in der Folge Rettungsmaßnahmen eingestellt werden, kommen für das Setzen der Ursache der Einwilligungsunfähigkeit strafrechtliche und haftungsrechtliche Konsequenzen in Betracht. Strafrechtlich kann eine Fahrlässigkeitsstrafbarkeit gemäß der §§ 222, 229 StGB für den ersten Akt der Ursachensetzung vorliegen. Ist eine vorsätzliche Schädigung des Patienten gegeben, sind die §§ 211 ff. StGB zu untersuchen. Im Fortgang des Geschehens – dem Umsetzungsakt der Patientenverfügung – handelt das rettungsmedizinische Personal dann vorsätzlich unterlassend, sodass

Vielmehr verliert eine Patientenverfügung nicht ihre bindende Wirkung, wenn sie den aktuellen Patientenzustand erfasst und nicht widerrufen wurde.[403] Bei einem rettungsmedizinisch ausgelösten Zustand mit einhergehender Anwendungsbereichseröffnung der Patientenverfügung ist damit grundsätzlich von einer rechtlichen Bindungswirkung auszugehen.

Anders zu beurteilen ist hingegen die Situation, in der die rettungsmedizinisch verursachte Komplikation erkannt wird und aller Voraussicht nach auch zügig behebbar ist, dessen ungeachtet aber die Patientenverfügung des Patienten den nun gegeben Zustand erfasst. Es kann sich hierbei um eine nur kurzzeitige Komplikation handeln, die zügig umkehrbar ist.[404] Im Gegensatz zu der oben erwähnten generellen Bindungswirkung einer Patientenverfügung in der Notfallrettung, unabhängig von der Dauerhaftigkeit des einwilligungsunfähigen Patientenzustands, ist in diesem Fall zunächst ein Versuch zur Wiederherstellung des ursprünglichen Patientenzustandes zu unternehmen. Es handelt sich um einen Zweifelsfall, der eine gestufte Vorgehensweise erfordert. Mit Blick auf den Lebensschutz und der realistischen Möglichkeit die rettungsmedizinisch ausgelöste Einwilligungsunfähigkeit zeitnah zu beseitigen, ist eine zeitweise Suspendierung der Patientenverfügung gerechtfertigt, um eine medizinische Rückführung aus dem „rechtlich bindenden" Anwendungsbereich der Patientenverfügung zu bewirken. Kann im weiteren Verlauf kein Wegfall der Einwilligungsunfähigkeit erreicht werden und verfestigt sich dieser Zustand, „lebt" allerdings die zwischenzeitlich suspendierte Patientenverfügung wieder auf.[405] Eine rettungsmedizinisch verursachte Einwilligungsunfähigkeit kann somit insgesamt dazu führen, dass eine Patientenverfügung Geltung beansprucht und

---

Tötungs- und Körperverletzungsdelikte durch Unterlassen (§§ 212, 223, 13 ff StGB), eventuell gepaart mit Irrtumsfragen vorliegen können. Allerdings kann im Rahmen der Trennung von Ursache und Anwendungssituation eine Rechtfertigung über die Patientenverfügung gegeben sein, die die konkrete Situation erfasst. In der Folge scheidet eine Strafbarkeit aus. Haftungsrechtlich kommen bei primärer Ansprechbarkeit vertragliche Ansprüche gemäß der §§ 630a ff. BGB, ansonsten deliktische Ansprüche über die §§ 823, 826 BGB in Betracht.

403 Vgl. *Schneider*, in: MüKo/BGB, § 1901a, Rn. 29.

404 Bspw. durch Lockerung eines zu stramm angelegten Druckverbandes, der ein Ersticken des Notfallpatienten nach sich zieht. Erneut sei hierzu verwiesen auf den unglücklichen Ausgang des Geschehens bei *Heide/Romanowski/Kleiber*; Rechtsmedizin 2004, 37 ff.

405 Vgl. die Parallele zum Veto-Ansatz von *Lanzrath*, MedR 2017, 102 (105), der bis zum Wegfall des natürlichen Willens bei Demenz die Patientenverfügung suspendiert.

rechtliche Bindungswirkung entfaltet. Die diesen Zustand auslösende Handlung des Rettungsdienstes ist in einem derartigen Fall allerdings rechtlich gesondert zu bewerten.

6. *Zwischenergebnis*

Eine Patientenverfügung bindet generell den Rettungsdienst in der Notfallrettung. Die Unumkehrbarkeit der Einwilligungsunfähigkeit ist dabei kein (ungeschriebenes) Tatbestandsmerkmal der §§ 1901a ff. BGB. Des Weiteren kann von einem abgesetzten Notruf nicht zwingend auf einen Widerruf der Patientenverfügung geschlossen werden. Ferner kommt es nicht auf eine Behandlungseinwilligung des Betreuers für den Notfallpatienten an. Ist ein Betreuer hingegen im Notfalleinsatz anwesend und besteht keine Einigkeit mit dem Behandlungspersonal hinsichtlich der vorausverfügten Festlegungen des Patienten, sind die indizierten medizinischen Maßnahmen fortzusetzen. Ein langer Zeitraum zwischen dem Erstellen einer Patientenverfügung und deren Anwendungssituation spricht dem Verfügungstext seine Bindungswirkung wiederum nicht anhaltslos ab. Eine Patientenverfügung erstreckt sich auch auf einen Anwendungsbereich, der erst künstlich rettungsmedizinisch verursacht worden ist und nicht im Einzelfall zügig wieder beseitigt werden kann.

II. Personelle rechtliche Bindung an Patientenverfügungen im Rettungsdienst

Nach der Feststellung der generellen rechtlichen Bindung an Patientenverfügungen auch in der vorklinischen Rettungsmedizin stellt sich nunmehr die Frage, welche rettungsmedizinischen Akteure konkret an einen vorausverfügten Patientenwillen rechtlich gebunden sind. Nachfolgend wird daher untersucht, ob und inwieweit Notärzte (1), das nichtärztliche Rettungsdienstpersonal (2) und auch Ersthelfer (3) einer rechtlichen Bindung an Patientenverfügungen unterliegen.

1. *Bindung des Notarztes*

Üblicherweise sind Patientenverfügungen an Ärzte gerichtet[406] und deren rechtliche Gebundenheit wird vorausgesetzt. Der Wortlaut des § 1901a Abs. 1 BGB

406 *Verrel*, in: May/Kreß/Verrel/Wagner, S. 95; *Zimmermann*, Rn. 410; wohl auch *Wietfeld*, S. 303; a.A. *Albrecht/Albrecht/Böhm/Böhm-Rößler*, S. 61 ff. gehen von der alleinigen Adressatenstellung des Vertreters aus.

deutet bereits die konkrete ärztliche Bindung an Patientenverfügungen an, indem von ärztlichen Eingriffen die Rede ist. Die Gesetzesbegründung benennt ebenfalls ausdrücklich die ärztliche Adressatenstellung.[407] Obwohl der Notarzt-Patienten-Beziehung das Muster Not und Hilfe zugrunde liegt[408] und es sich um eine schnelle und flüchtige Arzt-Patienten-Beziehung handelt, tritt die gebotene Schutzpflicht des Arztes in Bezug auf das Leben hinter der gewillkürten Selbstbestimmungsausübung des Patienten zurück.[409] Auch wenn kein langjährig aufgebautes Vertrauensverhältnis wie bspw. zu einem Hausarzt besteht, relativiert die Flüchtigkeit der Notarzt-Patienten-Beziehung nicht die rechtliche Bindung des Arztes an einen niedergelegten Patientenwillen. Sobald sich nach initial indizierter Behandlung des Notfallpatienten dessen Lage stabilisiert hat bzw. sich ein gebührendes Zeitfenster für die Prüfung und Berücksichtigung einer Patientenverfügung eröffnet[410], kann ein Notarzt eine etwaige rechtliche Bindung an einen niedergelegten Behandlungswunsch auch erkennen. Die vorherige indizierte Behandlungseinleitung ist hingegen über die mutmaßliche Einwilligung gerechtfertigt.[411] Trotz einer meist nur kurzweiligen Arzt-Patienten-Beziehung fallen Notärzte daher grundsätzlich in den konkreten Adressatenkreis von Patientenverfügungen und sind in ihrer Behandlungsrichtung hierdurch rechtlich gebunden. Des Weiteren differenziert das Gesetz nicht zwischen zeitkritischen und nicht-zeitkritischen bzw. innerklinischen und außerklinischen Behandlungssituationen, vgl. § 1901a Abs. 3 BGB. Das Gesetz trifft demzufolge die Entscheidung, dass auch flüchtige Arzt-Patienten-Beziehungen dem Selbstbestimmungsrecht des Patienten unterworfen sind, welches dieser über seine Patientenverfügung ausdrücken kann. Die rechtliche Bindung resultiert damit aus der Einwilligung des Notfallpatienten, die sich rechtfertigend auf den Heileingriff auswirkt oder eben nicht erteilt wird.

2. *Bindung des nichtärztlichen Rettungsdienstpersonals*

Neben Notärzten wird in Teilen das nichtärztliche Rettungsdienstpersonal in den rechtlich gebundenen Adressatenkreis von Patientenverfügungen mit

---

407 BT-Drs. 16/8442, S. 15.

408 *Holzem*, S. 267.

409 *Jurgeleit*, NJW 2015, 2708 (2710); *Kreß*, ZRP 2009, 69 (70); siehe auch *StA München*, MedR 2011, 291 f.; LG Deggendorf, Beschl. v. 13.09.2013 – 1 Ks 4 Js 7438/11, Rn. 6 –, juris.

410 *Bossaert*, et al., N+R 2015, 1035 (1038, 1040).

411 *Lippert*, GesR 2014, 710 (711).

einbezogen.[412] Die Frage ist, ob sich ein im Voraus niedergelegter Patientenwille tatsächlich auch an nichtärztliches Personal richtet. Eine lebenserhaltende Maßnahmen ablehnende und auf die konkrete Behandlungssituation zutreffende Patientenverfügung würde ohne Anwesenheit eines Notarztes bereits rechtliche Bindungswirkung entfalten. Eine entsprechende rechtliche Bindung konsequent zu Ende gedacht, kann im gängigen Rendezvous-System des Rettungsdienstes dazu führen, dass eine Nichtvornahme bzw. Einstellung lebenserhaltender Maßnahmen als Umsetzung des bindenden Patientenwillens und Versterben des Notfallpatienten unter rein nichtärztlicher Beteiligung erfolgt.[413]

Im Vergleich zum Notarzt weisen Notfallsanitäter und Rettungsassistenten den höchsten nichtärztlichen Ausbildungsstand im Rettungsdienst auf. Hinsichtlich der rechtlichen personellen Bindung spricht die Gesetzesbegründung am Beispiel von Pflegepersonal davon, dass weiteres an der Behandlung beteiligtes Personal, welches nicht der Ärzteschaft zuzuordnen ist, im „Rahmen ihrer Verantwortung zu prüfen [hat], ob und welchen Behandlungswillen der Patient geäußert [und], ob er eine Entscheidung über die anstehende Behandlung getroffen hat.“[414] Ausdrücklich berücksichtigt der Gesetzeswortlaut des § 1901a BGB nichtärztliches Rettungsdienstpersonal hingegen nicht. Die Kompetenzen von Notfallsanitätern und Rettungsassistenten könnten sich damit nur auf eine Prüfung des Patientenwillens beziehen. Im Sinne einer den Arzt unterstützenden Ermittlungstätigkeit würde der tatsächliche Patientenwille anhand der Patientenverfügung durch nichtärztliches Personal lediglich erforscht, ohne eine

412 Vgl. den abgelehnten Antrag einzelner Abgeordneter BT-Drs. 16/397, S. 3 f.; *Götz*, in: Palandt, § 1901a, Rn. 16; *in der Schmitten/Rixen/Marckmann*, N+R 2011, 448 (453); kritisch *Mühe*, et al., Palliativmed 2020, 27 (29 f.) m.w.N.; *Nüßen*, in: Salomon, S. 74; *Petri/Zwißler/in der Schmitten/Feddersen*, Anaesthesist 2020, 78 (86) mit fragwürdiger Argumentation; *Schick*, in: May/Kreß/Verrel/Wagner, S. 179; in eine entsprechende Richtung auch *Schneider*, MüKo/BGB, § 1901a, Rn. 9; *Mohr/Gerth/Janssens*, N+R 2017, 602 (605) plädieren für eine Prüfung im Behandlungsteam; *Nauck/Marckmann/in der Schmitten*, AINS 2018, 62 (65), ablehnend aus tatsächlichen Gründen *Fehn/Selen*, RD 2000, 991 (993) und *Fehn/Selen*, RD 2000, 1102 (1103). Offenlassend am Beispiel Österreichs *Kreß*, ZRP 2009, 69 (70 f.); andeutend und vom „Behandler“ sprechend *Lippert/Gliwitzky*, N+R 2013, 590 (591); für eine Bindung auch in Akutereignissen *Wurmb/Brederlau*, Med Klinik 2016, 113 (115); wohl ablehnend *Tries*, S. 123 f.; so ebenfalls angedeutet bei *Mohr*, N+R 2007, 182 (187).

413 Zu diesem „Dilemma“ zwischen Lebensrettung und Sterbebegleitung des nichtärztlichen Rettungsdienstes vgl. *Mühe*, et al., Palliativmed 2020, 27 ff.

414 BT-Drs. 16/8442, S. 15.

unmittelbar konkrete rechtliche Bindung zu statuieren. Ferner könnte für diese Sichtweise sprechen, dass ein Notarzt aus Patientensicht der bestqualifizierte (umsetzende) Adressat einer Patientenverfügung ist[415], der wiederum nur rechtlich an den vorausverfügten Willen gebunden sein soll. Allerdings lässt die Gesetzesbegründung zu § 1901a Abs. 1 BGB diese Interpretation nicht zu, da deutlich ausgeführt wird, dass „Adressat der Patientenverfügung jede an der Behandlung und Betreuung beteiligte Person sein kann, die entsprechend ihrer Verantwortung in die vorzunehmenden Prüfungen eingebunden ist."[416] Es hat daher – in Bezug auf die rechtliche Bindung – grundsätzlich keine Auswirkungen, dass der Ausbildungsstand nichtärztlicher Berufsgruppen gegenüber Notärzten weitaus geringer ist. Der Ausbildungsstand erfährt vielmehr bei der Frage der inhaltlichen Prüfung („entsprechend ihrer Verantwortung") und Umsetzung der Patientenverfügung Relevanz und ist von der rechtlichen personellen Bindung zu trennen. Die über eine Patientenverfügung hergestellte Beziehung zwischen dem Patienten und dem Behandelnden muss somit kein Arzt-Patienten-Verhältnis sein.[417] Charakteristisch für die Patientenverfügung ist gerade ihre an einen in aller Regel unbestimmten Adressatenkreis gerichtete Bindungswirkung hinsichtlich der enthaltenen Festlegungen.[418] Jede an der Behandlung des Notfallpatienten beteiligte Person wird somit durch die Patientenverfügung grundsätzlich adressiert.[419] Da eine Patientenverfügung die Einwilligung in die medizinischen Maßnahmen erteilt oder aber ablehnt, betrifft diese unmittelbar nichtärztliches Rettungsdienstpersonal welches, ebenso wie Notärzte, an den Patientenwillen rechtlich gebunden ist. Die Ausübung des Selbstbestimmungsrechts wird gerade über die einfachgesetzlich normierte Patientenverfügung gegenüber jedermann ermöglicht.

Ferner zählt die Wahrung der konkretisierten Selbstbestimmung des Patienten zum Tätigkeitsbereich auch des nichtärztlichen Rettungsdienstes. Dies ergibt sich speziell für Notfallsanitäter aus § 4 Abs. 1 S. 3 NotSanG, wonach von der Notfallsanitäterausbildung explizit das Erlernen der Fähigkeit zur Berücksichtigung der Patientenselbstbestimmung umfasst ist. Auch wenn es dieser rechtlichen

---

415 Vgl. *Tries*, S. 42 im Kontext der Aufklärungsreichweite ärztlich delegierter Maßnahmen an Rettungsassistenten (Körperverletzung durch intravenösen Zugang).

416 BT-Drs. 16/8442, S. 15; zustimmend auch *Götz*, in: Palandt, § 1901a, Rn. 16.

417 *in der Schmitten/Rixen/Marckmann*, N+R 2011, 448 (453); vgl. *Thöns/Schürrle/Korn*, RD 2019, 862 (863).

418 *Breidenstein*, jM 2016, 222 (223) m.w.N.

419 *Götz*, in: Palandt, § 1901a, Rn. 16 nennt neben Ärzten exemplarisch Pflegende, Familienangehörige, Betreuer, das Betreuungsgericht und andere Personen.

Klarstellung als Ausbildungsziel im NotSanG nicht bedurft hätte, da die Einwilligung in die medizinische Behandlung als Ausdruck der Patientenselbstbestimmung stets erforderlich ist, wird die rechtliche Bindung des nichtärztlichen Rettungsdienstes unterstrichen. Nichts anderes kann für Rettungsassistenten sowie Rettungssanitäter gelten. Denn auch wenn sich der wesentliche Tätigkeitsbereich auf das Fahren von Rettungsmitteln bezieht, sind Rettungssanitäter Teil des behandelnden Rettungsteams. Sie weisen zwar einen geringeren Ausbildungsstand als Notfallsanitäter und Rettungsassistenten auf, sind jedoch ebenfalls mit der Behandlung von Notfallpatienten betraut, die wiederum von deren Einwilligung abhängt. Der Ausbildungsstand ist erst im Rahmen der inhaltlichen Prüfverantwortung der Patientenverfügung, also auf Ebene der konkreten Umsetzung, relevant. Damit zählen auch Rettungsassistenten und Rettungssanitäter zum rechtlich gebundenen Adressatenkreis einer Patientenverfügung. Ein niedergelegter Patientenwille ist für sie grundsätzlich in gleichem Maße verbindlich, wie für Notärzte und Notfallsanitäter. Selbiges gilt für Rettungshelfer als an der Patientenbehandlung beteiligte Akteure. Weil sich ihr Haupteinsatzgebiet aber im reinen Krankentransport befindet, werden Rettungshelfer praktisch oftmals nicht mit Patientenverfügungen konfrontiert sein. Eine rechtliche Bindung an den selbstbestimmt zum Ausdruck kommenden Patientenwillen wird hierdurch jedoch nicht aufgehoben. Denn auch Rettungshelfer tragen die Verantwortung, den Patientenwillen zu wahren. Sie zählen damit ebenfalls zum gebundenen Adressatenkreis einer Patientenverfügung, da Patientenverfügungen sich nicht lediglich an explizit genannte Adressaten richten[420].

Der Patient selbst kann jedoch selbstbestimmt die rechtliche Bindung des nichtärztlichen Rettungsdienstes an die eigene Patientenverfügung bewusst ausschließen. Wünscht der Notfallpatient nur die rechtliche Bindung des Notarztes an den vorausverfügten Willen, kann dies niedergelegt werden.[421] Will der Notfallpatient bspw. nur einen Notarzt mit seiner Patientenverfügung adressieren, muss dieser Wunsch deutlich zum Ausdruck kommen.[422] Aufgrund der Reichweite des Selbstbestimmungsrechts obliegen konkrete Festlegungen bzgl. der rechtlichen Bindungswirkung einzig dem Patienten, da der § 1901a Abs. 1 BGB lediglich musterhaft den Adressatenkreis bezeichnet.[423] Wird nichtärztliches

---

420 *Götz*, in: Palandt, § 1901a, Rn. 16.

421 Vgl. *Tries*, HdRW, S. 1.

422 Gedeckt von der Patientenselbstbestimmung ist ebenfalls der umgekehrte Fall denkbar, in der der Notfallpatient eine notärztliche Behandlung ausschließt, die des nichtärztlichen Rettungsdienstpersonals hingegen nicht.

423 *in der Schmitten/Rixen/Marckmann*, N+R 2011, 448 (453).

Hilfspersonal in einer Patientenverfügung explizit ausgenommen, entfällt die konkrete Bindung. Der Patient hat einen entsprechenden Gestaltungsspielraum.[424] Eine derartige konkrete Benennung des ärztlichen Adressatenkreises durch den Patienten führt dazu, dass der nichtärztliche Rettungsdienst die Behandlung bis zum Eintreffen des Notarztes bei Indikation fortsetzt. Einschränkend können allerdings für die Notfallrettung keine freie Arztwahl oder eine Bestimmung des konkreten notfallmedizinischen Behandlungspersonals erfolgen.[425]

Zusammenfassend lässt sich festhalten, dass die rettungsmedizinische Hilfsverpflichtung hinter die Selbstbestimmung des Patienten zurücktritt[426] und die nichtärztlichen Akteure des Rettungsdienstes rechtlich bindet, wenn keine Ausnahmebestimmung seitens des Patienten ersichtlich ist. Bestehen insgesamt keinerlei Anhaltspunkte für Zweifel an der Wirksamkeit einer Patientenverfügung, ist diese zu befolgen und bindend.[427]

3. *Einschub: Bindung des Ersthelfers*

Neben Notärzten und den nichtärztlich-rettungsdienstlichen Akteuren können auch Ersthelfer mit Patientenverfügungen konfrontiert sein. Fraglich ist, ob auch Ersthelfer an Patientenverfügungen rechtlich gebunden sind, wenn sie vorklinisch mit diesen in Kontakt kommen.

Von Ersthelfern wird regelmäßig lediglich die generelle Behandlungsbedürftigkeit ihnen bekannter oder unbekannter Personen erkannt, der Notruf gewählt und erste Hilfe geleistet. Vertiefte medizinische Fachkunde ist überwiegend nicht gegeben und kann auch nicht erwartet werden. Trotzdem sind Ersthelfer in gewissem Maße jedenfalls an der initialen Behandlung des Notfallpatienten beteiligt. Auch die laienhafte Behandlung durch einen Ersthelfer muss als Eingriff in die körperliche Integrität des Patienten gerechtfertigt sein. Leistet ein Ersthelfer im Rahmen der Geschäftsführung ohne Auftrag erste Hilfe, fließt die gesetzgeberische Entscheidung, die Selbstbestimmung einfachgesetzlich mittels

424 *in der Schmitten/Rixen/Marckmann*, N+R 2011, 448 (453).

425 Hierzu bereits Teil 1, A. II. 1.

426 *Erbguth/Erbguth*, DMW 2016, 1484 (1485).

427 *in der Schmitten/Rixen/Marckmann*, N+R 2011, 448 (455 f.). Die Missachtung des bindenden Patientenwillens kann mit strafrechtlichen Konsequenzen einhergehen, da für die tatbestandliche Körperverletzung eines medizinischen Heileingriffs keine rechtfertigende Einwilligung des Patienten gegeben ist. Hierzu siehe *Breidenstein*, jM 2016, 222 (222, 223 f.).

Patientenverfügung auszugestalten, grundsätzlich mit in diese Beziehung ein. Allerdings kann eine Berücksichtigung einer Patientenverfügung durch Ersthelfer kaum erwartet werden. Selbst der professionell ausgebildete Rettungsdienst beginnt mit indizierten Behandlungsmaßnahmen, bevor er sich einer Patientenverfügung widmen kann. An der grundsätzlichen rechtlichen Bindung ändert sich hierdurch dennoch nichts, denn der Notfallpatient übt über seine Patientenverfügung seine Selbstbestimmung grundsätzlich verbindlich für Dritte aus.[428] Zumindest mittelbar erhält die Selbstbestimmung so Einzug in privatrechtliche Rechtsbeziehungen[429], was für eine rechtliche Bindung des Ersthelfers spricht. Zweifelhaft ist aber, ob auch ein zukünftiger Notfallpatient bei Erstellung der Patientenverfügung den Ersthelfer als gebundenen Adressaten vor Augen hatte. Ein Notfallpatient wird für gewöhnlich medizinische Hilfe durch kompetentes Rettungsdienstpersonal wünschen bzw. deren Hilfe ablehnen. Naheliegender erscheint daher, dass sich der vorab niedergelegte Wille primär an medizinisch ausgebildete Personen richtet und nur diese rechtlich binden soll. Allerdings antizipiert ein Patient generell bindende Festlegungen an einen unbestimmten Adressatenkreis. Erst bei einer inhaltlichen Prüfung eines Verfügungstextes wird erkennbar, ob der Patient einen bestimmten Adressatenkreis ausdrücklich benannt oder eingegrenzt hat. Eine Patientenverfügung stellt hierfür das taugliche Instrument einer individuellen Modifikation der Erwartungen an die Handlungen Dritter dar. Es handelt sich um eine höchstpersönliche Ausgestaltung des nunmehr einwilligungsunfähigen Notfallpatienten, wie geholfen werden soll. Richtet sich die Patientenverfügung also an alle an der vorklinischen ersten Hilfe beteiligten Personen, bindet diese grundsätzlich auch Ersthelfer. Die Patientenverfügung kleidet dementsprechend die allgemeine Hilfeverpflichtung des § 323c StGB nach den Patientenvorstellungen aus. Mit Hilfe der Patientenverfügung kommuniziert der Notfallpatient seine tatsächlichen Vorstellungen an alle Behandlungsbeteiligten, sofern nichts Näheres im Verfügungstext bestimmt ist. Hierdurch entsteht eine rechtliche Bindung auch des Ersthelfers an die antizipierte Selbstbestimmung des Notfallpatienten. Aus dieser rechtlichen Bindung des Ersthelfers ergeben sich relativierend allerdings erst straf- und haftungsrechtliche Konsequenzen, wenn die vorausverfügten Behandlungswünsche erkannt und auf Umsetzungsebene bewusst missachtet werden. Hierfür ist ein gewisses medizinischen Fachwissen und der Vergleich der konkreten Behandlungssituation mit den in der Patientenverfügung antizipierten Festlegungen nötig.

---

428 *Coester-Waltjen*, MedR 2012, 553 (555).

429 *Koranyi*, in: May/Kreß/Verrel/Wagner, S. 65.

Andernfalls wird ein Ersthelfer seine rechtliche Gebundenheit nicht erkennen, was ihm nicht zum Vorwurf gemacht werden kann.

4. *Zwischenergebnis*

Zusammenfassend lässt sich festhalten, dass eine für die Notfallrettung erstellte Patientenverfügung alle an der akutmedizinischen Versorgung beteiligten Berufsgruppen bindet, es sei denn, eine Ausnahme wird vom Patienten spezifiziert, was erst bei der inhaltlichen Prüfung und Umsetzung erkennbar wird. Daneben sind auch Ersthelfer grundsätzlich an Patientenverfügungen rechtlich gebunden, wobei ohne näheres medizinisches Fachwissen nicht erwartet werden kann, dass sich Ersthelfer diesem Umstand bewusst sind.

B. Rettungsmedizinischer Zugriff auf Patientenverfügungen: Mitwirkungshandlungen der Beteiligten

Damit ein vorausverfügter Patientenwille rettungsmedizinisch umgesetzt werden kann, ist erforderlich, dass eine Patientenverfügung die adressierten Akteure in der konkreten Situation auch erreicht. Hierfür ist primär notwendig, dass ein rettungsmedizinischer Zugriff auf die Patientenverfügung gewährleistet ist. Dieser Zugriff ist die Möglichkeit der Patientenverfügung in der konkreten Notsituation tatsächlich habhaft zu werden, um diese lesen zu können. Ohne Zugriff kann keine präklinische Beachtung eines im Voraus festgelegten Behandlungswunsches erfolgen.[430] Für den Zugriff und die hiermit verbundene Möglichkeit des Herauslesens des tatsächlichen Patientenwillens ist einerseits die Mitwirkung des Notfallpatienten und andererseits die des Rettungsdienstes notwendig. Zunächst wird daher erörtert, wie die erforderliche Mitwirkung des Notfallpatienten zum Zugriff auf die eigene Patientenverfügung ausgestaltet ist (I). Um den vorklinischen Zugriff auf eine Patientenverfügung zu gewährleisten, muss ein zukünftiger Notfallpatient Vorkehrungen treffen, die dem Rettungsdienst behandlungsrelevante Informationen tatsächlich zugänglich machen. Der Rettungsdienst wiederum muss dem nunmehr einwilligungsunfähigen Notfallpatienten so mitwirkend unterstützen, dass eine Patientenverfügung vorklinisch auch aufgefunden und zur Kenntnis genommen wird. Nachfolgend wird daher überlegt, welche Anforderungen an die Bemühungen des Rettungsdienstes zu

---

430 *Meier*, in: Höfling/Otten/in der Schmitten, S. 211.

stellen sind, um einen Zugriff auf eine Patientenverfügung in der Reanimationssituation zu erhalten (II). Anschließend werden die Mitwirkungshandlungen des Rettungsdienstes an dessen drei typischen Einsatzorten spezifiziert (III). Der Inhalt einer Patientenverfügung rückt abschließend in den Fokus (IV), der schlussendlich durch den Rettungsdienst umgesetzt werden soll.

I. Mitwirkung des Patienten

Oftmals werden Patientenverfügungen vom Rettungsdienst im Notfall nicht aufgefunden.[431] Gründe hierfür sind zum einen, dass die Existenz an sich nicht ersichtlich ist und dementsprechend nicht aktiv nach einer Patientenverfügung gesucht oder gefragt wird. Zum anderen werden Patientenverfügungen an einem dem Rettungsdienst unbekannten Ort verwahrt (Safe[432], Ordner, Notar). Neben dem Erstellen einer Patientenverfügung ist damit fraglich, welche Mitwirkungshandlungen für einen rettungsmedizinischen Zugriff den Notfallpatienten treffen. Die Besonderheit liegt darin, dass sich der Notfallpatient im Geltungsfall der eigenen Patientenverfügung nicht mehr aktiv äußern kann; er ist einwilligungsunfähig und in der Reanimationssituation bewusstlos. Dementsprechend kann er keine Angaben hinsichtlich des Aufbewahrungsortes einer Patientenverfügung tätigen. Des Weiteren erreicht der Rettungsdienst den Einsatzort regelmäßig in Unkenntnis der Existenz einer Patientenverfügung. Will sich der Notfallpatient aber die Mitbestimmungsmöglichkeit im einwilligungsunfähigen Zustand offenhalten, um auf seine rettungsmedizinische Behandlung Einfluss zu nehmen, ist ein eigenverantwortlich erklärendes Tätigwerden gefragt.[433] Selbstbestimmtes Handeln geht mit Selbstverantwortung einher.[434] Eine selbst- bzw. eigenverantwortliche Lebensgestaltung ist Ausdruck von Individualität und Freiheit des Einzelnen.[435] Ist der Patient aber bewusstlos, kann er an der konkreten Behandlung nicht mitwirken. Er kann nur im Vorfeld der Einwilligungsunfähigkeit tätig sein,

---

431 Vgl. *Kern*, in: Laufs/Kern/Rehborn, HdArztR, § 59, Rn. 11; *Tamm*, VuR 2009, 449 (457).

432 *Brokmann*, et al., Anaesthesist 2014, 23 (30).

433 *Biermann*, in: Bormann, S. 642 spricht von „Bringschuld“; *Duttge*, Med Klinik 2016, 235 (236); *Killinger*, S. 157; *Meran/Geissendörfer/May/Simon*, S. 89: „Die Hauptinitiative für die Bekanntgabe geht naturgemäß vom Patienten aus.“ Siehe auch *Ohly*, S. 337 ff.; *Tamm*, VuR 2009, 449 (457).

434 *Coester-Waltjen*, MedR 2012, 553 (564 f.); *Kreß*, ZRP 2009, 69 (70); *Ohly*, S. 77 ff., 207; *Reus*, JZ 2010, 80 (83).

435 *Huster*, ZEFQ 2012, 195 (195 f.) m.w.N.

indem er sich um eine leichte Auffindbarkeit der Patientenverfügung bemüht. Die Patientenverfügung muss so in den Rechtsverkehr gelangen, dass sie den Adressaten „zugehen“ kann, vgl. § 130 Abs. 1 BGB.[436] Hervorzuheben ist daher eine vorgelagerte eigenverantwortliche Mitwirkung des Notfallpatienten, um den Zugriff des Rettungsdienstes auf die eigene Patientenverfügung zu ermöglichen. Hierzu ist der Notfallpatient allerdings nicht verpflichtet, da keine normierte Patientenmitwirkung gegeben ist. Auszugehen ist vielmehr von einer Obliegenheit.[437] Eine Obliegenheit bezeichnet die Mitwirkung des Betroffenen, zu der keine Verpflichtung besteht, aber eine Befolgung in dessen Eigeninteresse liegt, da bei Unterlassen negative Konsequenzen erwachsen können.[438] Bei ansprechbaren einwilligungsfähigen Patienten besteht eine partnerschaftliche Mitwirkungsobliegenheit während einer medizinischen Behandlungsdurchführung, welche sich aus § 630c Abs. 1 BGB ergibt.[439] Hierbei handelt es sich nicht um eine Pflicht an den Heilungsbemühungen mitzuwirken[440], wie auch die Errichtung einer Patientenverfügung nicht verpflichtend ist. Dieser aus dem besonderen Vertragsrecht und aufgrund des regelmäßig als Geschäftsführung ohne Auftrag zu qualifizierenden rettungsmedizinischen Behandlungsverhältnisses nicht unmittelbar anwendbare Gedanke des § 630c Abs. 1 BGB kann aber für die Mitwirkung des einwilligungsunfähigen Patienten hinsichtlich des Zugriffs auf die eigene Patientenverfügung herangezogen werden. Die maßgebliche Überlegung der Norm besteht in einem Zusammenwirken zwischen dem Behandelnden und dem Patienten zur Behandlungsdurchführung, wobei therapierelevante Informationen zu kommunizieren sind. Bleibt der potentielle Patient rein passiv in der Ermöglichung des Zugriffs auf seinen vorausverfügten Willen, wird regelmäßig keine Umsetzung selbstbestimmter Willensentscheidungen präklinisch erfolgen können. Als Gegenstück der Eigenverantwortlichkeit trägt der Patient das Risiko der Nichtberücksichtigung der eigenen Patientenverfügung, wenn er sich nicht um deren Auffindbarkeit bemüht.[441] Dieser Risikobereich ist dem Patienten zuzurechnen. Vorbeugend sollte der Notfallpatient daher im Eigeninteresse einer rettungsmedizinischen Behandlung, die er nicht wünscht, mitwirkend

---

436 Siehe hierzu die obigen Ausführungen zur Rechtsnatur von Patientenverfügungen, Teil 1, B. I. 1.

437 Ähnlich wie hier *Tamm*, VuR 2009, 449 (457).

438 *Grüneberg*, in: Palandt, Vor. § 241, Rn. 13.

439 *Olzen/Kaya*, JA 2013, 661 (662); *Spickhoff*, VersR 2013, 267 (270); zu Mitwirkungspflichten vgl. *Stegers*, ZMGR 2010, 129 (130 f.).

440 Vgl. BGHZ 96, 98 (100).

441 Vgl. *Huster*, ZEFQ 2012, 195 (195 f.).

entgegen treten, indem er einen Zugriff auf die eigene Patientenverfügung ermöglicht. Eine mangelnde Bereitstellung der eigenen Patientenverfügung ist jedenfalls für die Aufnahme und Fortsetzung indizierter vorklinischer Behandlungsmaßnahmen des Rettungsdienstes mitursächlich, da sich in Unkenntnis des tatsächlichen am mutmaßlichen Willen des Patienten orientiert wird. Der Notfallpatient hat als Erklärender somit dafür Sorge zu tragen, dass „sein Wille, insbesondere in Notversorgungssituationen, erkennbar nach außen tritt“[442] und die Möglichkeit der Kenntnisnahme gegeben ist. Den Patienten trifft damit die Mitwirkungsobliegenheit, dem Rettungsdienst Zugriff auf die eigene Patientenverfügung zu ermöglichen, wenn er diese in der Akutsituation berücksichtigt wissen will.[443] Hiermit eröffnet er dem Rettungsdienst sich ein Bild von den eigenen Vorstellungen zu Wiederbelebungsbemühungen zu machen und eine daran orientierte effektive Behandlung vorzunehmen.[444] Die Mitwirkung des Patienten erschöpft sich somit nicht im reinen Erstellen einer Patientenverfügung und Passivität. Zur rettungsmedizinischen Auffindbarkeit muss der Patient aktiv werden und konkret einen Aufbewahrungsort wählen, der leicht und schnell zugänglich ist. So kann unter Zeitdruck ein rettungsdienstlicher Zugriff auf die Patientenverfügung erfolgen. Verpflichtet ist der Patient hierzu allerdings nicht.[445] Ein Hinweis des Patienten gegenüber Angehörigen, dass eine Patientenverfügung existiert und wo diese aufzufinden ist, kann ebenfalls hilfreich sein. Allerdings besteht der nicht unerhebliche Unsicherheitsfaktor, dass im plötzlich auftretenden Notfallgeschehen informierte Angehörige nicht vor Ort sind und dem Rettungsdienst keine Auskunft geben können. Erschwerend kommt zur abverlangten Mitwirkung des Patienten hinzu, dass der Patient hinsichtlich eines Ablage- und Verwahrungsortes der eigenen Patientenverfügung vollkommen frei ist. Ein einheitlich (gesetzlich) vorgegebener und dem Rettungsdienst bekannter Verwahrungsort für Patientenverfügungen ist nicht gegeben.

Festzuhalten ist, dass dem Patienten eine mitwirkende Beibringungshandlung abzuverlangen ist, um Zugriff auf den im Voraus niedergelegten Willen im einwilligungsunfähigen Zustand zu ermöglichen. Diese Mitwirkungsobliegenheit

---

442 *Tamm*, VuR 2009, 449 (457), die die Patientenverfügung als Willenserklärung klassifiziert.

443 In rechtsvergleichender Hinsicht gilt in Österreich die sog. „Empfangstheorie“. Demgemäß muss der Notfallpatient dort selbst Sorge dafür tragen, dass sein ablehnender Wille gegenüber einem Wiederbelebungsversuch bzw. einer Notfallversorgung die richtigen Adressaten erreicht. Hierzu *Kreß*, ZRP 2009, 69 (70).

444 Vgl. *Spickhoff*, VersR 2013, 267 (270).

445 *Stegers*, ZMGR 2010, 129 (132).

ergibt sich u.a. aus der Selbstverantwortung des Patienten sowie den Gedanken des § 630c Abs. 1 BGB. Der Patient trägt die Verantwortung, die Patientenverfügung für die Notfallrettung tatsächlich auffindbar zu machen, um seinen Willen zu kommunizieren. Das Risiko der mangelnden Zugriffsmöglichkeit geht zu Lasten des Notfallpatienten, wobei eine Mitwirkungsverpflichtung nicht gegeben ist. Bei Untätigkeit trägt der Notfallpatient allerdings die medizinischen Folgen, die an sich mittels Patientenverfügung ausgeschlossen werden sollten. Ob generell diese an den Patienten zu stellenden Anforderungen an seine Mitwirkung unter den gegebenen Rahmenbedingungen tatsächlich erreichbar sind, wird noch zu zeigen sein.[446]

II. Mitwirkung des Rettungsdienstes

Hat der Patient eine Patientenverfügung erstellt, muss der Rettungsdienst diese auffinden, damit letzten Endes eine präklinische Berücksichtigung des antizipierten Patientenwillens erfolgen kann. Eine gesetzliche Regelung, die eine Suchpflicht des Rettungsdienstes nach Patientenverfügungen ausdrücklich anordnet, existiert nicht.[447] Ebenfalls ist das gezielte Erfragen nach der Existenz einer Patientenverfügung nicht ausdrücklich gesetzlich normiert.[448]

Fraglich ist, ob trotz mangelnder ausdrücklicher Normierung eine Such- oder Frageverpflichtung des Rettungsdienstes nach Patientenverfügungen gegeben ist.[449] Eine entsprechende Verpflichtung könnte sich aus allgemeinen Behandlungsgrundsätzen ergeben, wonach, neben der Verpflichtung zur akutmedizinischen Hilfeleistung, so viele Informationen zum Patienten und dessen Krankheitsvorgeschichte sowie dem aktuellen medizinischen Geschehen zu ermitteln sind. Gerade wenn ein Notfallpatient situativ keine Auskünfte mehr geben kann, muss sich der Rettungsdienst aus anderweitigen Quellen behandlungserhebliche Informationen beschaffen, um jedenfalls den mutmaßlichen Patientenwillen ausforschen zu können. Nötig für die zu klärenden rettungsmedizinischen Verhaltensanforderungen ist aber auch, dass sich während einer initial angezeigten Behandlung ein Zeitfenster für die Suche einer Patientenverfügung[450] bzw. ein pietätvoller Rahmen für eine an Anwesende gerichtete

---

446 Siehe hierzu Teil 3.

447 Vgl. *Killinger*, S. 157; *Ufer*, AINS 1999, 3 (6).

448 Empfehlend etwa bei geriatrischen Traumapatienten *Barzen*, et al., retten 2019, 32 (35).

449 Ablehnend *in der Schmitten/Rixen/Marckmann*, in: Salomon, S. 89.

450 *Mohr/Gerth/Janssens*, N+R 2017, 602 (605).

bewusste Frage nach einer Patientenverfügung des Notfallpatienten eröffnet. Eine dem österreichischem Recht vergleichbare Regelung des dortigen § 12 PatVG[451], wonach die Notfallversorgung unberührt bleibt, sofern der mit der Suche nach einer Patientenverfügung verbundene Zeitaufwand das Leben bzw. die Gesundheit des Notfallpatienten ernstlich gefährdet, existiert in Deutschland nicht.[452] Der Gedanke dieser Regelung lässt sich auch hierzulande fruchtbar machen. Eine Suche bzw. Frage nach einer Patientenverfügung darf somit nicht zu abgeschwächten initialen Rettungsbemühungen führen, wenn der Patientenwille noch nicht ermittelt wurde.

1. Such- bzw. Frageverpflichtung bei Anhaltspunkten

Eine Such- bzw. Frageverpflichtung des Rettungsdienstes kommt nunmehr zunächst bei Anhaltspunkten auf die Existenz und das Vorhandensein einer Patientenverfügung in Betracht, um dem verschriftlichten vorausverfügten Willen habhaft zu werden. Entsprechende Anhaltspunkte können sich etwa durch Hinweise von Anwesenden ergeben. Ein ignorieren derartiger Hinweise ist nicht angezeigt, denn auf Seiten der Notfallrettung befreit die notfallmedizinische „Handlungsdringlichkeit“[453] den Rettungsdienst grundsätzlich nicht von einer am Patientenwillen orientierten sowie medizinisch indizierten und im Einklang mit der Rechtsordnung stehenden Behandlung.[454] Zu dieser Behandlung zählt die Informationsbeschaffung über die Krankheitsvorgeschichte des konkreten Patienten, welche u.a. durch Befragung oder eine Patientenakte erlangt werden kann.[455] Ziel dieser Patientenbefragung ist ebenfalls die Informationserlangung über persönliche Vorstellungen und Wünsche, um den Notfallpatienten als Individuum behandeln zu können. Auch bei Einwilligungsunfähigkeit und Reanimationsbedürftigkeit wird rettungsmedizinisch versucht, so viele Informationen wie akut und parallel zum Rettungsversuch möglich, zu sammeln. Informationsquellen sind dann Angehörige und Anwesende, da eine unmittelbare Patientenbefragung nicht mehr möglich ist. Über den konkreten Willen des Notfallpatienten gibt aber gerade auch eine Patientenverfügung schriftliche

---

451 § 12 PatVG: „Dieses Bundesgesetz lässt medizinische Notfallversorgung unberührt, sofern der mit der Suche nach einer Patientenverfügung verbundene Zeitaufwand das Leben oder die Gesundheit des Patienten ernstlich gefährdet.“

452 Rechtsvergleichender Überblick bei *Biermann*, in: Bormann, S. 635 ff.

453 *Wiese*, et al., Anaesthesist 2009, 1097 (1098).

454 *Wiese*, et al., Anaesthesist 2009, 1097 (1098).

455 *Pschyrembel*, Stichwort: Anamnese.

Auskunft. Liegen Anhaltspunkte für deren Existenz vor und gewährleisten die Umstände des Einzelfalles eine persönliche Suche nach einer Patientenverfügung parallel zur Patientenbetreuung, ist eine rettungsdienstliche Suche angezeigt, um nähere Informationen zum konkreten Patienten zu erhalten. Dies bedeutet allerdings nicht, dass jegliche persönliche Unterlagen des Notfallpatienten zu durchsuchen sind, sondern etwa eine im Nebenraum bereit liegende Patientenverfügung geholt wird. Selbstredend hat die indizierte medizinische Versorgung des Notfallpatienten weiterhin Vorrang. Eine Suche nach einer Patientenverfügung bei Anhaltspunkten ist daher praktisch nur durchführbar, wenn hinreichende Ressourcen an Rettungsdienstmitarbeitern am Einsatzort zugegen sind, sodass eine durchgängige medizinische Patientenbetreuung gewährleistet bleibt und ein zügiger Zugriff auf einen Verfügungstext möglich ist.

Kann für eine Suche nach einer Patientenverfügung eine gleichzeitige suffiziente Behandlung des Notfallpatienten nicht gesichert werden, ist also kein anwesender Rettungsdienstmitarbeiter kurzzeitig entbehrlich, ist die gezielte Frage nach dem Vorhandensein einer Patientenverfügung gegenüber Anwesenden möglich. Die Frage nach einer Patientenverfügung bei Anhaltspunkten auf deren Vorliegen stellt ein Minus zur Suche dar, wenn einzelne Rettungsdienstmitarbeiter nicht abkömmlich sind. Angehörige bzw. Anwesende können dem Rettungsdienst dann eine Patientenverfügung suchen und bei Auffinden vorlegen. Verdichten sich dementsprechend insgesamt die Anhaltspunkte auf die Existenz einer Patientenverfügung, bspw. durch entsprechende Hinweise Angehöriger, trifft den Rettungsdienst ein die Selbstbestimmung des Notfallpatienten unterstützendes Verhalten. Denn dann besteht die Möglichkeit von den tatsächlichen Patientenvorstellungen Kenntnis zu erlangen, denen sich eine medizinische Behandlung nicht verschließen darf.[456] Infolge dieses die Selbstbestimmung des Patienten unterstützenden Verhaltens ist sowohl dem Notarzt als auch dem nichtärztlichen Rettungsdienst zumindest die Frage nach einer Patientenverfügung bei Anhaltspunkten gegenüber Anwesenden abzuverlangen, um eine am Willen des Notfallpatienten orientierte Behandlung vornehmen zu können.[457] Steht ferner ein leitliniengerechter Reanimationsabbruch mangels Fortführung indizierter Wiederbelebungsmaßnahmen im Raum, sind die Bemühungen, einer Vorausverfügung habhaft zu werden, ebenfalls

---

456 Vgl. *Bossaert*, et al., N+R 2015, 1035 (1037).

457 Nicht eindeutig *Mohr/Gerth/Janssens*, N+R 2017, 602 (605); vgl. auch *Janda*, S. 360; *Thöns/Schürrle/Korn*, RD 2019, 862 (864); *Thöns/Sitte*, Intensiv 2019, 208 (211) jedenfalls „nicht verboten […] in einer erkennbaren Sterbesituation“.

empfohlen.[458] Bei Anhaltspunkten zur Existenz und dem Vorhandensein einer Patientenverfügung zählt jedenfalls die Frage nach der Patientenverfügung dazu, eine am Patientenwillen orientierte rettungsmedizinische Behandlung vornehmen zu können, und ist verpflichtend.

Fraglich ist aber, ob rettungsdienstliche Erkundigungen in Form der gezielten Suche oder einer Frage nach einer Patientenverfügung auch ohne nähere Anhaltspunkte auf deren Existenz bei jedem reanimationspflichtigen volljährigen Notfallpatienten rechtlich angezeigt sind (2). Bereits die Frage nach einer Patientenverfügung könnte eine negativ stigmatisierende Wirkung gegenüber Anwesenden erzeugen, sodass der Eindruck entsteht, dass leichtfertig oder halbherzig mit Wiederbelebungsbemühungen umgegangen wird.[459] Überdies besteht gemäß § 334 Abs. 1 S. 2 Nr. 3, 5, Abs. 2 SGB V n.F.[460] die Möglichkeit, notfallrelevante Hinweise mit Hilfe der elektronischen Gesundheitskarte zu kommunizieren, sodass auch hieraus eine Such- oder Frageverpflichtung nach der elektronischen Gesundheitskarte erwogen werden kann (3).

2. Such- bzw. Frageverpflichtung ohne Anhaltspunkte?

Allein aus dem Grund, dass eine potentiell existierende Patientenverfügung Aufschluss über die gewünschte Behandlung und den tatsächlichen Patientenwillen geben kann, sollen auch ohne nähere Anhaltspunkte Erkundigungen des Rettungsdienstes hinsichtlich der Existenz einer Patientenverfügung anzustellen sein.[461] Mangels Zumutbarkeit in der zeitkritischen Notsituation wird demgegenüber teilweise eine Frage oder Suche nach einer Patientenverfügung

458 Vgl. *Bossaert*, et al., N+R 2015, 1035 (1037).

459 Eine negative „Label-Wirkung“ im klinischen Kontext bei Schlaganfallpatienten andeutend *Erbguth/Erbguth*, DMW 2016, 1484 (1492), vgl. auch *Roessler/Eulitz*, Anaesthesist 2018, 366 (367) m.w.N. zur falschen Annahme der Aussichtslosigkeit der Therapie.

460 Siehe hierzu das Gesetz zum Schutz elektronischer Patientendaten in der Telematikinfrastruktur (Patientendaten-Schutz-Gesetz – PDSG) vom 14. Oktober 2020 (BGBl. I S. 2115); vgl. auch BT-Drs. 19/18793, S. 2 ff.; BT-Drs. 19/19365; siehe auch BT-Drs. 19/20708 (Beschlussempfehlung und Bericht) sowie die Annahme durch den Bundesrat (BR-Drs. 470/20). Zu kritischen Stimmen siehe etwa ZD-Aktuell 2020, 07210 und ZD-Aktuell 2020, 07264.

461 *Biermann*, in: Bormann, S. 642 geht von einer „vorsorglichen Fragepflicht“ aus; *Lippert*, GesR 2013, 583 (586); für eine routinemäßige Frage im Klinikalltag *Meran/Geissendörfer/May/Simon*, S. 89.

bereits abgelehnt.[462] Unterbliebenes aktives Fragen nach Patientenverfügungen wird u.a. damit begründet, dass Zeitmangel und Pietät namentlich den Notarzt hiervon abhalten.[463] Eine Suche bzw. Frage nach einer Patientenverfügung wird demgegenüber konkret bei reanimationspflichtigen Palliativpatienten befürwortet.[464] Begründen lässt sich dies mit einer in den Vordergrund rückenden Sterbebegleitung aufgrund infauster Prognose dieser Patientengruppe. Oftmals haben Palliativpatienten einen längeren Krankheitsverlauf hinter sich, währenddessen sich der Patient mitunter mit der Thematik des eigenen Todes auseinandergesetzt hat, womit entsprechende Anhaltspunkte für die Existenz einer Patientenverfügung gegeben sind. Insbesondere bei dieser Patientengruppe kann die Obliegenheit betont werden, die eigene Patientenverfügung auffindbar zu machen. Der Unterschied von Palliativpatienten zu Notfallpatienten liegt nun ferner darin, dass bei Palliativpatienten nicht mehr deren Lebensverlängerung im Vordergrund steht, sondern die kurativ-fürsorgliche Begleitung während des Übergangs in den Tod.[465] Der Todeseintritt steht bei letzterer Patientengruppe unmittelbar bevor und darf nicht künstlich hinausgezögert werden. Daher sollte bei Palliativpatienten jedenfalls nach einer existierenden Patientenverfügung gefragt werden.[466] Zu reanimationspflichtigen Notfallpatienten im Generellen besteht aber der Unterschied, dass das Charakteristikum der infausten Prognose nicht zwingend gegeben ist. Im Gegensatz zum Krankheitszustand von Palliativpatienten kann der Herz-Kreislauf-Stillstand reversibel sein und eine Patientenverfügung ist nicht häufig zu erwarten.

---

462 *Diehn/Rebhan*, NJW 2010, 326 (328); *in der Schmitten/Rixen/Marckmann*, N+R 2011, 448 (452); *Janda*, S. 360.

463 Etwa *Grützmann/May/Pidun/Groß/Brokmann*, in: May/Grützmann/Brokmann, S. 57 f. zur Rechtslage vor der gesetzlichen Neuregelung der Patientenverfügung in den §§ 1901a ff. BGB; vgl. auch *Brokmann*, et al., Anaesthesist 2014, 23 (30), die auf eine häufigere Nachfrage bei ansprechbaren Patienten hinweisen.

464 *Makowski/Marung/Callies/Knacke/Kerner*, AINS 2013, 90 (95), jedenfalls des Notarztes; *Roessler/Eulitz*, Anaesthesist 2018, 366 (367) sprechen vom Rettungsdienst, weisen jedoch auf die Gefahr hin, dass die Frage nach einer Patientenverfügung von Angehörigen als Einstellung der Rettungsbemühungen interpretiert werden kann; *Salomon*, N+R 2018, 199 (200, 202) insbesondere in Pflegeheimen; *Thöns/Schürrle/Korn*, RD 2019, 862 (864); *Wiese/Ittner/Graf/Lassen*, Notarzt 2011, 223 (230).

465 *Wiese*, et al., Anaesthesist 2009, 1097 (1103); *Wiese/Ittner/Graf/Lassen*, Notarzt 2011, 223 (230).

466 Vgl. *Roessler/Eulitz*, Anaesthesist 2018, 366 (367); *Wiese/Ittner/Graf/Lassen*, Notarzt 2011, 223 (230).

Eine anhaltslose Such- bzw. Fragepflicht nach einer Patientenverfügung könnte sich nunmehr daraus ergeben, dass der Behandelnde stets die Einwilligung des Patienten bedarf und einer Patientenverfügung jedenfalls Indizwirkung für die Behandlung zukommt.[467] Einfachgesetzlich ergibt sich das Einwilligungserfordernis aus § 630d Abs. 1 S. 1 BGB, wonach der Behandelnde verpflichtet ist, die Einwilligung des Patienten einzuholen. Ist dies nicht möglich, spricht § 630d Abs. 1 S. 2 BGB dafür, dass nach einem Ausschlussprinzip („soweit nicht") vorgegangen wird: Zunächst ist über eine Patientenverfügung die Gestattung oder Untersagung medizinischer Maßnahmen einzuholen, bevor bei Einwilligungsunfähigkeit des Patienten die Einwilligung vom hierzu Berechtigten (gesetzlicher Vertreter oder rechtgeschäftlich Bevollmächtigter) eingeholt wird.[468] In zeitkritischen rettungsmedizinischen Notlagen ist initial wiederum der mutmaßliche Patientenwille entscheidend, um unaufschiebbare medizinische Maßnahmen rechtfertigen zu können, § 630d Abs. 1 S. 4 BGB. Der Begriff des Einholens in § 630d Abs. 1 S. 2 BGB deutet zwar an, dass nach einer Patientenverfügung zu suchen ist oder aber Erkundigungen zu einer Patientenverfügung beim einwilligungsunfähigen Patienten anzustreben sind. § 630d Abs. 1 S. 4 BGB verdrängt diesen Gedanken allerdings wieder, sofern keine Patientenverfügung unmittelbar greifbar ist und eine konkrete Notlage zugunsten des Lebensschutzes zur Behandlungsaufnahme zwingt. Obwohl der Notfallpatient für die Umsetzung seines tatsächlich antizipierten Willens auf die rettungsmedizinische Hilfe angewiesen ist[469], hat der Wiederbelebungsversuch, ohne Anhaltspunkte auf einen vorausverfügten Willen, bei Indikation zunächst Vorrang.[470] Um keine Verzögerungen in der vorrangigen Patientenversorgung zuzulassen, ist jedenfalls eine anhaltslose Suche nach einer Patientenverfügung daher grundsätzlich nicht angezeigt.[471] Diese Übergangsphase, in der eine an sich möglicherweise über eine Patientenverfügung abgelehnte Behandlung stattfindet, von der der Rettungsdienst jedoch noch keine Kenntnis hat, ist gerechtfertigt, um eine weitere medizinische Verschlechterung des Patientenzustandes zu verhindern. Der nunmehr handlungsleitende mutmaßliche Wille ist aber wiederum nicht abgekoppelt vom konkreten Rechtssubjekt – dem Notfallpatienten –, sodass Erkundigungen zu individuellen Vorstellungen und Wünschen

---

467 *Lippert*, GesR 2013, 583 (586).

468 *Weidenkaff*, in: Palandt, § 630d, Rn. 3, *Lippert*, GesR 2015, 268 (272).

469 *Verrel*, in: May/Kreß/Verrel/Wagner, S. 95 spricht von „Durchsetzungshilfe".

470 *Mohr/Gerth/Janssens*, N+R 2017, 602 (605).

471 *Sefrin/Kerner/Dörges*, Notarzt 2019, 16 (20).

aktiv rettungsmedizinisch anzustreben sind. Denn eine alleinige Orientierung am Gesundheitszustand des Patienten[472] kann dazu führen, dass dessen Selbstbestimmung vorklinisch völlig außer Acht gelassen wird. Der einwilligungsunfähige Notfallpatient ist aber fähig seinen tatsächlichen Willen mitwirkend über eine Patientenverfügung auszudrücken und so die rettungsmedizinische Behandlung von Mutmaßungen abzulösen.[473] Initial rettungsdienstlich angestellte Mutmaßungen zum Willen des Patienten können im Behandlungsverlauf durch tatsächliche verschriftlichte Patientenvorstellungen ersetzt werden. Insbesondere kann etwa aufgrund rettungsdienstlicher Erfahrungswerte bspw. in Pflegeheimen an die naheliegende Existenz von Patientenverfügungen zu denken sein. Innerhalb der Willensermittlung zu mutmaßlichen Behandlungsentscheidungen des Notfallpatienten ist daher nach einer Patientenverfügung jedenfalls zu fragen, um hieraus Rückschlüsse zum mutmaßlichen (oder tatsächlichen) Patientenwillen ziehen zu können, wenn auch ohne konkrete Anhaltspunkte rettungsdienstliche Erfahrungswerte das Vorliegen einer Patientenverfügung möglich erscheinen lassen. Pflegepersonal, Angehörige oder andere Bezugspersonen dienen dabei als zu befragende Informationsquellen. Erst dann ist vollumfänglich auf objektive Wertvorstellungen abzustellen, die den mutmaßlichen Willen ausformen, wenn ein Verfügungstext nicht erlangt werden kann.[474]

Daraus ergibt sich im Grundsatz, dass keine Suchpflicht des Rettungsdienstes nach einer Patientenverfügung ohne nähere Anhaltspunkte gegeben ist. Aber bei Ermittlung des mutmaßlichen Patientenwillens kann neben unaufschiebbaren Maßnahmen eine Frage an Anwesende nach einer Patientenverfügung erwartet werden.[475]

3. Such- bzw. Frageverpflichtung nach elektronischer Gesundheitskarte?

Um relevante Informationen über den Patienten erhalten zu können, hat der Gesetzgeber die Möglichkeit geschaffen, bestimmte – auch notfallrelevante – Daten

---

472 *Diehn/Rebhan*, NJW 2010, 326 (328).

473 *Merkel*, MedR 2017, 1 (4).

474 Hierzu siehe Teil 1, A. III. 4.

475 Zur situativen Entschärfung und Vermeidung einer negativ-stigmatisierenden Wirkung der Frage nach einer Patientenverfügung gegenüber Anwesenden sollte nach einem Informationsbündel, bspw. nach Arztbriefen, Medikationsplan und Vorsorgedokumenten gefragt werden. Hierzu vgl. *Erbguth/Erbguth*, DMW 2016, 1484 (1492).

auf der elektronischen Gesundheitskarte[476] (a) zu speichern. Dabei kann auch ein Hinweis auf die Existenz und den Aufbewahrungsort einer Patientenverfügung hinterlegt werden, § 334 Abs. 1 S. 2 Nr. 3 SGB V n.F. Werden greifbare, auf dieser Karte gespeicherte Patienteninformationen, die wiederum oftmals an einem einheitlichen Ort (Geldbörse, Handtasche) aufbewahrt wird[477], im Rahmen der Anamnese im Notfallgeschehen nicht genutzt, kann dies den Patientenzustand weiter verschlechtern. Aus Unkenntnis läuft der Rettungsdienst Gefahr, notfallrelevante Informationen sowie Verfügungstexte nicht zu berücksichtigen. Eine Such- bzw. Fragepflicht ohne nähere Hinweise auf die Existenz einer Patientenverfügung nach der elektronischen Gesundheitskarte könnte sich daher aufgrund der Hinterlegungsmöglichkeit von relevanten Informationen für das Notfallgeschehen ergeben. Infolge der Möglichkeit, jedenfalls notfallrelevante Hinweise über die elektronische Gesundheitskarte präklinisch zu erhalten, soll allein dies für eine Suchpflicht nach eben dieser ausreichen[478] und böte hinreichenden Anlass hierfür. Eine gezielte Frage nach der elektronischen Gesundheitskarte wäre als vorbereitende Handlung zur Suche ebenfalls umfasst und möglich. Dafür ist allerdings zu klären, wer nach der gesetzgeberischen Konzeption überhaupt lesenden Zugriff auf gespeicherte Informationen der elektronischen Gesundheitskarte erhält (b). Des Weiteren ergeben sich Vorbehalte, die derzeit noch gegen eine Such- und/oder Frageverpflichtung nach einer elektronischen Gesundheitskarte sprechen (c).

a. Elektronische Gesundheitskarte

Die jeweilige Krankenkasse stellt für jeden ihrer Versicherten eine elektronische Gesundheitskarte aus, § 291 Abs. 1 SGB V n.F. Sie dient als Versicherungsnachweis (§ 291a Abs. 1 S. 1 SGB V n.F., § 15 Abs. 2 SGB V) gesetzlich[479] Versicherter und ermöglicht diesen, das Gesundheitsdatennetz – die sog. Telematikinfrastruktur – zu nutzen, vgl. § 291 Abs. 2 SGB V n.F.[480] Die elektronische

476 Zur vorherigen Normierung und Ablösung der Krankenversichertenkarte sowie Einführung der elektronischen Gesundheitskarte, siehe *Dochow*, S. 992 ff.

477 *Killinger*, S. 198.

478 So bereits zur Vorgängerregelung des § 291a Abs. 3 S. 1 SGB V a.F. *Killinger*, S. 198.

479 Auch privatversicherte Patienten können an die Telematikinfrastruktur angebunden werden, hierzu sogleich.

480 Zur Telematikinfrastruktur siehe §§ 306 ff. SGB V n.F. und vertiefend Teil 4, C. I. 1. Zur Vorgängerregelung siehe nur *Michels*, in: Becker/Kingreen, SGB V, § 291a, Rn. 17 ff. Gesetzlich Versicherte verfügen seit Ende 2014 über eine elektronische Gesundheitskarte, *Schmücker*, GuP 2016, 81 (82). Die elektronische Gesundheitskarte kann ferner

Gesundheitskarte ist vom Versicherten zu unterschreiben (§ 291a Abs. 7 SGB V n.F.) und grundsätzlich mit einem Lichtbild des Versicherten zu versehen (§ 291a Abs. 5 SGB V n.F.),[481] um Kartenmissbrauch vorzubeugen[482]. Die elektronische Gesundheitskarte soll Versicherten eine aktive Teilhabe „an den sie betreffende[n] Informations- und Kommunikationsprozessen des Gesundheitswesens"[483] ermöglichen und zur eigenverantwortlichen Mitwirkung animieren[484]. Sie ist eine sog. Smartcard, die in der Telematikinfrastruktur als Identifizierungsmittel und als Speichermedium dient.[485] Nur dem Versicherten soll das auf der Karte gesicherte kryptographische Schlüsselmaterial dienen, welches ihm die Teilnahme an der Telematikinfrastruktur ermöglicht.[486] Hierfür wird die elektronische Gesundheitskarte in ein entsprechendes Lesegerät gesteckt. Elektronische Gesundheitskarten neueren Datums verfügen ebenfalls über eine kontaktlose Schnittstelle, sodass die Karte an ein Lesegerät angehalten werden kann, vgl. § 291 Abs. 3 SGB V n.F.[487]

Die Speichermöglichkeiten auf der elektronischen Gesundheitskarte selbst beschränken sich auf die gesetzlichen Vorgaben[488], wie die Versichertenstammdaten (§§ 291 Abs. 2 Nr. 3, 291a Abs. 2 SGB V n.F.) und elektronische Notfalldaten (§§ 291 Abs. 2 Nr. 3, 334 Abs. 1 S. 2 Nr. 5 SGB V n.F.). Spätestens bei der Versendung einer elektronischen Gesundheitskarte an den Versicherten ist dieser durch die jeweilige Krankenkasse über die konkreten Funktionsweisen in allgemein verständlicher Form und barrierefrei zu informieren, § 291 Abs. 5

geeignet sein, einen Berechtigungsnachweis für medizinische Leistungen innerhalb der Europäischen Union (sowie Island, Liechtenstein, Norwegen und der Schweiz) zu erbringen, § 291a Abs. 3 Nr. 5 SGB V n.F. Dieser ist derzeit auf der Rückseite der elektronischen Gesundheitskarte als Sichtausweis abgedruckt (sog. European Health Insurance Card); hierzu vgl. etwa *Dochow*, S. 1005 f.

481 Gesetzliche Ausnahmen hiervon sind keine Vollendung des 15. Lebensjahres oder die Mitwirkung des Versicherten zur Lichtbilderstellung ist nicht möglich. Zur letzten Fallgruppe zählen etwa bettlägerige Personen, vgl. BT-Drs. 15/4228, S. 27 f.

482 *Bales/von Schwanenflügel*, NJW 2012, 2475 (2477).

483 *Bales/von Schwanenflügel*, NJW 2012, 2475 (2475).

484 *Hornung*, S. 44; *Schmücker*, GuP 2016, 81 (87).

485 *gematik*, Architektur der TI-Plattform, S. 30, 33, 36.

486 *gematik*, Architektur der TI-Plattform, S. 30, 33, 36.

487 Das Einstecken einer elektronischen Gesundheitskarte in ein Lesegerät ist nicht mehr erforderlich. Vielmehr findet eine Kommunikation über eine technische Schnittstelle der sog. Near Field Communication (NFC) statt.

488 *gematik*, Architektur der TI-Plattform, S. 33.

SGB V n.F. Die für diese Arbeit wesentlichen (notfallrelevanten) Funktionen[489] der elektronischen Gesundheitskarte bestehen aus den Hinweisen auf das Vorhandensein und den Aufbewahrungsort von Vorsorgevollmachten oder Patientenverfügungen (§ 334 Abs. 1 S. 2 Nr. 3 SGB V n.F.)[490], dem elektronischen Medikationsplan (§ 334 Abs. 1 S. 2 Nr. 4 SGB V n.F.) und den elektronischen Notfalldaten (§ 334 Abs. 1 S. 2 Nr. 5 SGB V n.F.). Elektronische Notfalldaten nach § 334 Abs. 1 S. 2 Nr. 5, Abs. 2 SGB V n.F. sind Patienteninformationen, die auf freiwilliger Basis hinterlegt und notfallrelevant sind, wie bspw. Allergien des konkreten Patienten oder der Hinweis auf einen implantierten Herzschrittmacher.[491] Sie dienen insbesondere dazu, Patienteninformation zu kommunizieren, die aufgrund des Zustandes des Notfallpatienten nicht mehr von diesem selbst mitgeteilt werden können.[492] Im Eilfall soll der Rettungsdienst zügig und übersichtlich relevante Informationen zum konkreten Notfallpatienten erhalten können, um an diese Patienteninformationen angepasste Hilfeleistungen zu gewährleisten.[493] Kurz und bündig geben gespeicherte elektronische

---

489 Das Gesetz spricht von „Anwendungen" der Telematikinfrastruktur, vgl. § 334 Abs. 1 S. 1 SGB V n.F.

490 Bei der Vorgängerregelung des § 291a Abs. 1, Abs. 3 S. 1 Nr. 9 SGB V a.F. wurde diese Anwendung als Datensatz persönlicher Erklärungen bezeichnet, dem auch Erklärungen zur Organ- und Gewebespende zugeordnet wurden, vgl. § 291a Abs. 3 S. 1 Nr. 7, 8 SGB V a.F.

491 Vgl. *gematik*, Whitepaper Datenschutz Informationssicherheit, S. 29; zum vorherigen Notfalldatensatz *Paland/Holland*, NZS 2016, 247 (252) „Patientenkurzakte"; *Schmücker*, GuP 2016, 81 (83) „Basispatientenakte". Im Gegensatz hierzu kann der Versicherte freiwillig eine umfangreiche elektronische Patientenakte erstellen, § 334 Abs. 1 S. 2 Nr. 1 SGB V n.F. Die elektronische Patientenakte ist das Kernstück der gesetzlichen Neuregelungen im SGB V, vgl. BT-Drs. 19/18793, S. 2 ff.; siehe auch BT-Drs. 19/20708 (Beschlussempfehlung und Bericht). Hierzu ebenfalls *gematik*, Whitepaper Datenschutz Informationssicherheit, S. 33 ff.

492 Vgl. *Born*, et al., N+R 2017, 32 (32).

493 *Born*, et al., N+R 2017, 32 (32); *Zimmer*, DuD 2014, 394 (395) jeweils zum vormaligen Notfalldatensatz in § 291a Abs. 3 S. 1 Nr. 1 SGB V a.F. Keinen Zugriff auf die patientenrelevanten Informationen haben in der derzeitigen gesetzlichen Konzeption allerdings Ersthelfer. Entsprechend bleiben diese im Rahmen der Telematikinfrastruktur unberücksichtigt. Alternativ wird in Teilen Deutschlands versucht, Ersthelfer in anderweitige digitale, app-basierte Hilfeleistungssysteme zu integrieren. Über die Rettungsleitstelle werden standortnahe, registrierte Ersthelfer über Smartphones alarmiert, um das therapiefreie Intervall bis zum Eintreffen des nächsten Rettungsmittels zu kompensieren. Vgl. hierzu *Gross/Schanderl/Staedt/Elsner*, N+R 2019, 483 ff.; *Stroop*, et al., Notarzt 2015, 239 ff.

Notfalldaten wesentliche Patientenangaben an das professionelle Hilfspersonal weiter. Die Speicherung elektronischer Notfalldaten erfolgt, ohne dass die hinterlegten Informationen zentral auf einem Server gesichert werden, sondern auf der elektronischen Gesundheitskarte selbst, vgl. § 358 Abs. 3 SGB V n.F.[494] Die ärztliche Beteiligung bspw. des (namentlich bekannten[495]) Hausarztes beim Speicherungsvorgang des Notfalldatensatzes legt eine parallel stattgefundene ärztliche Beratung nahe, welche die Aussagekraft der auslesbaren notfallrelevanten Informationen untermauert.[496] Die Aussagekraft wird weiter dadurch gestärkt, dass derzeit elektronische Notfalldaten nur mit Hilfe eines Arztes erstellt werden können, der diese mit einem elektronischen Heilberufsausweis qualifiziert elektronisch signiert.[497] Entsprechend gespeicherte notfallrelevante Informationen sind rettungsmedizinisch ohne Netzzugang zur Telematikinfrastruktur auslesbar, vgl. § 358 Abs. 4 SGB V n.F. Auch die über die elektronische Gesundheitskarte auslesbaren Hinweise nach § 334 Abs. 1 S. 2 Nr. 3 SGB V n.F. zu Patientenverfügungen sollen dem Rettungsdienst Informationen zum Patienten verfügbar machen.[498] Die Verfügbarkeit im Zusammenhang mit Patientenverfügungen meint dabei allerdings nicht das tatsächlich physische In-den-Händen-halten eines Verfügungstextes, sondern lediglich, dass ein Hinweis auf das Vorhandensein und den Aufbewahrungsort einer Patientenverfügung geben wird.[499] Auch bedarf es – im Gegensatz zu elektronischen Notfalldaten – eines Netzzugangs zur Telematikinfrastruktur, um die Hinweise abrufen zu können.

Beachtenswert ist ebenfalls, dass elektronische Gesundheitskarten primär an gesetzlich Versicherte ausgegeben werden.[500] Die hier maßgeblichen Regelungen (§ 334 Abs. 1 S. 2 Nr. 3, 4, 5 SGB V n.F.) bzgl. Medikationsplan, elektronischer Notfalldaten und Patientenverfügungen gelten aber gemäß § 362 SGB V n.F. für private Krankenversicherungsunternehmen entsprechend, wenn diese elektronische Gesundheitskarten nutzen. Da dem Rettungsdienst der Versicherungsstatus des Notfallpatienten bei Eintreffen unbekannt ist, sind ferner die nachfolgenden identischen Verhaltensanforderungen anzulegen.

---

494 Vgl. auch *Zimmer*, DuD 2014, 394 (395).

495 Vgl. *gematik*, Whitepaper Datenschutz Informationssicherheit, S. 15, 30.

496 Vgl. hierzu Teil 3, C. I., mit der Einschränkung, dass der Beratungsinhalt nicht bekannt ist und hierfür keine einheitlichen Vorgaben existieren.

497 Vgl. *gematik*, Whitepaper Datenschutz Informationssicherheit, S. 15, 30.

498 Vgl. *gematik*, Whitepaper Datenschutz Informationssicherheit, S. 29.

499 Vgl. *gematik*, Whitepaper Datenschutz Informationssicherheit, S. 29.

500 Mit ca. 72 Millionen gesetzlich Versicherten stellen diese den Großteil der Versicherten im Gesundheitswesen, BT-Drs. 19/18793, S. 1.

Für eine anlasslose Suche bzw. Frage nach einer elektronischen Gesundheitskarte spricht nunmehr, dass der Notfallpatient durch einen Medikationsplan, elektronische Notfalldaten und einen freiwillig gespeicherten Hinweis der Existenz und dem Aufbewahrungsort seiner Patientenverfügung einen effektiven Weg eröffnen kann, um mit dem Rettungsdienst zu kommunizieren. Ebenfalls der Zuwachs an der Verbreitung von Patientenverfügungen und der freiwilligen Hinweismöglichkeit auf der elektronischen Gesundheitskarte sprechen dafür, bereits auf reinen Verdacht der Existenz einer Patientenverfügung ein rettungsmedizinisches Tätigwerden – in Form der aktiven Suche bzw. mindestens der Frage nach der elektronischen Gesundheitskarte – zu fordern, um den gespeicherten Hinweis zu erhalten. Auch dass die elektronische Gesundheitskarte oftmals patientenseitig mitgeführt wird, erleichtert die Mitwirkung des Rettungsdienstes durch schnelles Auffinden und Auslesen, da an einem einheitlichen Ort – regelmäßig der Geldbörse – gesucht wird. Hierüber ist eine Erreichbarkeit der Information gegeben, dass überhaupt eine Patientenverfügung existiert. Aus Abrechnungszwecken werden im rettungsmedizinischen Behandlungsverlauf ohnehin die Patientenstammdaten benötigt, die über das Einlesen der elektronischen Gesundheitskarte abgerufen werden können. Ein gleichzeitiger Abruf von Patientenstammdaten, elektronischer Notfalldaten, dem Medikationsplan und auch einem Hinweis auf das Vorhandensein und den Aufbewahrungsort einer Patientenverfügung könnte zeitgleich erfolgen. Eine Suche bzw. Frage wäre somit nicht zwingend mit zusätzlichem Aufwand oder einem Zeitverlust verbunden.[501] Erforderlich ist erneut, dass sich ein hinreichendes Zeitfenster im Einsatzgeschehen für diese Art der Informationsbeschaffung ergibt, ohne eine parallel indizierte Patientenversorgung aus dem Blick zu verlieren. Allerdings ist eine potentielle Pflichtbegründung der Suche bzw. Frage nach einer elektronischen Gesundheitskarte durch einen Notarzt und/oder den nichtärztlichen Rettungsdienst differenzierter zu betrachten: Eine Pflicht zur Suche bzw. Frage nach der elektronischen Gesundheitskarte kann nur für denjenigen gegeben sein, bei dem auch die gesetzliche Berechtigung vorliegt, gespeicherte Patienteninformationen überhaupt gewinnen und nutzen zu dürfen. Hier aber ergeben sich Unterschiede in den gesetzlichen Zugriffsrechten von ärztlichem und nichtärztlichem Personal, je nachdem um welche Art von gespeicherten Daten nach § 334 Abs. 1 S. 2 SGB V n.F. es sich handelt. Der Zugriff meint dabei in diesem Zusammenhang die Berechtigung zum Auslesen der gespeicherten Informationen.

501 Ferner sind entsprechende Kartenlesegeräte flächendeckend erforderlich, *Killinger*, S. 198.

b. Zugriffskonzept auf Daten der elektronischen Gesundheitskarte

Das gesetzliche Zugriffskonzept auf Anwendungen der elektronischen Gesundheitskarte nach § 334 Abs. 1 SGB V n.F. gliedert sich auf in die Zugriffsberechtigungen des Versicherten[502], dem schreibenden bzw. lesenden Zugriff von Ärzten und demjenigen des nichtärztlichen medizinischen Personals verschiedenster Gesundheitsbereiche. Das Zugriffskonzept richtet sich darüber hinaus nach der jeweiligen Anwendung der Telematikinfrastruktur und ist von der Einwilligung des Versicherten abhängig, § 339 Abs. 1 SGB V n.F.[503] Je nachdem auf welche

---

502 Gemäß § 336 Abs. 1, Abs. 5, Abs. 6 SGB V n.F. ist der Versicherte berechtigt nach entsprechender Authentifizierung mithilfe seiner elektronischen Gesundheitskarte auf die eigene elektronische Patientenakte (§ 341 SGB V n.F.) zuzugreifen. Daneben kann er auf elektronische Erklärungen zur Organ- und Gewebespende und Hinweise auf das Vorhandensein und den Aufbewahrungsort entsprechender Erklärungen zugreifen sowie auf Hinweise auf das Vorhandensein und den Aufbewahrungsort von Vorsorgevollmachten oder Patientenverfügungen und elektronische Verordnungen, § 336 Abs. 1 SGB V n.F. Der Versicherte ist zur Datenverarbeitung berechtigt (§ 337 Abs. 1 SGB V n.F.) was den schreibenden Zugriff umfasst. Auch ohne den Einsatz einer elektronischen Gesundheitskarte kann der Versicherte künftig mithilfe eines geeigneten technischen Endgeräts (bspw. Smartphone) auf die eigene elektronische Patientenakte zugreifen, § 336 Abs. 2 SGB V n.F. Die elektronische Patientenakte, Erklärungen zur Organ- und Gewebespende und entsprechende Hinweise, sowie Hinweise auf das Vorhandensein und den Aufbewahrungsort von Vorsorgevollmachten und Patientenverfügungen können zudem durch den Versicherten eigenständig oder auf Verlangen gelöscht werden, § 337 Abs. 2 SGB V n.F. Demgegenüber ist jeder Versicherte berechtigt, den eigenen Medikationsplan und elektronische Notfalldaten bei einem Leistungserbringer einzusehen, der wiederum mittels seines elektronischen Heilberufsausweises und Einwilligung des Versicherten zugreift, § 336 Abs. 3 SGB V n.F. Ein eigenständiges Erstellen oder Änderungen von Medikations- oder Notfalldaten sieht das derzeitige gesetzliche Zugriffskonzept dagegen nicht vor, vgl. § 337 Abs. 2 SGB V n.F. Inwieweit diese Konzeption mit dem weitgehenden Selbstbestimmungsrecht des Patienten vereinbar ist, ist fraglich, da eine Abhängigkeit von einer ärztlichen Beteiligung gegeben ist. Allerdings wird durch die alleinige ärztliche Befugnis, den Medikationsplan und die elektronische Notfalldaten mit Einwilligung des Patienten digital aufzunehmen und zu ergänzen eine tatsächliche Aussagekraft eben dieser Daten erreicht. Andernfalls droht eine Relativierung dieser für eine medizinische Behandlung wesentlicher Patienteninformationen, da nicht davon ausgegangen werden kann, dass die Daten zutreffen und auf einer ärztlichen Expertise beruhen. Diese einseitige Abhängigkeit des Versicherten von einem Heilberufler kann allerdings auch als gesetzlich-paternalistischer Eingriff in die Patientenselbstbestimmung aufgefasst werden.

503 BT-Drs. 19/18793, S. 4.

Anwendung des § 334 Abs. 1 S. 2 SGB V n.F. zugegriffen werden soll, spezifizieren die §§ 352, 356, 357 und 359 SGB V n.F. die Zugriffberechtigungen. Die zugriffsberechtigende Berufszugehörigkeit ist jeweils mit einem elektronischen Heilberufsausweis bzw. entsprechendem Berufsausweis nachzuweisen. Technisch werden so die Zugriffe dokumentiert.[504] Auf den elektronischen Medikationsplan sowie die elektronischen Notfalldaten dürfen gemäß § 359 Abs. 1 SGB V n.F. Notärzte (Nr. 1) und auch in Teilen das nichtärztliche rettungsmedizinische Personal (Nr. 6) zugreifen, soweit dies für die medizinische Versorgung erforderlich ist.[505] Dabei kommt es im Notfallgeschehen für den auslesenden Zugriff nicht auf die Einwilligung des Versicherten an, wenn dieser situationsbedingt hierzu nicht mehr in der Lage ist, vgl. § 359 Abs. 2, Abs. 3 SGB V i.V.m. § 339 Abs. 1 SGB V n.F. Um im Notfallgeschehen zügig so viele Patienteninformationen wie möglich für eine zeitkritische Behandlungsmaßnahmen zu erhalten, ist das gesetzlich statuierte Erforderlichkeitskriterium im präklinischen Akutgeschehen erfüllt. § 359 Abs. 1 Nr. 6 SGB V n.F. schließt allerdings Rettungssanitäter und Rettungshelfer aus, da es sich hierbei nicht um staatlich geregelte Heilberufe handelt, sondern um Qualifikationen, die durch länderspezifische Lehrgänge erworben werden.[506] Hierüber hilft auch § 359 Abs. 1 Nr. 7 SGB V n.F. nicht hinweg, da dort jeweils eine mindestens einjährige Ausbildungsdauer für Helfertätigkeiten normiert ist. Die Qualifizierung zum Rettungssanitäter oder Rettungshelfer ist demgegenüber wesentlich kürzer und beläuft sich auf wenige Wochen.[507] Da Rettungsmittel der Notfallrettung aber regelmäßig mit mindestens einem Notfallsanitäter oder Rettungsassistenten besetzt sind[508], ist dennoch ein lesender Zugriff auf Medikationspläne und Notfalldaten über die elektronische Gesundheitskarte ohne notärztliche Anwesenheit möglich.

Die Zugriffsrechte auf den Hinweis, dass eine Patientenverfügung existiert und deren Aufbewahrungsort, richten sich wiederum nach § 357 SGB V n.F. Demnach sind Ärzte und damit auch Notärzte zugriffsberechtigt, wobei der Einsatz eines elektronischen Heilberufsausweises erforderlich ist (§ 357 Abs. 1

---

504 *Scholz*, in: BeckOK SozialR, SGB V, § 291a, Rn. 16 zur Vorgängerregelung. Die technische Dokumentation wird in der Neuregelung beibehalten.

505 Zur staatlichen Ausbildung von Notfallsanitätern, die § 359 Abs. 1 Nr. 6 SGB V n.F. vorsieht, vgl. *Dielmann/Malottke*, NotSanG, § 1, Rn. 1 ff.; *Kern/Rehborn*, in: Laufs/Kern/Rehborn, HdArztR, § 20, Rn. 11.

506 Vgl. *Kern/Rehborn*, in: Laufs/Kern/Rehborn, HdArztR, § 20, Rn. 11 ff.

507 Vgl. etwa § 1 Abs. 1 RettAPO NRW für den Rettungssanitäter sowie § 1 Abs. 2 RettAPO NRW für den Rettungshelfer.

508 *Roth*, et al., N+R 2017, 237 (248).

Nr. 1, Abs. 4 SGB V n.F.). Die elektronische Gesundheitskarte des Notfallpatienten sowie der elektronische Heilberufsausweis müssen dementsprechend in ein Kartenterminal eingeführt werden, um die hinterlegte Information zu entsperren.[509] Ist der Patient bereits einwilligungsunfähig, ist ein ärztlicher Zugriff auf die gespeicherten Informationen ebenfalls zulässig, wenn eine ärztlich indizierte Maßnahme unmittelbar bevorsteht, § 357 Abs. 3 SGB V n.F. Hierunter fällt der Herz-Kreislauf-Stillstand eines Patienten mit der drängenden Behandlungsaufnahme.

Dagegen ist gesetzlich keine ausdrückliche Zugriffsberechtigung für das nichtärztliche rettungsmedizinische Personal auf Hinweise des Vorhandenseins und den Aufbewahrungsort von Patientenverfügungen vorgesehen. Lediglich kommt eine Zugriffsberechtigung unter Aufsicht eines Arztes als deren berufsmäßigen Gehilfen nach § 357 Abs. 1 Nr. 2 SGB V n.F. in Betracht. Zwar unterstützt der nichtärztliche Rettungsdienst den Notarzt[510] und zur notärztlichen Unterstützung im Behandlungsgeschehen ist ein Zugriff unter Aufsicht auf die Informationen zu einer Patientenverfügung (§ 357 Abs. 1 Nr. 2b SGB V n.F.) durchaus denkbar und erforderlich. Allerdings ist das nichtärztliche Personal nicht *bei einem Arzt* (§ 357 Abs. 1 Nr. 2a aa) SGB V n.F.) bzw. auch nicht *in einem Krankenhaus* (§ 357 Abs. 1 Nr. 2a bb) SGB V n.F.) tätig, wie das Gesetz formuliert. Bereits zur Vorgängerregelung existierte dieser missverständliche Wortlaut in Bezug auf den ursprünglichen Notfalldatensatz nach § 291a Abs. 3 S. 1 Nr. 1 SGB V a.F., wobei dort der nichtärztliche Rettungsdienst zum zugriffsberechtigten Personenkreis zählte.[511] Dies galt und gilt allerdings nicht für Hinweise auf das Vorhandensein und den Aufbewahrungsort von Vorsorgedokumenten oder Patientenverfügungen. Das gesetzliche Zugriffskonzept sah und sieht nicht

509 Vgl. *gematik*, Whitepaper Datenschutz Informationssicherheit, S. 14 ff. Ggf. genügt auch ein Auflegen aufgrund einer vorhandenen NFC-Schnittstelle.

510 Ausdrücklich noch so zum Rettungsassistenten als „Helfer des Arztes" vgl. § 3 RettAssG (außer Kraft).

511 Vgl. zur Vorgängerregelung des § 291a Abs. 4 S. 1 Nr. 2d) aa), 2e) SGB V a.F. BT-Drs. 15/1525, S. 145. Die vormalige Gesetzesbegründung schloss nichtärztliche Rettungsdienstmitarbeiter (namentlich: Rettungsassistenten) als Zugriffsberechtigte des Notfalldatensatzes mit ein. Die Begründung der Neuregelung in BT-Drs. 19/18793, S. 127 f. übernimmt die vormaligen Zugriffsrechte und erweitert diese u.a. auf Angehörige von Pflegeberufen in Pflegeeinrichtungen. Der nichtärztliche Rettungsdienst ist hingegen nicht mehr erwähnt. Auch die Vorgängerregelung machte aber den Zugriff auf einen gespeicherten Hinweis auf das Vorhandensein einer Patientenverfügung von der ärztlichen Anwesenheit abhängig, vgl. § 291a Abs. 5a SGB V a.F.

vor, dass der nichtärztliche Rettungsdienst eigenständig entsprechende Hinweise von der elektronischen Gesundheitskarte auslesen kann (wenn denn die entsprechenden technischen Lesegeräte vorhanden sind). Die getrennte Anfahrt zum Einsatzort sorgt ferner auch dafür, dass ein ersteintreffendes nichtärztlich besetztes Rettungsmittel im Rendezvous-System nicht ohne Notarzt auf einen Hinweis nach § 334 Abs. 1 S. 2 Nr. 3 SGB V n.F. zugreifen kann, sondern „nur" auf elektronische Notfalldaten und Medikationspläne, wenn ein Notfallsanitäter vor Ort ist. Auf Basis dieses gesetzlichen Zugriffskonzepts ist nur ein Notarzt berechtigt, den auf einer elektronischen Gesundheitskarte gespeicherten Hinweis auf das Vorhandensein und den Aufbewahrungsort einer Patientenverfügung nach § 334 Abs. 1 S. 2 Nr. 3 SGB V n.F. auszulesen, wenn die Authentifizierung mittels elektronischen Heilberufsausweises gelingt. Anders gewendet, kann auch grundsätzlich nur ein Notarzt verpflichtet sein, nach der elektronischen Gesundheitskarte zu suchen, im Rahmen der ärztlichen Delegation suchen zu lassen oder gezielt nach dieser zu fragen. Hiermit erfüllt er seine notärztliche Verpflichtung zur Informationsbeschaffung über den konkreten Notfallpatienten, um diesen sachgerecht im Sinne von dessen Selbstbestimmung behandeln zu können. Dafür ist allerdings die notärztliche Anwesenheit am Einsatzort erforderlich.[512] Für den nichtärztlichen Rettungsdienst fehlt es dagegen an einer originären Berechtigung, eigenständig einen Hinweis auf das Vorhandensein und den Aufbewahrungsort einer Patientenverfügung über eine elektronische Gesundheitskarte auszulesen. Verfügt aber der nichtärztliche Rettungsdienst über keine eigene gesetzliche Berechtigung den Aufbewahrungsort einer Patientenverfügung auszulesen, sondern „nur" elektronische Notfalldaten, Medikationspläne und Hinweise auf eine Patientenverfügung unter ärztlicher Aufsicht, könnte sich mangels tatsächlicher Möglichkeit der Informationsgewinnung insbesondere keine Suchpflicht für diesen ergeben, um digitalisiert hinterlegte Informationen zur Existenz und Aufbewahrung von Patientenverfügungen zu erhalten. Hiergegen spricht aber, dass der nichtärztliche Rettungsdienst auch vorbereitend tätig ist. Bis zur Ankunft eines Notarztes am Einsatzort

512 Ferner ist denkbar, dass von Seiten des ÄLRD eine Standardanweisung i.S.d. § 4 Abs. 2 Nr. 2c NotSanG – jedenfalls zu Reanimationssituationen – um die Suche bzw. Frage nach der elektronischen Gesundheitskarte ergänzt wird. Problematisch hieran ist allerdings, dass eine entsprechende Standardanweisung grundsätzlich nur für den jeweiligen Rettungsdienstbereich des ÄLRD gilt und verantwortet wird. Es besteht die Gefahr von Einzellösungen, sodass kein einheitliches Vorgehen im Bundesgebiet droht.

im gängigen Rendezvous-System hat das nichtärztliche Rettungsdienstpersonal sich daher bereits patientenrelevante Informationen anzueignen und diese bei dessen Eintreffen zu kommunizieren (vgl. § 4 Abs. 2 Nr. 1h NotSanG). Mit Anwesenheit des Notarztes besteht jedenfalls die Authentifizierungsmöglichkeit mit dessen elektronischen Heilberufsausweis, Hinweise zu einer Patientenverfügung über die elektronische Gesundheitskarte zu erhalten. Bis zur notärztlichen Anwesenheit kann das Zeitintervall vom nichtärztlichen Rettungsdienst daher vorbereitend genutzt werden, um der elektronischen Gesundheitskarte habhaft zu werden. Ohne weiteren Zeitverzug ist diese dann mit Eintreffen des Notarztes auszulesen und so der Aufbewahrungsort einer etwaig existierenden Patientenverfügung herauszufinden. Darüber hinaus ist der nichtärztliche Rettungsdienst in Teilen gemäß § 358 Abs. 1 Nr. 6 SGB V n.F. berechtigt, lesend auf einen gespeicherten Medikationsplan und elektronische Notfalldaten zuzugreifen. Jedenfalls für diese Anwendungen der Telematikinfrastruktur ist eine gesetzliche Zugriffsberechtigung gegeben. Da ohne Anhaltspunkte auf das Vorhandensein einer Patientenverfügung erst der lesende Zugriff der elektronischen Gesundheitskarte die präklinische Situation erhellen kann und eine Zugriffsberechtigung von Notfallsanitätern und Rettungsassistenten auf Daten nach § 334 Abs. 1 S. 2 Nr. 4, 5 SGB V n.F. besteht, ist nach einer elektronischen Gesundheitskarte zu suchen bzw. zu fragen. Die Suche oder Frage nach der elektronischen Gesundheitskarte eröffnet also die Möglichkeit des Habhaftwerdens einer etwaigen Patientenverfügung durch Mitteilung von deren Existenz und Aufbewahrungsort. Sind daneben insbesondere auch Rettungssanitäter in der Notfallrettung beteiligt, ist nur ein mittelbarer Zugriff auf notfallrelevante Informationen der elektronischen Gesundheitskarte über ebenfalls anwesende Notfallsanitäter bzw. Rettungsassistenten möglich. Nichtsdestotrotz können auch Rettungssanitäter vorbereitend tätig werden, um der Gesundheitskarte habhaft zu werden. Als ein die Selbstbestimmung des Patienten unterstützendes vorbereitendes Handeln ist der nichtärztliche Rettungsdienst, trotz der derzeit mangelnden eigenen Zugriffsrechte auf die Hinweise nach § 334 Abs. 1 S. 3 Nr. 3 SGB V n.F., hierzu angehalten. Zumindest die gezielte Frage nach einer elektronischen Gesundheitskarte, um einen durch den Patienten hinterlegten Hinweis einer Patientenverfügung auslesen zu können, ist bis zum Eintreffen des Notarztes gegenüber Patientenangehörigen möglich und zumutbar, auch wenn im gesetzlichen Zugriffskonzept nur ein Arzt hierauf zugreifen kann.

Daraus ergibt sich praktisch die nicht überzeugende Situation, dass der regelmäßig ersteintreffende nichtärztliche Rettungsdienst eine aufgefundene elektronische Gesundheitskarte ausliest und die Patientenstammdaten, einen Medikationsplan sowie elektronische Notfalldaten erhält. Der im

Rendezvous-System nachrückende Notarzt muss dann eine bereits ausgelesene elektronische Gesundheitskarte erneut auslesen, um einen gespeicherten Hinweis des Versicherten auf das Vorhandensein und den Aufbewahrungsort von Vorsorgevollmachten oder Patientenverfügungen zu erhalten. Die gesetzliche Zugriffskonzeption kann in der Praxis dazu führen, dass ein Auslesen der elektronischen Gesundheitskarte doppelt erfolgen muss, um alle relevanten Informationen erhalten zu können. In einem zeitkritischen präklinischen Notfallgeschehen ist dies nicht praktikabel.

c. *Vorbehalt*

Einschränkend anzumerken ist ein weiterer Aspekt: Existieren neue Informationsbeschaffungsmöglichkeiten zu Gunsten des Patienten, ist eine Aufnahme der aktiven Erlangung entsprechender Informationen in den ärztlichen Standard denkbar. Eine tatsächliche Such- bzw. Frageverpflichtung nach der elektronischen Gesundheitskarte kann aber wohl erst als standardisiertes Verhalten gelten, wenn die flächendeckende Nutzung der Anwendungen von elektronischen Gesundheitskarten belegt ist. Derzeit befindet sich die für die Nutzung der elektronischen Gesundheitskarte erforderliche Telematikinfrastruktur noch im Aufbau.[513] Die Anwendungen des § 334 Abs. 1 S. 2 SGB V n.F. stehen dementsprechend noch nicht flächendeckend zur Verfügung. Auch bedarf es der notwendigen technischen Ausstattungen, wie elektronischen Heilberufs- und Berufsausweisen sowie entsprechender Lesegeräte. Somit wird eine Suche oder Frage nach einer elektronischen Gesundheitskarte mit der Intention, die Existenz und den Verwahrungsort einer Patientenverfügung zu ermitteln, noch nicht als verpflichtendes, standardisiertes Verhalten angesehen werden können. Erst bei flächendeckender Implementierung und belegter patientenseitiger Nutzung der Anwendungen eines digital vernetzten Gesundheitswesens kann sich die Suche oder Frage nach einer elektronischen Gesundheitskarte zum standardisierten rettungsmedizinischen Handeln entwickeln.[514] Derzeit befinden sich die technischen und rechtlichen Entwicklungen der Telematikinfrastruktur allerdings noch in einer Übergangsphase, sodass die Suche oder Frage nach der

513 BT-Drs. 19/18793, S. 2: „Ziel ist die sukzessive sichere digitale Vernetzung aller Akteure des Gesundheitswesens."

514 Der Gesetzgeber überschlägt, dass sich 2021 etwa 20 % (14 Millionen) gesetzlich Versicherte an die Telematikinfrastruktur freiwillig anschließen, indem insbesondere die elektronische Patientenakte und die elektronischen Notfalldaten genutzt werden, BT-Drs. 19/18793, S. 85.

elektronischen Gesundheitskarte (noch) nicht zum standardisierten rettungsmedizinischen Vorgehen zählt.

d. Zwischenfazit

Ein Notarzt ist nach dem gesetzlichen Zugriffskonzept berechtigt, auf wesentliche notfallrelevante Informationen der elektronischen Gesundheitskarte zuzugreifen, d.h. auszulesen. Dementsprechend hat ein Notarzt präklinisch nach einer elektronischen Gesundheitskarte zu suchen bzw. zu fragen. Dabei ist eine Delegation an anwesendes rettungsmedizinisches Personal denkbar. Diese Verpflichtung zur (delegierten) Suche bzw. Frage konkretisiert sich einschränkend allerdings erst mit flächendeckender Nutzung und Verbreitung der gesetzlichen Anwendungen des § 334 Abs. 1 S. 2 SGB V n.F. unter Patienten.

Demgegenüber verfügen Notfallsanitäter und Rettungsassistenten über eine gesetzliche Berechtigung gemäß § 358 Abs. 1 Nr. 6 SGB V n.F. auf gespeicherte Medikationsdaten und Notfalldaten einer elektronischen Gesundheitskarte zuzugreifen. Anderes rettungsmedizinisches Personal ist hiervon ausgeklammert und nur mittelbar in der Lage, entsprechende Informationen abzurufen. Insgesamt ist der nichtärztliche Rettungsdienst nicht berechtigt, ohne notärztliche Anwesenheit, eigenständig auf Hinweise auf das Vorhandensein und den Aufbewahrungsort von Vorsorgevollmachten oder Patientenverfügungen nach § 334 Abs. 1 S. 2 Nr. 3 SGB V n.F. zuzugreifen, obwohl diese zum Adressatenkreis vorausverfügter Behandlungsentscheidungen zählen. Dieser Widerspruch untergräbt ein Stück weit das Selbstbestimmungsrecht des Patienten. Allerdings kann bis zur ärztlichen Anwesenheit vorbereitend nach der elektronischen Gesundheitskarte jedenfalls gefragt werden. Des Weiteren gilt auch hier der Vorbehalt, dass sich die Anwendungen des § 334 Abs. 1 S. 2 SGB V n.F. erst flächendeckend verbreiten müssen, um von standardisierten Anforderungen im medizinischen Vorgehen sprechen zu können.

4. Zwischenergebnis

Zusammengefasst muss sich der Rettungsdienst mit Kenntnis oder „starken Hinweisen“[515] von der Existenz einer Patientenverfügung um Zugriff bemühen.[516] Im Rahmen des die Selbstbestimmung des Patienten unterstützenden Verhaltens bedeutet dies, dass bei sich im Einzelfall verdichtenden Hinweisen

515 *Bossaert*, et al., N+R 2015, 1035 (1037).
516 Vgl. *Wiese*, et al., Anaesthesist 2009, 1097 (1104).

auf eine Patientenverfügung, eine Suche bzw. die gezielte Frage anzustreben ist, wenn ein Zugriff ohne nennenswerte Barrieren parallel zur Patientenversorgung möglich erscheint. Leidet wiederum die primär relevante Patientenversorgung unter der Suche oder Frage nach einer Patientenverfügung, bleibt diese grundsätzlich nachrangig. Unsicherheiten und Zweifel im Eilfall sorgen stets für den Vorrang des Lebensschutzes des Notfallpatienten bei Indikation.[517] Eine anlasslose Suchpflicht nach einer Patientenverfügung des Notfallpatienten ist hingegen nicht gegeben. Im Rahmen der mutmaßlichen Willensermittlung kann aber nach einer Patientenverfügung gefragt werden, um – neben konkreten Informationen zur Krankheitsvorgeschichte – Mutmaßungen mitunter durch den tatsächlichen Patientenwillen abzulösen.

Die technische Hinweismöglichkeit auf die Existenz einer Patientenverfügung und deren Verwahrungsort über eine elektronische Gesundheitskarte verpflichtet mit Aufnahme in standardisiertes Vorgehen den Notarzt, ohne nähere Anhaltspunkte von der Existenz eines Verfügungstextes, nach dieser Karte zu suchen, zu fragen oder delegiert suchen zu lassen. Da der nichtärztliche Rettungsdienst in Teilen mithilfe eines entsprechenden, den lesenden Zugriff auf elektronische Notfalldaten gewährenden Berufsausweises auf präklinisch relevante Informationen auch ohne ärztliche Anwesenheit zugreifen kann, ist er ebenfalls verpflichtet, anlasslos-suchend, gezielt-fragend oder im Rendezvous-System vorbereitend-unterstützend tätig zu werden, um einer elektronischen Gesundheitskarte habhaft zu werden, wenn eine flächendeckende Verbreitung der digitalen Anwendungen gegeben ist. Obwohl der nichtärztliche Rettungsdienst ebenfalls zum generellen Adressatenkreis von Patientenverfügungen zählt, sieht das gesetzliche Zugriffskonzept nicht vor, dass das nichtärztliche rettungsmedizinische Personal eigenständig Hinweise der Versicherten auf das Vorhandensein und den Aufbewahrungsort von Vorsorgevollmachten oder Patientenverfügungen von der elektronischen Gesundheitskarte auslesen kann.

III. Fallgruppenorientierte Mitwirkungsanforderungen an Notfallpatienten und Rettungsdienst je nach Einsatzort

Im Folgenden werden die erforderlichen Mitwirkungshandlungen der Beteiligten an den typischen rettungsmedizinischen Einsatzorten weiter konkretisiert, um eines vorausverfügten Patientenwillens aus einer Patientenverfügung habhaft zu werden. Dabei werden die Vorbereitungshandlungen des Notfallpatienten

---

517 Vgl. *Bossaert*, et al., N+R 2015, 1035 (1037); *Thöns/Sitte*, Intensiv 2019, 208 (211).

zur Auffindbarkeit sowie die Suche und gezielte Frage des Rettungsdienstes bei Anhaltspunkten der Existenz einer Patientenverfügung jeweils festgestellt. Ebenfalls wird auf die Such- und Frageverpflichtung hinsichtlich einer elektronischen Gesundheitskarte oder vergleichbaren Karte privatversicherter Notfallpatienten Bezug genommen. Die Betreuungseinrichtung (1), das häusliche Umfeld (2) und der Einsatzort in der Öffentlichkeit (3) sind dabei Gegenstand der fallgruppenorientierten Mitwirkungsanforderungen.

1. Betreuungseinrichtung

Patientenverfügungen sind insbesondere in Betreuungseinrichtungen oftmals vorhanden, da diese häufig gerade dem Zweck dienen, Menschen in hohem Alter und mit zunehmenden gesundheitlichen Einschränkungen eine Hilfestellung in dem sich nahenden Ende des Lebens zu ermöglichen. Bewohner entsprechender Einrichtungen können für den nahenden Tod vorsorgen und festlegen, was mit ihnen in der Situation des einsetzenden Todes geschehen soll.[518] Für Notfallsituationen in Betreuungseinrichtungen können Krankengeschichte, Medikationsplan und auch Vorsorgedokumente wie Patientenverfügungen vorab beim Pflegepersonal hinterlegt werden. Der Patient wird hierdurch seiner Mitwirkung zu einer späteren Auffindbarkeit des Verfügungstextes gerecht. Die interne Organisation des Pflegeheims bzw. der Betreuungseinrichtung hat in der Folge dafür Sorge zu tragen, dass relevante Patientenunterlagen griffbereit sind.[519] Jedoch besteht bei Organisationsdefiziten in der konkreten Betreuungseinrichtung die Gefahr der Vornahme nicht gewünschter Behandlungsmaßnahmen, soweit der Rettungsdienst nicht eigenständig auf eine existierende Patientenverfügung durch das Pflegepersonal hingewiesen wird. Da nunmehr aus Sicht des Notfallpatienten das Dilemma droht, dass sein Entschluss zum geregelten Lebensabend im Pflegeheim konterkariert wird[520] und typischerweise Patientenverfügungen bei Bewohnern von Pflegeeinrichtungen existieren, liegen genügend Anhaltspunkte jedenfalls für die gezielte Frage nach einer Patientenverfügung des konkreten Notfallpatienten durch Notarzt und nichtärztlichen Rettungsdienst

518 Vgl. *Simon*, Int Med 2010, 43 (47).

519 *in der Schmitten/Nauck/Marckmann*, Palliativmed 2016, 177 (187); *Nauck/Markmann/in der Schmitten*, AINS 2018, 62 (65); zu einer (fragwürdigen) „Erklärungspflicht“ zu antizipierten Behandlungsentscheidungen von Bewohnern einer Senioreneinrichtung vgl. *Mohr*, N+R 2007, 182 (186); siehe auch *Salomon*, Pflegezeitschrift 2018, 18 (20).

520 Vgl. *Erbguth/Erbguth*, DMW 2016, 1484 (1491); *Kloke*, N+R 2011, 459 (459).

vor.[521] Erfolgt im Eifer der Notsituation keine eigenständige Herausgabe einer Patientenverfügung durch das jeweilige Pflegepersonal, ist der Rettungsdienst verpflichtet, hiernach gezielt zu fragen, um eine am Willen des Notfallpatienten orientierte Behandlung vornehmen zu können. Eine gezielte Suche nach einer Patientenverfügung erscheint dagegen fernliegend, weil dem Rettungsdienst in aller Regel nicht bekannt sein wird, wo entsprechende Patientendokumente verwahrt werden. Jedenfalls die rettungsmedizinische gezielte Frage nach einer Patientenverfügung ist aber im Pflegeheim angebracht, da oftmals der Zweck darin besteht einen ruhigen Lebensabend in der Einrichtung zu verbringen und für diesen Fall eine Patientenverfügung erstellt wurde. Sofern eine elektronische Gesundheitskarte nicht beim Notfallpatienten verwahrt wird, gelten die Ausführungen entsprechend.

2. *Häusliches Umfeld*

Die patientenseitige Mitwirkung im häuslichen Umfeld gestaltet sich gegenüber einem in einer Betreuungseinrichtung lebenden Notfallpatienten wiederum anders. Eine bspw. in einem Tresor eingeschlossene Patientenverfügung ist im Akutgeschehen wenig hilfreich, es sei denn, es kann ein Zugriff über anwesende Angehörige hergestellt werden. Den Mitwirkungsanforderungen wird der Notfallpatient hingegen gerecht, wenn dessen Patientenverfügung gut sichtbar aufbewahrt wird, sodass die rettungsdienstliche barrierefreie Möglichkeit des Zugriffs und der Kenntnisnahme besteht.[522] Nichtsdestotrotz besteht die Gefahr des mangelnden Auffindens weiterhin fort. Schließlich kann die Patientenverfügung überall, etwa in einer geräumigen Wohnung, „gut sichtbar“ verwahrt sein und trotzdem nicht aufgefunden werden. Dennoch ist auch hier nach einem entsprechenden Schriftstück zu fragen, um die maßgebliche Selbstbestimmung des Patienten zu wahren. Einschränkend kann dieses die Selbstbestimmung des Patienten unterstützende Verhalten nur geschehen, wenn die parallele suffiziente Patientenbetreuung gesichert ist und sich dem Rettungsdienst Anhaltspunkte für die Existenz einer Patientenverfügung aufdrängen. Eine Suche ohne Anhaltspunkte hingegen, womöglich in den privaten Unterlagen des volljährigen Notfallpatienten, scheidet aus. Die Suche oder Frage nach einer elektronischen

---

521 Bei eingesetztem Sterbeprozess und diesen Zustand erfassender Patientenverfügung plädieren *Albrecht/Albrecht/Böhm/Böhm-Rößler*, S. 145, 247 dafür, dass i.d.R. bereits keine Veranlassung mehr zum Notruf gegeben ist.

522 *Nauck/Markmann/in der Schmitten*, AINS 2018, 62 (65).

Gesundheitskarte hat anhand der oben benannten Grundsätze zu erfolgen, wenn sich die Nutzung der genannten Anwendungen flächendeckend etabliert hat.

3. *Öffentlichkeit*

Die an potentielle Notfallpatienten zu stellende Mitwirkungshandlung für das rettungsmedizinische Einsatzgeschehen in der Öffentlichkeit, um den Zugriff auf eine Patientenverfügung zu ermöglichen, gestaltet sich als die schwierigste Fallgruppe. Um rettungsmedizinischen Zugriff auf die Patientenverfügung zu erhalten, müsste die Patientenverfügung durch den Notfallpatienten stets bei sich getragen werden, was wiederum abwegig erscheint.[523] Über derzeit existierende kreditkartengroße Hinweiskarten kann der Notfallpatient lediglich auf eine Patientenverfügung hinweisen, ohne diese griffbereit zur Verfügung zu stellen.[524] Infolgedessen ist der Rettungsdienst nicht verpflichtet, bei einem Einsatzgeschehen im öffentlichen Raum oder bspw. am Arbeitsplatz des Notfallpatienten, diesen anlasslos nach einer Patientenverfügung zu durchsuchen. Nichtsdestotrotz können den Rettungsdienst Hinweise zu einer existierenden Patientenverfügung erreichen. Dann bedarf es situationsgerechten Bestrebungen, des Verfügungstexts habhaft zu werden. Werden dem Rettungsdienst Anhaltspunkte auf eine Patientenverfügung kommuniziert, besteht aber keine aktuelle Such- oder Zugriffsmöglichkeit, ist das erworbene Wissen um eine Patientenverfügung im Rahmen der Rettungskette weiterzugeben. Dies bedeutet, dass bei der Patientenübergabe in der Notaufnahme die Existenz einer Patientenverfügung mitgeteilt sowie im Einsatzprotokoll dokumentiert wird, damit es nicht zu Informationsverlusten kommt.[525] Die Such- bzw. Fragepflicht bei Anhaltspunkten wird folglich in eine Mitteilungspflicht an das aufnehmende Krankenhaus modifiziert. Dass sich der Rettungsdienst wiederum anlasslos um die elektronische Gesundheitskarte bemüht, kann erst verlangt werden, wenn eine bundesweite Verbreitung und Nutzung der Anwendungen des § 334 Abs. 1 S. 2 SGB V n.F. etabliert ist.

---

523 *Meran/Geissendörfer/May/Simon*, S. 87 die diese Möglichkeit bei umfangreichen Patientenverfügungen als nicht praktikabel ansehen, jedoch das ständige Mitführen einer Patientenverfügung nicht per se ausschließen.

524 Näheres hierzu unter Teil 3, B. II.

525 *Jäkel*, N+R 2013, 593 (596); *Lentz*, in: Luxem/Runggaldier/Karutz/Flake, NotSan heute, S. 1355. Dies gilt ebenfalls für die obigen beiden Fallgruppen.

IV. Zwischenergebnis

Sowohl der Patient als auch der Rettungsdienst haben an der Umsetzung des Patientenwillens mitzuwirken: Der Patient vor und der Rettungsdienst bei Eintritt der Einwilligungsunfähigkeit des Patienten bzw. während des Notfalleinsatzes. Den Notfallpatienten trifft die Verantwortung seine Patientenverfügung auffindbar zu machen. Verschiedenste Einsatzszenarien haben anschließend Einfluss auf die Mitwirkungsbemühungen des Notfallpatienten. Den Rettungsdienst wiederum trifft eine dem Einsatzgeschehen entsprechende verpflichtende Unterstützungshandlung, um Zugriff auf den niedergelegten Patientenwillen zu erhalten, wenn es Hinweise auf die Existenz einer Patientenverfügung gibt. Diese sind abhängig vom konkreten Einsatzort und dem Einsatzgeschehen. Nach der elektronischen Gesundheitskarte muss der Rettungsdienst stets suchen oder gezielt fragen, wenn sich die Nutzung von Anwendungen nach § 334 Abs. 1 S. 2 SGB V n.F. flächendeckend etabliert, da hierüber dann wesentliche Notfalldaten und Hinweise zum Aufbewahrungsort einer Patientenverfügung erlangt werden können.

V. Inhalt einer Patientenverfügung im Rettungsdienst und Mitwirkungshandlungen der Beteiligten

Neben dem Zugriff auf die Patientenverfügung bedarf es auf dem Weg zu deren Umsetzung der Feststellung des niedergelegten Inhalts. Der Inhalt einer Patientenverfügung ist maßgeblich für die weitere Behandlung anhand des Patientenwillens und muss rettungsdienstlich erfasst werden. Ein Notfallpatient hat – als Fortsetzung seiner Mitwirkungsverantwortung – eine rettungsdiensttaugliche Patientenverfügung vorausschauend inhaltlich so zu formulieren, dass diese die hier exemplarisch herangezogene konkrete Behandlungssituation des Herz-Kreislauf-Stillstandes erfasst (1). Daneben hat der Rettungsdienst die Patientenverfügung bei Zugriff inhaltlich zu prüfen, um die Bestimmtheit von im Voraus bestimmten Behandlungsentscheidungen (2) sowie die eigene Adressatenstellung (3) festzustellen.

1. Formulierungsverantwortung des Patienten

Neben der Verantwortung des Patienten, die Patientenverfügung für die Notfallrettung tatsächlich auffindbar zu machen, muss er sie inhaltlich so ausgestalten, dass der eigene antizipierte Wille zielführend rettungsmedizinisch erfasst werden kann. Da der Notfallpatient selbst durch seine Formulierungen über das angestrebte Therapieziel entscheidet[526], muss dieses auch hinreichend bestimmt

526 *Salomon*, N+R 2018, 199 (199).

zum Ausdruck kommen. Voraussetzungen dieser Bestimmtheit der Patientenverfügung sind sowohl die patientenseitige Nennung der Behandlungssituation als auch die Bezeichnung der ärztlichen Maßnahme, die für die konkrete Situation gewünscht wird.[527] Dabei genügt, dass der Patient umschreibt, was er in einer bestimmten Lebens- oder Behandlungssituation an medizinischer Hilfe möchte.[528] Allgemeine Formulierungen ohne konkret antizipierten Situationsbezug genügen dagegen nicht.[529] Ebenfalls steht es dem Patienten offen, mit der beispielhaften Benennung verschiedener Situationen eine hinreichende Bestimmtheit zu schaffen.[530]

Für Patientenverfügungen in der präklinischen Notfallmedizin tritt ein weiterer Aspekt neben die Bestimmtheit: ihr Umfang. Regelmäßig bestehen Patientenverfügungen aus drei bis sechs Seiten.[531] Mehrseitige, ausgedehnte Patientenverfügungen sind jedoch aufgrund des Zeitdrucks für rettungsmedizinische Entscheidungen ungeeignet.[532] Besteht im Notfallgeschehen Zugriff auf eine Patientenverfügung muss diese knapp und prägnant die konkrete Behandlungssituation erfassen und eine Therapierichtung vorgeben.[533] Mehrseitige Patientenverfügungen können dagegen vorklinisch inhaltlich nicht vollumfänglich erfasst werden, ohne die primär im Vordergrund stehende parallele Behandlung des Patienten zu vernachlässigen. Im Idealfall werden rettungsdienstrelevante Informationen daher auf einer maximal DIN A4 großen Seite abgebildet. Bei der Formulierung der kurzen und übersichtlichen Patientenverfügung wird infolgedessen eine klare Patientenentscheidung benötigt (bspw. „Ja“ oder „Nein“ zur Reanimationsaufnahme bzw. -fortführung). Problematisch ist, dass Patientenverfügungen stets fehlinterpretiert werden können.[534] Unsicherheiten ergeben sich insbesondere aus mehrdeutigen bzw. unbestimmten Behandlungswünschen. Diese sind auslegungsbedürftig. In der Eile der rettungsmedizinischen Behandlungsphase kann wiederum keine zeitintensive Auslegung erfolgen, um

527 BGH, Beschl. v. 14.11.2018 – XII ZB 107/18 = NJW 2019, 600 (602). Zur Bestimmtheit bereits Teil 1, B. I. 3.

528 BGH, Beschl. v. 14.11.2018 – XII ZB 107/18 = NJW 2019, 600 (602).

529 BGHZ 211, 67 (85); BT-Drs. 16/8442, S. 13, 15.

530 *Spickhoff*, NJW 2019, 1718 (1719), der eine Parallele zu den strafrechtlichen Regelbeispielen zieht.

531 *Peters/Kern/Buschmann*, Med Klinik 2017, 136 (139).

532 *Peters/Kern/Buschmann*, Med Klinik 2017, 136 (136).

533 *Bossaert*, et al, N+R 2015, 1035 (1035); *in der Schmitten/Rixen/Marckmann*, in: Coors/Jox/in der Schmitten, S. 291 f.

534 *Breidenstein*, jM 2016, 222 (226).

den wirklichen Willen aus der Patientenverfügung zu erforschen.[535] Dementsprechend darf ein antizipierter Behandlungswunsch, der sich auf Wiederbelebungsbemühungen bezieht, keinen Auslegungsspielraum eröffnen. Praktisch heikel ist damit ein „Jein", d.h. Unsicherheiten aus Adressatensicht in der Willensartikulation innerhalb der Patientenverfügung.[536] Dieses „Jein" kann aus dem Umfang der Patientenverfügung folgen, der dafür sorgt, dass der Inhalt – wie im Eingangsbeispiel – nicht zeitnah erschlossen werden kann. Daneben sind inhaltlich unzureichend spezifizierte Behandlungssituationen der Grund für rettungsmedizinische Bedenken hinsichtlich des konkreten Behandlungswunsches. Zu beachten ist damit, dass sich die Erklärungen innerhalb einer Patientenverfügung an den patientenseitig ins Auge gefassten Empfängern orientieren. Im vorliegenden Fall ist dies der Rettungsdienst, der eilige Entscheidungen treffen muss. Als entäußerte Erklärung in den Rechtsverkehr muss der Erklärungsinhalt für die zügig Behandlungssituation erfasst werden können. Dementsprechend darf kaum Interpretationsspielraum gegeben sein.

Es liegt zusammenfassend somit in der generellen Verantwortung des Notfallpatienten, mehrdeutige und ausufernde Formulierungen für eine rettungsdiensttaugliche Patientenverfügung zu vermeiden. Betreffen die Formulierungen den hier in Rede stehenden akutmedizinischen Herz-Kreislauf-Stillstand, muss der Patient in gebotener Kürze deutlich machen, dass er keine rettungsmedizinische Wiederbelebung wünscht. Durch ausschweifende und ausgedehnte Formulierungen in der vorklinischen Behandlungsphase steigert sich die ohnehin bestehende Gefahr, dass eine Patientenverfügung unbeachtet bleibt.[537] Lange Verfügungstexte sind untauglich für die Notsituation, da sie schlicht zu umfangreich sind und Handlungsanweisungen für das zeitkritische Geschehen nicht zielgenau abbilden. Zudem ergibt sich aus der Formulierungsverantwortung für den Patienten die Verpflichtung, beim Verfassen der Patientenverfügung die erforderlichen Formerfordernisse des § 1901a Abs. 1 BGB einzuhalten. Anderenfalls wird der Patient seiner Formulierungsverantwortung nicht gerecht, wenn die formalen gesetzlichen Voraussetzungen nicht eingehalten werden. Besteht rettungsmedizinischer Zugriff, aber sind Formmängel in der Patientenverfügung gegeben, wird eine vorklinische Notfallbehandlung stattfinden.

---

535 *Kutzer*, MedR 2010, 531 (532).
536 Hierzu *Joerden*, MedR 2018, 764 (766 f.).
537 Vgl. *Nauck/Markmann/in der Schmitten*, AINS 2018, 62 (65).

2. *Inhalt einer Patientenverfügung im Rettungsdienst*

Die rettungsmedizinisch notwendig verkürzt-inhaltliche Darstellung des Patientenwillens in einer Patientenverfügung birgt das Risiko, dass der tatsächliche Wille nicht vollumfänglich abgebildet und verkannt wird.[538] Entscheidend für eine tatsächliche Berücksichtigung ist – neben dem Zugriff – die angeführte Bestimmtheit der Formulierungen. Ein aussagekräftiger Inhalt ist hinreichend bestimmt, wenn sich ohne weiterführende Erläuterungen der Patientenwille hinsichtlich rettungsmedizinischer Maßnahmen feststellen lässt.[539] Bereits angesprochen wurde, dass der Patient seine konkreten Vorstellungen davon, wie er sich seine Behandlung vorgestellt hat, schriftlich im einwilligungsfähigen Zustand kommunizieren muss.[540] Dabei ist zu berücksichtigen, dass eine laienhafte medizinische Ausdrucksweise vorliegen kann.[541] Anzulegen ist daher kein zu strenger Prüfungsmaßstab hinsichtlich der antizipierten Festlegungen.[542] Bedienen kann sich der Notfallpatient hierfür auch an vorformulierten Muster-Formularen[543], um der Informationsarmut in Notsituationen[544] Herr zu werden. Diese Musterbögen bieten die Möglichkeit einen Ausgleich zwischen der Formulierung des Patientenwillens auf knappem Raum und der zeitkritischen Anwendungssituation der Patientenverfügung herzustellen. Alternativ kann der Notfallpatient seinen Willen eigenständig schriftlich niederlegen. Formuliert der Patient für die vorklinische Behandlungsphase in wenigen Sätzen, keine Wiederbelebung bei näher spezifizierten Voraussetzungen zu wünschen, genügt dies den Bestimmtheitsanforderungen. Selbiges gilt, wenn der Patient ein vorformuliertes Muster nutzt, denn jeweils wird die Situation des Herz-Kreislauf-Stillstandes als konkretes Ereignis unabhängig seiner Ursache benannt.[545] Weiter wird die Voraussetzung des Herz-Kreislauf-Stillstandes mit zusätzlichen Anhaltspunkten kombiniert. Beispielhaft ausformuliert könnte eine Patientenverfügung für die präklinische Reanimationssituation daher wie folgt lauten:

---

538 *Klasen/Klasen*, jM 2019, 222 (223).

539 *Boemke*, NJW 2017, 1706 (1707).

540 Hierzu siehe Teil 1, B. I. 3. Vgl. auch BGHZ 202, 226 (238 f.); BGHZ 214, 62 (68).

541 BGHZ 202, 226 (238 f.); BGHZ 214, 62 (69).

542 BGHZ 202, 226 (239); BGHZ 214, 62 (68).

543 Entsprechende Musterformulare können bspw. online im Downloadbereich der BÄK oder des BMJ erlangt werden.

544 *Salomon*, N+R 2018, 199 (200).

545 Für einen Überblick zu den verschiedenen Ursachen eines Herz-Kreislauf-Stillstandes siehe *Pschyrembel*, Stichwort: Herz-Kreislauf-Stillstand.

„Ich möchte prinzipiell wiederbelebt werden, außer in folgenden Fällen:

- Bei seit mindestens 10 Minuten bestehendem Kreislaufstillstand ohne gesicherte und durchgehende Thoraxkompressionen (i.S. suffizienter HLW-/BLS-Maßnahmen).
- Bei unbeobachtet eingetretenem Kreislaufstillstand."[546]

Hierdurch wird in gebotener Kürze deutlich, dass der Patient u.a. vom Rettungsdienst in den genannten Fällen keine Wiederbelebungsmaßnahmen wünscht. Die Behandlungssituation sowie die (ärztliche) Reanimationsmaßnahme werden konkret genannt. Die Bestimmtheit ist durch die knappe und übersichtliche Formulierung gewahrt. Unschädlich ist, dass das die Wiederbelebung auslösende Ereignis nicht benannt wird, denn die relevante Behandlungssituation des Herz-Kreislauf-Stillstandes wird durch die Formulierung erkennbar umschrieben. Rettungsmedizinisch kann sowohl das Ereignis der mangelnden Blutzirkulation beim Kreislaufstillstand aufgrund herabgesetzter bzw. erloschener Herzfunktion mittels EKG sicher abgeleitet werden als auch die patientenseitig bestimmten Zusatzvoraussetzungen. Letztere engen den Anwendungsbereich der Patientenverfügung ein. Im Gegensatz zu der weitgefassten und unbestimmten Formulierung, bei einem Herz-Kreislauf-Stillstand keine lebenserhaltenden Maßnahmen zu wünschen,[547] begrenzen die Benennung des Herz-Kreislauf-Stillstandes und weitere Zusatzanweisungen die Anwendungssituation. Der Rettungsdienst kann so die gewünschten Behandlungsgrenzen unmissverständlich erkennen.[548] Des Weiteren ist er in der Lage zu beurteilen, ob die aktuelle Verfassung des Patienten mit dessen in einer Patientenverfügung beschriebenen Festlegung hinlänglich übereinstimmt.[549]

Um ebenfalls einer Mehrdeutigkeit von Formulierungen vorzubeugen, kann sich der Patient auch den bereits erwähnten notfallspezifischen Muster-Formularen bedienen, die in geraffter Form als sog. Notfallbögen grundsätzlich rettungsdiensttauglich sind.[550] Oftmals handelt es sich hierbei um Vordrucke,

---

546 So https://www.dipat.de/beispiel/ (zuletzt abgerufen am 21.09.2020); vgl. auch *Bossaert*, et al., N+R 2015, 1035 (1040) und *Soar*, et al., N+R 2015, 770 (781). Teils sehen Vordrucke auch Zeitvorgaben vor, etwa i.S.v. „Eine Reanimation soll nach zwanzigminütiger Asystolie („Nulllinie" im EKG) eingestellt werden". Kritisch zu starren Zeitvorgaben *Sefrin/Kerner/Dörges*, Notarzt 2019, 16 (17).

547 *Breidenstein*, jM 2017, 102 (104) spricht bei dieser Formulierung zutreffend von einem reinen Oberbegriff.

548 *Nauck/Markmann/in der Schmitten*, AINS 2018, 62 (65).

549 *in der Schmitten/Rixen/Marckmann*, N+R 2011, 448 (453).

550 Hierzu weiterführend Teil 3, B. I.

auf denen lediglich das gewünschte Therapieziel im Rahmen einer Reanimation angekreuzt werden kann.[551] Differenzierte Aussagen zu verschiedenen Erkrankungen, wie neurologischen oder respiratorischen Krankheitsbildern, können in diesen Notfallbögen allerdings nicht getätigt werden. Im Vordergrund steht die Vermeidung von Reanimationsbemühungen. Nutzt ein Patient ein Muster-Formular in Form eines Notfallbogens, macht er sich dieses im Rahmen seiner Selbstbestimmung zu Eigen.[552] Kreuzt der Patient als Therapieziel etwa die grundsätzliche Lebensverlängerung mit der Einschränkung an, keine Herz-Lungen-Wiederbelebung, keine invasive Beatmung mit einem Tubus und keine Mitnahme ins Krankenhaus zu wünschen, kommt dies einem vollumfänglichen Behandlungsverzicht in der Reanimationssituation gleich. In allen anderen Situationen, in denen eine Einwilligungsunfähigkeit des Notfallpatienten gegeben ist, sind hingegen lebenserhaltende Maßnahmen angezeigt. Dies ist nicht bedenklich, denn der Patient kommt hierdurch ebenfalls seiner notfallgerechten Formulierungsverantwortung nach, da er ohne zeitaufwendiges Herauslesen ermöglicht, seinen Patientenwillen rettungsmedizinisch zu erfassen.

Ist ein besonderer Zuschnitt der Patientenverfügung auf eine rettungsmedizinische Notsituation dagegen nicht gegeben oder ergeben sich Zweifel an der Bestimmtheit, führen diese Zweifel wiederum zu einer rettungsmedizinischen Behandlung.[553] Ist demgegenüber die Adressatenstellung geklärt, die Patientenverfügung inhaltlich hinreichend bestimmt und auf die konkrete Behandlungssituation damit anwendbar, ist diese durch den Rettungsdienst zu befolgen.

3. *Feststellung der Adressatenstellung*

Hat der Rettungsdienst einen Zugriff auf einen Verfügungstext des konkreten Notfallpatienten erlangt, muss die Patientenverfügung inhaltlich geprüft, d.h. gelesen werden. Rettungsmedizinisch ist festzustellen, ob die Handlungsanweisungen des Notfallpatienten mit der konkreten Behandlungssituation übereinstimmen. Gezeigt wurde, dass der Rettungsdienst grundsätzlich vollumfänglich

---

551 Z.B. „Gelbe Karte“ für den Rettungsdienst, *Wiese*, et al., DMW 2008, 972 ff.; Ärztliche Anordnung für den Notfall des DiV-BVP e.V., abrufbar unter https://www.div-bvp.de/implementieren/#aeno (zuletzt abgerufen am 28.11.2019).

552 Kritisch OLG München, Urt. v. 31.01.2002 – 1 U 475/98 = NJW-RR 2002, 811 (811). Allerdings kommt es nicht auf die Eigenhändigkeit der Erstellung an, sondern auf die Unterschrift, um eine höchstpersönliche Erklärung darzustellen. Hierzu *Götz*, in: Palandt, § 1901a, Rn. 11.

553 *in der Schmitten/Rixen/Marckmann*, N+R 2011, 448 (457).

an Patientenverfügungen gebunden ist, der Patient aber wiederum den seinen Willen umsetzenden Adressatenkreis festlegen kann. Jeder potentielle Patient kann beim Erstellen einer Patientenverfügung selbst darüber entscheiden, wer in seine körperliche Integrität im Rahmen eines Heileingriffs einwirken darf.[554] Notarzt und nichtärztlicher Rettungsdienst müssen somit kontrollieren, ob der Notfallpatient sie mit seiner Patientenverfügung überhaupt konkret anspricht. Ohne spezifische Festlegungen eines Adressatenkreises durch den Patienten sind Notärzte und nichtärztlicher Rettungsdienst gleichermaßen adressiert und gebunden.[555] Enthält eine rettungsdiensttaugliche Patientenverfügung keine Formulierungen zu einem konkreten Adressatenkreis, richtet sich diese an jeden rettungsdienstlich beteiligten Akteur. Es liegt damit in der Verantwortungssphäre des Patienten sowohl die Behandlungssituation im Notfall konkret zu benennen und knapp zu formulieren, wie der Rettungsdienst verfahren soll als auch den Adressatenkreis festzulegen. Diese Zuweisung – innerhalb der Patientenverfügung als einem kommunikativen Akt zwischen den Beteiligten – ist aber nur erforderlich, wenn eine rettungsmedizinische Berufsgruppe vom Adressatenkreis der Patientenverfügung ausgeschlossen werden soll.[556]

C. Praktische Umsetzung der Patientenverfügung im Rettungsdienst

Die sich nunmehr aus der rettungsmedizinischen rechtlichen Bindung ergebende Konsequenz der präklinischen Umsetzung einer passgenauen Patientenverfügung, kann die Nichtaufnahme oder Einstellung vorklinischer lebenserhaltender Maßnahmen umfassen. Der Notfallpatient verstirbt infolge des Herz-Kreislauf-Stillstandes, indem der natürliche Sterbeprozess entsprechend des im Voraus festgelegten Willens nicht künstlich aufgehalten wird bzw. Reanimationsmaßnahmen eingestellt werden. Die präklinische Umsetzung des Wiederbelebungsmaßnahmen ausschließenden Patientenwillens ist Gegenstand der nachfolgenden Ausführungen. Dabei wird differenziert zwischen der Umsetzung einer Patientenverfügung durch den ärztlichen (I) und den nichtärztlichen Rettungsdienst (II).

554 *in der Schmitten/Rixen/Marckmann*, N+R 2011, 448 (453); vgl. auch *Tries*, HdRW, S. 1.
555 Vgl. *in der Schmitten/Rixen/Marckmann*, N+R 2011, 448 (453 f.).
556 Hierzu siehe Teil 2, A. II. 2.

I. Umsetzung durch den Notarzt

Die notärztliche Befugnis und Verpflichtung zur Umsetzung einer Patientenverfügung wird allgemein als gegeben angesehen.[557] Ist ein Notarzt am Einsatzort und hat Zugriff auf eine Patientenverfügung, vergleicht er den vorab verfügten Behandlungswillen mit der konkreten Einsatzsituation. Bereits der sich zu verschaffende Überblick eines Notarztes in einer Notsituation umfasst die Beachtung einer Patientenverfügung.[558] Denn die Berücksichtigung von Patientenverfügungen zählt zu den standardmäßigen Kenntnissen und Fähigkeiten eines Notarztes.[559] Auch in Situationen mit besonderer Dringlichkeit kann daher von einem Notarzt erwartet werden, niedergelegten therapiebegrenzenden Behandlungswünschen Aufmerksamkeit zu schenken und diese im Anwendungsfall umzusetzen. Entscheidend ist die Selbstbestimmung des Patienten, die die Therapieentscheidung des Arztes überlagert und vorrangig

---

557 Etwa *BÄK*, DÄBl 2013, A1580 (A1585); implizierend *Beermann*, FPR 2010, 252 (254); *Boemke*, NJW 2013, 1412 (1412); implizierend *Breidenstein*, jM 2016, 222 (222); *Bühler/Kren/Stolz*, S. 48; wohl ablehnend *Duttge*, in: Coors/Jox/in der Schmitten, S. 44; *Fehn/Selen*, S. 337 f.; *Mohr/Gerth/Janssens*, N+R 2017, 602 (606); *Mühe*, et al., Palliativmed 2020, 27 (28 f.); *Peters/Kern/Buschmann*, Med Klinik 2017, 136 (137); *Putz*, FPR 2012, 13 (15); *Reus*, JZ 2010, 80 (80 ff.); *Wiese*, et al., DMW 2008, 972 (973); *Wiese/Ittner/Graf/Lassen*, Notarzt 2011, 223 (230 f.); *Wurmb/Brederlau*, Med Klinik 2016, 113 (115); differenzierend dagegen *in der Schmitten/Rixen/Marckmann*, N+R 2011, 448 (453), *Nauck/Marckmann/in der Schmitten*, AINS 2018, 62 (65); hinsichtlich der präklinischen Umsetzung ablehnend und in dieser Pauschalität so nicht haltbar *Ufer*, AINS 1999, 3 (6): „Der Notarzt wird […] zur Lebensrettung gerufen und nicht zur Überprüfung von Schriftstücken."

558 Vgl. *Grützmann/May/Pidun/Groß/Brokmann*, in: May/Grützmann/Brokmann, S. 65.

559 So sieht das (Muster-) Kursbuch Notfallmedizin (Stand: 20.01.2006, überarbeitet 17.01.2014) der BÄK die Schulung von Rechtsgrundlagen des Rettungsdienstes vor (S. 15 f.). Ob in einem hierfür veranschlagten 90-minütigen Theorieteil, neben weiteren relevanten Rechtgrundlagen, Inhalte zum Umgang mit Patientenverfügungen vermittelt und erworben werden können, ist durchaus zu bezweifeln. Allerdings soll ergänzend der „Stellenwert von Notfallbögen und Patientenverfügungen beim Palliativnotfall" (S. 29) in weiteren 45 Minutenvermittelt werden; abrufbar unter https://www.bundesaerztekammer.de/fileadmin/user_upload/downloads/ MKBNotfallmedizin2014.pdf (zuletzt abgerufen am 07.09.2020). Hinweise zum Umgang mit Patientenverfügungen im Kontext der Notfallmedizin sind dagegen nicht enthalten in der (Muster-) Weiterbildungsordnung der BÄK 2018 vom Nov. 2018, S. 377 f.; abrufbar unter https://www.bundesaerztekammer.de/aerzte/aus-weiter-fortbildung/weiterbildung/muster-weiterbildungsordnung/ (zuletzt abgerufen am 07.09.2020).

zu indizierten Behandlungsmaßnahmen ist.[560] Untersagt der Patient in seiner Patientenverfügung die Weiterbehandlung, ist diese ausgeschlossen.[561] Maßgebliches Gewicht ist der Berücksichtigung des Patientenwillens beizumessen und nicht der Aufnahme bzw. Fortführung lebenserhaltender Maßnahmen.[562] Liegt die Indikation der rettungsmedizinischen Wiederbelebungsmaßnahmen vor, aber sind diese patientenseitig nicht mehr gewünscht, ist ein Therapieverzicht gegeben, sodass eine Behandlungseinleitung bzw. -fortführung unterbleiben muss. Obwohl die rettungsdienstliche Tätigkeit generell die Lebensrettung vorsieht, geht es in der nunmehr gewünschten Patientenbetreuung nicht mehr um die Lebensverlängerung eines Patienten.[563] Vielmehr rückt die kurative Fürsorge im Übergang zum Tod in den Vordergrund.[564] Notärztliche Bemühungen zum Lebenserhalt wandeln sich zu einer sterbebegleitenden Patientenbetreuung, um ein qualvolles Versterben zu verhindern und i.S.d. niedergelegten Patientenwillens zu handeln. Der Patient verstirbt bei Reanimationspflichtigkeit in Folge der Unterlassung lebenserhaltender Maßnahmen. Aus der Selbstbestimmung des Notfallpatienten ergibt sich diese Umsetzungsverpflichtung für den Notarzt. Allerdings trägt der Notarzt das Risiko der Auslegung der Patientenverfügung und einer etwaigen Verkennung des Patientenwillens.[565] Bei notärztlichen Zweifeln hinsichtlich der Anwendungsvoraussetzungen der Patientenverfügung ist wiederum der Versuch des Lebenserhalts vorrangig.

II. Umsetzung durch den nichtärztlichen Rettungsdienst

Hinsichtlich der vorklinischen Umsetzung einer Patientenverfügung stellt sich nun die Frage, ob auch der nichtärztliche Rettungsdienst einen hierin enthaltenen lebensbeendenden Behandlungsverzicht ohne notärztliche Anwesenheit befolgen darf bzw. hierzu sogar rechtlich verpflichtet ist. Überwiegend ist vom Arzt als umsetzenden Entscheidungsträger einer Patientenverfügung die Rede,[566] was den Notarzt in der Präklinik umfasst. Dabei wird allerdings zum einen oftmals

---

560 *in der Schmitten/Rixen/Marckmann*, in: Coors/Jox/in der Schmitten, S. 292; *Joppich/Elsner/Radbruch*, Anaesthesist 2006, 502 (507); *Ulsenheimer*, in: Laufs/Kern/Rehborn, HdArztR, § 133, Rn. 41.

561 *Müller*, DNotZ 2010, 169 (178).

562 *Joppich/Elsner/Radbruch*, Anaesthesist 2006, 502 (507).

563 *Wiese*, et al., Anaesthesist 2009, 1097 (1103).

564 *Wiese*, et al., Anaesthesist 2009, 1097 (1103).

565 *Müller*, DNotZ 2010, 169 (178).

566 Siehe Fn. 557.

nicht berücksichtigt, dass ein Notarzt nicht fortwährend alleine den Einsatzort erreicht, sondern auf Assistenz angewiesen ist.[567] Zum anderen wird nicht deutlich, dass ein Notarzteinsatzfahrzeug nicht stets das ersteintreffende Rettungsmittel darstellt.[568] Nur im Idealfall treffen sowohl Notarzt als auch nichtärztlicher Rettungsdienst gleichzeitig am Einsatzort ein bzw. ohne nennenswerte Zeitverzögerung von wenigen Minuten. Ferner bindet eine Patientenverfügung grundsätzlich alle an der Behandlung beteiligten Personen.[569] Problematisch ist nun die Einsatzgegebenheit, in der sich das ersteintreffende nichtärztliche Rettungsdienstpersonal für ein längeres Zeitfenster mit einer Patientenverfügung konfrontiert sieht, die eindeutig lebenserhaltende Maßnahmen ablehnt. Die Konsequenz einer nichtärztlichen Umsetzung einer derartigen Patientenverfügung liegt auf der Hand: Bei einer Befolgung einer Wiederbelebungsbemühungen ausschließenden Patientenverfügung verstirbt der reanimationspflichtige Notfallpatient mit Einstellung weiterer Rettungsbemühungen, ohne dass eine parallele notärztliche Betreuung erfolgt. Aufgrund der Unumkehrbarkeit des Versterbens ist zweifelhaft, ob eine Patientenverfügung durch den nichtärztlichen Rettungsdienst umzusetzen ist, was eine notärztliche Anwesenheit am Einsatzort und dessen Entscheidungskompetenz erforderlich machen würde. Der Meinungsstand geht in dieser Frage auseinander. Einerseits wird generell eine alleinige notärztliche Umsetzungsbefugnis befürwortet (1) hingegen soll andererseits auch nichtärztliches Rettungsdienstpersonal zur Umsetzung von Patientenverfügungen rechtlich befugt sein (2). Die nun folgenden gegensätzlichen Ansätze werden einer abschließenden eigenen Bewertung unterzogen (3).

1. *Alleinige notärztliche Umsetzungsbefugnis*

Gegen die Einbeziehung nichtärztlichen Personals als umsetzende Adressaten von auf die Lebensbeendigung gerichteten Patientenverfügungen werden u.a. die Expertise und der Ausbildungsvorsprung der Ärzteschaft vorgebracht.[570] Angeführt wird der Therapieabbruch, der als höchstpersönlich-notärztliche Aufgabe angesehen wird, trotz des Vorliegens einer die weitere Behandlung ausschließenden Patientenverfügung.[571] Die Entscheidungsverantwortung eines Therapieabbruchs wird dem nichtärztlichen Rettungsdienst dementsprechend

567 Vgl. *Prütting*, RettG NRW, § 4, Rn. 26 ff.

568 *Mühe*, et al., Palliativmed 2020, 27 ff. erkennen diese Problematik ebenfalls.

569 Hierzu siehe Teil 2, A. II.

570 Vgl. *Engelbrecht*, in: May/Kreß/Verrel/Wagner, S. 193; *Fehn/Selen*, S. 338.

571 *Engelbrecht*, in: May/Kreß/Verrel/Wagner, S. 193.

ohne anwesenden Notarzt abgesprochen. Gesehen wird dabei, dass ein unreflektiertes Vorgehen (des nichtärztlichen Rettungsdienstes) anhand von Notfallalgorithmen die Gefahr in sich birgt, die Patientenselbstbestimmung aus den Augen zu verlieren.[572] Dennoch soll die Umsetzung einer Patientenverfügung rein notärztliche Aufgabe sein, weil dem nichtärztlichen Rettungsdienst die hinreichende Umsetzungskompetenz fehle.[573] Teilweise wird auch die Kompetenz des nichtärztlichen Rettungsdienstes, den Patientenwillen aus einer Patientenverfügung sachgerecht zu ermitteln, in Zweifel gezogen.[574] Generell soll der nichtärztliche Rettungsdienst daher bis zum Eintreffen des Notarztes die erforderlichen Rettungsmaßnahmen durchführen.[575] Eine inhaltliche Wertung von Patientenverfügungen bleibt dem nichtärztlichen Rettungsdienst damit versagt.[576] Insgesamt wird von einer Konfliktlage in der Eilsituation gesprochen, da die Notfallbehandlung schnellstmöglich eingeleitet werden muss, eine Bewertung der Patientenverfügung in Bezug zur Notlage dem nichtärztlichen Personal jedoch nicht zustehe.[577] Ein Notarzt habe ferner mehr Erfahrung im Umgang mit Patientenverfügungen.[578] Im Gegensatz zur innerklinischen Reanimation soll der Notarzt bei widrigen vorklinischen Bedingungen daher immer alleiniger Entscheidungsträger sein.[579] Ein in einer Patientenverfügung zum Ausdruck kommender Wunsch, indizierte aber nicht gewünschte lebenserhaltende Reanimationsbemühungen zu unterlassen, ist auf Grundlage dieses Verständnisses den nichtärztlichen Rettungsdienstmitarbeitern versagt.[580] Von diesem Standpunkt aus bestünde generell keine Befugnis und Verpflichtung des nichtärztlichen Rettungsdienstes, eine Patientenverfügung umzusetzen, in deren Folge der Patient präklinisch verstirbt. Vielmehr sind lebenserhaltene Maßnahmen

---

572 Vgl. *Duttge*, in: Coors/Jox/in der Schmitten, S. 44; vgl. auch *Mühe*, et al., Palliativmed 2020, 27 (30).

573 *Duttge*, in: Coors/Jox/in der Schmitten, S. 44.

574 *Mühe*, et al., Palliativmed 2020, 27 (27, 31).

575 *Engelbrecht*, in: May/Kreß/Verrel/Wagner, S. 193; *Kaulmann*, retten 2014, 156 (159), wobei von umfangreichen Patientenverfügungen ausgegangen wird.

576 *Engelbrecht*, in: May/Kreß/Verrel/Wagner, S. 193.

577 *Engelbrecht*, in: May/Kreß/Verrel/Wagner, S. 193; vgl. auch *Mühe*, et al., Palliativmed 2020, 27 (31).

578 Vgl. *Kaulmann*, retten 2014, 156 (159).

579 Vgl. *Mühe*, et al., Palliativmed 2020, 27 (30); *Peters/Kern/Buschmann*, Med Klinik 2017, 136 (143).

580 *Engelbrecht*, in: May/Kreß/Verrel/Wagner, S. 193; *Wiese/Ittner/Graf/Lassen*, Notarzt 2011, 223 (230 f.).

bis zum Eintreffen eines Notarztes fortzuführen. Ein Abbruch lebenserhaltender Maßnahmen durch nichtärztliches Personal – unabhängig vom Vorliegen einer Patientenverfügung – wird allerdings bei Eigengefährdungen im Einzelfall zugestanden.[581]

2. Umsetzungsbefugnis des nichtärztlichen Rettungsdienstes

Gegen diese Sichtweise wird vorgebracht, dass Patientenverfügungen für Notärzte und den nichtärztlichen Rettungsdienst in gleichem Maße rechtlich verbindlich und infolgedessen präklinisch umzusetzen sind.[582] Begründet wird dies damit, dass der Gesetzgeber mit Einführung der einfachgesetzlichen Konkretisierung der Patientenverfügung auch die aus dem richtungsweisenden[583] Selbstbestimmungsrecht des Patienten abgeleiteten allgemeinen Behandlungsgrundlagen beibehielt.[584] Der medizinische Heileingriff bedürfe somit weiterhin der Legitimation über die Patienteneinwilligung.[585] Diese wird über die antizipierte Ablehnung der Wiederbelebungsmaßnahmen gerade auch gegenüber dem nichtärztlichen Rettungsdienst verweigert. Ferner blieb durch die Einführung der §§ 1901a ff. BGB die strafrechtliche Absicherung unverändert, wonach eine Heilbehandlung, die nicht über eine Einwilligung des Patienten gerechtfertigt ist, als Körperverletzung einzuordnen ist.[586] Darüber hinaus erfasse § 1901a BGB lediglich exemplarisch den Arzt als Adressaten von Patientenverfügungen.[587] Mangels eindeutiger Benennung eines rein ärztlichen Adressatenkreises lässt der fragmentarische Charakter der einfachgesetzlichen Regelung[588]

---

581 *Engelbrecht*, in: May/Kreß/Verrel/Wagner, S. 193; zu den Grenzen der Hilfeleistungspflicht des Notarztes siehe *Geser*, Notarzt 2019, 130 (132 ff.).

582 *BÄK/ZEKO*, DÄBl 2018, A2434 (A2441); *in der Schmitten/Rixen/Marckmann*, N+R 2011, 448 (450 f.); *in der Schmitten/Nauck/Marckmann*, Palliativmed 2016, 177, (179); *in der Schmitten/Rixen/Marckmann*, in: Salomon, S. 91; *Nüßen*, in: Salomon, S. 74; vgl. auch *Schneider*, MüKo/BGB, § 1901a, Rn. 9.

583 So zutreffend *Mühe*, et al., Palliativmed 2020, 27 (27).

584 BT-Drs. 16/8442, S. 7 ff.; *in der Schmitten/Rixen/Marckmann*, N+R 2011, 448 (453); *Nauck/Marckmann/in der Schmitten*, AINS 2018, 62 (65).

585 BT-Drs. 16/8442, S. 7; *in der Schmitten/Rixen/Marckmann*, N+R 2011, 448 (453).

586 BT-Drs. 16/8442, S. 7 f.; *in der Schmitten/Rixen/Marckmann*, N+R 2011, 448 (453); *Nauck/Marckmann/in der Schmitten*, AINS 2018, 62 (65).

587 *in der Schmitten/Rixen/Marckmann*, in: Coors/Jox/in der Schmitten, S. 292; *in der Schmitten/Rixen/Marckmann*, in: Salomon, S. 91.

588 *in der Schmitten/Rixen/Marckmann*, in: Salomon, S. 91; *Rixen*, in: Coors/Jox/in der Schmitten, S. 170.

auch den Schluss der nichtärztlichen Umsetzungsbefugnis zu. Festlegungen des Patienten sind nur dann nicht verbindlich und nicht umzusetzen, wenn ein Widerruf gegeben ist oder die antizipierte und die konkrete Behandlungssituation sich nicht decken.[589] Einschränkend wird darauf verwiesen, dass das nichtärztliche (und notärztliche) Personal entsprechend geschult sein müsse, um die weitreichende Umsetzungsentscheidung treffen zu können.[590] Dafür muss eine Patientenverfügung wiederum eindeutig formuliert sein. An der rechtlichen Verbindlichkeit des niedergelegten Patientenwillens ändert sich dadurch allerdings nichts.[591] Besteht die Fähigkeit und Möglichkeit, die Übereinstimmung des antizipierten Patientenwillens mit der konkreten Behandlungssituation zu erkennen[592], folgt auf Basis dieses Ansatzes die Umsetzungsbefugnis und -verpflichtung einer therapiebegrenzenden Patientenverfügung des Notfallpatienten durch den nichtärztlichen Rettungsdienst auch ohne Anwesenheit eines Notarztes am Einsatzort.

3. *Eigene Bewertung einer nichtärztlichen Umsetzungsbefugnis*

Als Ausprägung des verfassungsrechtlich garantierten Selbstbestimmungsrechts steht dem Notfallpatienten das Recht zu, über die situativ erforderlichen, medizinischen Maßnahmen eigene Entscheidungen zu treffen.[593] Bereits die Vornahme und Fortführung der Behandlung bedarf der Rechtfertigung, nicht nur deren Abbruch.[594] Die vorklinischen Gegebenheiten ändern hieran nichts. Es ist vielmehr verfassungsrechtlich nicht nachvollziehbar, die Umsetzung einer Patientenverfügung von einem notärztlichen Urteil abhängig zu machen, wenn der Notfallpatient die für ihn relevante Entscheidung bereits eigenständig antizipiert gefällt hat.[595] Daran mag auch eine nur geringe Zeitspanne bis zum Eintreffen eines Notarztes am Einsatzort nichts ändern, in der sich der nichtärztliche Rettungsdienst mit einer Patientenverfügung konfrontiert sieht. Es könnte zwar

---

589 *Schneider*, in: MüKo/BGB, § 1901a, Rn. 29.

590 *in der Schmitten/Rixen/Marckmann*, N+R 2011, 448 (453 f.); *Nauck/Marckmann/in der Schmitten*, AINS 2018, 62 (64); vgl. auch *Wiese*, et al., Anaesthesist 2009, 1097 (1103).

591 *in der Schmitten/Rixen/Marckmann*, N+R 2011, 448 (454).

592 *Brose*, VersR 2014, 1172 (1177).

593 Vgl. *Panagopoulou-Koutnatzi*, S. 96.

594 *Müller*, MedR 2009, 309 (313).

595 Etwa BGHZ 202, 226 (231); a.A. *Diehn/Rebhan*, NJW 2010, 326 (329); vgl. auch *Mühe*, et al., Palliativmed 2020, 27 (30 f.); a.A. noch mit Bezug aufs RettAssG *Wiese/Ittner/Graf/Lassen*, Notarzt 2011, 223 (230 f.).

angenommen werden, dass eine zeitweise Behandlung durch den nichtärztlichen Rettungsdienst trotz Kenntnis des Patientenwillens in der Übergangsphase bis zur notärztlichen Anwesenheit einen nur geringen Eingriff in die Patientenselbstbestimmung darstellt. Dagegen spricht aber, dass eine Patientenverfügung mitunter genau für die Situation des Herz-Kreislauf-Stillstandes erstellt wurde und die Beachtung des Patientenwillens alle in der Notfallsituation beteiligten Personen umfasst.[596] Mit einer bewussten Behandlungsfortführung gegen einen klar erkannten Patientenwillen ist – im Gegenteil – ein besonders schwerwiegender Eingriff in die Selbstbestimmung des Patienten anzunehmen. Im entscheidenden Moment der Umsetzung würde eben diese ausbleiben, von dem Eintreffen des Notarztes abhängen und die Umsetzung mitunter dem Zufall überlassen. Dabei ist der Patient im einwilligungsunfähigen Zustand besonders schutzbedürftig, denn die Patientenverfügung soll in dieser Lage gerade die Kommunikation mit dem Behandlungspersonal aufrechterhalten, um nicht gewünschte rettungsmedizinische Maßnahmen auszuschließen. Eine Patientenverfügung, die eindeutig auf die konkrete Situation zutrifft, darf somit nicht bis zum Eintreffen eines Notarztes schlicht ignoriert werden.[597] Sie ist inhaltlich auch vom nichtärztlichen Rettungsdienst zu prüfen und umzusetzen, da sie die Einwilligung in die vorklinische Behandlung erteilen kann oder eben nicht. Ist die Behandlungsdurchführung bzw. die Fortsetzung der Reanimation patientenseitig ersichtlich nicht gewünscht, ist die selbstbestimmt getroffene Festlegung für alle an der Behandlung beteiligten Personen unmittelbar zu berücksichtigen[598] und folglich auch durch den nichtärztlichen Rettungsdienst umzusetzen. Es liegt ein Therapieverzicht des Notfallpatienten vor. Ohne klarstellende Formulierung in der einfachgesetzlichen Konkretisierung des § 1901a BGB lässt bereits der Stellenwert der Patientenselbstbestimmung keinen anderen Schluss zu.[599] Wenn hingegen davon ausgegangen wird, dass bis zum notärztlichen Eintreffen am Einsatzort die nichtärztliche rettungsmedizinische Behandlung aufrechterhalten werden muss – trotz erkennbar entgegenstehendem Patientenwillen – wird die Selbstbestimmung des Notfallpatienten bewusst missachtet. Der Lebenserhalt durch nichtärztliche Rettungsdienstmitarbeiter wird in einem solchen Fall zur absoluten Größe und die Selbstbestimmung des Patienten unterlaufen.[600] Die

596 *BÄK/ZEKO*, DÄBl 2018, A2434 (A2441).

597 *in der Schmitten/Rixen/Marckmann*, N+R 2011, 448 (453).

598 Vgl. *Schneider*, in: MüKo/BGB, § 1901a, Rn. 9, 25.

599 *Brose*, VersR 2014, 1172 (1177); *in der Schmitten/Rixen/Marckmann*, N+R 2011, 448 (453); *in der Schmitten/Rixen/Marckmann*, in: Coors/Jox/in der Schmitten, S. 292 f.

600 Vgl. *Mühe*, et al., Palliativmed 2020, 27 (30).

Sichtweise der alleinigen notärztlichen Umsetzungsbefugnis stimmt somit nicht mit der verfassungsrechtlichen Perspektive überein, da die Patientenselbstbestimmung besonders hervorzuheben ist.

Eine notwendige Bedingung für die Beachtung und Umsetzung einer situativ passgenauen Patientenverfügung ist allerdings, dass der Inhalt zutreffend erfasst wird. Hierzu muss der nichtärztliche Rettungsdienst in der Lage sein. Hiergegen könnte zwar der generelle Ausbildungsvorsprung eines Notarztes gegenüber dem nichtärztlichen Rettungsdienst sprechen. Die höhere Qualifizierung mit einhergehendem medizinischem Weitblick spricht für einen besonnenen Umgang des Notarztes bei notfallrelevanten Entscheidungen, die einen Therapieabbruch beinhalten. Entscheidend ist aber, dass es sich um einen patientenseitigen Therapieverzicht handelt und nicht um eine ärztliche Einschätzung zum Therapieabbruch mangels Indikation weiterer Behandlungsmaßnahmen. Darüber hinaus sichert der notärztliche Ausbildungsvorsprung nicht eine gleichzeitige erhöhte Kompetenz im Umgang mit Patientenverfügungen. Es bestehen keine Anhaltspunkte dafür, dass Notärzte sachgerechter mit ggf. interpretationsbedürftigen[601] Patientenverfügungen verfahren als nichtärztliche Rettungsdienstmitarbeiter.[602] Vielmehr können beide rettungsmedizinischen Berufsgruppen mit umfangreichen oder inhaltlich missverständlichen Formulierungen einer Patientenverfügung konfrontiert sein, sodass die schriftlichen Festlegungen mit der konkreten Behandlungssituation nicht zielführend verglichen werden können.[603] Allein die Stellung als Arzt qualifiziert Notärzte noch nicht stets zutreffend den Patientenwillen aus einer Patientenverfügung herauszulesen. Das Auslegungsrisiko der Verkennung des Inhalts einer Patientenverfügung trägt der Notarzt vielmehr in gleichem Maße wie der nichtärztliche Rettungsdienst.[604] Dementsprechend müssen sowohl Notärzte als auch nichtärztliche Rettungsdienstmitarbeiter im Umgang mit Patientenverfügungen hinreichend geschult sein.

Die Notfallsanitäterausbildung sieht derweil explizit das Erlernen der Fähigkeit zur Berücksichtigung der Patientenselbstbestimmung in der jeweiligen Lebensphase des Notfallpatienten als Ausbildungsziel vor, § 4 Abs. 1 S. 3 NotSanG. Dabei sind auch die unterschiedlichen situativen Einsatzbedingungen zu

---

601 Vgl. *Mühe*, et al., Palliativmed 2020, 27 (27).

602 A.A. wohl *Mühe*, et al., Palliativmed 2020, 27 (31).

603 Bei anderen antizipierten Behandlungssituationen abseits des hier thematisierten Herz-Kreislauf-Stillstandes lässt sich über eine andere Sichtweise durchaus nachdenken.

604 Hierzu *Müller*, DNotZ 2010, 169 (178).

berücksichtigen, § 4 Abs. 1 S. 2 NotSanG. Ausweislich dieses Ziels sollen Notfallsanitäter in der hier relevanten Phase des Übergangs vom Leben in den Tod in der Lage sein, unter Zeitdruck, unsicheren Informationslagen, verschiedensten Einsatzorten und dem unbekannten Patienten, dessen selbstbestimmt getroffenen Entscheidungen in ihr Handeln mit einzubeziehen. Angehende Notfallsanitäter werden deshalb im Rahmen der zu erlernenden Rechtsgrundlagen[605] auch im Umgang mit Patientenverfügungen geschult, um einen rechtlich sachgerechten Umgang zu erreichen.[606] Infolgedessen wird die Umsetzung einer Patientenverfügung von den anzueignenden und eigenverantwortlich durchzuführenden Maßnahmen von Notfallsanitätern i.S.d. § 4 Abs. 2 Nr. 1 NotSanG umfasst.[607] Innerhalb der nichtärztlichen Rettungsdienstmitarbeiter könnte nun zwar eine Abstufung hinsichtlich der Umsetzung von Patientenverfügungen angedacht werden. Zwischen Notfallsanitätern, Rettungsassistenten und Rettungssanitätern bestehen unterschiedliche Ausbildungsstände, was dafür sprechen kann, eine Umsetzung einer Patientenverfügung nicht dem gesamten nichtärztlichen Rettungsdienst zuzusprechen und die Grenze bei Notfallsanitätern zu ziehen.[608] Für Rettungsassistenten und Rettungssanitäter war und ist kein dem § 4 Abs. 1 S. 3 NotSanG entsprechendes Ausbildungsziel gegeben. Nichtsdestotrotz ist für alle rettungsmedizinischen Akteure stets das Einwilligungserfordernis in die Behandlungsmaßnahmen beachtlich, welche über eine Patientenverfügung kommuniziert wird. Bestehen keinerlei Anhaltspunkte für

605 Bspw. Sonder- und Wegerechte nach §§ 35, 38 StVO, Schweigepflicht (§ 202 StGB), Körperverletzungs- und Tötungsdelikte (§§ 211 ff. StGB, §§ 223 ff. StGB). Vgl. hierzu die Ausbildungsliteratur für Notfallsanitäter, wie bspw. *Lentz*, in: Luxem/Runggaldier/Karutz/Flake, NotSan heute, S. 1329 ff.

606 Siehe etwa auch Rahmenlehrplan der Ausbildung für Notfallsanitäter in NRW, S. 23: „Die Schülerinnen und Schüler verstehen und bewerten vorhandene Patientenverfügungen und Vorsorgevollmachten. Sie behandeln die Patientinnen und Patienten unter Berücksichtigung der vorliegenden Dokumente.“ (Stand: März 2016), https://www.mags.nrw/sites/default/files/asset/document/rahmenlehrplan-notsan-nrw.pdf (zuletzt abgerufen am 05.09.2020). Rechtliche Grundlagen dagegen nicht enthalten in entsprechender Ausbildungsliteratur, bspw. *Klausmeier/Pillkowsky/Thöle*, Prüfungstrainer Notfallsanitäter Heute, 2018.

607 *in der Schmitten/Rixen/Marckmann*, in: Coors/Jox/in der Schmitten, S. 292 f.; *in der Schmitten/Rixen/Marckmann*, in: Salomon, S. 91; a.A. wohl *Mühe*, et al., Palliativmed 2020, 27 (28 f.) m.w.N.

608 Vgl. *Brose*, VersR 2014, 1172 (1173).

Zweifel an der Wirksamkeit einer passgenauen Patientenverfügung, ist diese zu befolgen.[609] Kann der therapiebegrenzende Patientenwille zutreffend herausgelesen werden, bindet dieser alle an der Behandlung beteiligten Personen.[610] Im hier untersuchten Anwendungsfall der Patientenverfügung, die Reanimationsmaßnahmen ausschließt, dürfte auch nicht viel Wissen erforderlich sein, um zu erkennen das ein Herz-Kreislauf-Stillstand vorliegt (antizipierte Situation) und Wiederbelebungsmaßnahmen ausgeschlossen werden (Festlegung des Patienten), schließlich handelt es sich um medizinisch geschultes Personal. Bei Laien ließe sich über eine andere Sichtweise nachdenken. Allerdings sind teils auch Laien in der Lage, jedenfalls einen Herz-Kreislauf-Stillstand bei einem Patienten festzustellen.

Nicht vollumfänglich überzeugend ist auch ein Absprechen der Umsetzungsbefugnis des nichtärztlichen Rettungsdienstes aufgrund der höchstpersönlichen Entscheidung des Arztes über einen Therapieabbruch.[611] Das Resultat dieser Sichtweise wäre das zwingende Abwarten bis zur notärztlichen Anwesenheit am Einsatzort, bevor eine Patientenverfügung umgesetzt werden könnte. Hier muss aber zwischen zwei Situationen differenziert werden, in denen jeweils kein Notarzt anwesend ist: Zum einen liegt im Einsatzgeschehen keine Patientenverfügung vor und zum anderen besteht ein präklinischer Zugriff auf einen Verfügungstext durch den nichtärztlichen Rettungsdienst. Zutreffend ist, dass generell die ärztliche Einschätzung erforderlich ist, ob eine fortgesetzte medizinische Behandlung noch erfolgsversprechend ist. Jedenfalls die Bewertung der erwarteten Aussichtslosigkeit eines Wiederbelebungsversuchs ist einem Arzt vorbehalten. In der Einsatzsituation ohne Zugriff auf eine Patientenverfügung hat der nichtärztliche Rettungsdienst daher regelmäßig die indizierten Wiederbelebungsmaßnahmen fortzusetzen, bis ein nachrückender Notarzt den Einsatzort erreicht. Ein Notarzt muss dann abwägen, ob Rettungsbemühungen noch erfolgsversprechend sind und der Notfallpatient eine Aussicht auf ein

---

609 *in der Schmitten/Rixen/Marckmann*, N+R 2011, 448 (455 f.). Schulungsdefizite in der Ausbildung befreien Rettungsassistenten und Rettungssanitäter nicht von der generellen rechtlichen Bindung an den Patientenwillen und der Umsetzung des Patientenwillens bei nicht gegebener Einwilligung zur Weiterbehandlung. Mangelnde Kompetenzen können aber bei einer nachträglichen Bewertung des Handelns im Rahmen ihrer Verantwortlichkeit im Einzelfall Relevanz erfahren.

610 *Coeppicus*, NJW 2011, 2085 (2085); *Rixen*, in: Coors/Jox/in der Schmitten, S. 172; *Zimmermann*, Rn. 414.

611 Etwa *Engelbrecht*, in: May/Kreß/Verrel/Wagner, S. 193; siehe auch *Mühe*, et al., Palliativmed 2020, 27 (27, 29 f.).

Überleben hat.[612] Besteht aber ein vorklinischer Zugriff auf eine Patientenverfügung, wird dem Notarzt die Einschätzung zur Behandlungsfortsetzung durch einen eindeutig formulierten Verfügungstext patientenseitig abgenommen. Eine aufgefundene Patientenverfügung gibt dem ärztlichen und auch dem nichtärztlichen Rettungsdienst den Behandlungsrahmen vor, in den der Notfallpatient vorab eingewilligt hat. Umfasst die Einwilligung des Notfallpatienten nicht den Wiederbelebungsversuch, ist dieser bzw. dessen Fortsetzung untersagt. Diese Lage, in der die Patientenverfügung gilt, kann vom nichtärztlichen Rettungsdienst identifiziert werden. Die Entscheidung zum Therapieabbruch in Form des Therapieverzichts erfolgt somit durch den Patienten.[613] Weder der nichtärztliche Rettungsdienst noch ein Notarzt trifft damit eine eigene therapiebegrenzende Entscheidung, sondern setzt diejenige des Notfallpatienten um. Durch die Patientenverfügung hat der gesamte Rettungsdienst nur einen begrenzten Beurteilungsspielraum, der sich auf die Feststellung der Deckungsgleichheit von der verschriftlichten antizipierten Situation zur tatsächlichen Einsatzlage bezieht. Bei Deckungsgleichheit muss der Rettungsdienst die Anweisungen der Patientenverfügung umsetzen. Mit einem den Wiederbelebungsversuch ablehnenden Willen entzieht der Notfallpatient dem Notarzt dabei nicht die Kompetenz der Indikationsstellung zur Fortsetzung von Behandlungsmaßnahmen an sich. Die Indikation der Wiederbelebung kann weiterhin gegeben sein, der Notfallpatient die indizierte Behandlung aber bewusst ablehnen. Für einen Entscheidungsspielraum des Notarztes hinsichtlich eines Therapieabbruchs besteht damit kein Raum. Denn der Notfallpatient verweigert seine Einwilligung in die Behandlung, wobei diese weiterhin indiziert sein kann. Auch dem nichtärztlichen vorklinischen Behandlungspersonal wird die Indikationsbewertung über eine Patientenverfügung nicht entzogen[614], wohl aber die erforderliche rechtfertigende Einwilligung in die Wiederbelebungsmaßnahmen nicht erteilt. Die Entscheidung zur Nichtaufnahme bzw. Beendigung von Wiederbelebungsmaßnahmen wird somit von Seiten des Notfallpatienten getroffen und nicht vom

---

612 Zu den medizinisch-ethischen Schwierigkeiten siehe *Trzeczak*, N+R 2014, 613 ff.

613 Vgl. auch *Pschyrembel*, Stichwort: Therapieabbruch. Demnach kann ein Therapieabbruch ärztlicherseits, patientenseitig oder aber im beiderseitigen Einvernehmen erfolgen. Bei einem patientenseitigen Therapieabbruch ist besser von einem Therapieverzicht zu sprechen.

614 Die Indikationsstellung der Reanimationsbedürftigkeit des Patienten wird im Rendezvous-System oftmals durch das nichtärztliche Personal erfolgen; *Brose*, VersR 2014, 1172 (1174); *in der Schmitten/Rixen/Marckmann*, N+R 2011, 448 (453); *in der Schmitten/Rixen/Marckmann*, in: Salomon, S. 90 f.

Rettungsdienst. Das damit ausgeübte Selbstbestimmungsrecht des Patienten wirkt sich rechtfertigend aus, auch wenn ein Therapieabbruch im Allgemeinen eine ärztliche Maßnahme darstellt. Im Falle des Vorliegens einer passgenauen Patientenverfügung kommt es hierauf nicht an, denn es ist ein selbstbestimmter Therapieverzicht gegeben, der schlussendlich zu einem Therapieabbruch führen soll, ohne dass dem Rettungsdienst – abseits der Prüfung der Passgenauigkeit der Patientenverfügung – ein weiterführender Entscheidungsspielraum beigemessen wird.

Denkbar ist ebenfalls, die Umsetzung einer die konkrete Behandlungssituation erfassenden Patientenverfügung durch den nichtärztlichen Rettungsdienst über § 34 StGB zu rechtfertigen.[615] Gemäß § 34 StGB handelt u.a. nicht rechtswidrig, wer in einer gegenwärtigen, nicht anders abwendbaren Gefahr für das Leben eine Tat begeht, um die Gefahr von sich oder einem anderen abzuwenden, wenn bei Abwägung der widerstreitenden Interessen, das geschützte Interesse das beeinträchtigte wesentlich überwiegt. In der vorzunehmenden Abwägung im Einzelfall stehen sich hier der Lebensschutz sowie die Selbstbestimmung des Patienten gegenüber.[616] Aufgrund des Stellenwertes des Lebens als schützenswertem Rechtsgut ist dem Grunde nach die (initiale) Vornahme lebenserhaltender Maßnahmen strafrechtlich gerechtfertigt. Mit Ermittlung des Patientenverfügungsinhalts auch durch den nichtärztlichen Rettungsdienst kippt die initial gerechtfertigte Behandlung des Notfallpatienten zu Gunsten der nun überwiegenden Selbstbestimmung. Innerhalb des Abwägungsergebnisses des § 34 StGB weist die Selbstbestimmung durch das Übergewicht der Patientenselbstbestimmung bei einem zweifelsfrei ermittelten Patientenwillen damit einen höheren Stellenwert auf.[617]

Ferner spricht für die Umsetzung einer passgenauen Patientenverfügung auch durch den nichtärztlichen Rettungsdienst, dass keine Änderung der strafrechtlichen Absicherungen der Selbstbestimmung in der Patientenbehandlung mit Einführung der §§ 1901a ff. BGB beabsichtigt war.[618] Mit Übernahme einer rettungsdienstlichen Tätigkeit ist aus einfachgesetzlich-strafrechtlicher

615 *Mühe*, et al., Palliativmed 2020, 27 (31), die an die Diskussion zur Notkompetenz von Rettungsassistenten anknüpfen und vom „Schutz vor einer unangemessenen Reanimation" sprechen.

616 *Mühe*, et al., Palliativmed 2020, 27 (31); vgl. auch *Schwedler*, S. 58 ff. m.w.N.

617 *Mühe*, et al., Palliativmed 2020, 27 (31), allerdings anschließend auf den Einzelfall relativierend.

618 BT-Drs. 16/8442, S. 7 f.

Perspektive eine Garantenstellung, sowohl des Notarztes als auch des nichtärztlichen Rettungsdienstes, gegeben.[619] Wird im Rahmen dieser Stellung eine tatsächlich mögliche und zumutbare Handlung, wie ein Wiederbelebungsversuch, unterlassen oder abgebrochen, kommen strafrechtlich relevante unechte Unterlassungsdelikte in Betracht.[620] Liegt wiederum ausdrücklich keine Einwilligung in Reanimationsmaßnahmen vor, besteht keine weiterführende Garantenpflicht zum Handeln.[621] Das geltende Recht differenziert hierbei nicht zwischen ärztlichem und nichtärztlichem Personal. Auch eine notärztliche Behandlungseinstellung aufgrund einer Patientenverfügung wird entsprechend bewertet. Der nichtärztliche Rettungsdienst muss eine passgenaue Patientenverfügung folglich umsetzen. Anderenfalls läge im Hinwegsetzen über die niedergelegte Entscheidung zumindest eine nicht gerechtfertigte Körperverletzung.[622] Die initial rechtfertigende Wirkung der mutmaßlichen Einwilligung reicht nur für den Zeitabschnitt, bis der Patientenwille aus einer Patientenverfügung zutreffend erfasst wurde.[623] Ist eine Patientenverfügung eindeutig formuliert und für den nichtärztlichen Rettungsdienst verständlich, endet der rechtfertigende Zustand der mutmaßlichen Einwilligung, ohne dass es einer notärztlichen Anwesenheit bedarf. An den „Platzhalter" der mutmaßlichen Einwilligung tritt vielmehr der tatsächlich niedergeschriebene Patientenwille, der eine Behandlungseinwilligung erteilt oder ablehnt. Bei einer Ablehnung ist die Weiterbehandlung mit intensivmedizinischer Versorgung und Transport patientenseitig nicht gewollt, weder durch den ärztlichen noch durch den nichtärztlichen Rettungsdienst.

Eine Weiterbehandlung des nichtärztlichen Rettungsdienstes und bewusstem Unterlassen der Umsetzung bis zum notärztlichen Eintreffen ist damit bereits einfachgesetzlich nicht zu rechtfertigen, wenn der Patientenwille erkennbar gegen das rettungsdienstliche Handeln gerichtet ist. Vielmehr ist die schriftlich ausgeübte Selbstbestimmung als abwehrende Entscheidung gegen medizinische Hilfe verbindlich.[624]

---

619 *Hadasch/Bens*, in: Bens/Lipp, NotSanG, § 4 S. 63; *Lippert*, GesR 2015, 268 (270); *Nüßen*, in: Salomon, S. 74.

620 *Hadasch/Bens*, in: Bens/Lipp, NotSanG, § 4 S. 63.

621 *Lippert*, GesR 2015, 268 (270).

622 *in der Schmitten/Rixen/Marckmann*, N+R 2011, 448 (454).

623 *Brose*, VersR 2014, 1172 (1177).

624 *Coester-Waltjen*, MedR 2012, 553 (555).

4. Zwischenergebnis

Wird eine lebenserhaltende Reanimationsbehandlung erkennbar nicht gewünscht, ist infolgedessen der Versuch des Lebenserhalts über die Reanimation rettungsmedizinisch aufzugeben. Auf eine notärztliche Anwesenheit am Einsatzort kommt es nicht zwingend an. Die Patientenselbstbestimmung allein rechtfertigt bereits die Umsetzung einer Patientenverfügung durch den nichtärztlichen Rettungsdienst. Dieser ist an eine passgenaue Patientenverfügung gebunden, die er im Rahmen seiner Verantwortung auch prüfen kann. Fragen zu einem Therapieabbruch aufgrund mangelnder Indikation werden durch die Patientenselbstbestimmung abgelöst, da es sich um einen Therapieverzicht handelt. Damit kommt es auf eine Indikationsstellung des Notarztes oder nichtärztlichen Rettungsdienstes nicht an. Lediglich die „Passgenauigkeitsprüfung" zwischen Situation und Festlegung innerhalb der Patientenverfügung ist entscheidend. Insgesamt ist die Selbstbestimmung des Patienten damit von jedem an der vorklinischen Behandlung Beteiligten zu berücksichtigen. Unsicherheiten oder Zweifel in der Übereinstimmungseinschätzung des Patientenwillens und der konkreten Akutsituation durch den nichtärztlichen Rettungsdienst führen allerdings zu einem Fortgang der Behandlung, um die endgültige Frage der Behandlungsaufgabe notärztlich oder klinisch klären zu können. Ferner kann in der rettungsmedizinischen Praxis eine Patientenverfügung präklinisch nur umgesetzt werden, wenn Zugriff auf diese besteht und die Patientenverfügung eindeutige Therapieanweisungen formuliert. Deutlich wird hiermit wieder, dass erst eine störungsfreie Kommunikation zwischen Sender und Empfänger über das Medium Patientenverfügung zu einer präklinischen Umsetzung führen kann.

III. Einzelfragen zur Umsetzung einer Patientenverfügung

Im Zusammenhang mit der präklinischen Umsetzung von Patientenverfügungen stellen sich weitere Einzelfragen. So können die Berücksichtigung und Umsetzung einer Patientenverfügung in einzelnen Einsatzgeschehen den nichtärztlichen Rettungsdienst vor große Herausforderungen stellen. Dies ist insbesondere bei einem bereits eingesetzten Sterbeprozess des Notfallpatienten (1) der Fall, während dessen (noch) kein Notarzt anwesend ist. Besonderheiten der Umsetzung einer Patientenverfügung ergeben sich darüber hinaus bei drohenden Eigengefährdungen der Rettungsdienstmitarbeiter (2). Fraglich ist auch, ob ein ÄLRD die Umsetzung einer Patientenverfügung durch nichtärztliches Personal mithilfe von vorgebenden standardisierten Handlungsanweisungen unterbinden kann (3). Darüber hinaus wird die Frage eingeschoben, ob auch ein Ersthelfer in der Lage ist, eine Patientenverfügung umzusetzen (4).

1. Sterbeprozess

Eine rechtliche Gratwanderung in der nichtärztlichen Umsetzung einer Patientenverfügung im Notfall ohne anwesenden Notarzt ist in Einsatzgeschehen gegeben, bei denen der Rettungsdienst einen Notfallpatienten im fließenden Übergang vom Leben in den Tod antrifft.[625] Etwa kann der Sterbeprozess bereits begonnen haben, die Passgenauigkeit einer Patientenverfügung von antizipierter Behandlungssituation und gewünschter Handlungsanweisung dagegen noch nicht gegeben sein, diese in absehbarer Zeit aber noch im Notfallgeschehen eintreten. Bis sicher feststeht, dass die Patientenverfügung die konkrete Situation erfasst, besteht eine vorbehaltlose Hilfspflicht des nichtärztlichen Rettungsdienstes.[626] In der Übergangsphase, bis zur gesicherten Eröffnung des Anwendungsbereichs der Patientenverfügung, muss sich das nichtärztliche Rettungsdienstpersonal um eine Leidensvermeidung im Rahmen des Möglichen bemühen und den Patienten nicht „seinem eigenen Schicksal [...] überlassen"[627]. Neben einer – sofern noch nicht geschehenen – Notarztalarmierung beinhaltet dies bspw. eine ausreichende Sauerstoffgabe und eine fürsorglich-pflegerische Patientenbetreuung als Grundversorgungsleistungen[628] der Rettungsmedizin. Eine vollumfängliche präklinische Vermeidung schmerzhaft-qualvollen Dahinsiechens dürfte allerdings nur mit notärztlicher Betreuung möglich sein, da dieser entsprechend schmerzlindernde (betäubungsmittelgesetzpflichtige) Medikamente mitführt.[629] Applikationsvorbereitend kann ein intravenöser Zugang gelegt werden, um eine schmerzlindernde Medikation bei notärztlichem Eintreffen zügig zu ermöglichen. Tritt der Anwendungsfall der Patientenverfügung während der

---

625 Palliativmedizinische Fallbeispiele etwa bei *Wiese*, et al., Anaesthesist 2009, 1097 (1100 ff.).

626 *Brose*, VersR 2014, 1172 (1177).

627 *Storr*, MedR 2002, 436 (440). Vgl. hierzu auch die (versehentliche) Herbeiführung der in der Patientenverfügung antizipierten Situation durch den Rettungsdienst selbst, Teil 2, A. I. 5.

628 *Storr*, MedR 2002, 436 (440).

629 Hierzu bspw. *Wiese/Ittner/Graf/Lassen*, Notarzt 2011, 223 ff. Nicht einheitlich geregelt ist, wie und welche Medikamente auf den verschiedenen Rettungsmitteln mitgeführt werden bzw. durch welche Personen, hierzu *Lippert/Jäkel*, MedR 2012, 175 (176). Der ÄLRD verschreibt ohne konkreten Patientenbezug die auf den Rettungsmitteln vorgehaltenen Notfallmedikamente, vgl. *Prütting*, RettG NRW, § 3, Rn. 47 ff.

Nachrückzeit des Notarztes ein, muss sich der nichtärztliche Rettungsdienst weiterhin um eine Leidensvermeidung im Ableben bemühen und nicht schlicht die weitere Versorgung unreflektiert einstellen.

2. Besondere Einsatzlagen

Ein Abbruch von Wiederbelebungsbemühungen ist bei drohenden Eigengefährdungen der ärztlichen und nichtärztlichen Helfer stets zulässig, wenn diesen die Hilfeleistung unter den konkreten Umständen nicht zuzumuten ist, vgl. § 323c StGB.[630] Wird die in der Einführung genannte Behandlungssituation etwa durch aggressive und handgreiflich werdenden Angehörige ergänzt, die den Rettungsdienst massiv an Hilfsmaßnahmen hindern, wird dies deutlich. Auf das Vorliegen einer Patientenverfügung in eigengefährdenden Einsatzlagen und deren Umsetzung kann nur schwerlich Rücksicht genommen werden, wenn ein entsprechender Eigenschutz nicht gewährleistet ist. Das Risiko der Eigengefährdung muss dabei über dem Grad des Zumutbaren liegen, da rettungsmedizinisches Tätigwerden stets Risiken, etwa durch Infektionen, in sich birgt.[631] Der Eigenschutz des rettungsmedizinischen Personals ist gegenüber der Patientenbehandlung vorrangig.[632] Dies gilt auch gegenüber dem Selbstbestimmungsrecht des Patienten. Kann sich der Rettungsdienst allerdings bspw. durch entsprechende Schutzkleidung vor gesundheitlichen Gefährdungen schützen, ist die Berücksichtigung einer Patientenverfügung in einem risikoträchtigen Umfeld wiederum zumutbar. Entscheidend ist der Einzelfall und die Bewertung, ob in einer gefahrträchtigen Situation – zusätzlich zu der zeitkritischen Einsatzbedingung – eine vorliegende Patientenverfügung praktisch umgesetzt werden kann.

3. Entgegenstehende Vorgaben des Ärztlichen Leiters Rettungsdienst?

Oben wurde bereits auf Standardanweisungen hingewiesen, die ein ÄLRD Notfallsanitätern für präklinisches Handeln vorgibt und verantwortet, vgl. § 4 Abs. 2 Nr. 2 c) NotSanG.[633] Es stellt sich nunmehr die Frage, ob ein ÄLRD standardisierte Verfahrensanweisungen schaffen kann, die eine Befolgung und Umsetzung

630 *Bossaert*, et al., N+R 2015, 1035 (1041); *Van de Voorde*, et al.; N+R 2020, 263 (266).

631 Spezifiziert zur COVID-19 Pandemie etwa *Van de Voorde*, et al.; N+R 2020, 263 (266).

632 *Bossaert*, et al., N+R 2015, 1035 (1041); *Nüßen*, in: Salomon, S. 76; *Van de Voorde*, et al.; N+R 2020, 263 (266).

633 Hierzu siehe Teil 1, C. II. 2. a.

von Patientenverfügungen durch Notfallsanitäter untersagen.[634] Eine entsprechende Standardanweisung könnte beinhalten, dass eine Umsetzung einer Wiederbelebungsmaßnahmen ausschließenden Patientenverfügung als allein notärztliche Aufgabe festgesetzt wird oder bis zum notärztlichen Eintreffen aufgeschoben werden muss. Eine entsprechende Vorgabe widerspräche allerdings den hervorgehobenen Rechtsstrukturen. Die verfassungsrechtlich abgesicherte Selbstbestimmung würde in unzulässiger Weise extern durch eine derartige Vorgabe eingeschränkt bzw. den Notfallpatienten abgesprochen, deren Ausübung gerade über die Patientenverfügung erfolgt. Zusätzlich spricht bereits § 4 Abs. 1 S. 3 NotSanG gegen die Verbindlichkeit einer die vorklinische Berücksichtigung von Patientenverfügungen ausschließenden Standardanweisung, da Notfallsanitäter die Selbstbestimmung des Patienten in ihr Handeln mit einbeziehen sollen. Des Weiteren kann eine standardmäßig vorgegebene Handlungsanweisung die für die Behandlung erforderliche Patienteneinwilligung nicht ersetzen. Gerade diese wird mittels Patientenverfügung antizipiert oder eben abgelehnt. Zudem erscheint es abwegig, dass ein ÄLRD derartige therapiebegrenzende Entscheidungsvorgaben verantworten will, ohne beim konkreten Patienten am Einsatzort anwesend zu sein, vgl. § 4 Abs. 2 Nr. 2 c) NotSanG. Durch standardisierte Handlungsanweisungen des ÄLRD kann die präklinische Berücksichtigung und Umsetzung einer Patientenverfügung folglich nicht wirksam ausgeschlossen werden.

4. *Einschub: Umsetzung einer Patientenverfügung durch einen Ersthelfer?*

Möglich erscheint ferner die Umsetzung einer Patientenverfügung durch einen Ersthelfer. Auch dessen „gutgemeinte" erste Hilfe ist am Patientenwillen zu messen. Adressat der Patientenverfügung ist jeder, der in die körperliche Integrität des betroffenen Notfallpatienten eingreift. Dazu muss der Ersthelfer allerdings feststellen können, dass eine Übereinstimmung von antizipiertem Patientenwillen und aktueller Notsituation besteht. Ohne medizinische Vorkenntnisse und professionelle Routine im Umgang mit Akutsituationen erscheint diese Prüfung

---

634 Vgl. in diese Richtung etwa die Verfahrensanweisungen Behandlungs- und Transportverweigerung der Berufsfeuerwehr Münster vom 01.03.2011, S. 5, welche Rettungsassistenten eine Anwendung von Patientenverfügungen explizit untersagt. Abrufbar unter https://www.drk-muenster.de/ehrenamt/rettungsdienst /intern/verfahren_routinen/va_patientenverweigerung.pdf (zuletzt abgerufen am 31.08.2020). Siehe auch *Gerth/Kettler/Mohr*, AINS 2005, 743 (746), dort Fn. 8.

weder denkbar noch zumutbar. Angelegt wird hier § 323c StGB als Maßstab für die allgemeine Hilfeleistung.[635] Erfolgt die nicht gewünschte erste Hilfe durch den Ersthelfer, wird diesem nur bei vorsätzlicher oder fahrlässiger Verkennung der Anwendungsbereichseröffnung der Patientenverfügung ein Vorwurf gemacht werden können. Kann ein Ersthelfer die Übereinstimmung von erfasster Situation im Verfügungstext und Notlage des Patienten nicht erkennen, kann ihm diese Fehleinschätzung nicht nachteilig angelastet werden. Für den Ersthelfer ist – im Gegensatz zu ausgebildetem Rettungsdienstpersonal – eine Notsituation nicht alltäglich. Wenn allerdings der Patientenwille eindeutig erkannt wird, ist auch für den rechtlich gebundenen Ersthelfer eine Umsetzungsverpflichtung gegeben, was wohl nur äußerst selten der Fall sein wird.

D. Zwischenergebnis

Der gesamte Rettungsdienst, Notärzte und nichtärztliche Mitarbeiter, sind an den in einer Patientenverfügung zum Ausdruck kommenden Patientenwillen rechtlich gebunden. Auf dem Weg zur Umsetzung des antizipierten Patientenwillens ist sowohl die Mitwirkung des Notfallpatienten als auch die des Rettungsdienstes nötig. Die Verantwortung der Auffindbarkeit einer Patientenverfügung trifft den Patienten, die Suche und Frage bei Anhaltspunkten den Rettungsdienst als eine das Selbstbestimmungsrecht des Notfallpatienten unterstützende Tätigkeit. Die Frage bzw. Suche nach einer elektronischen Gesundheitskarte ist ohne nähere Anhaltspunkte erst verpflichtend, sobald die Anwendungen der Telematikinfrastruktur flächendeckend von Patienten genutzt werden. Inhaltlich muss eine Patientenverfügung so formuliert sein, dass diese kurz und zielgenau die Notsituation des Herz-Kreislauf-Stillstandes erfasst. Eine passgenaue Patientenverfügung ist vom Notarzt und dem nichtärztlichen Rettungsdienst, unabhängig von einer ärztlichen Anwesenheit am Einsatzort, umzusetzen, wobei stets ein leidensvermeidender Umgang im Sterbeprozess angezeigt ist. Bei eigengefährdenden Einsatzlagen des Rettungsdienstes geht der Eigenschutz vor. Berücksichtigung und Umsetzung einer Patientenverfügung treten in einem solchen Fall zurück. Ein ÄLRD kann ferner nicht standardisiert vorgeben, dass die Umsetzung einer Patientenverfügung nur ärztlicherseits zu erfolgen hat. Kann ein Ersthelfer die Passgenauigkeit einer aufgefundenen Patientenverfügung erkennen, ist auch dieser zur Umsetzung berechtigt und grundsätzlich verpflichtet. Allerdings sind hierbei keine strengen Maßstäbe anzulegen, da es sich in aller

---

635 Vgl. *Nüßen*, in: Salomon, S. 76.

Regel um medizinische Laien handelt. Deutlich tritt insgesamt der Kommunikationsprozess hervor, der über die Patientenverfügung zwischen den Beteiligten erreicht werden soll.

Teil 3 – Analyse der derzeitigen Praxisanwendung von Patientenverfügungen im Rettungsdienst

A. Tatsächliche Möglichkeit der Umsetzung einer Patientenverfügung unter rettungsmedizinischen Gegebenheiten

Festgestellt wurde, dass das gesamte Personal des Rettungsdienstes rechtlich an eine Patientenverfügung gebunden und grundsätzlich umsetzungsverpflichtet ist. Dazu muss es jedoch auch tatsächlich in der Lage sein, die rechtlich geforderte Umsetzung einer Patientenverfügung in der präklinischen Behandlungsphase vorzunehmen. Um dieser Frage auf den Grund gehen zu können, erfolgt ein Vergleich des Ist- (I) und des Soll-Zustandes (II) bei rettungsmedizinischem Kontakt mit Patientenverfügungen, wobei einige Problembereiche dieses speziellen Kontextes bereits angeklungen sind. Im weiteren Verlauf wird hinterfragt (B), ob durch bereits existierende Lösungsansätze eine tatsächliche Verbesserung in der Kommunikation untereinander über den Zugriff und die effektive Umsetzung von vorklinisch relevanten Patientenverfügungen gegeben wird sowie deren Vor- und Nachteile besprochen. Abschließend wird das gefundene Zwischenergebnis der tatsächlichen Praxissituation der Patientenverfügung im Rettungsdienst einer Bewertung in seiner rechtlichen Relevanz unterzogen (C).

I. Ist-Zustand

Damit der Rettungsdienst einen präklinischen Therapieverzicht umsetzen kann, muss er letzten Endes viel von der Selbstbestimmung des Patienten wissen, um wenig zu tun.[636] Es bedarf einer hinreichenden Kommunikationsmöglichkeit zwischen den Beteiligten, die eine Patientenverfügung grundsätzlich – aus rechtlicher Perspektive – auch anbietet, wenn Zugriff auf sie gegeben ist. Da das Auffinden und die inhaltliche Prüfung von Patientenverfügungen wiederum Zeit benötigen, kann gemäß § 630d Abs. 1 S. 4 BGB bei nicht rechtzeitiger Möglichkeit der Einholung einer Patienteneinwilligung eine unaufschiebbare Maßnahme

636 Vgl. *Druml/Druml*, Med Klinik 2019, 194 (197).

zunächst durchgeführt werden. In dieser Übergangsphase überwiegt primär der Lebenserhalt des Notfallpatienten und eine Behandlung wird initial bei Indikation durch den Rettungsdienst eingeleitet. Bei mangelnder Verfügbarkeit einer Patientenverfügung des konkreten Patienten im Rettungsdiensteinsatz ist dies die leitliniengerechte sowie medizinisch und rechtlich angezeigte Vorgehensweise. Die initial aufgenommene Behandlung ist dabei kontinuierlich am mutmaßlichen Patientenwillen und der Indikation der konkreten Maßnahmen zu messen, trotz der Stresssituation und dringlich zu treffenden Entscheidungen.[637] Erst nach der rettungsmedizinischen Behandlungseinleitung kann parallel der niedergelegte Patientenwille über den Zugriff auf eine Patientenverfügung erfasst werden und damit dessen schriftlich ausgeübte Selbstbestimmung. Der Zugriff ist vonnöten, um präklinisch inhaltliche Kenntnis vom tatsächlichen Patientenwillen zu erhalten. Andernfalls kann ein vorausverfügter Patientenwille keine Beachtung finden. Jedoch sucht sich der Notfallpatient den konkreten Ort seiner Notlage nicht aus.[638] Der konkrete Eintritt eines medizinischen Akutereignisses ist unvorhersehbar, sodass sich der Notfallpatient an einem beliebigen Ort, weit abseits seiner erstellten Patientenverfügung befinden kann. Die Vielfalt der Einsatzszenarien bzw. der konkrete Ort der Notsituation erschweren damit das Auffinden einer Patientenverfügung. Den leichtesten Zugriff erhält der Rettungsdienst i.d.R. in Pflegeeinrichtungen über die dortige Patientenakte bzw. mithilfe des Pflegepersonals der Einrichtung. Im häuslichen Umfeld oder der Notsituation in der Öffentlichkeit gestaltet sich der Zugriff wiederum als zufallsabhängig, denn ein einheitlicher Aufbewahrungsort ist nicht (verpflichtend) gegeben. Lediglich wird empfohlen, die Patientenverfügung so zu verwahren, dass ein schneller Zugriff möglich ist.[639] Es mangelt insgesamt an einer einheitlichen Systemstruktur zur Erleichterung des Auffindens von Patientenverfügungen, wodurch ein Kommunikationsdefizit zwischen dem Notfallpatienten und dem Rettungsdienst zu Tage tritt.

Überdies ist eine eindeutige Zuordnung nach dem Auffinden einer Patientenverfügung zum konkreten Patienten nötig, um dessen Urheberschaft zweifelsfrei festzustellen und auf die inhaltlichen Angaben vertrauen zu können.[640] Diese Zuordnung wird derzeit über die Unterschrift des Patienten hergestellt. Allerdings ist rettungsmedizinisch nicht stets der Name des Patienten oder dessen

637 *in der Schmitten/Rixen/Marckmann*, in: Coors/Jox/in der Schmitten, S. 294.
638 *Lippert*, GesR 2015, 268 (271).
639 *Nauck/Markmann/in der Schmitten*, AINS 2018, 62 (65).
640 Diesen Aspekt als unproblematisch ansehend *Thöns/Sitte*, Intensiv 2019, 208 (211).

Unterschrift bekannt. Ein entsprechender Abgleich zwischen aufgefundener Patientenverfügung und konkretem Notfallpatienten gestaltet sich damit mitunter als schwierig. Ferner ist eine Entscheidungsfindung im Dialog mit dem Betreuer oder Angehörigen nur eingeschränkt möglich, da es sich regelmäßig um eine für den Laien gegebene Ausnahmesituation handelt.[641] Auch bei Anwesenheit von Betreuer oder Angehörigen des Notfallpatienten führen Zweifel zur Fortführung indizierter Wiederbelebungsmaßnahmen, obwohl Patientenverfügungen inhaltlich überwiegend einen Passus zur Reanimation enthalten[642], der diese ablehnt. Ist ein Zugriff gegeben und die Patientenverfügung konkret zuzuordnen, bereiten wiederum detaillierte oder ungenaue Formulierungen Schwierigkeiten, die in der Notfallrettung nicht auf Anhieb ersichtlich sind und Raum für Spekulationen eröffnen.[643]

Hinzu tritt, dass es eine Fülle an vorformulierten, formularartigen und auch selbst ausgearbeiteten Patientenverfügungen gibt. Ein flächendeckend standardisiertes Formular existiert nicht und nicht jeder Patient verfügt über einen einseitigen Notfallbogen, der den Patientenwillen für die Situation des Herz-Kreislauf-Stillstandes zusammenfasst.[644] Darüber hinaus ist ein einheitlicher rettungsdienstlicher Bekanntheitsgrad von Aufbau und Struktur von Patientenverfügungen, die keinem festgelegtem Muster folgen, nicht gegeben. Bei zeitkritischen Einsatzgeschehen sorgt das Lesen und Erfassen einer etwa im Fließtext formulierten Patientenverfügung dafür, dass mindestens ein Rettungsdienstmitarbeiter hierdurch gebunden wird und die parallele Notfallbehandlung nicht oder nur eingeschränkt vornehmen kann. Die im gängigen rettungsmedizinischen Rendezvous-System nur knapp vorhandenen Mitarbeiterressourcen sind infolgedessen schnell reduziert. Ferner können stets Auslegungsschwierigkeiten hinsichtlich des konkreten Patientenwillens auftreten.[645] Darüber hinaus kann der Inhalt einer aufgefundenen Patientenverfügung Ungenauigkeiten aufweisen, sodass keine verlässliche Willensermittlung in der Kürze der verfügbaren Zeit

641 *Duttge*, in: Coors/Jox/in der Schmitten, S. 44; *in der Schmitten/Rixen/Marckmann*, in: Coors/Jox/in der Schmitten, S. 290; zur Stellung Angehöriger als „Informationsquelle“ vgl. *Wiese*, et al., Anaesthesist 2009, 1097 (1103).

642 *in der Schmitten/Rixen/Marckmann*, in: Coors/Jox/in der Schmitten, S. 293.

643 *Mühe*, et al., Palliativmed 2020, 27 (27); *Nauck/Marckmann/in der Schmitten*, AINS 2018, 62 (65).

644 Hierzu sogleich unter Teil 3, B. I.

645 *Salomon*, N+R 2018, 199 (200).

möglich ist. Aus diesen genannten Gründen nehmen Patientenverfügungen oftmals nur eine untergeordnete Rolle in der vorklinischen Realität ein.[646]

II. Soll-Zustand

Unabhängig der praktischen Schwierigkeiten im Umgang mit Patientenverfügungen im Rettungsdienst sind die Berücksichtigung und ein rettungsmedizinisches Handeln ausgerichtet am inhaltlich eindeutigen Patientenwillen als verfassungsrechtlich und einfachgesetzliches Ideal ausgegeben. Ein im Voraus niedergelegter Patientenwille soll durch den Rettungsdienst zweifelsfrei aus einer Patientenverfügung ermittelt werden. Der Patient hat eine selbstbestimmte Behandlungsentscheidung vorab getroffen, die aussagekräftig dem Rettungsdienst die gewünschte Therapierichtung vorgeben soll.[647] Die rechtlichen Vorgaben sehen damit vor, dass auch in einem zeitkritischen Notfallgeschehen die Patientenselbstbestimmung die Behandlungsrichtung leitet. Eine selbstbestimmt getroffene Behandlungsentscheidung ist gegenüber dem rettungsmedizinischen Schutzauftrag zum Lebenserhalt vorrangig.[648] Unabhängig von der vorklinischen Einsatzsituation soll eine Patientenverfügung demzufolge inhaltlich berücksichtigt und schlussendlich von Notarzt und nichtärztlichem Rettungsdienst umgesetzt werden. Der Gedanke dahinter ist die Verwirklichung der Selbstbestimmung des Patienten unabhängig von der konkreten Behandlungssituation. Schließlich ist auch die präklinische Notfallmedizin kein rechtsfreier Raum.[649] Über das Selbstbestimmungsrecht schützt die Rechtsordnung vielmehr den Patienten, um seine körperliche Integrität vor (aufgezwungenen) medizinischen Behandlungen zu bewahren.[650] Der einwilligungsunfähige Patient soll demgemäß mittels Patientenverfügung mit dem Behandlungsteam kommunizieren und indizierte Maßnahmen trotz mangelnder Ansprechbarkeit zurückweisen können. Rettungsdienst und Patient agieren nach der gesetzgeberischen Idealvorstellung gemeinschaftlich und auf Augenhöhe.[651] Dabei stellt die Lebensrettung keinen Absolutismus und reflexartigen Automatismus dar,

---

646 *Nauck/Marckmann/in der Schmitten*, AINS 2018, 62 (62).

647 Vgl. *Nauck/Marckmann/in der Schmitten*, AINS 2018, 62 (63).

648 Vgl. *Tamm*, VuR 2009, 449 (450).

649 *Duttge*, Intensiv und Notfallbehandlung 2019, 77 (77).

650 *Sternberg-Lieben*, Atemwegs- und Lungenkrankheiten 2009, 395 (395), der auch auf den staatlichen Schutz des Lebens hinweist.

651 *Miranowicz*, MedR 2019, 131 (135).

der abgelöst des Patientenwillens stets erfolgen darf.[652] Der Patientenwille soll folglich dort bekannt sein, wo die relevanten notfallmedizinischen Entscheidungen getroffen werden.[653] Als Berufsretter im Rettungsdienst stehen Notarzt und nichtärztliches Rettungsdienstpersonal dem medizinischen Laien gegenüber und sollen eine von diesem selbstbestimmt und mit dem geltenden Recht zu vereinbarende Patientenentscheidung umsetzen und damit dessen getroffene Entscheidung verwirklichen. Eine entsprechende Patientenentscheidung soll aber nicht zu viel Auslegungsspielraum bieten. Maßgeblich für die Berücksichtigung des niedergelegten Patientenwillens ist ferner, dass der Zugriff des Rettungsdienstes auf die Patientenverfügung gewährleistet ist.

III. Zwischenfazit

Zur Wahrung des rechtlichen Solls ist eine in der Praxis leicht aufzufindende, übersichtlich aussagekräftige und dem konkreten Patienten zuzuordnende Patientenverfügung erforderlich. Auf Seiten des tatsächlichen Ist-Zustandes sorgen der mangelnde flächendeckende Zugriff bei Zeitdruck in vielfältigen Einsatzgeschehen, die mitunter schwer festzustellende eindeutigen Zuordnung zum konkreten Patienten sowie die Aussagekraft mannigfaltig existierender Patientenverfügungen wiederum für Probleme in der vorklinischen Umsetzung. Mangels eines standardisiert vorgegebenen Kommunikationsaktes zwischen dem Notfallpatienten und dem Rettungsdienst, kann ein Kommunikationsproblem die Folge sein.

B. Abhilfe durch bereits existierende Lösungsansätze?

Vor einer abschließenden tatsächlichen und rechtlichen Bewertung werden deswegen bereits existierende Lösungsansätze vorgestellt, die versuchen, eine taugliche Abhilfe für eine vorklinisch umsetzbare Patientenverfügung zu bieten. Diese Lösungsvorschläge versuchen, eine praxistaugliche Handhabe im Umgang mit dem vorausverfügten Patientenwillen zu schaffen. Dabei können die derzeit angebotenen Lösungen in zwei Gruppen kategorisiert werden: Zum einen in die

---

652 *Janda*, MedR 2018, 778 (782); *Mühe*, et al., Palliativmed 2020, 27 (30) sprechen von einem „Pseudo-Recht" des Notfallpatienten, selbstbestimmt an der Notfallbehandlung durch eine Patientenverfügung mitzuwirken.

653 Vgl. *Burchardi*, Vortrag zu den „Grenzen der Sinnhaftigkeit in der Intensivmedizin" anlässlich der 1. Aachener Internistischen Intensivtage 06.10.2017, zitiert nach *Duttge*, MedR 2018, 82 (82).

sog. Notfallbögen (I) und zum anderen in sonstige Lösungsansätze (II), die den Patientenwillen in der Notfallrettung effektiv abbilden bzw. Zugriff auf diesen ermöglichen sollen. Diese sind – neben der „klassischen" Patientenverfügung – bemüht, den Patientenwillen auch im Rettungsdienst zu kommunizieren. Die nachfolgenden derzeitigen Lösungsvorschläge werden nunmehr unter den gegebenen rechtlichen Rahmenbedingungen und ihrer Praxistauglichkeit vorgestellt.

I. Notfallbögen

Angesichts der beschriebenen Widrigkeiten der Notsituation existieren verkürzte Patientenverfügungen, die Notfallbögen[654]. Ein Notfallbogen erfüllt die rechtlichen Voraussetzungen des § 1901a Abs. 1 BGB, indem schriftlich in einwilligungsfähigem Zustand eine bestimmte Behandlungsentscheidung antizipiert und entsprechende Therapiewünsche festgelegt werden. Der Patientenwille wird dabei platzsparend auf einer Seite dargestellt, um ein zielgenaues und zügiges Herauslesen des Behandlungswunsches zu ermöglichen. Behandlungswünsche sind in verschiedene Kategorien, etwa in gewünschte Behandlungsmaßnahmen bei Reanimationspflichtigkeit, unterteilt, in der die jeweils erbetene

654 Teils auch „Krisenbögen" bzw. „Notfallpläne" genannt; *Albrecht/Albrecht/Böhm/Böhm-Rößler*, S. 247 ff. mit Beispielen; *Fehn/Selen*, S. 337. Notfallbögen erinnern stark an die zum Teil im angloamerikanischen Raum existierenden behandlungsbegrenzenden Formulare, sog. Portable Medical Orders bzw. Physician Orders for Life-Sustaining Treatment („POLST-Form" bzw. „POST-Form"); vgl. https://polst.org/ (zuletzt abgerufen am 10.10.2019) bzw. auch unter dem Oberbegriff der End-of-Life-Decisions geläufig. Diese Orders können weiter terminologisch untergliedert werden. Neben den Akronymen DNACPR (do not attempt cardiopulmonary resuscitation) existieren DNR (do not resuscitate), DNI (do not intubate) und DNAR (do not attempt resuscitation) sowie NFR (not for resuscitation), die jeweils den Wiederbelebungsversuch über ein Formular verhindern sollen. Vorgeschlagen wird alternativ die Formulierung allow/admit natural death (AND), um der falschen Patientenverstellung vorzubeugen, dass im reanimationspflichtigen Sterbeprozess überhaupt keine medizinische Begleitung erfolgt. Zu den Bezeichnungen insgesamt *Xantos*, Resuscitation 2014, 1644 (1644 f.). Die verschiedenen Akronyme legen verschiedene Behandlungsziele fest, die eine medizinische Behandlung des Patienten jedoch nicht ausschließen. Hierzu *Rubenstein*, Medicine and Law 2015, 135 (137 ff.). Auf den verwirrenden Gebrauch von Akronymen hinweisend *Bossaert*, et al., N+R 2015, 1035 (1037); siehe auch *Salkic´/Zwick*, European Journal of Health Law 2012, 289 ff.

konkrete Behandlungsmaßnahme angekreuzt werden kann.[655] Vorteilhaft ist, dass einseitige Bögen für den Notfall klar ersichtlich und schnell rettungsmedizinisch erkennbare Behandlungsentscheidungen vorgeben, die in der Folge umgesetzt werden können. Die Übersichtlichkeit von Notfallbögen gewährleistet die zügige und notfallgerechte inhaltliche Erfassung des Patientenwillens, was wiederum die Umsetzung fördert.

Teils werden Notfallbögen eigenständig erstellt und einer ausführlichen Patientenverfügung beigelegt; teils bilden Notfallbögen das einseitig verschriftlichte Ergebnis eines ärztlich begleiteten Gesprächsprozesses, indem mit dem Patienten Fragen zu lebenserhaltenden Maßnahmen besprochen werden.[656] Wird eine ärztliche Beratung in Anspruch genommen, kann der im Gespräch ermittelte situative Behandlungswunsch abschließend verkürzt, für die Notsituation praktikabel dokumentiert und ärztlicherseits unterzeichnet werden, um der Patientenentscheidung aus Adressatensicht mehr Nachdruck zu verleihen.[657] Eine ärztliche Unterschrift soll den Gesprächsprozess bestätigen und die Akzeptanz einer mit ärztlicher Beratung erstellten Vorausverfügung untermauern.[658] Die ärztliche Unterschrift ist aber richtigerweise kein konstitutives Merkmal[659], da dieses in § 1901a BGB nicht vorgesehen ist. Um Missverständnissen vorzubeugen, können ferner nur sich nicht widersprechende Behandlungsentscheidungen in einem Notfallbogen getroffen werden.[660] Wünscht der Patient bspw.

655 Ein entsprechendes Formular dieser einseitigen Patientenanweisung für lebenserhaltende Maßnahmen (sog. PALMA-Formular) ist etwa abgedruckt bei *Gerth/Mohr/Paul/Werner*, ZFA 2011, 72 (73).

656 *Rixen/Marckmann/in der Schmitten*, NJW 2016, 125 (128).

657 *Rixen/Marckmann/in der Schmitten*, NJW 2016, 125 (128).

658 BT-Drs. 16/8442, S. 14; *Rixen/Marckmann/in der Schmitten*, NJW 2016, 125 (128); kritisch insgesamt *Magnus*, S. 224.

659 *in der Schmitten/Rothärmel/Rixen/Mortsiefer/Marckmann*, N+R 2011, 465 (467).

660 Ausgeklammert wird hier der Aspekt des Zusammentreffens von Patientenverfügung und Organspendeausweis. Beide patientenseitigen Anordnungen sind Ausdruck der Selbstbestimmung: einerseits die selbstbestimmte Vorausregelung des eigenen Sterbeprozesses und andererseits die antizipierte Bereitschaft, Organentnahmen nach Eintritt des Hirntodes zu gewähren. Patientenverfügungen können ferner einen Passus zur Organspende enthalten und somit beide Dokumententypen – mitunter vereint – rettungsmedizinisch angetroffen werden. Trifft der Rettungsdienst auf beide Erklärungsarten der Patientenentscheidung, entsteht der Konfliktfall, welche der beiden Verfügungen vorrangig, welcher also zu folgen ist. Wird eine therapieverzichtende Patientenverfügung als vorrangige Ausübung der Selbstbestimmung betrachtet und infolgedessen präklinisch befolgt, verstirbt der Notfallpatient. Für eine

eine Notfall- und Intensivtherapie mit vollumfänglichen Wiederbelebungsmaßnahmen, schließt aber eine Herz-Lungen-Wiederbelebung in seinem Notfallbogen aus, wird aufgrund dieser Widersprüchlichkeit der Notfallbogen präklinisch unberücksichtigt bleiben müssen. Im Speziellen für Palliativpatienten in akutmedizinischen Notsituationen, die aufgrund nicht therapierbarer fortschreitender Erkrankung nur noch eine begrenzte Lebenserwartung aufweisen[661], wurden darüber hinaus sog. Palliativkrisenbögen entwickelt.[662] Wie klassische Patientenverfügungen sollen auch diese vor einer möglichen aber nicht gewünschten übermäßigen Therapie am Lebensende schützen.[663] In übersichtlichem Format und Aufmerksamkeit hervorrufender Signalfarbe weisen Krisenbögen den Rettungsdienst auf eine rein palliativmedizinische Betreuung hin.

Entsprechende vorformulierte Notfallbögen und Patientenverfügungsformulare sind aufgrund des mangelnden Spielraums individueller Behandlung-

---

Organentnahme kommt er dann in aller Regel nicht mehr in Betracht, da mangels aufrechterhaltener Sauerstoffzirkulation eine irreversible Organschädigung eintritt. Eine Organspende so geschädigter Organe ist damit hinfällig. In umgekehrter Reihenfolge bedeutet die rettungsdienstliche Befolgung des Organspendeausweises und der ebenfalls vorhandenen behandlungsverneinenden Patientenverfügung, ohne hierin enthaltenem, den beschriebenen Konflikt auflösenden Abschnitt, die Therapiefortsetzung. Die Sauerstoffzirkulation im Körper des Patienten wird künstlich aufrechterhalten, um bei Eintritt des Hirntodes dessen gesunden Organe entnehmen zu können (vgl. § 3 Abs. 1, Abs. 2 Nr. 2 TPG). Plädiert wird für die letztgenannte Variante und damit begründet, dass eine Form der jeweils ausgeübten Selbstbestimmung in jedem Fall zurücktreten müsse. Da mittels Organspende durch erlöschendes Leben ein anderes Leben gerettet werden kann, rechtfertige sich die Missachtung der Patientenverfügung. Löst der Patient diesen benannten Konflikt nicht selbst, indem er priorisiert, welcher ausgeübten Selbstbestimmung Vorrang einzuräumen ist, sei dies sachgerecht. Der fragliche Anwendungsvorrang zwischen Patientenverfügung und Organspendeausweis lasse sich präklinisch nur durch den bewussten Lebenserhalt bei Indikation lösen. Diese Sichtweise fördert nunmehr (ergebnisorientiert) die Verfügbarkeit notwendiger transplantierbarer Organe. Zur Priorisierung im Konfliktfall etwa *Bossaert*, et al., N+R 2015, 1035 (1042); *Schäfer*, NJ 2019, 381 f.; wohl auch *Verrel*, in: Bormann, S. 632 f. der für eine Auslegungslösung des Patientenwillens plädiert; für einen stetigen Vorrang der Patientenverfügung vgl. BT-Drs. 19/16214, S. 5, 13. Kritisch zu sog. organprotektiven bzw. spenderzentrierten Maßnahmen *Höfling*, GesR 2019, 415 (416 f.).

661 *Pschyrembel*, Stichwort: Palliativmedizin.

662 Z.B. *Kloke*, N+R 2011, 459 (460); *Wiese*, et al, DMW 2008, 972 (975); zu innerklinischen Notfallplänen siehe bspw. *Klasen/Klasen*, jM 2019, 222 (223 f.).

663 *Kloke*, N+R 2011, 459 (459).

sentscheidungen allerdings auch Kritik ausgesetzt.[664] Die Ergänzung eines Vordrucks nur durch das Ankreuzen einer vorgefertigten Behandlungsentscheidung, den eigenen Namen sowie die Unterschrift weckt Zweifel daran, ob der Patient sich tatsächlich mit konkreten Behandlungsmaßnahmen in spezifizierten Behandlungssituationen individuell auseinandergesetzt hat.[665] Allerdings wählt der Patient selbstbestimmt einen vorgefertigten Musterbogen aus, den sich der Patient inhaltlich zu eigen macht.[666] Ist die patientenseitig gewählte Vorlage deckungsgleich mit den individuellen Vorstellungen und Wünschen des Patienten, spricht nichts dagegen, dass er diese auch nutzt. Andernfalls müsste verlangt werden, dass der Patient eigenhändig einen inhaltlich einem Vorlagedokument entsprechenden Verfügungstext erstellt. Im Rahmen der eigenverantwortlichen Mitwirkung des Patienten steht es ihm aber frei, Musterformulare zu nutzen, um eigene Behandlungswünsche auszudrücken. Im Bedarfsfall kann patientenseitig ein vorformuliertes Musterformular auch mit individuellen Anmerkungen ergänzt und damit persönlich erweitert werden. Somit kann auch mit vorformulierten Patientenverfügungsmustern die Selbstbestimmung des Patienten zum Ausdruck kommen. Individuelle Ergänzungen von Mustertexten sind dafür nicht zwingend nötig, aber möglich.

Gemeinsam ist den verschiedentlich angebotenen Notfallbögen, dass sie übersichtlich, einseitig und kurz eine klare Position des Patienten zu einem vorklinischen Behandlungswunsch – namentlich zur Reanimation – beziehen und widerspiegeln. Zielgenau, knapp und mit hoher Aussagekraft soll die Behandlungssituation mit dem Patientenwillen überprüft werden können,[667] damit von einem nicht gewünschten Wiederbelebungsversuch rettungsmedizinisch abgesehen wird.[668] Allerdings können Notfallbögen nur Berücksichtigung finden, wenn sie weder ungenau noch fehlerhaft und sich nicht widersprechend ausgefüllt worden sind. In der Regel begrenzen sich Notfallbögen auf einen Teilbereich typischer akutmedizinischer Geschehensverläufe. Daneben bleibt die Möglichkeit eröffnet, eine ausführliche Patientenverfügung etwa für eine intensivmedizinische Krankenhausbehandlung oder Behandlungssituationen abseits

664 OLG München, Urt. v. 31.01.2002 – 1 U 475/98 = NJW-RR 2002, 811 (811); *Killinger*, S. 157.

665 OLG München, Urt. v. 31.01.2002 – 1 U 475/98 = NJW-RR 2002, 811 (811).

666 Kritisch auch zu „vorformulierten Schablonen“ bereits vor Einführung des § 1901a BGB *Duttge*, Preis der Freiheit, S. 37.

667 *Albrecht/Albrecht/Böhm/Böhm-Rößler*, S. 247.

668 *in der Schmitten/Rixen/Marckmann*, in: Coors/Jox/in der Schmitten, S. 293.

des Herz-Kreislauf-Stillstandes zu erstellen.[669] Ein Notfallbogen bietet damit ein taugliches Medium, welches der Ersteller nutzen kann, um zielführend und übersichtlich die für die Reanimationssituation gewünschten Behandlungsentscheidungen an den Rettungsdienst zu kommunizieren.

Ungelöst bleiben aber insgesamt die beschriebenen tatsächlichen Probleme hinsichtlich des Zugriffs. Es ist kein einheitlicher Aufbewahrungsort gegeben, an dem der Rettungsdienst einen Notfallbogen finden kann. Ferner muss bei Zugriff für die konkrete Zuordnung zum Patienten dessen Name und Unterschrift bekannt sein, um diese rettungsmedizinisch abzugleichen. Starkes Indiz für die übereinstimmende Zuordnung zwischen dem Patienten und einem Notfallbogen ist dabei wiederum, wenn die verkürzte Patientenverfügung in der Sphäre des konkreten Patienten aufgefunden wird; dieser also in unmittelbarer Nähe zum Patienten oder etwa in dessen Bewohnerakte auffindbar ist. Völlige Sicherheit der Zuordnung kann hingegen nicht garantiert werden. Mit Blick auf das mögliche Versterben des Notfallpatienten bei Umsetzung von dessen vermeintlicher Patientenverfügung sind jedoch Unsicherheitsfaktoren auszuschließen. Nichtsdestotrotz bieten Notfallbögen generell ein Instrument für eine standardisierte Kommunikation zwischen Sender und Empfänger, wobei die Abgabe und der Zugang des hier in Rede stehenden Therapieverzichts problematisch bleiben.

II. Sonstige Abhilfemöglichkeiten

Abseits von Patientenverfügungen und Notfallbögen existieren weitere Lösungsansätze, um notfallrelevante Patienteninformationen an den Rettungsdienst zu

669 Problematisch ist die Situation, in der eine ausführliche Patientenverfügung zusätzlich zu einem Notfallbogen rettungsmedizinisch aufgefunden wird. Dann müssen beide Schriftstücke inhaltlich überprüft werden, um etwaige Widersprüche in den jeweiligen Festlegungen aufzudecken, insbesondere wenn ein lebensbeendender Therapieverzicht im Raum steht, ist absolute Sicherheit vom Patientenwillen nötig. Dabei kann ein ausführlicher Verfügungstext zwar Unklarheiten im Notfallbogen lösen und näher spezifizieren. Für den Rettungsdienst ist aber entscheidend, dass er sich an die Festlegungen des kurzen und übersichtlichen Notfallbogens halten kann. Er muss davon ausgehen können, dass sich die Festlegungen des Notfallbogen mit denen eines ausführlichen Verfügungstextes decken. Die Behandlungsentscheidungen des Patienten, die im Notfallbogen getroffen werden sollten daher kein Teil einer ausführlichen Patientenverfügung sein. Bei Zusammentreffen von ausführlicher Patientenverfügung und Notfallbogen wird die Überprüfung der Deckungsgleichheit der Verfügungstexte zur Fortsetzung der rettungsmedizinischen Maßnahmen führen.

kommunizieren. Hier sind zunächst die (kostenpflichtigen) Hinterlegungsmöglichkeiten einer Patientenverfügung bei der Bundesnotarkammer[670] bzw. privatwirtschaftlichen Anbietern zu nennen.[671] Über einen passwortgeschützten Zugang bei der Bundesnotarkammer gelangt der Ersteller eines Verfügungstextes zum eigenen Online-Benutzerkonto. Über eine in der Geldbörse mitführbare kreditkartengroße Plastikkarte (sog. ZVR-Card) soll u.a. der Rettungsdienst auf eine existierende Patientenverfügung aufmerksam gemacht werden, wobei gut sichtbar die Eintragung von Vorsorgeurkunden beim zentralen Vorsorgeregister hervorgehoben wird. Die ZVR-Card ist damit ein reines Hinweisinstrument.[672] In der vorklinischen Behandlungsphase besteht weiterhin kein Zugriff auf die Patientenverfügung. Lediglich deren Existenz kann bei Übergabe in der Notaufnahme an das aufnehmende Krankenhaus kommuniziert werden. Zwischenzeitlich sind die indizierten Notfallmaßnahmen erfolgt, da vom mutmaßlichen Patientenwillen ausgegangen werden musste, der regelmäßig auf den Lebenserhalt zielt. Ein alleiniger Hinweis auf die Existenz einer Patientenverfügung, ohne diese dem Adressaten zugänglich zu machen, dürfte allen Beteiligten mehr schaden als nützen. Denn einerseits besteht die Sorge vor einer negativ-stigmatisierenden Wirkung, sodass ein Wiederbelebungsversuch „auf Verdacht" eingestellt wird, obwohl der Patient die Reanimation in der Patientenverfügung nicht ausschließt, was nicht den Regelfall darstellt.[673] Andererseits werden Rettungsdienstmitarbeiter durch den alleinigen Hinweis einer hinterlegten Patientenverfügung in die Konfliktsituation gebracht, dass sie möglicherweise gegen einen vorausverfügten Patientenwillen handeln, ohne Zugriff auf den Verfügungstext erhalten zu können.[674] Die derzeitigen Unklarheiten bestehen weiterhin. Ein tauglicher Lösungsansatz, um den tatsächlich selbstbestimmt verfassten Willen im Rettungsdienst zu berücksichtigen, wird durch die hinterlegte Information einer Patientenverfügung bei der Bundesnotarkammer damit nicht

---

670 §§ 78 Abs. 2 Nr. 1, 78a Abs.1, Abs. 2 BNotO. Vertiefend *Diener*, in: BeckOGK/BGB, § 1901a, Rn. 80 ff. siehe auch *Meier*, in: Höfling/Otten/in der Schmitten, S. 212.

671 Bspw. https://www.dipat.de/; https://www.patientenverfuegung.de/; http://www.drkovmainz.de/ (jeweils zuletzt abgerufen am 15.10.2019).

672 Kritisch ebenfalls *Meier*, in: Höfling/Otten/in der Schmitten, S. 212.

673 Vgl. *in der Schmitten/Rixen/Marckmann*, in: Coors/Jox/in der Schmitten, S. 293.

674 Vgl. zu beiden Aspekten *Erbguth/Erbguth*, DMW 2016, 1484 (1492); *Mühe*, et al., Palliativmed 2020, 27 (28); *Sefrin/Kerner/Dörges*, Notarzt 2019, 16 (18).

angeboten. Sie wird der Informationsbeschaffung in zeitkritischen Situationen der vorklinischen Reanimation nicht gerecht.[675]

Um im rettungsmedizinischen Bedarfsfall einen tatsächlichen Zugriff auf eine online hinterlegte Patientenverfügung zu gewährleisten, wird ein an den Rettungsdienst gerichteter Abrufcode beworben.[676] Dieser wird auf die elektronische Gesundheitskarte des Notfallpatienten mittels eines Aufklebers angebracht, sodass gut sichtbar im Notfall die Existenz einer Patientenverfügung mittgeteilt wird. Der Rettungsdienst kann über die auf dem Aufkleber vermerkten Zugangsdaten online eine hinterlegte Patientenverfügung einsehen. Erforderlich sind dafür eine Internetverbindung und ein entsprechendes Empfangsgerät, wie bspw. ein Smartphone. Von Vorteil ist, dass der Notfallpatient die Verfügung stets „mitführen" kann und eine leichte Auffindbarkeit über eine elektronische Gesundheitskarte ermöglicht. Ergänzend ist eine Zuordnung zum konkreten Patienten gegeben, da ein Abgleich zwischen dem auf der elektronischen Gesundheitskarte abgedruckten Foto und dem konkreten Patienten möglich ist. Den Namen des Patienten und dessen Unterschrift kann der Rettungsdienst ebenfalls über die elektronische Gesundheitskarte ermitteln und die Übereinstimmung mit der online einsehbaren Patientenverfügung überprüfen. Jeder, theoretisch auch ein Ersthelfer, kann so im Notfall an die Patientenverfügung gelangen, wenn der Abrufcode und die Versichertennummer (vgl. § 290 Abs. 1 SGB V) bekannt sind, die bei dieser Lösungsstruktur der derzeitigen praktischen Probleme jeweils über die elektronische Gesundheitskarte ersichtlich sind.

Die Möglichkeit, im Notfall über einen Code eine Patientenverfügung rettungsmedizinisch abzurufen, bildet grundsätzlich einen sinnvollen Ansatz, der jedoch nicht vollumfänglich überzeugt. Abträglich ist, dass stets eine konstante Internetverbindung erforderlich ist und die Patientenverfügung nicht direkt über die elektronische Gesundheitskarte ausgelesen werden kann. Derzeit kann die Internetverbindung bei der Vielfalt der Einsatzsituationen – etwa im ländlichen Raum – nur unstet gegeben sein und nicht die erforderliche Signalstärke zur Datenübertragung erreichen.[677] Nicht gesichert ist ferner, dass flächendeckend

675 *Diener*, in: BeckOGK/BGB, § 1901a, Rn. 81 nimmt eine jederzeitige gerichtliche Abfrage in Eilfällen an. Dabei bleibt das hier zugrunde gelegte Verständnis des rettungsmedizinischen Notfalls wohl ausgeklammert. In der präklinisch eiligen Notsituation ist eine gerichtliche Abfrage aus dem Register in seiner jetzigen Ausgestaltung praktisch nicht möglich und nicht zweckdienlich.

676 Hierzu siehe https://mein.dipat.de/abruf (zuletzt abgerufen am 15.10.2019).

677 Vgl. die Konzeptspezifizierung in Teil 4, D. III.

geeignete Empfangsgeräte auf Rettungsmitteln vorgehalten werden. Überdies ist denkbar, dass sich der hinweisende Aufkleber löst oder missbräuchlich auf die Karte geklebt wird. Obendrein könnte die Kostenpflichtigkeit und die notwendige Übermittlung höchstpersönlicher Behandlungsentscheidungen an ein privatwirtschaftliches Unternehmen aus Sicht des Patienten eine Hemmschwelle darstellen, sodass letztlich keine Patientenverfügung hinterlegt wird. Auch die Datensicherheit erscheint fraglich, wenn nicht klar ist, wo und wie die Daten gesichert werden. Eine Hinterlegung der Patientenverfügung mit entsprechendem Abrufcode weist somit in die richtige Richtung, überzeugt jedoch nicht vollends.

Anzuführen, um jedenfalls die rettungsmedizinische Zugriffsproblematik zu lösen, ist ferner die ebenfalls kostenpflichtige Notfalldose.[678] Hierbei handelt es sich um einen kleinen Plastikcontainer, der mit verschriftlichten Informationen zum Patienten (bspw. Impfpass, Medikationsplan, einer Patientenverfügung oder einem Notfallbogen) im heimischen Kühlschrank aufbewahrt wird. Über einen Aufkleber an Haustür und Kühlschrank wird auf die existierende Notfalldose hingewiesen. Die Notfalldose setzt insgesamt nicht generell an den Problembereichen der Patientenverfügung im Rettungsdienst an, sondern am Aufbewahrungsort wichtiger Patienteninformationen. Ein Zugriff auf eine Patientenverfügung wird durch eine zentrale Aufbewahrung in der Notfalldose erleichtert. Dadurch wird ein maßgebliches vorklinisches Problem der mangelnden schnellen Auffindbarkeit – jedenfalls für das häusliche Umfeld – eliminiert[679], in dem ein reanimationspflichtiger Herz-Kreislauf-Stillstand insgesamt am häufigsten anzutreffen ist.[680] Es bleibt allerdings bei den anderweitigen bekannten Schwierigkeiten, wie etwa der Zuordnung zum Notfallpatienten. Zwar spricht Vieles dafür, dass eine sich in der Notfalldose beim Patienten befindliche Patientenverfügung dem konkreten Notfallpatienten auch zuordnen lässt. Allerdings ist die Notfalldose – jedenfalls für das Einsatzgeschehen in der Öffentlichkeit – nicht brauchbar, da sie nicht stets mitgeführt wird. Für einen Teil der Einsatzszenarien bietet sie aber eine Kommunikationsmöglichkeit vom Sender an den Empfänger Rettungsdienst an.

Um den Patientenwillen zu kommunizieren, könnten ferner Notfallarmbänder und Halsketten auf diesen hinweisen.[681] Der Vorteil hieran ist, dass der

---

678 Hierzu siehe http://www.notfalldose.de (zuletzt abgerufen am 03.10.2019).

679 *Deuter*, Notarzt 2019, 127 (127).

680 *Fischer*, et al., AI 2020, V89 (V90); siehe auch *Wnent*, et al., AI 2019, 1 (2).

681 Z.B. beworben auf https://notfall-id.de/ (zuletzt abgerufen am 10.10.2019).

Patient die Informationen unmittelbar am Körper trägt und der Rettungsdienst unabhängig vom Einsatzort Kenntnis nehmen kann. Bspw. können Armbänder und Halsketten einen Hinweis auf bestehende Erkrankungen oder Allergien geben. Als Patientenverfügung sind diese jedoch untauglich. Sie genügen nicht den oben dargestellten Formerfordernissen des § 1901a Abs. 1 BGB und sind insbesondere bereits im Ansatz unbestimmt. Sie geben keinen Aufschluss darüber, welche antizipierte Behandlungssituation sowie welche Behandlungsentscheidung aus Sicht des Notfallpatienten erfasst wurde. Denkbar ist lediglich, dass über ein Armband oder eine Halskette ein Hinweis auf eine existierende Patientenverfügung kommuniziert wird. Es ist somit eine Vergleichbarkeit mit der elektronischen Gesundheitskarte gegeben, die gemäß § 334 Abs. 1 S. 2 Nr. 3 SGB V n.F. einen Hinweis auf den Aufbewahrungsort einer Patientenverfügung geben kann. Einen tatsächlichen Zugriff auf einen Verfügungstext gewähren Notfallarmbänder bzw. Notfallhalsketten dagegen ebenfalls nicht.

Vorgeschlagen werden ferner – in Kombination mit einer Patientenverfügung – ein Stempelaufdruck, ein beschriftetes Pflaster oder auch temporäre Klebetattoos (anzubringen im Brustbereich des Patienten), um eine nicht gewünschte vorklinische Reanimation auszuschließen.[682] Mit den Worten „NO CPR" (no cardiopulmonary resuscitation) wird auf den Patientenwunsch hingewiesen, nicht reanimiert zu werden. Mit dem üblichen Entkleiden des Notfallpatienten in der Reanimationssituation stößt der Rettungsdienst unvermittelt auf einen entsprechenden, in der Herzregion angebrachten Hinweis. Eine Kenntnisnahme im Rahmen von Wiederbelebungsbemühungen ist folglich gesichert. Die leichte Abwaschbarkeit bzw. Möglichkeit der Entfernung spricht für eine jederzeitige Widerrufbarkeit. Allerdings wird die Schriftform nicht gewahrt. Ferner ist nur die allgemein geäußerte Therapieentscheidung, keine Wiederbelebung zu wünschen, ersichtlich. Insgesamt kann bei Stempelaufdrucken, Pflastern und temporären Klebetattoos auch die Ernsthaftigkeit einer lebensbeendenden Behandlungsentscheidung nicht mit Sicherheit festgestellt werden.

Berichtet wurde in der Vergangenheit überdies von auf den Oberkörper tätowierten Patientenanweisungen zum Unterlassen lebenserhaltender Maßnahmen.[683] Auch bei derartigen Tätowierungen erscheint bereits die Ernsthaftigkeit

---

682 Hierzu siehe https://www.nocpr.ch (zuletzt abgerufen am 03.10.2018).

683 Siehe hierzu die Berichterstattung auf http://www.spiegel.de/gesundheit/diagnose/patientenverfuegung-nicht-wiederbeleben-tattoo-verunsichert-aerzte-a-1181794.html (zuletzt abgerufen am 07.01.2020); vgl. auch Abb. 3 bei *Thöns/Schürrle/Korn*, RD 2019, 862 (866).

fraglich, um einen Patientenwillen rettungsdiensttauglich abzubilden.[684] Mit Entkleiden des Patienten bei Wiederbelebungsbemühungen wäre eine Tätowierung auf dem Brustkorb zwar unmittelbar ersichtlich. Dessen ungeachtet kann nicht verlangt werden, dass sich eine medizinische Behandlungsentscheidung für rettungsmedizinische Reanimationsmaßnahmen auf den Oberkörper tätowiert wird, da diese mit einer köperverletzenden Handlung einhergeht. Darüber hinaus ist die jederzeitige Widerruflichkeit – sofern denn von einer tauglichen Behandlungsentscheidung des Patienten mittels Tätowierung ausgegangen wird – zwar formfrei möglich. Um aber einen fortgeltenden Rechtsschein[685] einer tätowierten Patientenverfügung zu unterbinden, ist allerdings eine lasermedizinische Behandlung oder ein weiteres, abdeckendes Tattoo[686] erforderlich. Damit ist ein Widerruf insgesamt nur erschwert möglich. Dies widerspricht der gesetzgeberischen Wertung der jederzeitigen leichten Widerrufbarkeit der Patientenverfügung gemäß § 1901a Abs. 1 S. 3 BGB. Auch zeigen sich aktuell bei reanimationsverneinenden Tätowierungen mehr Bedenken als Nutzen, da Unsicherheiten hinsichtlich der Ernsthaftigkeit bestehen.[687] Tätowierte Behandlungsentscheidungen können damit lediglich als Indizien für den mutmaßlichen Patientenwillen dienen, ohne jedoch selbst eine Patientenverfügung i.S.d. § 1901a BGB zu sein.[688]

III. Zwischenergebnis

Eine tatsächliche Verbesserung in der effektiven Umsetzung von vorklinischen Patientenverfügungen wird durch die vorgestellten Lösungsansätze nur in Teilen erreicht. Notfallbögen verbessern die effektive Umsetzung gegenüber den sonstigen Abhilfemöglichkeiten. Jedoch überzeugen auch sie wegen Problemen bei Zugriff, Zuordnung und mangelnder Einheitlichkeit nicht durchgängig. Dagegen ermöglichen Notfallbögen den Patientenwillen im zeitkritischen Geschehen bei Zugriff, im Gegensatz zu mehrseitigen Patientenverfügungen, erkennbar

---

684 Vgl. *Cooper/Aronowitz,* Journal of General Internal Medicine 2012, 1383 (1383). Dies kann durchaus auch gegenteilig gesehen werden. Gerade eine Tätowierung behandlungsablehnender Entscheidungen des Patienten, können deren Ernsthaftigkeit unterstreichen.

685 Siehe zur Rechtsscheinsproblematik von Patientenverfügungen Teil 4, C. II. 2. d.

686 Sog. „Cover-Up".

687 *Holt/Sarmento/Kett/Goodman*, The New England Journal of Medicine 2017, 2192 (2192 f.).

688 *Thöns/Schürrle/Korn*, RD 2019, 862 (866).

abzubilden. Für die Erleichterung des rettungsmedizinischen Zugriffs erscheint wiederum der Lösungsansatz über einen Aufkleber auf der elektronischen Gesundheitskarte im Ansatz tauglich. Die anderweitigen Lösungsansätze überzeugen im Ergebnis dagegen nicht, um die praktisch-rettungsmedizinischen Probleme im Umgang mit Patientenverfügungen effektiv zu lösen. Allenfalls bieten sie Schritte in die richtige Richtung an.

C. Bewertung der tatsächlichen Möglichkeit der Umsetzung einer Patientenverfügung im Rettungsdienst und rechtliche Relevanz

Eine Auseinandersetzung der effektiven Möglichkeit der Umsetzung einer Patientenverfügung unter den vorklinischen Gegebenheiten erfolgt nunmehr in einer abschließenden tatsächlichen (I) und rechtlichen (II) Bewertung.

I. Bewertung des Tatsächlichen

Unabänderliche tatsächliche präklinische Faktoren sind die Zeitknappheit sowie eine Behandlungsaufnahme bei Indikation. Der beim Herz-Kreislauf-Stillstand herrschende hohe Zeitdruck mündet in einer rettungsmedizinischen Symptombehandlung und dessen Wettlauf gegen eine sauerstoffmangelinduzierte Schadensvertiefung auf Seiten des Notfallpatienten. In dieser Eile des Geschehens findet eine Behandlung initial statt und bindet hierdurch die Ressource Rettungsdienstmitarbeiter. Da ein zeitgleiches Eintreffen der Rettungsmittel mit weiteren Helfern möglich ist, aber nicht den Regelfall darstellt, ist eine ressourcenschonende Suche nach einer Patientenverfügung in dieser Phase faktisch nur möglich, wenn eine suffiziente Patientenversorgung in der Zwischenzeit gewährleistet wird. Für ein ersteintreffendes, regelmäßig mit zwei Mitarbeitern besetztes Rettungsmittel wird eine parallele Suche nach einer Patientenverfügung nur im Ausnahmefall möglich sein. Neben der aktiven Suche stellt die Auffindbarkeit einer Patientenverfügung ferner eine maßgebliche praktische Hürde in der Notfallmedizin dar.

Darüber hinaus hat der Notfallpatient derzeit kaum eine effektive Möglichkeit so mitzuwirken, wie zu verlangen ist, damit der Rettungsdienst Kenntnis und Zugriff auf dessen Patientenverfügung erhält. Kann sich der Notfallpatient nicht mehr artikulieren und existiert kein einheitlicher Aufbewahrungsort, entscheidet der Zufall über das Auffinden der Patientenverfügung durch den Rettungsdienst. Selbst wenn aber eine Patientenverfügung in der Vielfalt der Einsatzszenarien nach entsprechenden Anhaltspunkten entdeckt wird, können

Unsicherheiten hinsichtlich der vom Patienten getroffenen Entscheidungen bestehen und eine Reanimationseinleitung bei Indikation erfolgen[689] bzw. fortgesetzt werden.

Einen weiteren tatsächlichen Unsicherheitsfaktor bildet die Zuordnung der Patientenverfügung. Es ist ein Abgleich zwischen dem Namen und der Unterschrift des Patienten nötig, damit der konkrete Patient zu der gegenständlichen Patientenverfügung übereinstimmend zugeordnet werden kann. Eine Unterschrift oder ein Name allein gibt der Patientenverfügung jedoch noch kein „Gesicht". Erforderlich ist die rettungsmedizinische Feststellung der eindeutigen Urheberschaft des Patienten.[690] Zwar spricht bereits die Aufbewahrung eines Verfügungstextes dafür, dass bspw. ein Notfallbogen in der Geldbörse oder der Bewohnerakte auch dem konkreten Notfallpatienten als Urheber zuzuordnen ist. Völlige Sicherheit ist allerdings nicht gegeben, sodass die Gefahr des Missbrauchs und der Verwechslung besteht. Auch eine ärztliche Unterschrift auf einer Patientenverfügung, die als ein besonderes, die Selbstbestimmung des Patienten sicherndes Kriterium angeführt wird, um die aktuelle Aussagekraft jedenfalls von Arzt zu Arzt zu untermauern[691], erhöht deren Zuordnung und Berücksichtigungschancen nicht hinreichend. Zuzugestehen ist, dass ein Notarzt sowie ein nichtärztlicher Rettungsdienstmitarbeiter darauf vertrauen kann, dass ein Patient seinen Willen auf Basis ärztlicher Beratung geformt und ausgedrückt hat. Angebotene Beratungen zum Erstellen einer Patientenverfügung fördern einerseits die Verlässlichkeit des niedergelegten Patientenwillens aufgrund eines begleiteten Gesprächsprozesses zur Vorausplanung.[692] Andererseits werden auch hierdurch die tatsächlichen rettungsmedizinischen Rahmenbedingungen nicht vollumfänglich ausgeglichen. Die präklinischen Defizite in Zugriff und Umsetzung von Patientenverfügungen vermag auch ein Gesprächsprozess für die Errichtung nicht aufzulösen. Daneben wäre eine erhöhte Aussagekraft nur

---

689 *Janda*, MedR 2018, 778 (781).

690 *Fehn/Selen*, S. 337 f.

691 *Erbguth/Erbguth*, DMW 2016, 1484 (1491); *Rixen/Marckmann/in der Schmitten*, NJW 2016, 125 (128).

692 *Nauck/Marckmann/in der Schmitten*, AINS 2018, 62 (62). Gemäß § 132g Abs. 1 S. 3 SGB V können u.a. Notfallszenarien und mögliche Notfallsituation – namentlich bei Patienten in Pflegeeinrichtungen – thematisiert und für die Zukunft festgehalten werden. Außerhalb einer Versorgungseinrichtung ist ein Gesprächsprozess ebenfalls möglich, vgl. https://www.div-bvp.de/ (zuletzt abgerufen am 14.10.2019). Vgl. auch *in der Schmitten/Rixen/Marckmann*, in: Coors/Jox/in der Schmitten, S. 288 ff. Kritisch dagegen *Zuck*, in: Quaas/Zuck/Clemens, § 68, Rn. 228 ff.

bei einer vereinheitlichten und verfestigten Beratungsstruktur gegeben, die derzeit nicht existiert. Derweil kann eine ärztliche Unterschrift nur bestätigen, dass eine Beratung stattgefunden hat. Über die nicht einheitlich gestalteten Inhalte dieser Beratung hingegen gibt auch die ärztliche Unterschrift gegenwärtig keine Auskunft. Darüber hinaus wird die Sicherung der Zuordnung einer Patientenverfügung zum konkreten Notfallpatienten durch eine ärztliche Unterschrift nicht gefördert.

Zudem kann eine Patientenverfügung inhaltlich bei lebensnaher Betrachtung erst im Verlauf des Notfalleinsatzes, stets vor dem Hintergrund des parallelen Versuchs des Lebenserhalts, erfasst werden. Lässt der Patientenzustand die inhaltliche Prüfung von dessen Verfügung zu, ist diese auch vorzunehmen.[693] Eine hinausgezögerte inhaltliche Prüfung kann nur über die Gebundenheit in der unmittelbaren Patientenbehandlung gerechtfertigt werden, wohingegen eine fremdbestimmt fortgesetzte Behandlung entgegen den Willen des Patienten unzulässig ist.[694] Tatsächlich bleiben Patientenverfügungen aber auch bei Zugriff im Rettungsdienst häufig unberücksichtigt, obwohl die vorklinische Informationsarmut durch eine Patientenverfügung erhellt werden kann.[695] Einerseits ist dies dem Umstand geschuldet, dass der Inhalt einer Patientenverfügung oftmals nicht in gebotener Kürze die vom Patienten gewünschte Behandlungsrichtung abbildet. Umfangreiche Patientenverfügungen sind für den präklinischen Behandler kaum nachvollziehbar und dementsprechend in der Hektik des Einsatzgeschehens nicht umsetzbar. Andererseits existiert ein nicht überschaubares Angebot an Vordrucken und Textbausteinen zum Erstellen einer Patientenverfügung, die problemlos im Internet zu finden sind. Die Vielfalt an Patientenverfügungen und entsprechend vorformulierten Formularen sorgt dafür, dass bei Zugriff rettungsmedizinisch zunächst die Formularstruktur nachvollzogen werden muss. In der inhaltlichen Gliederung seiner Behandlungswünsche ist der Patient vollkommen frei. Denkbar ist, dass erst inmitten einer mehrseitigen Verfügung antizipierte Behandlungswünsche in einem Fließtext zu einem Herz-Kreislauf-Stillstand zu finden sind.[696] Die Vielfalt an Formularen und Möglichkeiten selbstbestimmte Entscheidungen auszudrücken, ist zum einen besonders

---

693 BT-Drs. 16/8442, S. 7.

694 *Höfling*, NJW 2009, 2849 (2852).

695 *Salomon*, N+R 2018, 199 (200).

696 Vgl. hierzu die Beispiele zu einer individuellen Patientenverfügung des BMJV, Patientenverfügung, S. 35 ff. (Stand: 01.08.2019), abrufbar unter https://www.bmjv.de/DE/Service/Formulare/Formulare_node.html (zuletzt abgerufen am 17.10.2019).

geeignet, um den eigenen Willen darzulegen. Zum anderen ist diese Vielfalt aus notfallmedizinischer Perspektive auch abträglich, weil notfallrelevante Informationen nicht immer auf „den ersten Blick" auf der ersten Seite einer Patientenverfügung übersichtlich aufgeführt werden. Derzeit gibt es keine überschaubare Anzahl einheitlicher Formulare. Dies sorgt dafür, dass sich keine rettungsmedizinische Routine in der Handhabe mit Patientenverfügungen einstellt,[697] was auch an dem individuellen äußeren Gestaltungsspielraum einer Patientenverfügung liegt. Handelsübliche Formulare und Unterschiede müssen nach alledem den Rettungsdienstmitarbeitern bekannt sein, weshalb auch die Einbindung des Rettungsdienstes in den empfohlenen Gesprächsprozess zum Erstellen einer Patientenverfügung gefordert wird.[698] Unter der derzeitigen Angebotsvielfalt an Vordrucken und Formulierungsvorschlägen zu Patientenverfügungen ist dies gegenwärtig nicht zu leisten. Nicht notwendig ist zudem, dass der Patient ein vorformuliertes Formular nutzt. Möglich ist ebenfalls das handschriftliche Verfassen einer Patientenverfügung mit eigener Gliederung und Schwerpunktsetzung, ohne sich eines handelsüblichen Vordrucks zu bedienen. Sowohl bei Zugriff auf einen vorformulierten Formularvordruck als auch einer individuell händisch erstellten Patientenverfügung muss der Rettungsdienst die konkrete Patientenverfügungsgliederung visuell „verstehen", den Verfügungstext dann inhaltlich auswerten, um anschließend den Patientenwillen umsetzen zu können.

Festzuhalten bleibt somit das Folgende: Momentan existiert keine einheitliche Systemstruktur. Weder in Fragen von Aufbewahrung und Zugriff noch in Fragen inhaltlicher Ausgestaltung und äußerlicher Aufmachung von Patientenverfügungen. Hinzu treten die Zeitknappheit und die Zuordnung zum Patienten bei begrenzten präklinischen Personalressourcen. Tatsächlich bedarf es einer einheitlichen Struktur aus Patienten- und rettungsmedizinischer Sicht, um praxistauglich den aktuellen Patientenwillen umsetzen zu können. Unter der Vielfalt an Optionen in der Ausgestaltung rettungsdienstrelevanter Patientenverfügungen leidet schlussendlich die vorklinische Berücksichtigung der Patientenselbstbestimmung. Insgesamt ist aus tatsächlichem Blickwinkel die Umsetzung der

---

697 Im Gegensatz hierzu ist bspw. Notärzten das bundesweit einheitlich gefasste Dokumentationsformular zum Notarzteinsatz geläufig (Notarzteinsatzprotokoll der Deutschen Interdisziplinären Vereinigung für Intensiv- und Notfallmedizin, kurz „DIVI-Protokoll"). Der entsprechende Dokumentationsbogen ist routiniert ausfüllbar und sorgt für das Festhalten aller relevanten Einsatzinformationen zum Patienten, die für eine schnelle Übergabe in der Notaufnahme nötig sind.

698 *Rixen/Marckmann/in der Schmitten*, NJW 2016, 125 (127 f.).

Patientenverfügung unter den gegebenen Rahmenbedingungen damit oftmals nur zufallsabhängig und im Einzelfall möglich.

II. Rechtliche Relevanz der tatsächlichen Einflussfaktoren

Die aufgezeigten Faktoren der mangelnden Umsetzung vorklinisch relevanter Patientenverfügungen auf tatsächlicher Ebene weisen unter rechtlichen Gesichtspunkten darauf hin, dass im Regelfall eine nur unzureichende Selbstbestimmungsberücksichtigung gewährleistet ist. Lebenserhaltende Rettungsbemühungen scheinen stets zu überwiegen. Ausgangspunkt des geltenden Medizinrechts soll aber der mündige Patient sein[699], dessen persönlichen Behandlungswünsche Beachtung finden sollen.[700] Als eigenverantwortlich handelndes Subjekt obliegt allein dem Patienten die Entscheidung über durchzuführende medizinische Maßnahmen, die in dessen körperliche Integrität bzw. die eigene Gesundheit eingreifen.[701] Als Ausdruck der Patientenselbstbestimmung zielen Patientenverfügungen regelmäßig auf den Tod durch den Abbruch lebenserhaltender Maßnahmen.[702] Eine patientenfokussierte Rettungsmedizin muss also den Notfallpatienten in seiner Gesamtheit sehen und folglich auch dessen selbstbestimmt getroffenen Entscheidungen mit in die Rettungsbemühungen einbeziehen. Andernfalls droht eine fremdbestimmte Behandlung, die mitunter in einer Lebensverlängerung münden kann, welche aus Sicht des Patienten eine unnötige Leidensverlängerung darstellt.[703] Oftmals wird aber der rettungsmedizinische Lebensschutz als überwiegendes Kriterium impliziert, was mit dem vorklinischen Einsatzgeschehen gerechtfertigt wird.[704] Dies stellt das handlungsleitende Vorgehen in Zweifelsfällen dar. Allerdings reicht die Selbstbestimmung, einfachgesetzlich über § 1901a Abs. 3 BGB konkretisiert, in den vorklinischen Bereich vollumfänglich hinein. Da einem Notfallpatienten das uneingeschränkte Selbstbestimmungsrecht anhaftet[705] ist dieses auch in einer extremen Notlage, wie sie typischerweise in der Rettungsmedizin vorkommt, zu

---

699 *Stegers*, ZMGR 2010, 129 (130).

700 BT-Drs. 17/10488, S. 9; vgl. auch BVerfGE 52, 131 (178 f.).

701 BT-Drs. 17/10488, S. 23, zu etwaigen Ausnahmen (bspw. Zwangsbehandlungen bei psychischen Erkrankungen) siehe *Mazur/Kießling*, MedR 2019, 792 ff.

702 *Magnus*, S. 224.

703 *Panagopoulou-Koutnatzi*, S. 38 f.

704 Bspw. *Bossaert*, et al., N+R 2015, 1035 (1040); *Duttge*, medstra 2019, 266 (271); *Erbguth/Erbguth*, DMW 2016, 1484 (1489 f., 1491); *Putz*, FPR 2012, 13 (15).

705 Vgl. BVerfGE 52, 131 (174); *Erbguth/Erbguth*, DMW 2016, 1484 (1485).

beachten. Die über eine Patientenverfügung ausgeübte Selbstbestimmung zum Therapieverzicht kann sich nunmehr ausdrücklich gegen die generelle rettungsmedizinische Vorgehensweise richten, Leben zu erhalten und den Patiententransport in eine Zielklinik zu gewährleisten.[706] Wünscht der Patient dagegen im Notfall eine Maximaltherapie mit anschließendem Klinikaufenthalt, ist keine Patientenverfügung nötig, da rettungsmedizinisch ohnehin indizierte lebenserhaltende Maßnahmen eingeleitet werden, um ein Überleben des Notfallpatienten zu sichern.[707]

Mit dem einsatzabhängig zunehmenden Informationsgewinn des Rettungsdienstes über selbstbestimmt getroffene Behandlungsentscheidungen des Patienten ändert sich nun aber die rechtliche Bewertung der vorklinischen Situation: Der zunächst im Vordergrund stehende Lebensschutz wird durch die Selbstbestimmungsausübung des Notfallpatienten mitunter relativiert, eingegrenzt oder aber verdrängt, indem die Einwilligung zum Wiederbelebungsversuch verweigert wird. Zur Kenntnisnahme eines entsprechend niedergelegten Patientenwillens ist vorklinisch wiederum notwendigerweise eine Schwebephase gegeben, um Zugriff auf die Patientenverfügung zu erhalten. Unausweichlich existiert eine Phase der Willensermittlung, damit in deren Folge der Patientenwille umgesetzt werden kann. Notgedrungen beginnt bereits die präklinische Notfallbehandlung, obwohl ein entgegenstehender Wille des Patienten niedergelegt, dieser aber noch nicht bekannt ist. Dieses Vorgehen bei Reanimationspflichtigkeit entspricht wiederum dem leitliniengerechten Handeln, welches einen schnellen Reanimationsbeginn bei Indikation beinhaltet und somit als rettungsmedizinischer Standard nicht zu beanstanden ist.[708] Während der Willensermittlung dienen die primär eingeleiteten Wiederbelebungsmaßnahmen dem Notfallpatienten, um einerseits dessen Leben zu erhalten und andererseits eine selbstbestimmt getroffene Behandlungsentscheidung rettungsmedizinisch zu erfassen. Zunächst wird also während der Willensermittlung versucht, das Ableben des Notfallpatienten zu verhindern. Erfolgt aber trotz sicherer Kenntnis des entgegenstehenden niedergelegten Patientenwillens eine Behandlung des Notfallpatienten, liegt eine Missachtung einer erkennbaren, selbstbestimmten Patientenentscheidung vor. In einer unreflektierten, um jeden Preis und stets bewusst erfolgenden Lebenserhaltung unabhängig vom Patientenwillen liegt

706 Vgl. nur § 2 Abs. 2 RettG NRW.
707 Vgl. *Magnus*, S. 224; *Reus*, JZ 2010, 80 (83).
708 *Bossaert*, et al N+R 2015, 1035 (1040).

mitunter ein nicht zu rechtfertigendes Handeln vor.[709] Anfängliche rettungsmedizinische Reanimationsmaßnahmen unmittelbar nach Eintreffen des Rettungsmittels werden mit Blick auf das zeitkritische Akutgeschehen und mögliche Sekundärfolgen hingegen unternommen werden müssen, um auf das primär objektiv sinnvolle Behandlungsziel – den Lebenserhalt – hinzuarbeiten. Dieser steht mit Eintreffen der Rettungsmittel im Vordergrund, um die Notlage des Patienten medizinisch beherrschbar zu machen und dessen Überleben zunächst zu sichern.

Mit Kenntnisnahme des niedergelegten Patientenwillens gewinnt im weiteren Verlauf eines Notfalleinsatzes aber der ebenfalls verfassungsrechtlich abgesicherte, die Patientenselbstbestimmung gewährende Aspekt zunehmend an Bedeutung. Lebensschutz und Selbstbestimmungsrecht des Patienten sind somit in ein angemessenes Verhältnis zu bringen.[710] Die rechtliche Gewichtung vom primär überwiegenden Lebenserhalt durch rettungsmedizinisches Vorgehen, wandelt sich zu einer in den Vordergrund rückenden Berücksichtigung und Verwirklichung des Selbstbestimmungsrechts. Dies entspricht der gesetzgeberischen Entscheidung, die der Selbstbestimmung gegenüber dem Lebensschutz Vorrang einräumt.[711] Der maßgebliche Behandlungsschwerpunkt ändert sich rechtlich mit steigendem Informationsgewinn über den tatsächlichen Patientenwillen durch die Patientenverfügung: Bildlich gesprochen löst sich ein Pendel, von der das Leben des Notfallpatienten erhaltenden, und bewegt sich in die Richtung der die Selbstbestimmung gewährenden und unterstützenden Seite. Diese Loslösung von seinem ursprünglich lebensschützenden Ausgangspunkt beginnt ab dem Zeitpunkt des Zugriffs auf eine Patientenverfügung und schwingt mit rettungsdienstlicher Auswertung des vorausverfügten Inhalts einer

---

709 Vgl. *Hufen*, JZ 2004, 313 (317); *ders.*, NJW 2018, 1524 (1526). Eine im Extremfall in Betracht kommende Würdeverletzung kann durch eine Reanimation, die nur „zum Schein" vorgenommen wird (sog. „slow code-Reanimation"), angenommen werden. Hierbei handelt es sich um lediglich symbolische, halbherzige Wiederbelebungsmaßnahmen, trotz sicherer Aussichtslosigkeit des Überlebens des Patienten bzw. einem bereits eingetretenen sicheren Tod. In der Außenwirkung soll dieses Vorgehen den Rettungsdienst nicht untätig erscheinen lassen. Als irreführende Vorgehensweise (bspw. aus Konfliktscheu gegenüber Angehörigen als Überbringer der Todesnachricht) kann dieses Vorgehen die Würde des Verstorbenen missachten. Hierzu *Bossaert*, et al., N+R 2015, 1035 (1041); vgl. auch *Fischer*, StGB, Vor. §§ 211-217, Rn. 39 f.; *Sefrin/Kerner/Dörges*, Notarzt 2019, 16 (20); Mohr/Gerth/Janssens, N+R 2017, 602 (605).

710 *Tamm*, VuR 2009, 449 (450).

711 Vgl. etwa BGHZ 221, 352 (359) m.w.N.; *Tamm*, VuR 2009, 449 (457 f.).

Patientenverfügung weiter in Richtung Selbstbestimmungsberücksichtigung und Verwirklichung des Patientenwillens. Dies ist der Prozess der Willensermittlung. Wird der tatsächliche Wille des Notfallpatienten mittels Patientenverfügung erfasst, schlägt das Pendel aus rechtlicher Sicht vollumfänglich auf die nunmehr überwiegende Seite der vorausverfügten Selbstbestimmung um. In diesem „pendelnden" bzw. „schwingenden" Verfahren ist eine Behandlung in der Übergangsphase der Willensermittlung rechtlich durch den mutmaßlichen Willen gerechtfertigt. Ab Kenntnis des tatsächlichen, antizipierten Patientenwillens ist die Behandlung wiederum an der schriftlich ausgedrückten Selbstbestimmung zu messen. Mit inhaltlicher Kenntnisnahme und Übereinstimmung einer Patientenverfügung auf die konkrete Situation schlägt der rettungsmedizinische Lebensschutz in die Pflicht zur Selbstbestimmungsberücksichtigung des Notfallpatienten um. Die mutmaßliche Einwilligung vermag eine Behandlung bei erkennbar entgegenstehendem Patientenwillen nicht mehr zu rechtfertigen. Hieraus folgt ein maßgeblicher Einfluss der tatsächlichen Gegebenheiten. Der Zugriff und die inhaltliche Ausgestaltung der Patientenverfügung auf die rechtliche Würdigung sind, für die rettungsmedizinische Feststellung, welcher grundgesetzlich abgesicherter Gewährleistungsgehalt – Lebensschutz oder Selbstbestimmungsgewährung – akut überwiegt, entscheidend. Die tatsächlichen Schwierigkeiten auf dem Weg zur Umsetzung einer Patientenverfügung dürfen die rechtlich abgesicherten Gewährleistungen des Lebensschutzes und der Selbstbestimmung aber nicht so weit zurückdrängen, dass es zu einer faktischen Relativierung der Patientenselbstbestimmung kommt und stets nur der rettungsmedizinische Lebensschutz im Vordergrund steht.[712] Andernfalls schwingt, um beim Bild des Pendels zu bleiben, dieses nicht vollumfänglich zu seinem patientenseitig vorausbestimmten Ziel, der Selbstbestimmungsberücksichtigung und Verwirklichung des Patientenwillens. Vielmehr wird das rechtliche Ziel der präklinischen Willensberücksichtigung nicht erreicht.

Aufgrund der aufgezeigten tatsächlichen Rahmenbedingungen fokussiert sich der Rettungsdienst derzeit regelmäßig auf den Lebenserhalt des Patienten, da bereits kein flächendeckender Zugriff auf eine Patientenverfügung gegeben ist, die sich in eine einheitliche Systemstruktur eingliedert. Eine effektive Verwirklichung des Selbstbestimmungsrechts ist daher präklinisch nicht gegeben und mit den gegeben Kommunikationsmöglichkeiten auch nicht erreichbar. Besteht dagegen tatsächlich nicht die Möglichkeit in einem engen Zeitfenster der Patientenverfügung habhaft zu werden, sie sorgfältig zu lesen und mit der

712 Andeutend in diese Richtung *Bossaert*, et al., N+R 2015, 1035 (1040).

gegebenen Notsituation zu vergleichen, um diese sodann umzusetzen, überwiegt die, aus ex ante Sicht, vernünftige Entscheidung zum Lebenserhalt durch einen Wiederbelebungsversuch.[713] Richtig ist sicherlich, dass die rettungsdienstliche Fortführung der Behandlung das „geringere Übel" im Gegensatz zur Verkennung des Patientenwillens und eines tatsächlich vom Patienten nicht gewünschten Behandlungsabbruchs darstellt.[714] Immerhin muss im Einzelfall der jeweilige rettungsmedizinische Entscheidungsträger, sei es Notarzt oder die nichtärztlichen Mitarbeiter, die Entscheidung treffen, ob eine passgenaue Patientenverfügung gegeben ist, die nunmehr in der konkreten Behandlungssituation auch umgesetzt werden muss.[715] Indem aber der Fokus momentan rettungsmedizinisch einseitig auf den Lebenserhalt gerichtet werden muss, weil die vorklinischen praktischen Unwägbarkeiten im Umgang mit Patientenverfügungen vorherrschen, tritt die Selbstbestimmung des Notfallpatienten regelmäßig zurück. Dies ist aber nicht das real wünschenswerte Ergebnis, denn so verliert die Patientenverfügung für die Präklinik ihren Sinn, der darin liegt, eine eigenverantwortlich vorab getroffene Behandlungsentscheidung bei Einwilligungsunfähigkeit zu kommunizieren.[716] Aufgrund praktischer Schwierigkeiten im Umgang mit der in einer Patientenverfügung zum Ausdruck kommenden Selbstbestimmung findet derzeit keine effektive präklinische Berücksichtigung derselben statt. Die Abwägung zwischen überlebenssichernden Maßnahmen und freiheitsgewährender Selbstbestimmungsberücksichtigung wird dagegen rechtlich zu Gunsten der Selbstbestimmung des Patienten entschieden. Die tatsächlichen Probleme im Umgang mit Patientenverfügungen im Rettungsdienst schlagen derweil auf die rechtliche Ebene durch und sorgen dafür, dass im vorklinischen Regelfall die Selbstbestimmung des Patienten verdrängt wird. Patientenseitig nicht gewünschte Wiederbelebungsmaßnahmen rücken in den Vordergrund, in deren Folge ein Patiententransport in ein Krankenhaus stattfinden kann. Dies führt ferner dazu, dass die Entscheidungsverantwortung innerhalb der Rettungskette an die Notaufnahme weitergereicht wird.[717] Nachdem die Selbstbestimmung vorklinisch unberücksichtigt geblieben ist, muss sich das aufnehmende Krankenhaus nunmehr um Aufklärung bemühen. Zu diesem Zeitpunkt befindet sich der Notfallpatient allerdings bereits in der Situation, die

---

713 Vgl. *Boll*, S. 101 f.

714 Vgl. *Boll*, S. 101 f.

715 Vgl. *Verrel*, in: May/Kreß/Verrel/Wagner, S. 89 f.

716 *Kreß*, ZRP 2005, 139 (140).

717 *Erbguth/Erbguth*, DMW 2016, 1484 (1484).

er durch den vorausgreifenden Ausschluss von Wiederbelebungsbemühungen persönlich ausschließen wollte und die die Motivation zum Erstellen einer Patientenverfügung darstellte. Eine Patientenverfügung ist damit im Vorfeld unwiederbringlich unberücksichtigt geblieben.

D. Zwischenergebnis

Eine temporäre vorklinische Behandlung entgegen dem tatsächlichen Patientenwillen, (vermeintlich) gerechtfertigt über den mutmaßlichen Willen und den Lebensschutz, bildet die Regel im derzeitigen Umgang mit vorklinisch relevanten Patientenverfügungen. Dabei ist das rechtliche Fundament eindeutig, sobald der Inhalt der Patientenverfügung erfasst wurde: Der selbstbestimmt getroffene Patientenwille mit dem Wunsch nach Therapiebegrenzungen überwiegt dem indizierten Lebenserhalt auch in zeitkritischen Akutlagen. Die rechtliche Gewichtung vom initial überwiegenden Lebensschutz ändert sich hin zur Umsetzung des patientenseitig ausgeübten Selbstbestimmungsrechts. Den Rettungsdienst trifft infolgedessen die Rechtspflicht der Umsetzung von passgenauen Patientenverfügungen. Allerdings ist dieser Soll-Zustand unter den gegebenen, tatsächlichen Rahmenbedingung kaum effektiv erreichbar. Die Folge ist die zufallsabhängige präklinische Beachtung eines schriftlich vorausverfügten Patientenwillens. Dies gipfelt mitunter in einer unzulässigen Übertherapie zum vermeintlichen Wohl des Patienten am Lebensende.[718] Die Situation, die ein Notfallpatient mit einer vorausverfügten Therapiebegrenzung für sich zu vermeiden versuchte, tritt ein. Dieser Befund ist das Resultat davon, dass keine einheitliche Systemstruktur gegeben ist, die eine effektive Umsetzung der Patientenverfügung im Rettungsdienst gewährleistet. Problematisch ist insbesondere die an vielen Stellen für den Rettungsdienst ungeeignete und defizitäre Kommunikationsstruktur, die Patientenverfügungen derzeit bieten können.

---

718 *Druml/Druml*, Med Klinik 2019, 194 (194).

Teil 4 – Register digitalisierter Patientenverfügungen für den Rettungsdienst

Nachdem die Grundlagen der rettungsmedizinischen Rahmenbedingungen, das Selbstbestimmungsrecht und die hieraus folgende Möglichkeit, einen Therapieverzicht in einer Patientenverfügung schriftlich zu fixieren, dargelegt worden sind, wurde die Geltung der Patientenverfügung im Rettungsdienst besprochen. Hieraus ergab sich die rechtliche Bindungswirkung und Umsetzungsverpflichtung passgenauer Patientenverfügungen für alle an der Notfallrettung beteiligten Akteure. Im Anschluss zeigte sich in einer Analyse der derzeitigen Praxisanwendung von Patientenverfügungen im Rettungsdienst, dass die Umsetzung des Patientenwillens auch vom Zufall geprägt ist. Unwägbarkeiten sind vorklinisch zum einen insbesondere der mangelnde flächendeckende Zugriff und zum anderen die zügige Ermittlung des Patientenwillens. Derzeit angebotene Abhilfemöglichkeiten, wie Notfallbögen, die den Patientenwillen kurz und übersichtlich wiedergeben, um einen Therapieverzicht effektiv dem Rettungsdienst zu kommunizieren, erwiesen sich als nicht vollumfänglich tragfähig, da auch hier zunächst ein Zugriff gegeben sein muss. Daher wird nunmehr der Frage nachgegangen, ob und wie die fortschreitende Digitalisierung im Gesundheitswesen einen tauglichen Lösungsansatz bieten kann, um eine Patientenverfügung in der Notfallrettung zu berücksichtigen. Angelehnt und auf Basis jetziger rechtlicher Grundlagen wird versucht, einen Ansatz mit Weitblick zu schaffen, welcher die effektive Umsetzung von Patientenverfügungen im präklinischen Rettungsdienst zukünftig zumindest fördern kann. Da die Digitalisierung in nahezu allen Bereichen der heutigen Gesellschaft beharrlich voranschreitet, wird hierauf zurückgegriffen. Denn wo Analoges durch Digitales ersetzt oder unterstützt werden kann, wird diese Möglichkeit häufig genutzt und in den Alltag integriert.[719] Auch die Entwicklung digitaler Anwendungen und Assistenzsysteme

---

719 Bspw. über Apps, Streamingdienste oder das Online-Banking; siehe auch *Dierks*, DuD 2006, 142 (143). Siehe auch BT-Drs. 19/21650, S. 6: „Die Digitalisierung verändert die Art zu leben für alle Generationen grundlegend und in großer Geschwindigkeit. Die Frage lautet nicht, ob wir zu einer digitalen Gesellschaft werden, sondern vielmehr wie es uns gelingt, den Wandel so zu gestalten, dass die Digitalisierung ihre Versprechen für ein besseres Leben und eine lebendige Demokratie einlöst."

in und für medizinische Kontexte weist ein hohes Innovationstempo auf,[720] die sich ebenfalls auf die präklinische Notfallversorgung fokussieren.[721] Derzeit werden u.a. die Implementierung eines Telenotarztsystems in die Regelversorgung[722] oder spezielle Notruf-Applikationen[723] (Apps) erprobt bzw. bereits eingesetzt[724]. Auch Smartphones sollen künftig einen Herz-Kreislauf-Stillstand erkennen können und eigenständig den Rettungsdienst alarmieren.[725] In diese generelle Schnittstelle digital unterstützter Hilfeleistungssysteme ließe sich auch eine digitalisierte Patientenverfügung einfügen, um dem Patienten die Möglichkeit zu bieten, die auch in der Notfallrettung uneingeschränkt geltenden, selbstbestimmt getroffenen Therapieentscheidungen[726] effektiv an den Rettungsdienst zu kommunizieren.[727] Hierfür müssen die vorausverfügten Informationen zum

---

720 Vgl. Entwicklungsüberblick bei *Sahm*, MedR 2019, 927 (928 f.).

721 Allgemein *Weichert*, DuD 2019, 622 (623): „[…] nicht übertrieben, wenn davon gesprochen wird, dass sich der Gesundheitsbereich derzeit durch die Digitalisierung revolutioniert."

722 Bspw. *Czaplik/Bergrath*, in: Fischer/Krämer, S. 319 ff.; *Katzenmeier/Schrag-Slavu*, S. 23 ff.; *Rossaint*, et al., N+R 2017, 410 ff. Den Vorteil bildet die jederzeitige Konsultationsmöglichkeit eines Telenotarztes durch den (nichtärztlichen) Rettungsdienst am Einsatzort. Gerade in ländlichen Einsatzgebieten mit geringer Notarztdichte und langer Anfahrt von Rettungsmitteln, kann mithilfe des Telenotarztes die Patientenbehandlung unter ärztlicher Mitwirkung erfolgen. Des Weiteren besteht über die Telenotarztzentrale Informationszugriff auf Fachdatenbanken (Leitlinien, Medikamentenwechselwirkungen, Giftinformationen), wodurch im Einsatz (ärztliches) Fachwissen ergänzt werden kann.

723 Bspw. *Thiele/Kramarz-von Kohout*, DuD 2019, 90 ff. die u.a. mittels einer Notruf-App die rettungsmedizinische Hilfeleistung in der Navigation in weitläufigen, unbesiedelten Naturflächen erleichtern wollen. Vgl. auch Ersthelfer-Alarmierungssysteme von Privatanbietern (hierzu z.B. https://corhelper.de/; zuletzt abgerufen am 17.02.2020), die den Therapiezeitraum bis zum Eintreffen des Rettungsdienstes auch mit Hilfe telemedizinischer Unterstützung überbrücken sollen.

724 Hierzu u.a. *Gross/Schanderl/Staedt/Elsner*, N+R 2019, 483 ff.; *Stroop*, et al., Notarzt 2015, 239 ff.

725 *Seewald/Jäkisch*, AINS 2020, 246 (247), die noch weitere Beispiele nennen.

726 Vgl. BVerfGE 52, 171 (173 f.); BGHZ 154, 205 (210 f.).

727 An dieser Stelle sei eingrenzend erwähnt, dass Ersthelfer innerhalb der nachfolgend spezifizierten Lösungsansätze ausgeklammert bleiben. Begründet ist diese Ausgrenzung damit, dass Ersthelfer wohl nicht über entsprechend notwendige Lesegeräte verfügen, die einen digitalen Verfügungstext anzeigen können. Des Weiteren sind Ersthelfer vorrangig mit Maßnahmen der ersten Hilfe gefordert, die – selbst bei Vorliegen einer Patientenverfügung – wohl ihrer uneingeschränkten Aufmerksamkeit bedürfen werden. Da ihnen darüber hinaus im Gegensatz zum professionellen

Notfallpatienten den Rettungsdienst am Ort des Notfallgeschehens aber auch erreichen.[728] Die Grundidee für einen effektiven Zugriff und eine Umsetzung der Patientenverfügung im Rettungsdienst basiert nunmehr auf dem Ansatz, dass ein Verfügungstext digital zentral und jederzeit abrufbar gespeichert wird. Erforderlich ist dafür ein als Text elektronisch gespeicherter Patientenverfügungsinhalt, der die Anforderungen des § 1901a BGB erfüllt, patientenseitig mitführbar und rettungsmedizinisch auslesbar ist. Wie ein analoger Notfallbogen ist der digitale Verfügungstext auf die Notfallsituation zuzuschneiden.

Als perspektivisches Lösungsmodell für einen effektiven präklinischen Umgang mit Patientenverfügungen wird nun ein elektronisches Patientenverfügungsregister in Betracht gezogen (A), auf welches eine rettungsmedizinische Zugriffsmöglichkeit besteht. Nach der konzeptionell-theoretischen Ausgestaltung eines entsprechenden Registers (B) rückt dessen technische und rechtliche Realisierbarkeit in den Vordergrund (C). Damit eine Registerlösung überhaupt einen Mehrwert für die präklinische Notfallrettung bieten kann, ist insbesondere ein praxisgerechter Zugriff auf digital hinterlegte Patientenverfügungen zu gewährleisten, was zum Abschluss dieses Kapitels näher erörtert und spezifiziert wird (D).

A. Elektronisches Patientenverfügungsregister

Aktuell existieren verschiedenste gesetzlich normierte Register oder befinden sich im Aufbau. Die Anwendungsbereiche dieser Register sind vielfältig. Sie reichen von der Registrierung von Implantaten[729], Vorsorgevollmachten[730], Testamenten[731], über handelsrechtlich relevante Eintragungen[732] bis hin zu eingetragenen rechtskräftigen Gerichtsentscheidungen[733]. Ein Register bietet

---

Rettungsdienst in aller Regel die situative Routine fehlt, soll Ersthelfern nicht abverlangt werden, sich parallel zur ersten Hilfe mit dem Abruf oder dem Auslesen einer digitalisierten Patientenverfügung zu befassen.

728 *Dierks*, DuD 2006, 142 (143): „move the information not the patient".

729 Gesetz zur Errichtung des Implantateregisters Deutschland und zu weiteren Änderungen des Fünften Buches Sozialgesetzbuch (Implantateregister-Errichtungsgesetz – EIRD) vom 12. Dezember 2019 (BGBl. I S. 2494); hierzu *Schweim/Schweim*, GuP 2019, 172 ff.

730 §§ 78 Abs. 2 Nr. 1, 78a BNotO.

731 §§ 78 Abs. 2 Nr. 2, 78c BNotO.

732 Bspw. §§ 8, 29 HGB.

733 §§ 3 ff. BZRG.

generell die zentrale Zusammenführung der nach dem Registerzweck spezifizierten Daten und ermöglicht deren einheitliche Abrufbarkeit. Bspw. können persönliche Daten, also Informationen, die sich gemäß Art. 4 Nr. 1 DSGVO u.a. auf eine identifizierte oder identifizierbare Person beziehen, über ein Register zu den verschiedenen auskunftsberechtigten Akteuren transportiert werden, nachdem sie dauerhaft elektronisch auf einem Datenträger fixiert bzw. zur Aufbewahrung erhoben und erfasst, folglich gespeichert wurden.[734] Die Hinterlegung von Patientenverfügungen in einer hierfür vorgesehenen Datenbank wurde in der Vergangenheit des Öfteren vorgebracht. Auch sucht der Gesetzgeber nach einem tauglichen kommunikativen Ansatzpunkt, um einen Hinweis auf die Existenz und den Aufbewahrungsort einer Patientenverfügung zu geben (I). Zu diesen derzeitigen Ansätzen wird im Anschluss Stellung bezogen und in Bezug auf ein perspektivisches zentrales Register für Patientenverfügungen gesetzt (II).

I. Ansatzpunkte

Die Schaffung eines zentralen Registers für Patientenverfügungen, unabhängig des rettungsmedizinischen Eilfalls, wird teilweise erwogen.[735] Zum einen ist dabei von einem zentralen Register für Patientenverfügungen die Rede[736], zum anderen auch von einem dezentralen Hinweis über eine mitführbare Karte, die auf ein zentrales Register hinweist[737]. Der Gesetzgeber nutzt wiederum die elektronische Gesundheitskarte als Hinweisinstrument, um die Existenz einer Patientenverfügung und deren Ablageort zu kommunizieren, vgl. § 334 Abs. 1 S. 2 Nr. 3 SGB V n.F. Eine elektronische Gesundheitskarte muss insbesondere geeignet sein, Hinweise eines Versicherten auf das Vorhandensein und den Aufbewahrungsort von Vorsorgevollmachten oder Patientenverfügungen nach

---

734 Vgl. *Arning/Rothkegel*, in: Taeger/Gabel, DSGVO/BDSG, Art. 4, Rn. 73, 76.

735 *Coeppicus*, ZRP 2003, 175 (178); *Diehn/Rebhan*, NJW 2010, 326 (330); *Diener*, in: BeckOGK/BGB, § 1901a, Rn. 80 ff.; *Gerth/Kettler/Mohr*, AINS 2005, 743 (745, 747); kritisch *Ulsenheimer*, Anaesthesist 2010, 111 (115, 117); *ders.*, in Laufs/Kern/Rehborn, HdArztR, § 133, Rn. 34. Vgl. auch *Buchner*, MedR 2016, 660 (662 f.).

736 *Fehn/Selen*, S. 337 f. plädieren für eine Hinterlegung von Patientenverfügungen bei der Leitstelle; zur kritischen Einstellung von Notärzten zu diesem Verwahrungsort *Gerth/Kettler/Mohr*, AINS 2005, 743 (747); *Coeppicus*, ZRP 2003, 175 (176 f., 178) und *Tamm*, VuR 2009, 449 (457) erwägen eine Registrierung von Patientenverfügungen bei den Krankenkassen.

737 *Choi*, S. 204 f. Hingewiesen wird des Öfteren auf die Registrierung einer Patientenverfügung im Vorsorgeregister der Bundesnotarkammer; bspw. *Diener*, in: BeckOGK/BGB, § 1901a, Rn. 80.

§ 1901a BGB verarbeiten zu können. Dabei handelt es sich allerdings nicht um ein zentrales Register im engeren Sinne, sondern um einen einheitlichen dezentralen Speicherort einer relevanten Information für medizinisches Personal auf der elektronischen Gesundheitskarte.[738] Der elektronischen Gesundheitskarte kommt diesbezüglich nur eine Hinweisfunktion zu, ohne dass ein vorausverfügter Wille unmittelbar bekannt wird. Die Vorschläge, die eine Hinterlegung einer Patientenverfügung in einem dafür vorgesehenen Register anmerken, erfolgen dabei ohne nähere Spezifikationen zur konkreten Ausgestaltung dieses Registers.[739] Demgegenüber werden Überlegungen der zentralen digitalen Hinterlegung einer Patientenverfügung in einem Register an sich bzw. einer Datenbank bisweilen auch abgelehnt. Begründet wird diese Ablehnung damit, dass zum einen die Datensicherheit nicht gewährleistet werden kann, da stetige Manipulationsgefahr bestünde.[740] Zum anderen wird gegen die zentrale Hinterlegung eines Verfügungstextes in einem Register vorgebracht, dass die Aktualität von Patientenverfügungen nicht gesichert sei.[741]

II. Stellungnahme

Die präklinischen, insbesondere zeitkritischen Rahmenbedingungen im Umgang mit Patientenverfügungen sind bereits ohne perspektivisch rechtliche und praktische Besonderheiten einer Digitalisierung von Informationen zum Patienten und dessen Willen für alle Beteiligten herausfordernd. Allerdings darf die rettungsmedizinische Ausnahmesituation nicht dazu führen, dass schlicht keine praktikable Lösung im vorklinischen Umgang mit Patientenverfügungen gefunden wird.[742] Durch einen kategorischen Ausschluss von Digitalisierungserwägungen einer Patientenverfügung und Speicherung in einem Register wird ein Grundpotential der Digitalisierung übersehen: Der digitale Hilfsmitteleinsatz kann ursprünglich analoge Prozesse und Lebensbereiche erleichtern und effektiver gestalten.[743] Eine denkbare Registeroption für das notfallmedizinische Dilemma im Umgang mit therapiebegrenzenden Patientenverfügungen[744] wird allerdings teils bereits in ihrem Ausgangspunkt verworfen bzw. nicht angedacht.

---

738 So *Zimmer*, DuD 2014, 394 (395) zu § 291a Abs. 3 S. 1 Nr. 9 SGB V a.F.

739 Vgl. *Choi*, S. 202 ff.; *Fehn/Selen*, S. 337 f.; *Coeppicus*, ZRP 2003, 175 (176 f., 178).

740 *Tamm*, VuR 2009, 449 (457).

741 *Tamm*, VuR 2009, 449 (457).

742 *in der Schmitten/Rothärmel/Rixen/Mortsiefer/Marckmann*, N+R 2011, 465 (472).

743 *Schmücker*, GuP 2016, 81 (87 f.).

744 Vgl. *Mühe*, et al., Palliativmed 2020, 27 (31).

Aufgrund der zufallsabhängigen Zugriffsproblematik überzeugen analoge Lösungsversuche über Notfallbögen nicht vollumfänglich. Auch die angesprochenen anderweitigen Abhilfemöglichkeiten[745] vermögen es nicht, bereits einen flächendeckenden rettungsmedizinischen Zugriff auf Patientenverfügungen im Notfalleinsatz zu gewährleisten. Darüber hinaus ist für die Notfallrettung durch den nach geltendem Recht möglichen Hinweis auf die Existenz und den Verwahrungsort einer Patientenverfügung über § 334 Abs. 1 S. 2 Nr. 3 SGB V n.F. kaum ein Mehrwert gegeben.[746] Begründet ist der mangelnde Mehrwert darin, dass bereits der tatsächliche Zugriff im Notfalleinsatz auf die Patientenverfügung nur bedingt erleichtert wird. Der Zugriff ist davon abhängig, ob sich der Rettungsdienst – nachdem die Information von einer aufgefundenen elektronischen Gesundheitskarte (notärztlich mittels elektronischen Heilberufsausweises) ausgelesen wurde – in der Nähe des Verwahrungsortes der Patientenverfügung befindet.[747] Bei den verschiedenen Einsatzorten entscheidet der Zufall über diesen Umstand. Ferner muss ein Rettungsdienstmitarbeiter abkömmlich von der parallel indizierten Patientenbetreuung sein, um gezielt die Patientenverfügung zu suchen.[748] Eine unmittelbare Verfügbarkeit der Patientenverfügung „am Ort des Geschehens" lediglich durch den Hinweis auf deren Existenz über die elektronische Gesundheitskarte bei mangelnder Ansprechbarkeit des Notfallpatienten ist nicht gegeben, lediglich die Information eines Vorhandenseins.[749] An den praktischen Interessen der Realität gehen diese Umstände damit vorbei. In Bezug auf den Zugriff auf Patientenverfügungen im Rettungsdienst weist der hier in Betracht gezogene und noch allgemein gehaltene hypothetische Lösungsansatz einer in einem Register gespeicherten digitalisierten Patientenverfügung demgegenüber sowohl für den Notfallpatienten als auch für den Rettungsdienst einen hohen objektiven Nutzen auf: Dem Patienten wird durch eine digitale Speicherung eines selbstbestimmt erstellten Verfügungstextes ermöglicht, mitwirkend bei Einwilligungsunfähigkeit in das Notfallgeschehen einzugreifen. Eine Kommunikation zwischen den Beteiligten wird erreicht. Eines stetigen Mitführens einer analogen Patientenverfügung bedarf es demnach nicht. Vielmehr wird

745 Hierzu siehe Teil 3, B. II.

746 A.A. *Zimmer*, DuD 2014, 394 (395) zur Vorgängerregelung des § 291a Abs. 3 S. 1 Nr. 9 SGB V a.F. Ähnlich wie hier *Meier*, in: Höfling/Otten/in der Schmitten, S. 212.

747 Hierzu bereits Teil 2, B. II. 3 und sogleich unter Teil 4, D. II.

748 Siehe hierzu Teil 2, B. II.

749 Vgl. *gematik*, Whitepaper Datenschutz Informationssicherheit, S. 29; ähnliche Erwägungen gelten für das Vorsorgeregister, welches der Notfallsituation nicht gerecht wird.

die rettungsmedizinische Problematik des Zugriffs auf eine Patientenverfügung relativiert, indem aus einem zentralen Register Verfügungstexte digital abrufbar werden.[750]

Aus rettungsdienstlicher Sicht wiederum kann die Information über die Existenz einer Patientenverfügung und deren Inhalt im Laufe des Einsatzes mithilfe eines Registers, bspw. durch Mitteilung der Leitstelle, direkt erlangt werden.[751] Als ein erster bedeutender Vorteil sticht heraus, dass damit das maßgebliche Problem des zufallsabhängigen Zugriffs auf Patientenverfügungen, wie es bei Schriftstücken je nach Einsatzsituation der Fall ist[752], entfällt. Die Patientenverfügung ist mithilfe eines zentralen Registers an einem einheitlichen Ort verwahrt und damit rettungsmedizinisch leicht abrufbar. Im häuslichen Umfeld eines Einsatzgeschehens, in der Öffentlichkeit oder aber einem Pflegeheim ist ein schneller Zugriff gewährleistet. Über einen präklinischen Zugriff auf ein Register wird zweitens ermöglicht, dass eine inhaltliche Kenntnisnahme eines digitalisierten Verfügungstextes über ein einheitliches, auf Rettungsmitteln mitführbares Lesegerät erfolgt.[753] Nach Anzeige auf einem Display kann drittens eine inhaltlich passgenaue, auf die Notsituation zutreffende Patientenverfügung infolgedessen präklinisch umgesetzt werden. Die Berücksichtigung der Selbstbestimmung des Patienten wird so i.d.R. nicht bis in die klinische Behandlungsphase aufgeschoben. Darüber hinaus ist bspw. ein Aktualitätsabgleich von auf Datenservern zentral hinterlegter Informationen technisch durchaus möglich.[754] Den Einwänden der Datensicherheit und dem Schutz vor Manipulationsgefahren kann durch risikoangemessene technische Sicherheitsstrukturen und einen festgelegten Kreis der Zugriffsberechtigten begegnet werden. Festzustellen ist damit, dass ein objektiver Nutzen des hypothetischen Lösungsvorschlages einer digitalen Patientenverfügung für den Notfall sowohl für den Notfallpatienten als auch den Rettungsdienst gegeben ist.

---

750 Bei der Nutzung eines entsprechenden Registers könnten ggf. wenig technikaffine Personen Hilfe benötigen. Insgesamt ist daher auf eine weitestgehend barrierefreie Handhabe zu achten, sollte ein Register für Patientenverfügungen geschaffen werden.

751 Hierzu siehe Teil 4, D. I.

752 Hierzu siehe Teil 2, B. III. und Teil 3, A. I.

753 Vgl. *Born*, et al., N+R 2017, 32 (36 f.). Derzeit existierende kabellose Kartenleser übermitteln die zu Abrechnungszwecken des Rettungsdiensteinsatzes erforderlichen Patienteninformationen, nachdem die Patientenkarte ausgelesen wurde.

754 Vgl. bspw. den Versichertenstammdatenabgleich zwischen Versicherten, Krankenkasse und Arztpraxis: *gematik*, Whitepaper Datenschutz Informationssicherheit, S. 25 f.

B. Konzeption eines elektronischen Patientenverfügungsregisters

Fraglich ist nunmehr, wie ein elektronisches Patientenverfügungsregister näher konzipiert werden kann und was sich hierdurch konkret für Notfallpatienten und Rettungsdienst verbessert. Entsprechende Anhaltspunkte und Rückschlüsse für ein Patientenverfügungsregister können aus den Vorgaben, die der Gesetzgeber für das Register für Erklärungen zur Organ- und Gewebespende vorgesehen hat, gewonnen werden.[755] Nachdem die gesetzliche Ausgestaltung des Registers für Erklärungen zur Organ- und Gewebespende dargelegt wurde (I), wird eine hieran angelehnte Konzeption eines Registers für Patientenverfügungen vorgestellt (II). Anschließend werden die auf ein Register für Patientenverfügungen übertragbaren Gemeinsamkeiten sowie wesentlichen Unterschiede zwischen den Erklärungsinstituten auf Basis der gesetzlichen Konzeption des Registers für Erklärungen zur Organ- und Gewebespende besprochen und zusammengefasst (III).

I. Ausgangspunkt: Register für Erklärungen zur Organ- und Gewebespende

Das in § 2a Abs. 1 TPG n.F. normierte Register für Erklärungen zur Organ- und Gewebespende wird beim Bundesinstitut für Arzneimittel und Medizinprodukte (BfArM) angesiedelt.[756] Künftig wird Bürgern ermöglicht, ihre Spendenbereitschaft in einem Online-Register zu dokumentieren. Über die Möglichkeit, eine Erklärung zur Organ- und Gewebespende im Register zu speichern, sollen verschiedene Stellen potentielle Spender regelmäßig informieren.[757] Zur Aufnahme

755 Vgl. § 2a des Gesetzes zur Stärkung der Entscheidungsbereitschaft bei der Organspende vom 16. März 2020 (BGBl. I S. 497). Gemäß Art. 5 des Gesetzes tritt dieses am 01.03.2022 in Kraft.

756 In BT-Drs. 19/11087, S. 3 wird das Online-Register noch beim Deutschen Institut für Medizinische Information und Dokumentation (DIMIDI) verortet, welches bspw. gemäß § 1 Abs. 1 SaRegG bereits das Samenspenderregister führt. Die Änderung und Zuordnung des Registers hin zum BfArM resultiert aus der Beschlussempfehlung BT-Drs. 19/16214, S. 14. Hiermit wird dem Umstand Rechnung getragen, dass das DIMIDI seit dem 02.01.2020 in das BfArM eingegliedert worden ist. Vgl. auch § 31b Abs. 1 S. 2 SGB V wonach das BMG die Errichtung und das Betreiben einer Referenzdatenbank für Fertigarzneimittel auf das BfArM übertragen kann.

757 Namentlich sind die zuständigen passausgebenden Stellen (§ 2 Abs. 1 S. 4 TPG n.F.), Hausärzte (§ 2 Abs. 1a TPG n.F.) und Fahrschulen (§ 19 Abs. 1 S. 3 FeV n.F.) angehalten, Informationen und Grundwissen zur Organ- und Gewebespende zu kommunizieren.

in das Register können zu jeder Zeit eigenständig Erklärungen zur Organ- und Gewebespende abgegeben, geändert oder widerrufen werden, § 2a Abs. 1 S. 2 TPG n.F.[758] Dabei ist ein Authentifizierungsverfahren vonnöten, welches mithilfe des Bundesamtes für Sicherheit in der Informationstechnik (BSI) festgelegt wird, § 2a Abs. 2 S. 1 TPG n.F. Ein auskunftsberechtigter Arzt oder Transplantationsbeauftragter kann hinterlegte Erklärungen des Registers abrufen und muss sich hierfür authentifizieren, um seine Berechtigung zum Erhalt der gespeicherten Informationen nachzuweisen, § 2a Abs. 2 S. 2, Abs. 4 TPG n.F. Die auskunftsberechtigte Person muss als eine solche beim BfArM benannt werden und darf weder an der Organ- oder Gewebeentnahme beteiligt sein noch den Weisungen eines Arztes unterstehen, § 2a Abs. 4 S. 1 TPG n.F. Gemäß § 2a Abs. 2 S. 3 TPG n.F. hat das BfArM die erforderlichen räumlichen, technischen und organisatorischen Maßnahmen zu treffen, um die im Register gesicherten Daten gegen unbefugtes Hinzufügen, Löschen oder aber Verändern zu schützen. Darüber hinaus darf keine unbefugte Kenntnisnahme oder Weitergabe der registrierten Erklärungen erfolgen können.

Neben der Erfassung einer Erklärung zur Organ- und Gewebespende in diesem Register ist potentiellen Spendern weiterhin eröffnet, eine entsprechende Erklärung noch anderweitig zu hinterlegen. Ausweislich des § 2 Abs. 2 S. 3 TPG n.F. gilt dann bei mehreren, sich widersprechenden Erklärungen die zuletzt abgegebene Erklärung.[759] Das gesetzgeberische Ziel zur Vereinfachung des praxisgerechten Umgangs mit Erklärungen zur Organ- und Gewebespende[760] wird hierdurch zwar nicht verfehlt. Es bleibt allerdings bei einer mangelnden einheitlichen Hinterlegungsmöglichkeit von Erklärungen zur Organ- und Gewebespende, da mindestens zwei weitere Hinterlegungsorte entsprechender Erklärungen möglich sind. Dies sind zum einen Patientenverfügungen, die eine Erklärung zur Organ- und Gewebespende enthalten können[761] und zum anderen elektronische Gesundheitskarten, auf denen gemäß § 334 Abs. 1 S. 2 Nr. 2 SGB V n.F. Erklärungen zur Organ- und Gewebespende (künftig) speicherbar

---

Dabei soll insbesondere die Information der Dokumentation bzw. Registrierung der Entscheidung Informationsgegenstand sein. Beispielhaft aus der künftigen Fassung des § 19 Abs. 1 S. 3 FeV: „Gegenstand der Schulung ist auch die Vermittlung von Grundwissen zur Organ- und Gewebespende einschließlich der Möglichkeit, die Entscheidung über die persönliche Spendenbereitschaft zu dokumentieren."

758 Vgl. die Altersgrenzen in § 2a Abs. 1 TPG n.F.

759 BT-Drs. 19/11087, S. 17 f.

760 BT-Drs. 19/11087, S. 14.

761 BT-Drs. 19/11087, S. 17.

sind. Dennoch sorgt das zentrale Register dafür, dass ein weit überwiegender Teil an Erklärungen zur Organ- und Gewebespende einheitlich gespeichert und abrufbar zugänglich wird. Dafür muss allerdings die Bevölkerung als potentielle Spender über die Möglichkeit einer zentralen Registrierung in Kenntnis gesetzt werden und welche konkreten Vorteile die Speicherung entsprechender Erklärungen in einem geeigneten Register mit sich bringt. Dieses Erfordernis sieht auch der Gesetzgeber und reagiert mit der angesprochenen Informationsvermittlung. Daneben bleibt einem potentiellen Spender weiterhin die Wahlmöglichkeit, auf „welchem Weg er sich zur Organ- und Gewebespende äußern möchte."[762] Die Nutzung des Registers bleibt freiwillig. Allerdings ist durch den Fortbestand mehrerer Hinterlegungsorte das Restrisiko gegeben, dass eine Anfrage beim Register ergibt, dass keine Erklärung zur Organ- und Gewebespende existiert, obwohl dies der Fall ist und eine entsprechende Erklärung lediglich anderweitig aufbewahrt wird. Damit besteht die Gefahr, dass ein potentieller Organspender nicht rechtzeitig berücksichtigt werden kann, was naturgemäß für einen möglichen Empfänger der Spende äußerst misslich wäre. Allerdings handelt es sich hierbei wohl um ein hinnehmbares Restrisiko, welchem nur mit einem gesetzlichen Zwang einer einheitlichen Hinterlegung im Register für Erklärungen zur Organ- und Gewebespende begegnet werden könnte. Die Abgabe einer Erklärung zur Organ- und Gewebespende soll aber gerade auf Basis einer informierten Auseinandersetzung mit der Thematik erfolgen und keinen Druck bei potentiellen Spendern aufbauen.[763] Die gesetzgeberisch intendierte Wahlmöglichkeit[764] stellt es möglichen Spendern gerade frei, den Aufbewahrungsort der Erklärung zur Organ- und Gewebespende selbst zu bestimmen. Das zentrale Register wird Spendern dabei als sinnvolle Option angeboten. Ob das Register tatsächlich genutzt wird, ist individueller Natur. Des Weiteren kann auch eine, mitunter unbegründete Gefahr der mangelnden Datensicherheit eine abschreckende Wirkung bei potentiellen Spendern gegenüber einer Registereintragung auslösen. Indem eine eigenständige Eintragung und die Bereitstellung von Informationen sowie die Abrufbarkeit nach Todesfeststellung des Spenders ermöglicht wird, bietet das Register für Erklärungen zur Organ- und Gewebespende dennoch insgesamt einen tauglichen Lösungsansatz, um die Organ- und Gewebespendenbereitschaft zu fördern und bundesweit einheitlich auf diese Erklärungen zugreifen zu können.

---

762 BT-Drs. 19/11087, S. 17.

763 Vgl. § 2 Abs. 1a S. 2, 3 TPG n.F.

764 BT-Drs. 19/11087, S. 17.

II. Konzeptvorschlag eines Patientenverfügungsregisters

Ein Register für Patientenverfügungen kann ebenso wie das Register für Erklärungen der Organ- und Gewebespende bspw. bei einem Bundesinstitut angesiedelt werden.[765] Wichtig ist dabei, dass eine Anbindung des Registers an die Telematikinfrastruktur erfolgt.[766] Dies bietet sich an, da hierdurch keine Einzellösung abseits tauglicher Strukturen im Gesundheitswesen geschaffen wird. Die Telematikinfrastruktur bietet ein interoperables sicheres Gesundheitsdatennetz, welches medizinische Akteure untereinander vernetzt. Über gesetzlich normierte sog. Anwendungen, wie der elektronischen Patientenakte (§ 334 Abs. 1 S. 2 Nr. 1 SGB V n.F.), kann der versicherte Patient an der Telematikinfrastruktur teilnehmen und Informationen zum Gesundheitszustand verschiedensten Erbringern medizinischer Leistungen zugänglich machen.[767] Als freiwillige Anwendung der Telematikinfrastruktur wird perspektivisch über die technische und organisatorische Verbindung der Zugriff auf ein entsprechendes Patientenverfügungsregister möglich. In Anlehnung an das Register für Erklärungen zur Organ- und Gewebespende sollen sich Patienten in der Konzeption eines zu schaffenden Patientenverfügungsregisters online registrieren und einen Verfügungstext eigenständig erstellen und zentral speichern können.[768] Eine ärztliche Beteiligung ist hierbei – wie derzeit auch – nicht erforderlich. Während des Speichervorgangs muss sich der Patient aber authentifizieren, damit die Echtheit und eine eindeutige Zuordnung eines digitalen Patientenverfügungstextes nachprüfbar möglich sind. Dieses Erfordernis deckt sich mit den Vorgaben zum Register für Erklärungen zur Organ- und Gewebespende. In Betracht kommt hierfür ebenfalls das Authentifizierungsverfahren, welches mithilfe des BSI nach § 2a Abs. 2 S. 1 TPG n.F. festgelegt wird. Bei Erklärungen zur Organ- und Gewebespende und Patientenverfügungen handelt es sich jeweils um höchstpersönliche Erklärungen deren Authentizität sicher bestimmbar sein muss. Im Hinblick

765 Vgl. zu diskutierten Speicherorten der Telematikinfrastruktur *Buchner*, MedR 2016, 660 (663).

766 Vgl. *Augsberg*, MedR 2016, 699 (703, 705), der sich ausdrücklich gegen die Wahl eines Speicherortes in Strukturen der organisatorischen Selbstverwaltung beim TPG stemmt.

767 Weiterführend zur Telematikinfrastruktur siehe Teil 4, C. I. 1.

768 Erforderlich wird wohl die erneute Erstellung bereits existierender Patientenverfügungen und ihrer Speicherung in einem Patientenverfügungsregister. Dieser Umstand wird auch beim TPG im Umgang mit bereits existierenden Erklärungen zur Organ- und Gewebespende in Kauf genommen.

und in Anlehnung an § 2a Abs. 3 S. 1 Nr. 1 TPG n.F. müssen personenbezogene Daten, wie der Vor- und Familienname, das Geburtsdatum und der Geburtsort, sowie jedenfalls die Anschrift, gespeichert werden, um überhaupt einen Abruf und eine Zuordnung aus einem Register zu ermöglichen.

Auch die Änderung bzw. der Widerruf oder eine Löschung ist jederzeit zu gewährleisten, was eine durchgängige ganzjährige Erreichbarkeit des Registers erfordert und vergleichbar zum Register für Erklärungen zur Organ- und Gewebespende technisch möglich ist. Strebt der Patient keinen Widerruf oder eine Löschung der registrierten Patientenverfügung an, muss diese grundsätzlich gespeichert bleiben. Eine Löschung einer registrierten Patientenverfügung kann aber nach Ableben des Patienten und Ablauf einer angemessenen Frist erwogen werden. Obwohl sich nah an den analogen Patientenverfügungsvoraussetzungen orientiert wird, die grundsätzlich kein Ablaufdatum aufweisen und dementsprechend für unbestimmte Zeit gelten, verliert eine Patientenverfügung mit Ableben des Erstellers ihr Zuordnungssubjekt.[769] Nach Ablauf einer angemessenen Frist ist konzeptionell denkbar, Patientenverfügungen – denen das Zuordnungssubjekt fehlt – aus einem Register zu löschen. Das TPG sieht bspw. verschiedene Aufbewahrungs- und Löschungsfristen vor, die sich zwischen 20 und 80 Jahren bewegen.[770] Hierdurch soll eine lückenlose Dokumentation von Organ- und Gewebespenden erreicht werden. Entsprechende Aufbewahrungspflichten bei einem Patientenverfügungsregister können sich in einem ähnlichen Zeitfenster bewegen.[771] Alternativ ist eine Anonymisierung gespeicherter Patientenverfügungen nach dem Tod und angemessenem Zeitablauf des Erstellers denkbar, wodurch ein Personenbezug zum Verfügungsinhalt dauerhaft nicht mehr möglich ist.[772] Für etwaige Forschungszwecke bleiben Verfügungstexte hierdurch aufgehoben und bspw. statistische inhaltliche Auswertungen sind möglich.

Da wie beim Register für Erklärungen zur Organ- und Gewebespende keine Verpflichtung der Nutzung eines Patientenverfügungsregisters angestrebt wird, kann sich perspektivisch die Situation ergeben, dass sowohl eine notfallrelevante

---

769 Aus Beweis- und Dokumentationszwecken bietet sich allerdings die weitere Verwahrung einer Patientenverfügung eines Verstorbenen an.

770 Vgl. §§ 15 Abs. 1, Abs. 2, 15h Abs. 1 S. 1, Abs. 2 TPG.

771 Alternativ kann sich auch an § 10 Abs. 3 MBO-Ä orientiert werden, der eine zehnjährige Aufbewahrung vorsieht.

772 Ausreichend ist eine sog. formale Anonymisierung, indem Name und andere identifizierende Merkmale wie das Geburtsdatum und der Wohnort vollständig aus der digitalen Patientenverfügung entfernt werden. Vgl. *Ziebarth*, in: Sydow, HK-DSGVO, Art. 4, Rn. 24 ff.

Patientenverfügung in Papierform als auch ein digitaler Verfügungstext von demselben Patienten erstellt wird. Notwendig ist dann wiederum die inhaltliche Deckungsgleichheit beider antizipierten Behandlungsentscheidungen, um Berücksichtigung zu finden. Hat der Rettungsdienst im Notfallgeschehen Zugriff auf eine analoge und die digitale Variante der Patientenverfügung, ist zunächst einzelfallabhängig fraglich, ob genügend Zeit für die jeweilige inhaltliche Kenntnisnahme mit nachgelagerter Übereinstimmungsprüfung möglich ist und sich analoge und digitale Patientenverfügung decken. Im Zweifelsfall sind die indizierten Maßnahmen auf Basis des mutmaßlichen Patientenwillens weiter durchzuführen. Eine präklinische Berücksichtigung des antizipiert niedergelegten Patientenwillens wird aller Voraussicht nach in einem derartigen Fall ausscheiden. Der Gesetzgeber löst dieses – aus dem im Umgang mit Erklärungen zur Organ- und Gewebespende bekannte – Dilemma, indem er der aktuelleren Erklärung, unabhängig der digitalen oder analogen Ausdrucksform, Vorrang einräumt.[773] Konzeptionell soll vergleichbar bei Schaffung eines Patientenverfügungsregisters verfahren werden.

Im Anschluss an die Authentifizierung des Erstellers wird eine digitalisierte Patientenverfügung im hiesigen konzeptionellen Vorschlag in einem elektronischen Register abgelegt und ist fortwährend für den Patienten online einsehbar. Inhaltliche Änderungen, Einschränkungen des lesenden Zugriffs, der Widerruf und eine Löschung der digitalen Patientenverfügung durch den Berechtigten sind jederzeit möglich. Erforderlich ist dafür ein Online-Registerzugriff, der per App[774] auf dem Smartphone, eKiosk[775] oder einem an das Internet

773 Vgl. BT-Drs. 19/11087, S. 17. Zur entsprechenden Feststellung ist die Datierung nötig.

774 Vgl. *gematik*, Whitepaper Datenschutz Informationssicherheit, S. 34 f. Über eine App soll der Versicherte zukünftig in Teilen die Anwendungen des § 334 Abs. 1 S. 2 SGB V n.F. einsehen und verwalten können. Ein Einsehen oder Verändern von Medikationsplänen und elektronischer Notfalldaten nach § 334 Abs. 1 S. 2 Nr. 4, 5 SGB V n.F. ist momentan nicht vorgesehen, § 336 Abs. 3 SGB V n.F., Änderungen sind demgegenüber allerdings bei persönlichen Erklärungen nach § 334 Abs. 1 S. 2 Nr. 2, 3 SGB V n.F. möglich, § 336 Abs. 1 SGB V n.F.

775 Ein eKiosk ist ein Selbstbedienungsterminal, der spezifizierte Anwendungen vorhält. Beispiele für eKioske sind Fahrkartenterminals, Ausleihterminals in Bibliotheken oder i.w.S. auch Geldautomaten. Über eine Benutzeroberfläche und einen Kartenterminal ist denkbar, dass eine digitale Patientenverfügung gespeichert wird. Der Gesetzgeber sieht vergleichbare Benutzeroberflächen und geeignete Endgeräte u.a. für einen barrierefreien Zugriff auf die elektronische Patientenakte vor, § 342 Abs. 2 SGB V n.F. Entsprechende Patiententerminals können bspw. in Geschäftsstellen von Krankenkassen aufgestellt werden.

angeschlossenen Computer möglich ist. Der Patient soll darüber hinaus den Adressatenkreis für einen lesenden Zugriff auf die digitalisierte Patientenverfügung konkretisieren können. Dies bedeutet, dass der Patient tatsächlich festlegen kann, wem der vorausverfügte Patientenwille lesend in digitaler Form zur Verfügung gestellt wird. Eine patientenseitige Bestimmung des verpflichteten Adressatenkreises ist so möglich. Innerhalb der Registerlösung ist dann spezifizierbar, dass der Patient auch dem Rettungsdienst einen lesenden Zugriff gewährt.

Wie auch gesetzgeberisch beim Register für Erklärungen der Organ- und Gewebespende erkannt und normiert, sind entsprechende Informationen zu einer Hinterlegungsmöglichkeit von Patientenverfügungen zu kommunizieren.[776] Zur Informationsweitergabe können die in § 2 Abs. 1 S. 4 ff., Abs. 1a TPG n.F. genannten Stellen dienen. Regelmäßige Informationen und Aufklärung sind sinnvoll, da insbesondere die Rechtsprechung zu Patientenverfügungen in der Vergangenheit wesentliche Konkretisierungen mit sich brachte, die einer breiten Öffentlichkeit publik werden sollten.[777] Über eine intuitive Software kann der Vorgang der Erstellung und die Speicherung einer Patientenverfügung in einem geschaffenen Register moderiert werden. Es bieten sich wählbare Vorgaben an, die sich bspw. beliebig ergänzen lassen. So ist die inhaltliche Aussagekraft praktikabel für den rettungsmedizinischen Einsatz softwarebasiert steuerbar. Dies hat den Vorteil, dass kurze und übersichtliche Verfügungstexte erstellt werden können. Parallel kann die Software den Patienten im Erstellungszeitpunkt über verschiedene Eventualitäten informieren.[778] Auch eine ärztliche Beratung kann für den Erstellungsvorgang einer Patientenverfügung in Anspruch genommen werden.[779]

Aufseiten des Adressatenkreises von Patientenverfügungen wird konzeptionell gewährleistet, dass bundesweit ein lesender Zugriff auf eine im Register selbst gespeicherte Patientenverfügung gegeben ist. Eine Verfügbarkeit auf Distanz wird mit einem Registerzugriff ermöglicht. Zu bedenken ist dabei aber, dass sich bereits nach dem Auskunftszeitpunkt und dem Auskunftszweck wesentliche

776 Auch im Digitalisierungskontext kommt der informierten Aufklärung des Patienten maßgebliche Bedeutung für die Ausübung seiner Selbstbestimmung zu, hierzu *Jorzig/Sarangi*, S. 20 f.

777 Hierzu siehe Teil 1, B. I. 3.

778 Bewegt der Ersteller bspw. den Curser über Informationsfelder kann etwa ein sog. Pop-Up-Fenster mit entsprechendem Informationstext erscheinen.

779 Darüber hinaus sollte die ärztliche Vergütung hierfür analog den Bestimmungen zu Beratungsgesprächen, die eine Organ- und Gewebespende betreffen, angeglichen werden; vgl. §§ 87 Abs. 2b, 87a Abs. 3 S. 5 Nr. 7 SGB V n.F. i.V.m. § 2 Abs. 1a TPG n.F.

Unterschiede zwischen dem Zugriff auf das Register für Erklärungen der Organ- und Gewebespende und einem hypothetischen Patientenverfügungsregister ergeben. Die Auskunft des Registers für Erklärungen der Organ- und Gewebespende beläuft sich auf das Vorliegen einer entsprechenden Erklärung. Allerdings darf grundsätzlich erst eine Anfrage an das Register, ob eine Erklärung der Organ- und Gewebespende zum Patienten existiert, gestellt werden, nachdem der Tod des Organ- oder Gewebespenders nach den Regeln, die dem Stand der Erkenntnisse der medizinischen Wissenschaft entsprechen, festgestellt worden ist, § 2a Abs. 4 S. 2 TPG n.F. i.V.m. § 3 Abs. 1 S. 1 Nr. 2 TPG. Sowohl Anfrage als auch Auskunftserteilung erfolgen dementsprechend nach dem Tod des Spenders.[780] Die Information über das Vorliegen und den Inhalt einer gespeicherten Patientenverfügung aus einem Patientenverfügungsregister gibt demgegenüber Auskunft über selbstbestimmt getroffene Entscheidungen über Leben und Tod eines noch lebenden Patienten. Während der Tod bei einem Organ- und Gewebespender feststeht, zielt eine Patientenverfügung mitunter gerade darauf, den Tod selbstbestimmt eintreten zu lassen bzw. bestimmte, nicht gewünschte medizinische Maßnahmen zu verhindern. Der Auskunftszeitpunkt ist bei einem Patientenverfügungsregister somit notwendigerweise früher als beim Register für Erklärungen zur Organ- und Gewebespende.

Damit der Rettungsdienst im Notfalleinsatz diesen Zugriff auf eine digitalisierte Patientenverfügung des konkreten Notfallpatienten so früh wie möglich erhält, muss eine Verknüpfung zwischen einem Patientenverfügungsregister und den rettungsdienstlichen Strukturen gewährleistet sein. Dabei soll die momentane Architektur der Telematikinfrastruktur um ein Patientenverfügungsregister erweitert werden. Hierüber besteht dann ein lesender rettungsmedizinischer Zugriff auf einen existierenden Verfügungstext. Allerdings ist eine rettungsdienstliche Berechtigung zum Auslesen des Vorliegens sowie einer inhaltlichen Auswertung einer gespeicherten Patientenverfügung vonnöten. Unterbunden wird hierdurch, dass jedermann lesenden Zugriff auf einen zentral gesicherten Verfügungstext mit höchstpersönlichen Behandlungsentscheidungen erhält. In dieser Auskunftsberechtigung zeigt sich die Notwendigkeit einer unterschiedlichen Konzeption bei einem Patientenverfügungsregister gegenüber dem Register für Erklärungen zur Organ- und Gewebespende. Neben dem ärztlichen Adressatenkreis muss eine Auskunftsberechtigung aus dem Register auch für den adressierten nichtärztlichen Rettungsdienst gewährleistet sein, damit eine

780 Beachte zur Zulässigkeit der Organ- und Gewebespenden lebender Personen die §§ 8 ff. TPG.

Selbstbestimmungsberücksichtigung im Rendezvous-System möglich ist, wenn noch kein Arzt am Einsatzort zugegen ist.[781]

III. Zusammenfassung

Unterschiede aber auch einige Gemeinsamkeiten zwischen dem Register für Erklärungen zur Organ- und Gewebespende und einem Register für Patientenverfügungen bestehen beim Speicherort. Im Gegensatz zum Register für Erklärungen zur Organ- und Gewebespende muss eine rettungsmedizinische Anbindung an ein Patientenverfügungsregister gegeben sein, um so früh wie möglich Zugriff auf einen digitalen Verfügungstext zu erhalten. Ein einheitlicher bundesweiter Aufbewahrungsort von digitalisierten Patientenverfügungen erleichtert dabei den Zugriff, wobei eine Anbindung an die Telematikinfrastruktur nötig ist. Der Patient weiß, wo er sinnvollerweise seinen Verfügungstext hinterlegt und der rettungsmedizinische Adressatenkreis weiß, wo er „suchen" bzw. nachfragen muss. Perspektivisch findet damit eine Standardisierung des Aufbewahrungsortes statt. Dies stellt eine konkrete Verbesserung zum jetzigen, weitgehend zufallsabhängigen präklinischen Umgang mit Patientenverfügungen dar und eröffnet eine am tatsächlichen Selbstbestimmungsrecht des Patienten orientierte Behandlung. Zu den Gemeinsamkeiten zählen weiter die eigenständige und jederzeit freiwillige Speichermöglichkeit von Erklärungen zur Organ- und Gewebespende und Patientenverfügungen in einem entsprechenden Register. Beide Erklärungstypen können informiert erfolgen, ohne dass allerdings ein Arzt im Speichervorgang zwingend beteiligt sein muss. Für eine vertrauensstiftende Funktion der Patientenverfügung ist aufseiten des Erstellers und des Adressaten eine Authentifikation vonnöten. Dieses Erfordernis deckt sich mit den Vorgaben zum Register für Erklärungen zur Organ- und Gewebespende, wobei darüber hinaus dem nichtärztlichen Rettungsdienst ebenfalls ein lesender Zugriff möglich sein muss.

Zusammengefasst ist im Grundsatz, mit wenigen Unterschieden, ein zentrales Register für Patientenverfügungen durchaus denkbar, da eine überwiegende Vergleichbarkeit mit dem gesetzlich vorgesehenen Register für Erklärungen zur Organ- und Gewebespende gegeben ist.

781 Hierzu siehe Teil 2, C. II.

C. Realisierbarkeit eines Patientenverfügungsregisters

Fraglich ist nun, ob die konzeptionelle Implementierung eines digitalisierten Patientenverfügungsregisters überhaupt technisch und rechtlich realisierbar ist und – bei Betrachtung der Praxis – einen tatsächlichen Nutzen in der Notfallrettung aufweist. Untersucht wird daher, ob auf den bereits in Teilbereichen bestehenden Systemstrukturen der Telematikanwendungen im Gesundheitswesen aufgebaut werden kann[782], mit der Intention, dass sich die Schaffung gänzlich neuer technischer und rechtlicher Lösungen zur digitalen Speicherung einer Patientenverfügung in einem Register erübrigen. Langfristig soll hierüber ein tatsächlicher praktischer Effektivitätsgewinn im rettungsmedizinischen Zugriff und der vorklinischen Umsetzung einer Patientenverfügung erreicht werden. Zunächst wird daher die technische Realisierbarkeit des Konzeptvorschlags mithilfe der Telematikinfrastruktur in ihren generellen Funktionen besprochen (I). Anschließend wird die rechtliche Realisierbarkeit auf Basis der gegebenen normierten verfassungsrechtlichen, einfachgesetzlichen sowie datenschutzrechtlichen Vorgaben erörtert (II). Ob und inwieweit ein praxisgerechter Zugriff auf ein Patientenverfügungsregister realisiert werden kann, wird im Anschluss diskutiert und spezifiziert (D).

I. Technische Realisierbarkeit

Aus technischer Perspektive bietet sich die Anbindung eines Patientenverfügungsregisters in das normative Gefüge der Telematikinfrastruktur (1) an. Die elektronische Gesundheitskarte (2) ermöglicht die Teilnahme aufseiten des Versicherten an der Vernetzung des Gesundheitswesens und dient als Authentifizierungsmittel. Für die Etablierung eines Patientenverfügungsregisters wird ferner eine Erweiterung der Telematikinfrastruktur in den Blick genommen (3).

782 Die von der elektronischen Gesundheitskarte zu unterstützenden Anwendungen des § 334 Abs. 1 S. 2 SGB V n.F. sind derzeit noch nicht vollumfänglich in Betrieb. Lediglich das Versichertenstammdatenmanagement ist etabliert. Vgl. hierzu Bericht des Bundesfinanzhofes v. 18.01.2019 – Gz.: IX 1 – 2018 – 0339, S. 4, 14 ff. Des Weiteren ist die digitale Vernetzung des Gesundheitswesens nicht ohne Kritik geblieben. Hierzu etwa die Initiative zur telematikfreien Praxis, abrufbar unter https://www.ti-frei.de/index.html oder https://www.stoppt-die-e-card.de (jeweils zuletzt abgerufen am 31.03.2020); *Weyd*, MedR 2020, 183 (183) spricht von der „Dauerbaustelle TI". Die Telematikinfrastruktur soll bspw. auch für die Übermittlung von Daten in das Implantateregister genutzt werden, § 18 IRegG; vertiefend generell *Makoski*, GuP 2020, 7 ff.

1. *Telematikinfrastruktur*

Gemäß der §§ 306 Abs. 1 S. 3, 310 SGB V n.F. ist die Gesellschaft für Telematik, die sog. gematik[783], derzeit mit dem Aufbau eines sicheren Gesundheitsdatennetzes betraut.[784] Dieses Gesundheitsdatennetz wird als die Telematikinfrastruktur bezeichnet (vgl. § 306 Abs. 1 S. 2 SGB V n.F.), welche über interoperable, kompatible Informations-, Kommunikations- und Sicherheitsinfrastrukturen eine Basis vernetzter medizinischer Anwendungen, insbesondere im innerklinischen Bereich sowie Apotheken und Arztpraxen, bieten soll.[785] Die Telematikinfrastruktur ist so organisiert, dass schrittweise alle Beteiligten des Gesundheitswesens online miteinander kommunizieren können, um einen effektiven Datenaustausch innerhalb des Gesundheitswesens zu ermöglichen. Das gesetzgeberische Ziel besteht in einer sicheren digitalen Vernetzung innerhalb des Gesundheitswesens, die sukzessive alle Akteure umfasst.[786] Aus diesem Grund ist die Telematikinfrastruktur technikneutral ausgestaltet.[787] Der Datentransfer erfolgt über die sog. Sicherheitsarchitektur der Telematikinfrastruktur, die den Datenschutz und die Sicherheit der transportierten Patienteninformationen technisch gewährleisten soll.[788] Dabei ist der Datenaustausch technisch in drei verschiedene Plattformzonen unterteilt: Die dezentrale, die zentrale und die Telematikinfrastruktur-Providerzone.

Die dezentrale Zone schließt sich über den sog. Konnektor[789] an das IT-System der Nutzer, bspw. eines Hausarztes, an.[790] An diesem Konnektor sind

---

783 Als Gesellschafter an der Gesellschaft für Telematik beteiligt sind das BMG, die BÄK, die Kassenärztliche Bundesvereinigung, die Bundeszahnärztekammer, der Deutsche Apothekerverband, die Deutsche Krankenhausgesellschaft, die zentrale Interessenvertretung der gesetzlichen Kranken- und Pflegekassen (sog. GKV-Spitzenverband) und die Kassenzahnärztliche Bundesvereinigung; vgl. § 310 SGB V n.F.

784 Vgl. auch https://www.gematik.de (zuletzt abgerufen am 23.03.2020); *Koch/Marx/Elmer*, DuD 2013, 131 (132) sprechen vom geschlossenen „Intranet des Gesundheitswesens". Siehe auch *Dochow*, S. 246 ff.

785 BT-Drs. 19/18793, S. 1 beschreibt die Telematikinfrastruktur als „Datenautobahn des Gesundheitswesens"; *gematik*, Whitepaper Datenschutz Informationssicherheit, S. 5, 18. Siehe auch BT-Drs. 19/21659, S. 13, wo von der „hochsicheren Infrastruktur zur Vernetzung des Gesundheitswesens" die Rede ist.

786 BT-Drs. 19/18793, S. 2.

787 BT-Drs. 19/18793, S. 98 f.

788 Vgl. *gematik*, Whitepaper Datenschutz Informationssicherheit, S. 12, insb. Abb. 2.

789 Zur Verfügung gestellt bspw. durch T-Systems; hierzu *Koch/Weide/Pawils*, DuD 2020, 104 (106).

790 *gematik*, Whitepaper Datenschutz Informationssicherheit, S. 14 f.

Kartenterminals angeschlossen, die Schlüsselkarten (elektronischer Heilberufsausweis/Praxisausweis, elektronische Gesundheitskarte) auslesen können. Die Kartenterminals bestehen aus einem Zahlenfeld zur Eingabe einer Geheimnummer, einem Display und mindestens zwei Kartenschlitzen für elektronische Heilberufsausweise und die elektronische Gesundheitskarte.[791] Der Konnektor ist zusätzlich mit dem Internet, als Transportnetz zur zentralen Zone der Telematikinfrastruktur, verbunden. Er stellt ein virtuelles privates Netzwerk (VPN) zur Telematikinfrastruktur her.[792] Als dezentrale Komponente[793] ist die elektronische Gesundheitskarte wiederum mit einem digitalen Schlüssel versehen, der den Versicherten eindeutig ausweist und damit authentifiziert.[794] Die Sicherheitsarchitektur sieht vor, dass sensible Daten des Patienten über die elektronische Gesundheitskarte entweder durch eine Eingabe einer Geheimzahl durch den Versicherten lesbar gemacht werden oder eine Authentifizierung des Heilberuflers über dessen elektronischen Heilberufsausweis gegenüber der elektronischen Gesundheitskarte erfolgt.[795] Diese zwei Maßnahmen sollen vor unberechtigtem Zugriff auf die hinterlegten Daten des Patienten schützen.[796] Die Kartenterminals und der Konnektor sorgen dafür, dass eine sichere Verbindung untereinander hergestellt wird, um die Daten der elektronischen Gesundheitskarte auslesen bzw. ergänzen zu können.[797] Der Konnektor stellt eine geschützte Verbindung zur zentralen Telematikinfrastruktur her, sodass über eine gesicherte Internetverbindung Informationen der zentralen Telematikinfrastruktur-Plattform angefragt und abgerufen werden können.[798] Für die Anbindung an

---

791 *gematik*, Whitepaper Datenschutz Informationssicherheit, S. 14 f. Ferner ist eine Gerätekarte im Kartenterminal enthalten, die u.a. für den Aufbau einer gesicherten Verbindung zum Konnektor vonnöten ist.

792 BT-Drs. 19/18793, S. 99; vgl. auch *Jorzig/Sarangi*, S. 101.

793 BT-Drs. 19/18793, S. 99.

794 *gematik*, Whitepaper Datenschutz Informationssicherheit, S. 15.

795 *gematik*, Whitepaper Datenschutz Informationssicherheit, S. 15. Des Weiteren muss der elektronische Heilberufsausweis beantragt und die Zugehörigkeit zu einem Heilberuf nachgewiesen werden. Dabei erlangt bspw. ein Arzt andere Zugriffsrechte als ein Apotheker, wobei der Versicherte die Zugriffsrechte bzgl. der elektronischen Patientenakte vergibt. Zur Nutzung des Heilberufsausweises ist ebenfalls die Eingabe einer Geheimzahl nötig. Vertiefend *gematik*, Whitepaper Datenschutz Informationssicherheit, S. 12 ff.

796 *gematik*, Whitepaper Datenschutz Informationssicherheit, S. 15 f.

797 *gematik*, Whitepaper Datenschutz Informationssicherheit, S. 16.

798 *Koch/Weide/Pawils*, DuD 2020, 104 (106).

die Telematikinfrastruktur besteht für Ärzte und Krankenhäuser nahezu ein Anschlusszwang (vgl. § 291b Abs. 2 SGB V n.F.), da andernfalls Vergütungskürzungen greifen, §§ 291b Abs. 5, 341 Abs. 6, Abs. 7 SGB V n.F.

Über das Transportnetz der gesicherten Internetverbindung werden die dezentrale und die zentrale Plattform der Telematikinfrastruktur miteinander verbunden, § 306 Abs. 2 Nr. 2 SGB V n.F.[799] Die zentrale Zone enthält das zentrale Netz.[800] Über die zentrale Zone sind die verschiedenen Anwendungen des § 334 Abs. 1 S. 2 SGB V n.F. abrufbar. Entsprechende Daten werden verschlüsselt über die sichere Internetverbindung ausgetauscht, wofür die Registrierung des Konnektors vonnöten ist.[801] Ohne Zugang über den Konnektor zur zentralen Zone kann nicht auf die an das zentrale Netz angebundenen Dienste zugegriffen werden, die in Rechenzentren betrieben werden.[802] Dabei wird die den Teilnehmern der Telematikinfrastruktur zugeordnete Identität geprüft, die in einem Verzeichnis hinterlegt ist.[803]

Anbieter von Kommunikationsdienstleistungen können sich durch das Angebot von Telematikinfrastrukturdiensten (Fachdiensten), bspw. als Anbieter der elektronischen Patientenakte, der Telematikinfrastruktur auf Seiten der Providerzone anschließen, vgl. §§ 306 Abs. 2 Nr. 3, 307 Abs. 4 SGB V n.F.[804] Wird für eine Anwendung des § 334 Abs. 1 S. 2 SGB V n.F. ein solcher Fachdienst benötigt, kann der Heilberufler diesen Dienst über den Konnektor aufrufen.[805] Dem Versicherten ist wiederum ermöglicht, einen Ausschnitt des entsprechenden fachanwendungsspezifischen Dienstes etwa über den heimischen Computer abzurufen.[806] Gemäß § 336 Abs. 1 SGB V n.F. ist der Versicherte berechtigt, auf Daten in einer Anwendung nach § 334 Abs. 1 S. 2 Nr. 1-3 und 6 SGB V n.F. mittels seiner elektronischen Gesundheitskarte barrierefrei zuzugreifen, wenn er sich für diesen Zugriff jeweils durch ein geeignetes technisches Verfahren authentifiziert hat. Davon sind Medikationspläne (§ 334 Abs. 1 S. 2 Nr. 4 SGB V n.F.) und elektronische Notfalldaten (§ 334 Abs. 1 S. 2 Nr. 5 SGB V n.F.) nicht umfasst, da hierfür ein Fachdienst benötig wird.[807] Der Patient muss dementsprechend

799 Vgl. auch *gematik*, Whitepaper Datenschutz Informationssicherheit, S. 16.
800 *gematik*, Whitepaper Datenschutz Informationssicherheit, S. 18 f.
801 *gematik*, Whitepaper Datenschutz Informationssicherheit, S. 18.
802 *gematik*, Whitepaper Datenschutz Informationssicherheit, S. 18 f., insb. Abb. 4.
803 *gematik*, Whitepaper Datenschutz Informationssicherheit, S. 18.
804 *gematik*, Whitepaper Datenschutz Informationssicherheit, S. 20.
805 *gematik*, Whitepaper Datenschutz Informationssicherheit, S. 18 f.
806 *gematik*, Whitepaper Datenschutz Informationssicherheit, S. 38.
807 Vgl. *gematik*, Whitepaper Datenschutz Informationssicherheit, S. 29.

mithilfe eines Arztes die gewünschten Informationen dem Datennetz hinzufügen bzw. wieder entfernen. Um ein ausreichendes Schutzniveau zu gewährleisten, müssen die Fachdienste in einem Zulassungsverfahren der Gesellschaft für Telematik (vgl. §§ 311, 324, 325 SGB V n.F.) die gesetzlichen Datenschutzvorgaben erfüllen.[808] Überdies wird dem Gesetzgeber eine Beobachtungspflicht im Hinblick auf sich zeigende Sicherheitslücken der Telematikinfrastruktur abverlangt.[809]

2. *Elektronische Gesundheitskarte*

Im Rahmen des generellen Ausbaus der Telematikinfrastruktur im Gesundheitswesen nimmt die bereits genannte elektronische Gesundheitskarte sowohl technisch als auch rechtlich eine Schlüsselrolle ein.[810] Sie gewährt dem Patienten Zugang zu den Anwendungen der Telematikinfrastruktur sowie die physische Mobilität der eigenen Daten.[811] Mit der Erfüllung der gesetzlichen Zugriffsregeln, die technisch nachzuweisen sind, können die auf der elektronischen Gesundheitskarte gespeicherten Daten an ihrem Bestimmungsort nach Authentifizierung freigegeben werden.[812] Mithilfe der elektronischen Gesundheitskarte als Datenträger und Teil der Telematikinfrastruktur besteht insgesamt die Möglichkeit, Patienteninformationen abzurufen bzw. auf diese zuzugreifen. Gemäß § 291 Abs. 2 Nr. 2 SGB V n.F. muss die elektronische Gesundheitskarte technisch insbesondere zur Anwendungsverarbeitung einer elektronischen Patientenakte[813] (§§ 334 Abs. 1 S. 2 Nr. 1, 341 SGB V n.F.), von Erklärungen der Versicherten zur Organ- und Gewebespende (§ 334 Abs. 1 S. 2 Nr. 2 SGB V n.F.)

---

808 *gematik*, Whitepaper Datenschutz Informationssicherheit, S. 10, 20.

809 BSG, Urt. v. 18.11.2014 – B 1 KR 35/13 R, Rn. 34 –, juris.

810 Hierzu siehe Teil 2, B. II. 3. Vgl. auch *Krüger-Brand*, DÄBl 2007, A1452 ff. für Kritik der Ärzteschaft vor Einführung der elektronischen Gesundheitskarte.

811 *Jorzig/Sarangi*, S. 193.

812 *gematik*, Architektur der TI-Plattform, S. 36.

813 Die elektronische Patientenakte (ePA) ist das prominenteste Beispiel der Anwendungen der Telematikinfrastruktur (BT-Drs. 19/18793, S. 3: „Kernelement"). Relevante Patienteninformationen können über die ePA verschiedenen, denselben Patienten behandelnden Ärzten untereinander zugänglich gemacht werden und dem Patienten stetige Einsicht gewähren. Die jederzeit über die Telematikinfrastruktur abrufbare ePA kann zukünftig auf Wunsch des Patienten die Patientenakte in Papierform ablösen und soll bis 2021 flächendeckend implementiert werden. Siehe hierzu *gematik*, Whitepaper Datenschutz Informationssicherheit, S. 33 ff.; zur Vorgängerregelung *Dochow*, S. 1021 ff.

sowie Hinweisen auf das Vorhandensein und den Aufbewahrungsort von Vorsorgevollmachten oder Patientenverfügungen nach § 1901a BGB (§ 334 Abs. 1 S. 2 Nr. 3 SGB V n.F.), hinsichtlich Daten eines elektronischen Medikationsplans nach § 31a SGB V n.F. (§ 334 Abs. 1 S. 2 Nr. 4 SGB V n.F.), elektronischer Notfalldaten (§ 334 Abs. 1 S. 2 Nr. 5 SGB V n.F.) und elektronischen Verordnungen (§ 334 Abs. 1 S. 2 Nr. 6 SGB V n.F.) geeignet sein. Mit Etablierung und Ausbau der Telematikinfrastruktur wird dem Patienten so ermöglicht, einen Überblick über seine eigene medizinische Versorgung zu erhalten. Dieser Einblick kann seine Position hinsichtlich der Teilhabe an medizinischen Versorgungsleistungen stärken. Des Weiteren wird für die medizinischen Leistungserbringer durch die geballt zugänglichen Patienteninformation ein gesamtheitliches Behandlungsbild gezeichnet und die Kommunikation zwischen den Leistungserbringern über die elektronische Gesundheitskarte erleichtert.[814] Die notwendigen Zugriffsberechtigungen auf gespeicherte Patientendaten über die elektronische Gesundheitskarte ergeben sich dabei dezidiert geregelt aus den §§ 352 ff. SGB V n.F. Die elektronische Gesundheitskarte unterliegt darüber hinaus besonderem Schutz in strafrechtlicher und strafprozessualer Weise.[815] Vor unbefugtem Zugriff der verdeckten Daten auf der elektronischen Gesundheitskarte schützt § 397 Abs. 1 Nr. 1 SGB V n.F. Hierdurch soll insbesondere das Vertrauen in die Sicherheit gespeicherter Daten gestärkt werden.[816] Die auf der Karte abgedruckten Patienteninformationen, wie der Name und das Lichtbild, sind von diesem Schutz allerdings nicht erfasst. Ein Beschlagnahmeverbot (§ 97 Abs. 2 S. 1 HS 2 StPO) der elektronischen Gesundheitskarte gewährleistet ferner den uneingeschränkten Zugang zu Patienteninformationen bei medizinischem Bedarf.[817]

3. *Erweiterung der Telematikinfrastruktur um ein Patientenverfügungsregister*

Fraglich ist nunmehr, ob und wie eine Anbindung eines Patientenverfügungsregisters an die Telematikinfrastruktur technisch erfolgen kann. Generell weist die Telematikinfrastruktur eine gewisse Entwicklungsoffenheit auf, sodass auch die Etablierung von nicht in § 334 Abs. 1 S. 2 SGB V n.F. genannten freiwilligen

---

814 *Schmücker*, GuP 2016, 81 (87). Zu datenschutzrechtlichen Fragen siehe Teil 4, C. II. 3.

815 Hierzu bereits Teil 2, B. II. 3. a.

816 So zur Vorgängerregelung *Wenner*, in: Eichenhofer/v. Koppenfels-Spies/Wenner, SGB V, § 307b, Rn. 5.

817 Vgl. auch BT-Drs. 19/18793, S. 113.

Anwendungen möglich ist.[818] Dies zeigt sich auch in Anwendungen neueren Datums, wie bspw. dem Implantateregister.[819] Wie § 18 IRegG n.F. vorsieht, kann eine Übermittlung der Registerdaten zu Implantaten über die Telematikinfrastruktur nach § 306 Abs. 1 S. 1 SGB V n.F. erfolgen. Die Schaffung eines Registers für Patientenverfügungen ist damit nicht von vornherein ausgeschlossen und eine technische Anbindung als Erweiterung der Telematikinfrastruktur vorstellbar. Konkret muss zu diesem Zweck ein sicherer Speicher innerhalb der Telematikinfrastruktur geschaffen bzw. ein solcher an diese angeschlossen werden.[820] Hierfür bieten sich als Hardware moderne Festplatten, wie Solid State Drives (SSD), an, die Daten elektronisch während des Speichervorgangs in Speicherzellen ablegen.[821] Da entsprechende Festplatten eine hohe Speicherkapazität aufweisen, eignen sie sich als Massenspeicher.[822] Eine Vielzahl von Patientenverfügungstexten kann folglich hinterlegt werden. Eine Portabilität des Speichermediums ist nicht notwendig, da der Zugriff über die Telematikinfrastruktur erfolgen soll. Des Weiteren können die speichernden Festplatten bei einer großen Anzahl an Daten beliebig erweitert werden. Damit eignen sie sich als technische Grundlage für ein Patientenverfügungsregister. Die elektronische Gesundheitskarte stellt darüber hinaus ein taugliches technisches

---

818 Vgl. Wortlaut des § 291a Abs. 3 S. 1 SGB V a.F. „insbesondere“, nunmehr § 334 Abs. 3 SGB V n.F.; zur Planung weiterer Anwendungen durch die gematik BT-Drs. 18/5293, S. 48; siehe ferner *Hornung*, S. 212; zur Vorgängerregelung auch *Scholz*, in: BeckOK SozialR, SGB V, § 291a, Rn. 9b, der etwa eine Ergänzung um die Angabe meldepflichtiger Infektionskrankheiten über die elektronische Gesundheitskarte für möglich hält. Vgl. auch *Schmücker*, GuP 2016, 81 (85). Die gesetzliche Neuregelung sieht entsprechende offene Schnittstellen vor, vgl. bspw. § 371 Abs. 1 Nr. 3 SGB V n.F.

819 Im Gegensatz hierzu ist die konkrete Anbindung des Registers von Erklärungen zur Organ- und Gewebespende nicht ausdrücklich ersichtlich; weder das TPG trifft hierzu Aussagen noch BT-Drs. 19/11087. Das Register nach § 2a TPG n.F. findet keine Erwähnung, obwohl es sich bei elektronischen Erklärungen zur Organ- und Gewebespende gemäß § 334 Abs. 1 S. 2 Nr. 2 SGB V n.F. um Anwendungen der Telematikinfrastruktur handelt.

820 Denkbar ist die Nutzung des sog. Cloud-Computing, wobei Rechenleistungen, Speicher und Software dezentral betrieben werden, vgl. aus strafrechtlicher Perspektive zu Cloud-Lösungen in Arztpraxen *Schuster*, medstra 2015, 280 ff; *Schuster/Müller*, medstra 2020, 323 ff. Zu bisherigen Uneinigkeiten eines Speicherorts von Gesundheitsdaten vgl. *Buchner*, MedR 2016, 660 (663).

821 *Hunzinger*, S. 120 f.

822 *Hunzinger*, S. 122 f. m.w.N. Anzumerken ist, dass sich entsprechende Datenserver im Geltungsbereich der DSGVO befinden müssen.

Authentifizierungsmittel dar, um dem Patienten einen Zugriff zu den eigenen Registerdaten zu ermöglichen. Ferner kann die für den Speichervorgang notwendige Software so programmiert werden, dass Informationen und praxisgerechte Hinweise dem Patienten im Erstellungszeitpunkt zugänglich sind. Mittels bereitgestellter Informationen können bspw. inhaltliche Optionen einer Patientenverfügung unterbreitet werden. Technisch wird so eine Moderation der vorausverfügten Behandlungsentscheidungen des Erstellers möglich.

4. Zwischenergebnis

Mithilfe der Telematikinfrastruktur und der elektronischen Gesundheitskarte ist eine Erweiterung und damit technisch die Realisierung eines Patientenverfügungsregisters grundsätzlich möglich. Die Anbindung eines Patientenverfügungsregisters an die Telematikinfrastruktur eines entsprechenden Massenspeichers ist denkbar. Technisch kann hierfür die Grundlage gelegt werden, die den Patienten auch im Erstellungszeitpunkt softwarebasiert unterstützt.

II. Rechtliche Realisierbarkeit eines Patientenverfügungsregisters

Neben der technischen Realisierbarkeit eines Patientenverfügungsregisters sind nun die rechtlichen Rahmenbedingungen in den Vordergrund zu rücken. Nachfolgend wird untersucht, ob aus verfassungsrechtlicher (1), einfachgesetzlicher (2), datenschutzrechtlicher (3) und weiterer rechtlicher Perspektiven (4) Bedenken gegen eine Realisierbarkeit einer Registerlösung sprechen.

1. Wahrung verfassungsrechtlicher Vorgaben

Aus verfassungsrechtlicher Sicht rückt erneut die Patientenselbstbestimmung, nunmehr ergänzt durch das Recht auf informationelle Selbstbestimmung, in den Vordergrund. Ausgestaltung und Reichweite des Selbstbestimmungsrechts des Patienten hinsichtlich medizinischer, therapiebegrenzender Fragen wurden eingangs dargelegt.[823] Hieraus ergibt sich die uneingeschränkte Einbeziehung des Patienten in die Behandlung bzw. den Behandlungsprozess. Insbesondere wird die eigenverantwortliche Wahrnehmung der patienteneigenen Interessen über dessen Einwilligung nach erfolgter Aufklärung erreicht. Freiverantwortlich getroffene, therapiebegrenzende Patientenentscheidungen sind auch präklinisch

823 Siehe hierzu Teil 1, A.

zu berücksichtigen und umzusetzen. Im Zusammenhang der Speicherung einer notfallrelevanten Patientenverfügung in einem Patientenverfügungsregister kann sich nichts Gegenteiliges ergeben. Der Entschluss, eine digitalisierte Patientenverfügung für den Rettungsdienst zu erstellen, bleibt eine höchstpersönliche Entscheidung, die sich auf Ebene der Operationalisierung technisch-digitaler Hilfsmittel bedient.[824] Daher darf auch innerhalb der hypothetischen Registerlösung nur mit der Zustimmung des Patienten ein digitaler Verfügungstext gespeichert und dem Rettungsdienst abrufbar zugänglich gemacht werden.

Im Falle der Digitalisierung einer notfallrelevanten Patientenverfügung für den Rettungsdienst und deren Speicherung in einem entsprechenden Register wird die Selbstbestimmung des Patienten durch dessen Recht auf informationelle Selbstbestimmung ergänzt.[825] Auf Basis der informationellen Selbstbestimmung aus Art. 2 Abs. 1 GG i.V.m. Art. 1 Abs. 1 GG obliegt dem Patienten grundsätzlich allein das Recht, über die Preisgabe, Speicherung und Verwendung von personen- und gesundheitsbezogenen Daten zu entscheiden.[826] Über eine patientenseitige Einwilligung wird die Erlaubnis zur Speicherung und späteren Verwendung digitalisierter Inhalte erteilt.[827] Der Entschluss, eine digitalisierte Patientenverfügung für den Rettungsdienst zu erstellen, ist damit eine höchstpersönliche Entscheidung. Nur mit der Zustimmung des Patienten kann ein Verfügungstext gespeichert und abrufbar zugänglich gemacht werden.

Das Selbstbestimmungsrecht sowie das Recht der informationellen Selbstbestimmung heben jeweils die Einwilligung des Patienten bzw. der betroffenen Person hervor: Zum einen in die medizinischen Behandlungsmaßnahmen, zum anderen in den Datenverarbeitungsvorgang. Beide verfassungsrechtlichen Komponenten sind zu wahren, damit ein Patientenverfügungsregister rechtlich möglich ist.

2. *Wahrung einfachgesetzlicher Vorgaben*

Neben verfassungsrechtlichen Vorgaben ist die Einhaltung der einfachgesetzlichen Voraussetzungen des § 1901a Abs. 1 BGB – wie die Volljährigkeit sowie die Höchstpersönlichkeit – erforderlich, damit ein Patientenverfügungsregister realisierbare Formen annehmen kann. Die Merkmale, die eine analoge

824 Vgl. zur freiwilligen Angabe von Notfalldaten auf der elektronischen Gesundheitskarte *Jorzig/Sarangi*, S. 37 m.w.N.

825 Vgl. hierzu grundlegend BVerfGE 65, 1 (41 ff.).

826 Vgl. BVerfGE 65, 1 (42).

827 Vgl. hierzu ErwG 32 DSGVO.

Patientenverfügung für ihre rechtliche Wirksamkeit und Bindungswirkung aufweisen muss, müssen auch bei einem digitalisierten Patientenverfügungstext erfüllt werden können, der in einem Patientenverfügungsregister gespeichert ist. Dies ist Gegenstand der nachfolgenden Untersuchung, indem die Einwilligung (a), die Schriftform (b), die Bestimmtheit (c) und der Widerruf (d) in Bezug zu einer digitalisierten Patientenverfügung gesetzt werden.

a. Einwilligung

Die Einwilligung des Patienten ist die Basis jeder medizinischen Behandlung.[828] Sie ist grundsätzlich nach Aufklärung in die Heilbehandlung zu erteilen oder abzulehnen. Der Patient soll informiert seine Entscheidung überschauen können.[829] Bei therapiebegrenzenden Entscheidungen im Zusammenhang mit Patientenverfügungen ist gesetzlich jedoch keine (ärztliche) Aufklärung vorgesehen. Nichtsdestotrotz bietet eine Patientenverfügung eine vorgegriffene Einwilligungsmöglichkeit in noch nicht unmittelbar bevorstehende Behandlungsfragen für den Fall der Einwilligungsunfähigkeit, vgl. § 1901a Abs. 1 S. 1 BGB. Auch bei einer digitalen Speicherung einer Patientenverfügung in einem hierfür vorgesehenen Patientenverfügungsregister bedarf es der Einwilligung hinsichtlich im Voraus konkretisierter Behandlungsentscheidungen. Die erforderliche antizipierte Einwilligung in eine künftige Behandlungsmaßnahme oder einen Therapieverzicht ist unabhängig vom Speicher- bzw. Aufbewahrungsort einer Patientenverfügung nötig. Sie steht einer Schaffung eines Patientenverfügungsregisters nicht entgegen. Hiervon zu trennen sind datenschutzrechtliche Fragen der Einwilligung in die Datenpreisgabe und Datenverarbeitung zu einer in einem Register gespeicherten Patientenverfügung.[830] Das einfachgesetzliche Einwilligungserfordernis steht der Realisierung eines Patientenverfügungsregisters somit nicht entgegen.

b. Schriftform

Als Wirksamkeitsvoraussetzung der Patientenverfügung sieht § 1901a Abs. 1 S. 1 BGB, neben der Einwilligung, die Schriftform vor. Dieses Formerfordernis verfolgt das Ziel, den Patienten vor unüberlegten, aber weitreichenden Folgen der eigenen antizipierten Festlegungen – wie der Ablehnung rettungsdienstlicher Maßnahmen – innerhalb einer Patientenverfügung zu bewahren.[831]

---

828 Vgl. § 630d Abs. 1 S. 1 BGB.
829 Vgl. § 630c Abs. 2 BGB.
830 Hierzu siehe Teil 4, C. II. 3.
831 Vgl. BT-Drs. 16/8442, S. 13.

Gemäß § 126 Abs. 1 BGB beinhaltet die Schriftform die eigenhändige Namensunterschrift. Eine Patientenverfügung muss dementsprechend zwar nicht handschriftlich verfasst, aber der Verfügungstext eigenhändig unterzeichnet sein. Die händische Unterzeichnung eines digital gespeicherten Inhalts ist nicht möglich. Die Schriftform kann aber alternativ durch die elektronische Form ersetzt werden, wenn sich aus dem Gesetz nicht ein anderes ergibt, § 126 Abs. 3 BGB. Aus § 1901a Abs. 1 BGB ergibt sich kein ausdrücklicher Ausschluss der Ersetzung der gesetzlichen Schriftform der Patientenverfügung durch die elektronische Form.[832] Ferner sieht die Gesetzesbegründung zur Patientenverfügung keinen Ausschluss der elektronischen Form vor.[833] Damit ist die elektronische Form als Authentifizierungsinstrument bei einer digitalisierten Patientenverfügung nicht von vornherein ausgeschlossen, sodass die Formwahrung einer digitalen Patientenverfügung über § 126a BGB grundsätzlich möglich ist, wenn sie in einem Patientenverfügungsregister gespeichert wird. Soll gemäß § 126a Abs. 1 BGB die gesetzlich vorgeschriebene schriftliche Form durch die elektronische Form ersetzt werden, so muss der Aussteller der Erklärung, dieser seinen Namen hinzufügen und das elektronische Dokument mit einer qualifizierten elektronischen Signatur versehen. Ein entsprechendes elektronisches Dokument ist u.a. jeder in elektronischer Form gespeicherter Inhalt, wie eine Textaufzeichnung, die an einem Bildschirm oder durch einen Ausdruck in Schriftzeichen lesbar gemacht werden kann, vgl. Art. 3 Nr. 35 eIDAS-VO. Eine Patientenverfügung kann technisch als Textaufzeichnung mit dem beinhalteten Patientenwillen grundsätzlich als elektronisches Dokument gespeichert und bei Bedarf auf einem Bildschirm angezeigt bzw. ausgedruckt werden. Des Weiteren ist möglich, eine digitale Patientenverfügung mit dem Namen des Erstellers zu versehen. Bei Verwendung einer elektronischen Signatur ist wiederum die Namensangabe als eine den Text abschließende Unterschrift nicht notwendig.[834]

Eine elektronische Signatur beinhaltet ferner Daten in elektronischer Form, die anderen elektronischen Daten beigefügt oder logisch mit ihnen verbunden werden und der Authentifizierung dienen, vgl. Art. 3 Nr. 10 eIDAS-VO. Die in § 126a Abs. 1 BGB genannte qualifizierte elektronische Signatur muss zusätzlich den Anforderungen des Art. 26 eIDAS-VO (fortgeschrittene elektronische Signatur) und Art. 3 Nr. 12 eIDAS-VO (qualifizierte elektronische Signatur)

---

832 Eine Ersetzung der Schriftform durch die elektronische Form ist bspw. in den §§ 623 HS 2; 630 S. 3, 761 S. 2; 781 S. 2 BGB ausgeschlossen.

833 Vgl. BT-Drs. 16/8442, S. 13.

834 *Ellenberger*, in: Palandt, § 126a, Rn. 8.

gerecht werden.[835] Das bedeutet, dass die Anforderungen der eindeutigen Zuordnung zum Unterzeichner (Art. 26 lit. a eIDAS-VO) und dessen Identifizierung (Art. 26 lit. b eIDAS-VO) sichergestellt sind. Ferner wird verlangt, dass die Signatur unter Verwendung elektronischer Signaturerstellungsdaten angefertigt wird, die dem Unterzeichner Vertrauen gibt und dessen alleiniger Kontrolle unterwirft, vgl. Art. 26 lit. c eIDAS-VO. Daneben muss die fortgeschrittene elektronische Signatur mit denen auf die vorbenannte Weise unterzeichneten Daten verbunden werden, sodass eine nachträgliche Datenveränderung erkannt werden kann, vgl. Art. 26 lit. d eIDAS-VO. Zusätzlich zu den Voraussetzungen der fortgeschrittenen elektronischen Signatur gemäß Art. 26 eIDAS-VO bedarf die elektronische Signaturerstellungseinheit eines qualifizierten Zertifikats für elektronische Signaturen, vgl. Art. 3 Nr. 12, 15 eIDAS-VO. Zum Zeitpunkt ihrer Erzeugung muss die Signatur daher auf einem gültigen Zertifikat beruhen und die Signaturerstellungseinrichtung sicher sein.[836] Für den Erwerb der qualifizierten elektronischen Signatur wird zusätzlich die entsprechende Soft- und Hardware benötigt.[837] Für die Signatur ist ein auf einem Trägermedium, wie einer Signatur-Chip-Karte (sog. Smart Card[838]), gespeicherter Schlüssel über die Eingabe einer persönlichen Identifikationsnummer (PIN) in einem Chipkartenleser vonnöten.[839] Mit PIN-Eingabe in ein entsprechendes, mit dem Computer verbundenes Lesegerät erfolgt die qualifizierte elektronische Signatur.[840] Ohne diese Hardwarekomponenten ist eine elektronische Signatur nicht möglich. Daneben bedarf es der entsprechenden Software, um den Verfügungstext an den Speicherort eines Patientenverfügungsregisters zu transportieren.

Wird ein Patientenverfügungstext nunmehr digital gespeichert, ersetzen die Voraussetzungen der qualifizierten elektronischen Signatur die händische Unterschrift. Gemäß Art. 25 Abs. 2 eIDAS-VO hat eine qualifizierte elektronische Signatur die gleiche Rechtswirkung wie eine handschriftliche Unterschrift. Eine digitalisierte Patientenverfügung ist demnach ein als Text elektronisch gespeicherter Inhalt, der die Anforderungen des § 1901a BGB erfüllt und mit einer elektronischen Signatur i.S.d. § 126a BGB versehen ist.

---

835 *Ellenberger*, in: Palandt, § 126a, Rn. 3.

836 *Ellenberger*, in: Palandt, § 126a, Rn. 3.

837 *Ellenberger*, in: Palandt, § 126a, Rn. 4 mit weiteren Einzelheiten.

838 Auch die elektronische Gesundheitskarte ist eine derartige Smart Card; vgl. BT-Drs. 15/1525, S. 144.

839 *Ellenberger*, in: Palandt, § 126a, Rn. 4.

840 *Ellenberger*, in: Palandt, § 126a, Rn. 4.

Die generelle Beweis- und Warnfunktion des Formerfordernisses der Schriftform wird durch das umständliche Verfahren gesichert, durch das die elektronische Signatur erst möglich gemacht wird.[841] Allerdings widersprechen der komplizierte Erwerb und die Anwendung einer elektronischen Signatur im Rechtsverkehr grundsätzlich der Praktikabilität und den niedrigschwelligen Anforderungen an die Erstellung einer Patientenverfügung. Das umständliche Prozedere hält den Ersteller aber wiederum auch an, sich der Tragweite seiner im Voraus festgelegten (behandlungsablehnenden) Entscheidungen bewusst zu sein. Hiermit wird dem Ersteller der Patientenverfügung vor Augen geführt, dass er antizipierte Behandlungsentscheidungen digital unterzeichnet. Die praktischen Schwierigkeiten, einen digitalisierten Patientenverfügungstext mittels qualifizierter elektronischer Signatur zu authentifizieren, dürfen somit nicht darüber hinwegtäuschen, dass das Schriftformerfordernis des § 1901a Abs. 1 S. 1 BGB über die §§ 126 Abs. 1, 126a Abs. 1 BGB gewahrt werden kann. Die einfachgesetzliche Formbedürftigkeit steht einer digitalen Patientenverfügung, die in einem Register abgelegt wird, damit nicht entgegen. Das Formerfordernis des § 1901a Abs. 1 S. 1 BGB kann über die qualifizierte elektronische Signatur bei einer Digitalisierung einer Patientenverfügung gewahrt werden. Anzuerkennen ist aber, dass hierdurch die Praktikabilität einer Lösung über ein zentrales digitales Patientenverfügungsregister leidet.[842]

Mit Zustimmung des Erstellers ist eine qualifizierte elektronische Signatur allerdings grundsätzlich auch von einem Dritten nutzbar.[843] Aufgrund des höchstpersönlichen Charakters der Erklärungen innerhalb einer Patientenverfügung ist eine Signatur eines Dritten im Falle der digitalen Hinterlegung aber selbst mit Zustimmung des Patienten nicht zulässig.[844] Denn dem Patienten müssen die Bestimmungen innerhalb der digitalen Patientenverfügung zugerechnet werden können, sodass es – wie in analoger Form – der eigenhändigen Signatur einer höchstpersönlichen Behandlungsentscheidung bedarf.[845] Nur dadurch wird die Echtheit und Warnfunktion einer digitalen Patientenverfügung gewahrt, die das antizipiert Erklärte dem konkreten Patienten eindeutig zuordnet. Die Unterschrift der Patientenverfügung durch den Erklärenden als unvertretbare Handlung innerhalb des § 1901a Abs. 1 BGB muss sich auch in der

841 *Ellenberger*, in: Palandt, § 126a, Rn. 5.

842 Für mehr „Formflexibilität" bereits *Albers*, MedR 2009, 138 (142).

843 *Ellenberger*, in: Palandt, § 126a, Rn. 9.

844 Generell hierzu *Ellenberger*, in: Palandt, § 126a, Rn. 9, 12.

845 Hierzu siehe Teil 1, B. I. 1.

digitalen Welt fortsetzen. Andernfalls droht ein Bruch der gesetzlichen Voraussetzungen zwischen einer analogen und einer digitalen Patientenverfügung. Ein digital gespeicherter Patientenverfügungstext ist somit mit einer qualifizierten elektronischen Signatur höchstpersönlich vom Ersteller zu signieren.

c. *Bestimmtheit*

Ein digital hinterlegter Verfügungstext muss darüber hinaus den einfachgesetzlichen Anforderungen hinsichtlich der Bestimmtheit von Patientenverfügungen gerecht werden. Dabei sollte ein digital abgelegter Text allerdings einerseits nicht zu umfangreich sein, um im zeitkritischen Rettungsgeschehen die schnelle Kenntnisnahme vom Patientenwillen zu erreichen. Andererseits ist die in § 1901a Abs. 1 BGB statuierte Bestimmtheit auf handliches Equipment zuzuschneiden. Denn um an einer Einsatzstelle eingesetzt werden zu können, muss ein Lesegerät möglichst handlich und robust sein sowie eine einfache Bedienung aufweisen. Aus praktischer Sicht sollte der Rettungsdienst daher über ein leicht mitführbares Lesegerät verfügen, welches neben der sonstigen Einsatzausrüstung mit zum Einsatzort getragen werden kann. Demzufolge wird nur ein kleines Display (bspw. in DIN A5 Größe) eines handlichen Lesegeräts den auszulesenden Verfügungstext anzeigen können. Wie in analogen Patientenverfügungen werden auch digitale Verfügungstexte daher nur einen geringen textuellen Raum einnehmen können, um präklinisch überhaupt schnell und zielführend inhaltlich erfasst werden zu können. Ausführliche Fließtexte erweisen sich auch im Digitalisierungskontext als nicht zweckdienlich. Es bietet sich – mit Blick auf die Bestimmtheit – daher an, auf die erwähnten Notfallbögen Bezug zu nehmen.[846] Die gesetzlich geforderte Benennung der konkreten Behandlungssituation und der gewünschten Behandlungsmaßnahme werden in gebotener Kürze deutlich kommuniziert. So kann die Bestimmtheit der Patientenverfügung auch im Rahmen eines digitalisierten therapiebegrenzenden Behandlungswunsches realisiert werden und übersichtlich die rettungsmedizinisch notwendige Aussagekraft aufweisen. Dem Patienten muss allerdings weiterhin freistehen, auch einen umfangreichen Patientenverfügungstext in einem Patientenverfügungsregister zu speichern. Die damit einhergehenden Auslegungsschwierigkeiten in

---

846 Hierzu siehe Teil 3, B. I. Des Weiteren bietet sich auch eine gesetzliche Vorgabe zumindest zu einer (teil-) standardisierten Darstellung einer Patientenverfügung an. Entsprechende Standardformulare kennt das geltende Recht bereits, vgl. etwa das Muster-Widerrufsformular in Anlage 2 zu Art. 246a § 1 Abs. 2 S. 1 Nr. 1 und § 2 Abs. 2 Nr 2 EGBGB.

der Praxis liegen im Wesen von Patientenverfügungen. Auch der Rettungsdienst kann, trotz eines Registers, weiterhin mit Auslegungsproblemen konfrontiert sein, die sich in der Notfallrettung weiter zuspitzen und verdichten, insbesondere bei umfangreichen Verfügungstexten. Entscheidet sich der Patient für einen umfangreichen Patientenverfügungsinhalt, nimmt er die Gefahr der mangelnden Berücksichtigungsmöglichkeit aufgrund der zeitkritischen präklinischen Umstände in Kauf. Dieser Gefahr kann allerdings durch eine suffiziente Information im Erstellungszeitpunkt begegnet werden oder aber durch knapp und aussagekräftig gestaltete Notfallbögen, nunmehr in digitalisierter Variante, die dem Bestimmtheitserfordernis genügen. Festzuhalten ist damit, dass auch die einfachgesetzliche Bestimmtheit bei einer Digitalisierung einer Patientenverfügung gewahrt werden kann und der Konzeption eines zentralen Registers nicht entgegensteht.

d. Widerruf

Neben patientenseitigen Änderungen des Verfügungsinhalts kann eine Patientenverfügung ausweislich des § 1901a Abs. 1 S. 3 BGB jederzeit widerrufen werden. Dafür bedarf sie nicht der für das Erstellen der Patientenverfügung konstitutiven Schriftform, sondern ist formfrei möglich. Auch ein mündlicher Widerruf entfaltet dementsprechend Rechtswirkung.[847] Die Widerrufsanforderungen sind vom Gesetzgeber bewusst niedrigschwellig gehalten, um Änderungen hinsichtlich der antizipierten Therapieentscheidungen zuzulassen.[848] Der vorausverfügende Patient soll sich jederzeit wieder, auch durch nonverbales Verhalten, von den schriftlichen Niederlegungen lösen können.[849] Entscheidend ist lediglich, dass „die Willensänderung hinreichend deutlich zum Ausdruck kommt“[850]. Nichtsdestotrotz erzeugt eine (digitale oder analoge) Patientenverfügung durch den verschriftlichten Behandlungswunsch einen gewissen Rechtsschein, indem ein Widerruf nicht bspw. auf der Patientenverfügung dokumentiert werden muss. Rechtsscheingrundsätze haben in verschiedenen gesetzlichen Regelungen ihren Ausdruck gefunden.[851] Gemein ist ihnen, dass ein Anschein einer Berechtigung oder eines Rechts im Rechtsverkehr erzeugt wird. Hieraus kann etwa eine Haftung resultieren. Im Rahmen

847 *Choi*, S. 202 f.
848 Vgl. BT-Drs. 16/8442, S. 13.
849 BT-Drs. 16/8442, S. 13.
850 BT-Drs. 16/8442, S. 13.
851 Bspw. §§ 370, 405, 714, 705, 2365, 2366 BGB.

der zivilrechtlichen Stellvertretung sind bspw. Duldungs- und Anscheinsvollmachten gewohnheitsrechtlich anerkannt, die dem Vertretenen die Handlungen eines vermeintlichen Vertreters bei Duldung oder aber fahrlässiger Unkenntnis zurechnen.[852] Angelehnt an diese zivilrechtlichen Vorgaben kann ein Schriftstück, welches nunmehr alle gesetzlichen Voraussetzungen des § 1901a Abs. 1 S. 1 BGB wahrt, den Anschein einer nicht widerrufenen Patientenverfügung im Rechtsverkehr erwecken, obwohl ein gesetzlich zulässiger, formfreier Widerruf erfolgt ist. Ohne weitere, sich aufdrängende Bedenken hinsichtlich der mangelnden Wirksamkeit wird einem entsprechenden Schriftstück vom Adressatenkreis eine rechtsverpflichtende Geltung beigemessen. Widerruft ein Patient seine für den Rettungsdienst relevante analoge Patientenverfügung, verändert oder vernichtet den Verfügungstext aber nicht bzw. macht diesen nicht unauffindbar, setzt er zurechenbar einen Rechtsschein hinsichtlich der Fortgeltung der persönlichen verschriftlichten Festlegungen. Der Patient „erduldet" implizit den erzeugten Rechtschein seiner widerrufenen Patientenverfügung bzw. übersieht diesen Aspekt, obwohl er den weiterhin im Rechtsverkehr gegebenen Anschein der Fortgeltung der eigenen antizipierten Behandlungsentscheidungen hätte erkennen und verhindern können. Trotz eines Widerrufs kann eine präklinisch greifbare analoge Patientenverfügung daher den Eindruck erwecken, dass diese nicht widerrufen worden ist, wenn der Adressatenkreis nicht in Kenntnis gesetzt wird (i.S.e. „Anscheins-Patientenverfügung"). Wird in der Folge der an sich widerrufene Verfügungstext aufgefunden und stimmt inhaltlich mit der konkreten Behandlungssituation überein, muss der Rettungsdienst von seiner rechtlichen Gebundenheit und Umsetzungsverpflichtung ausgehen.[853] Das Vorgehen des Rettungsdienstes, welches sich am Verfügungstext orientiert, basiert dann auf dem Vertrauen, in Übereinstimmung mit dem Patientenwillen tätig zu sein. Eine Patientenverfügung, die auf die aktuelle Behandlungssituation zutrifft und hinreichend bestimmte Festlegungen enthält, schafft einen entsprechenden Vertrauensträger. In letzter Konsequenz ist ein Therapieabbruch in vermeintlicher Übereinstimmung mit dem Patientenwillen denkbar. Dabei handelt es sich um ein generelles Problem im Umgang mit widerrufenen Patientenverfügungen. Neben dem Rettungsdienst können bspw. auch vom Widerruf nicht informierte,

852 Generell hierzu *Ellenberger*, in: Palandt, § 172, Rn. 6 ff.
853 Vgl. *Thöns/Schürrle/Korn*, RD 2019, 862 (864).

im Notfalleinsatz anwesende Angehörige weiter von der Geltungskraft einer passgenauen Patientenverfügung überzeugt sein.[854]

Diese, bereits im Umgang mit analogen Patientenverfügungen, nicht zu verkennende Rechtsscheinproblematik wird eventuell weiter intensiviert, wenn eine digitale Speicherung einer Patientenverfügung in einem Register ermöglicht ist. Denn trotz eines formfreien (mündlichen) Widerrufs bleibt eine gespeicherte Patientenverfügung zunächst weiterhin jederzeit digital abrufbar. Hierdurch kommt eine starke Selbstbindung des Patienten in Betracht, wenn er einen Widerruf zwar wirksam formfrei mündlich äußern kann, aber der Abruf einer Patientenverfügung aus einem Register weiterhin möglich bleibt, ohne dass ein rechtswirksamer Widerruf ersichtlich ist. Eine Digitalisierung von Patientenverfügungen kann den Rechtsschein der Fortgeltung eines Verfügungstextes trotz eines formfrei zulässigen Widerrufs möglicherweise verstärken.

Fraglich ist nun, wie einem Risiko des fortgeltenden Rechtsscheins trotz Widerrufs auch bei einer in einem zentralen Register gespeicherten Patientenverfügung begegnet werden kann, um den einfachgesetzlichen Voraussetzungen der jederzeitigen Widerruflichkeit gerecht zu werden. Zunächst ist – unabhängig davon, ob ein Schriftstück oder aber eine digitale Patientenverfügung gegeben ist – ein Tätigwerden des Widerrufswilligen nötig, um einen Rechtsschein der Fortgeltung eines vorausverfügten Patientenwillens sicher zu unterbinden. Bei einem Schriftstück kann der Widerruf etwa hierauf vermerkt werden oder die analoge Patientenverfügung wird vernichtet. Demgegenüber ist bei einer digital gespeicherten Patientenverfügung ein Login bspw. per App in ein persönliches Benutzerportal erforderlich, um dort den Widerruf rechtsscheinvernichtend publik zu machen. Wird eine Parallele zur gesetzlichen Regelung des Registers der Organ- und Gewebespende gezogen, ist auch dort die stetige Widerrufbarkeit eines Registereintrags möglich. Vorgesehen ist dort, dass der Widerruf online durch die Person, die die Erklärung ursprünglich abgegeben hat, „möglichst einfach"[855] erfolgen kann, § 2a Abs. 2 S. 2 TPG n.F. Auch dafür ist nötig, dass der Widerrufswillige aktiv tätig wird, um seine Erklärung zur Organ- und Gewebespende online zu widerrufen. Ein Login in das Register für Erklärungen zur Organ- und Gewebespende ist hierfür angezeigt. Der Gesetzgeber sieht damit in dem Erfordernis, ein zwischengeschaltetes Medium wie einen Computer oder

854 Vgl. *Lipp*, in: Laufs/Katzenmeier/Lipp, Kap. VI, Rn. 154 m.w.N., der von der „Last der Selbstverantwortung" spricht, worunter das allgemeine Risiko verstanden wird, dass eine entäußerte Erklärung nicht mehr rechtzeitig geändert werden kann.

855 BT-Drs. 19/11087, S. 18.

eine App zu nutzen, zum einen ein taugliches und einfaches Mittel, um einen Widerruf zu dokumentieren, und zum anderen eine niedrige Hürde für einen Widerruf einer online registrierten Erklärung zur Organ- und Gewebespende. Der Widerruf wird durch eigenverantwortliches Verhalten des Widerrufswilligen publik. Diese, bei der Organ- und Gewebespende gesetzlich anerkannten und erforderlichen Widerrufshandlungen, sollten auch auf ein Patientenverfügungsregister übertragen werden, die dann die Gefahr eines fortgeltenden Rechtsscheins eindämmen. Dem widerrufswilligen Patienten bleibt grundsätzlich die Möglichkeit des formfreien Widerrufs erhalten. Wie auch bei Patientenverfügungen in Papierform ist aber zusätzlich ein geringes Ausmaß aktiven Tätigwerdens nötig, da der mündliche Widerruf einen fortwirkenden Rechtsschein einer wirksamen Patientenverfügung aufrechterhalten kann.[856] Ein notwendiger Login in ein Register, um seine gespeicherte Patientenverfügung zu widerrufen, stellt damit keine übermäßig starke Selbstbindung dar, da ein Mindestmaß an Eigenverantwortung verlangt werden kann. Hiermit sind keine tatsächlich erhöhten Anforderungen an den Widerruf einer digitalisierten, zentral registrierten Patientenverfügung gegeben, sondern gerade andere Anforderungen. Die einfachgesetzlich vorgesehene, niedrigschwellige Widerruflichkeit einer Patientenverfügung kann perspektivisch auch bei einer digitalisierten Patientenverfügung erreicht werden, die in einem Register gespeichert ist.

e. *Zwischenergebnis*

Ein Patient kann seine Einwilligung in vorausverfügte Behandlungsentscheidungen erteilen, unabhängig des Speicher- bzw. Aufbewahrungsortes einer Patientenverfügung. Auch bei der Digitalisierung einer Patientenverfügung besteht die Möglichkeit, die in § 1901a Abs. 1 S. 1 BGB vorgesehene Schriftform mittels

---

856 Die Unterbindung des fortgeltenden Rechtsscheins ist allerdings abhängig von der Funktionsfähigkeit der hierfür erforderlichen Soft- und Hardwarekomponenten, wie auch einer funktionierenden Internetverbindung. Eine nicht auszuschließende Störanfälligkeit eines technischen Systems könnte daher gegen vergleichbare Widerrufsanforderungen zur Rechtsscheinunterbindung bei einem digitalisierten Verfügungstext sprechen. Allerdings ließen sich auch entsprechende Abhängigkeiten bei einem Widerruf einer analogen Patientenverfügung konstruieren, etwa angenommen eine Patientenverfügung wird mündlich widerrufen, allerdings befindet sich der Verfügungstext in einem Bankschließfach, worauf außerhalb der Öffnungszeiten nunmehr kein Zugriff besteht. Auch in einem solchen Fall ist ein mündlicher Widerruf rechtswirksam, der existierende Verfügungstext erzeugt jedoch weiterhin den Rechtsschein der Fortgeltung der antizipierten Bestimmungen.

einer qualifizierten elektronischen Signatur zu wahren, wobei die begrenzte Praktikabilität nicht vollumfänglich überzeugt. Hinsichtlich der Bestimmtheit einer Patientenverfügung im digitalen Kontext gelten die Ausführungen zu analogen Patientenverfügungen entsprechend. Die Aussagekraft und für den Rettungseinsatz notwendige übersichtliche Kürze einer Patientenverfügung kann auch bei einem Speicherort in einem Register gewahrt werden. Der Vorgang, sich in ein Register online einzuloggen, um eine dort gespeicherte Patientenverfügung mit einhergehender Unterbindung des Rechtsscheins dokumentiert zu widerrufen, bewegt sich darüber hinaus noch im Rahmen der rechtlich geforderten niedrigschwelligen Widerrufsanforderungen.

3. *Wahrung datenschutzrechtlicher Vorgaben*

Wenngleich es sich bei dem Lösungsmodell des Patientenverfügungsregisters um einen Vorschlag handelt, der gesetzlich zum einen bisher nicht vorgesehen ist, und zum anderen keine gesetzgeberischen Bestrebungen zur Implementierung ersichtlich sind, werden nachfolgend die geltenden datenschutzrechtlichen Rahmenbedingungen dargelegt und – soweit möglich – in Bezug zum vorgeschlagenen Lösungsansatz gesetzt. Die datenschutzrechtlichen Erwägungen richten sich aufgrund ihres Verordnungscharakters (Art. 288 Abs. 2 AEUV) unmittelbar nach der DSGVO. Die DSGVO bildet nunmehr den normativen Ausgangspunkt datenschutzrechtlicher Fragestellungen[857] neben dem Schutz des Privatgeheimnisses und personenbezogener Daten.[858] Zu berücksichtigen ist ferner, dass alle Informationen[859], die sich auf eine identifizierte oder identifizierbare Person beziehen, personenbezogene Daten gemäß Art. 4 Nr. 1 DSGVO sind. Gesundheitsdaten, die wiederum besondere personenbezogene Daten darstellen[860], sind personenbezogene Daten, die sich auf die körperliche oder geistige Gesundheit einer natürlichen Person beziehen, einschließlich der Erbringung von Gesundheitsdienstleistungen und aus denen Informationen über den Zustand der Person hervorgehen, vgl. Art. 4 Nr. 15 DSGVO.[861] Bereits

---

857 *Kühling*, MedR 2019, 611 (618) m.w.N.

858 Europäische Ebene Art. 7, 8 GRCh; vgl. auch national Art. 2 Abs. 1 GG i.V.m. Art. 1 Abs. 1 GG.

859 Zum Informationsbegriff siehe *Arning/Rothkegel*, in: Taeger/Gabel, DSGVO/BDSG, Art. 4, Rn. 6 f.

860 Art. 9 Abs. 1 DSGVO; *Arning/Rothkegel*, in: Taeger/Gabel, DSGVO/BDSG, Art. 4, Rn. 326; *Kampert*, in: Sydow, HK-DSGVO, Art. 4, Rn. 188 f.

861 Siehe auch ErwG 35 DSGVO; zur Anwendungsbereichseröffnung der DSGVO hinsichtlich der Gesundheitsdatenverarbeitung siehe *Dochow*, GesR 2016, 401 (403).

die Information, dass eine Person gesund ist, stellt ein Gesundheitsdatum dar, da nicht am Begriff der Krankheit angeknüpft wird.[862] Insgesamt liegt dem Gesundheitsdatum damit ein weites Begriffsverständnis zugrunde.[863] Aus einer (digitalen oder analogen) Patientenverfügung geht nunmehr hervor, was ein konkreter Patient für den Fall seiner Einwilligungsunfähigkeit an medizinischer Therapie – in im Voraus näher festgelegten Behandlungssituationen – wünscht. Der Patientenverfügungsadressat leitet aus der Patientenverfügung den tatsächlichen individuellen Willen ab und bezieht diesen wiederum auf eine Behandlungssituation des konkreten Patienten. Die damit einhergehende personenbezogene Aussagekraft umfasst den sensiblen, höchstpersönlichen Bereich selbstbestimmt getroffener Entscheidungen in medizinischen Behandlungsfragen. Bei einem in einem Patientenverfügungsregister digitalisierten Verfügungstext, der therapiebegrenzende Behandlungsentscheidungen für die rettungsmedizinische Notfallsituation enthält, handelt es sich damit um gespeicherte Gesundheitsdaten i.S.d. Art. 4 Nr. 15 DSGVO.[864]

Anhand der datenschutzrechtlichen Bestimmungen und Wertungen wird nun untersucht, ob sich eine in einem Register gespeicherte digitalisierte Patientenverfügung für die Notfallrettung in geltendes Gesundheitsdatenschutzrecht einfügen lässt. Zunächst wird dafür die datenschutzrechtliche Verantwortlichkeit im Ansatz und im Bezug zu einem an die Telematikinfrastruktur angebundenen Patientenverfügungsregister erörtert (a). Sich an die datenschutzrechtlich erforderliche Einwilligung in die Preisgabe und Verarbeitung personenbezogener Gesundheitsdaten anschließend (b), müssen stets auch datenschutzrechtliche Betroffenenrechte bei Implementierung eines Patientenverfügungsregisters gewahrt werden können (c). Daneben ist die Sicherheit entsprechend gespeicherter Gesundheitsdaten vonnöten (d), um perspektivisch überhaupt ein Vertrauen in die Nutzung einer Registerlösung zu erreichen.

a. Datenschutzrechtliche Verantwortlichkeit

Innerhalb des Registervorschlages, der sich in die Telematikinfrastruktur eingliedern soll, bedarf es perspektivisch einer klaren Identifizierung der

---

862 *Weichert*, in: Kühling/Buchner, DSGVO/BDSG, Art. 4 Nr. 15, Rn. 1; *Arning/Rothkegel*, in: Taeger/Gabel, DSGVO/BDSG, Art. 4, Rn. 336.

863 *Kühling*, MedR 2019, 611 (615).

864 Mit der Annahme aller Anwendungen der Vorgängerregelung zu § 334 Abs. 1 S. 2 SGB V n.F. des § 291a Abs. 3 S. 1 SGB V a.F. als Gesundheitsdaten zutreffend *Jorzig/Sarangi*, S. 194 sowie *Dochow*, S. 1030 f.

datenschutzrechtlichen Verantwortlichkeit. Nach Art. 4 Nr. 7 DSGVO ist der datenschutzrechtlich Verantwortliche u.a. die natürliche oder juristische Person, Behörde, Einrichtung oder andere Stelle, die allein oder gemeinsam mit anderen über die Zwecke und Mittel der Verarbeitung personenbezogener Daten entscheidet. Aus der Stellung des Verantwortlichen resultieren datenschutzrechtliche Pflichten, wie etwa das informatorische Transparenzgebot (Art. 12 DSGVO), die Berichtigungspflicht unrichtiger Daten (Art. 16 DSGVO) oder die Löschung von Daten (Art. 17 DSGVO). Derjenige, der eine Patientenverfügung in einem entsprechenden Register speichern möchte, muss erkennen können, an wen er sich bspw. für die datenschutzrechtlichen Betroffenenrechte nach Art. 4 Nr. 1 DSGVO wenden kann.[865] Als Öffnungsklausel sieht Art. 4 Nr. 7 HS 2 DSGVO vor, dass nationales Recht eines Mitgliedstaates die Verantwortlichkeit benennen kann, wenn Zwecke und Mittel der Datenverarbeitung vorgegeben werden. Die derzeitige rechtliche Benennung der datenschutzrechtlichen Verantwortlichkeit für die Datenverarbeitung über die Telematikinfrastruktur bestimmt § 307 SGB V n.F. Bei einer Datenverarbeitung über die dezentrale Telematikinfrastruktur liegt die Verantwortung bei demjenigen, der dezentrale Komponenten aus Authentifizierungszwecken und zur sicheren Datenverarbeitung über die zentrale Telematikinfrastruktur nutzt, § 307 Abs. 1 SGB V n.F. Die datenschutzrechtliche Verantwortlichkeit innerhalb der Telematikinfrastruktur gilt für solche Bereiche, die vom jeweiligen Leistungserbringer auch tatsächlich überblickt werden können und beherrschbar sind.[866] Trotz der Verpflichtung zur Nutzung bspw. von zertifizierten Konnektoren zum Versichertenstammdatenabgleich, kann sich der medizinische Leistungserbringer nicht von der datenschutzrechtlichen Verantwortlichkeit freizeichnen, vgl. § 307 Abs. 1 SGB V n.F. Vielmehr ist er verpflichtet, die dezentralen Komponenten etwa vor unbefugtem Zugriff in den eigenen Praxisräumen zu sichern bzw. die notwendigen Softwareupdates durchzuführen.[867] Demgegenüber ist der Anbieter des Zugangsdienstes, also derjenige, der die Schnittstelle aus der dezentralen Zone in das sichere zentrale Netz anbietet, eben hierfür datenschutzrechtlich verantwortlich, § 307 Abs. 2 SGB V n.F.[868] Für das gesicherte Netz selbst ist gemäß § 306 Abs. 2 Nr. 2b SGB V n.F. derjenige Anbieter datenschutzrechtlich verantwortlich, der von der Gesellschaft für Telematik den Auftrag zum alleinverantwortlichen Betrieb erhalten

865 Hierzu siehe Teil 4, C. II. 3. c.

866 BT-Drs. 19/18793, S. 100.

867 BT-Drs. 19/18793, S. 100 f.

868 BT-Drs. 19/18793, S. 101.

hat, § 307 Abs. 3 SGB V n.F.[869] Die Gesellschaft für Telematik ist damit nicht selbst Anbieterin des gesicherten zentralen Netzes, sondern gibt die Rahmenbedingungen der Telematikinfrastruktur i.S.d. § 311 SGB V n.F. vor.[870] Anbieter von Anwendungen der Telematikinfrastruktur nach § 334 Abs. 1 S. 2 SGB V n.F. sind für die jeweilige Datenverarbeitung verantwortlich, § 307 Abs. 4 SGB V n.F.[871] In § 307 Abs. 4 S. 2 SGB V n.F. wird hervorgehoben, dass der Anbieter z.B. einer elektronischen Patientenakte insbesondere die Verantwortlichkeit für die entsprechende Gesundheitsdatenverarbeitung der Versicherten trägt. Die Gesellschaft für Telematik ist wiederum die verantwortliche Stelle, wenn keine anderweitige Verantwortlichkeit gegeben ist und sie die Mittel der Datenverarbeitung nach § 311 SGB V n.F. bestimmt hat, § 307 Abs. 5 SGB V n.F. Des Weiteren gibt die Gesellschaft für Telematik Auskunft über die jeweiligen datenschutzrechtlichen Verantwortlichkeiten über eine Koordinierungsstelle, die als Ansprechpartner im Außenverhältnis für den Versicherten fungiert, § 307 Abs. 5 S. 2, 3 SGB V n.F.[872]

Eine abschließende Bestimmung der datenschutzrechtlichen Verantwortlichkeit für ein elektronisches Register für Patientenverfügungen ist momentan noch nicht vollumfänglich möglich, da ein entsprechendes Register mit einem eindeutigen Speicherort nicht existiert. Dennoch können anhand der jetzigen gesetzlichen Regelung in § 307 SGB V n.F. Tendenzen ausgemacht werden, die für verschiedene datenschutzrechtliche Verantwortlichkeiten sprechen, wenn eine Registerlösung für Patientenverfügungen umgesetzt wird. Die rechtliche Basis für ein Patientenverfügungsregister wird sich voraussichtlich als Anwendung in § 334 Abs. 1 S. 2 SGB V n.F. finden lassen und die Gesellschaft für Telematik die Infrastruktur für den derzeitigen hypothetischen Lösungsansatz überwachen. Der Anbieter eines Patientenverfügungsregisters wäre dann nach § 307 Abs. 4 SGB V n.F. datenschutzrechtlich verantwortlich. Perspektivisch soll ein Patient allein oder mithilfe eines Arztes eine digitale Patientenverfügung für den Notfall erstellen und diese im Register speichern können. Wirkt ein Arzt bei der Anlage einer Patientenverfügung für ein Register mit, erfolgt dies mithilfe von dessen IT-System. Aus der ärztlich verpflichtenden Dokumentation[873]

869 BT-Drs. 19/18793, S. 101.
870 BT-Drs. 19/18793, S. 101.
871 Kritisch und für eine gemeinsame Verantwortlichkeit plädierend, BT-Drs. 19/19365, S. 4.
872 Vgl. auch BT-Drs. 19/19365, S. 5, 18.
873 § 630f BGB; § 10 MBO-Ä.

wird die Erstellung des Verfügungstextes aus dem praxisinternen IT-System nunmehr ersichtlich. Trotz der externen Speicherung einer digitalisierten Patientenverfügung in einem Register ergibt sich die Anlage eines entsprechenden Verfügungstextes auch aus der ärztlichen Dokumentation, wenn nicht sogar eine Kopie der Patientenverfügung selbst zusätzlich gespeichert wird. Für diesen praxisinternen Bereich ist der konkrete Heilberufler datenschutzrechtlich verantwortlich.[874] Das praxisinterne IT-System ist dabei zwar nicht unmittelbarer Teil der Telematikinfrastruktur[875], sondern der Konnektor als Verbindungsstück zur Telematikinfrastruktur der dezentralen Zone zugehörig. Innerhalb dieser, vom Arzt beherrschbaren Sphäre, trägt er aber die Verantwortung für gespeicherte Patienteninformationen. Er hat somit dafür zu sorgen, dass die eigene Telematikinfrastruktur-unabhängige Dokumentation hinreichend datenschutzrechtlich abgesichert ist. Im Rahmen des hiesigen Lösungsmodells scheidet der Arzt hingegen weitgehend als Verantwortlicher aus.[876] Allerdings hat er die notwendigen technischen und organisatorischen Maßnahmen zu treffen, sodass kein unbefugter Zugang über die dezentralen Komponenten zur Telematikinfrastruktur erfolgen kann.[877]

Im Notfallgeschehen würde der Rettungsdienst die gespeicherten Registerinformationen zum konkreten Patienten nutzen und über die eigene Einsatzdokumentation festhalten. Mit Anzeige eines digitalen Patientenverfügungstextes ist wiederum der Rettungsdienst Empfänger i.S.d. Art. 4 Nr. 9 DSGVO, da personenbezogene Gesundheitsdaten zum konkreten Notfallpatienten über ein technisches Authentifizierungsverfahren offengelegt werden. Für die Wartung und Funktionsfähigkeit auf dem aktuellen Stand der Technik eines entsprechenden

---

874 Inwieweit einem Arzt ein mangelbehafteter technischer Anschluss an die Telematikinfrastruktur durch einen IT-Dienstleister angelastet werden kann, ist fraglich. Der IT-Dienstleister kann als Erfüllungsgehilfe (§ 278 BGB) angesehen werden, der regelmäßig ohne tatsächliche Einflussnahme des Arztes tätig ist, um dessen Anschluss (§ 341 Abs. 6 SGB V n.F.) an die Telematikinfrastruktur vorzunehmen. Sofern sich allerdings an die Mindestvorgaben der Richtlinie zur IT-Sicherheit in der vertragsärztlichen Versorgung nach § 75b SGB V bei Installation und Wartung gehalten wird, scheidet ein Verschuldensvorwurf wohl aus. Siehe auch *Kircher*, in: Becker/Kingreen, SGB V, § 75b, Rn. 2 ff.

875 *Weyd*, MedR 2020, 183 (190).

876 Zur operationellen Seite des Löschens nach Widerruf der Einwilligung in die Datenverarbeitung siehe Teil 4, C. II. c.

877 Hierunter fallen etwa die Vornahme nötiger Wartungsarbeiten und Updates sowie die Sicherung von Praxisräumen vor unbefugtem Zutritt.

Lesegeräts ist der Rettungsdienst verantwortlich. Selbiges gilt für den allein rettungsdienstlich beherrschbaren Dokumentationsbereich, indem die Einsatzdokumentation erfolgt.

Die Gesellschaft für Telematik entscheidet bereits derzeit nicht selbst und unmittelbar über die Datenverarbeitung des konkreten Patienten im Notfalleinsatz. Sie stellt aber mit der Telematikinfrastruktur das technische Grundgerüst zur Verfügung. Insbesondere wird die zentrale Zone von der Gesellschaft für Telematik federführend ausgestaltet. Die Gesellschaft für Telematik prüft sowohl vor Inbetriebnahme als auch während des laufenden Betriebs alle technischen Komponenten der Telematikinfrastruktur auf die Vereinbarkeit mit datenschutzrechtlichen Vorgaben, vgl. § 311 SGB V n.F.[878] Des Weiteren dürfen generell nur von der Gesellschaft für Telematik zertifizierte Gerätschaften eingesetzt werden, § 325 SGB V n.F.[879] Nach der gesetzgeberischen Konzeption scheidet die Verantwortlichkeit der Gesellschaft für Telematik dennoch primär aus, da die Verantwortungen in § 307 SGB V n.F. gesetzlich zugewiesen werden. Lediglich mit Auffangcharakter nach § 307 Abs. 5 SGB V n.F. könnte eine datenschutzrechtliche Verantwortlichkeit für Gesundheitsdaten eines Patientenverfügungsregisters angenommen werden.

Für die datenschutzrechtliche Verantwortlichkeit rücken damit mehrere Akteure in den Fokus, die für ihren jeweiligen Bereich um ein Patientenverfügungsregister datenschutzrechtlich verantwortlich wären. Einem digitalen Register für Patientenverfügungen steht dies allerdings nicht entgegen. Die datenschutzrechtlich betroffene Person kann sich im Zweifelsfall insbesondere an die Koordinierungsstelle als zentralen Ansprechpartner richten (§ 307 Abs. 5 S. 2, 3 SGB V n.F.), um eine Durchsetzung datenschutzrechtlicher Betroffenenrechte gegenüber dem jeweils Verantwortlichen zu erreichen.

b. Einwilligung

Mit Abruf eines in einem zentralen Register gespeicherten Verfügungstextes verarbeitet der Rettungsdienst Daten (Art. 4 Nr. 2 DSGVO) des Patienten in mehrfacher Hinsicht. Die Datenverarbeitung bezeichnet gemäß Art. 4 Nr. 2 DSGVO jeden mit oder ohne Hilfe automatisierter Verfahren ausgeführten Vorgang oder

---

878 Vgl. auch *gematik*, Whitepaper Datenschutz Informationssicherheit, S. 9 ff.; sog. Privacy by Design i.S.d. Art. 25 Art. 1 DSGVO.

879 Die Zertifizierung erfolgt durch die privatrechtlich organisierte Gesellschaft für Telematik als Beliehene, vgl. *Bales/von Schwanenflügel*, NJW 2012, 2475 (2478) m.w.N.; *gematik*, Whitepaper Datenschutz Informationssicherheit, S. 18 ff.

jede solche Vorgangsreihe im Zusammenhang mit personenbezogenen Daten. Der datenverarbeitende Vorgang ist eine Handlung, die sich aus mehreren Einzelakten zusammensetzen kann, bspw. aus dem Erheben, Speichern und Abfragen von Daten.[880] Mit der Zuhilfenahme eines technischen Geräts ist ein automatisierter Vorgang gegeben.[881] Der automatisierte Vorgang wiederum muss im Zusammenhang mit personenbezogenen Daten stehen.[882] Unter das Verarbeiten als Oberbegriff fallen ferner u.a. das Erfassen, die Organisation, das Ordnen, die Speicherung, die Anpassung oder Veränderung, das Auslesen, das Abfragen, die Verwendung, die Offenlegung durch Übermittlung, Verbreitung oder eine andere Form der Bereitstellung sowie etwa das Löschen oder die Vernichtung von Daten, vgl. Art. 4 Nr. 2 DSGVO.[883] Bei der Verarbeitung von Gesundheitsdaten ist darüber hinaus Art. 9 Abs. 3 DSGVO zu wahren, der eine Gesundheitsdatenverarbeitung nur durch entsprechendes Fachpersonal statuiert. Das Fachpersonal muss dem Berufsgeheimnis unterliegen, was national berufsrechtlich über § 9 MBO-Ä und strafrechtlich mit § 203 Abs. 1, Abs. 3 S. 2 StGB für ärztliche und nichtärztliche rettungsdienstliche Akteure erreicht wird. Bei der Speicherung einer Patientenverfügung in einem Register und deren Abruf im Notfallgeschehen findet somit eine Verarbeitung von Daten statt.

Generell ist eine Datenverarbeitung gemäß Art. 6 Abs. 1 lit. a DSGVO – neben anderen dort genannten Bedingungen – rechtmäßig, wenn die betroffene Person ihre Einwilligung i.S.v. Art. 4 Nr. 11 DSGVO zu der Verarbeitung der sie betreffenden personenbezogenen Daten für einen oder mehrere bestimmte Zwecke gegeben hat.[884] Demnach ist die Einwilligung der betroffenen Person jede freiwillig für den bestimmten Fall, in informierter Weise und unmissverständlich abgegebene Willensbekundung in Form einer Erklärung oder einer sonstigen eindeutigen bestätigenden Handlung, mit der die betroffene Person zu verstehen gibt, dass sie mit der Verarbeitung der sie betreffenden personenbezogenen Daten einverstanden ist. Die Einwilligung legitimiert die Datenverarbeitung

880 *Arning/Rothkegel*, in: Taeger/Gabel, DSGVO/BDSG, Art. 4, Rn. 62.

881 *Arning/Rothkegel*, in: Taeger/Gabel, DSGVO/BDSG, Art. 4, Rn. 63 f.

882 *Arning/Rothkegel*, in: Taeger/Gabel, DSGVO/BDSG, Art. 4, Rn. 66.

883 Die aufgezählten Verarbeitungsformen sind nicht abschließend; hierzu *Arning/Rothkegel*, in: Taeger/Gabel, DSGVO/BDSG, Art. 4, Rn. 68 f.; vgl. auch *Reimer*, in: Sydow, HK-DSGVO, Art. 4, Rn. 53.

884 *Albers/Veit*, in: BeckOK/DSGVO, Art. 6, Rn. 19 sprechen von der Einwilligung als dem „zentralen Scharnier“ im Datenschutzrecht.

und ist Ausdruck der Selbstbestimmung.[885] Demgemäß ist eine Einwilligung durch den potentiellen Notfallpatienten, als datenschutzrechtlich betroffene Person, selbst zu erteilen. Bei einer digitalen Notfallpatientenverfügung handelt es sich aber um Gesundheitsdaten, sodass hinsichtlich der Gesundheitsdatenverarbeitung unter Spezialitätsgesichtspunkten[886] Art. 9 DSGVO gegenüber Art. 6 DSGVO heranzuziehen ist. Gemäß Art. 9 Abs. 1 DSGVO ist die Verarbeitung von Gesundheitsdaten prinzipiell untersagt. Eine Ausnahme ergibt sich aber aus Art. 9 Abs. 2 lit. a DSGVO, wonach sich die ausdrückliche Einwilligung der betroffenen Person in die Verarbeitung von Gesundheitsdaten in eben diese legitimierend auswirkt.[887] Der Einwilligungsbegriff an sich richtet sich weiterhin nach Art. 4 Nr. 11 DSGVO. In datenschutzrechtlicher Hinsicht kann ein Patient damit in die Datenverarbeitung einwilligen. Für die patientenseitige Entscheidung, die eigene Patientenverfügung zu digitalisieren und aus Gründen der Notfallrelevanz dem Rettungsdienst lesbar zur Verfügung zu stellen, bedarf es allerdings der Ausdrücklichkeit der Einwilligung unter datenschutzrechtlicher Betrachtung zur Verarbeitung von Gesundheitsdaten. Wird die Einwilligung mit Kenntnis um die besondere Sensibilität von Gesundheitsdaten und in Bezug auf diese erteilt, ist die Ausdrücklichkeit der Einwilligung gegeben.[888] Die geforderte Ausdrücklichkeit schließt in diesem Zusammenhang ferner eine konkludente Einwilligung aus.[889] Die Speicherung eines digitalen Verfügungstextes in einem Patientenverfügungsregister muss dementsprechend freiwillig und ausdrücklich für den bestimmten Fall der Notsituation erstellt werden. Dem

---

885 Sog. „Verbot mit Erlaubnisvorbehalt"; *Arning/Rothkegel*, in: Taeger/Gabel, DSGVO/BDSG, Art. 4, Rn. 257; *Dochow*, S. 955 ff. mit Zweifeln hinsichtlich der Legitimationskraft; *Mand*, MedR 2003, 393 (395 f.).

886 Begründet ist die lex specialis-Stellung des Art. 9 DSGVO mit dem normierten ausdrücklichen Verbot der Datenverarbeitung („ist untersagt") besonderer personenbezogener Daten. Weiterführend *Dochow*, S. 429 f.; *Taeger*, in: Taeger/Gabel, DSGVO/BDSG, Art. 6, Rn. 6 m.w.N.

887 Ähnlich wie in Art. 6 Abs. 1 lit. d DSGVO ist auch in Art. 9 Abs. 2 lit. c DSGVO die Datenverarbeitung zum Schutz lebenswichtiger Interessen der betroffenen Person möglich, wenn die betroffene Person aus körperlichen oder rechtlichen Gründen außerstande ist, ihre Einwilligung zu erteilen. Die Einwilligung zur Datenverarbeitung durch Auslesen der elektronischen Gesundheitskarte erteilt der Patient aber bereits im Zeitpunkt der Erstellung eines digitalen Patientenverfügungstextes.

888 Vgl. *Kampert*, in: Sydow, HK-DSGVO, Art. 9, Rn. 13 ff.

889 *Albers/Veit*, in: BeckOK/DSGVO, Art. 9, Rn. 51; *Dochow*, S. 430; *ders.*, GesR 2016, 401 (404); *Mester*, in: Taeger/Gabel, DSGVO/BDSG, Art. 9, Rn. 18 m.w.N.

zukünftigen Patienten ist frei von Zwängen die Wahlmöglichkeit[890] zu geben, ob er für den bestimmten Zweck[891] der Notsituation eine digitalisierte und rettungsmedizinisch auslesbare Patientenverfügung hinterlegen will. Aus der datenschutzrechtlichen Einwilligung muss eindeutig hervorgehen, dass die einwilligende betroffene Person mit der Datenverarbeitung einverstanden ist. Über eine mögliche präklinische Datenverarbeitung ist der Patient in einer Weise zu informieren, die ihm die Tragweite seiner Einwilligung bewusst macht.[892] Diese Einwilligung kann innerhalb eines Patientenverfügungsregisters mithilfe der Software erfragt werden. Indem der Patient etwa ein Kontrollkästchen anklickt, wird dem Register technisch die Einwilligung in den Speichervorgang nachweisbar kommuniziert. Erst mit erteilter Einwilligung kann die Benutzeroberfläche einen Speichervorgang weiter zulassen. Auch ergibt sich aus Art. 7 Abs. 3 S. 3 DSGVO, dass der Betroffene über die jederzeitige Widerrufsmöglichkeit und eine Löschungsverpflichtung der datenverarbeitenden Stelle zu informieren ist.[893] Diese Informationen zur Reichweite der Einwilligung für den vorklinischen Notfall kann der Patient bei Implementierung des Lösungsansatzes bspw. über die in § 2 Abs. 1 S. 4 f., Abs. 1a, Abs. 1d TPG n.F. genannten Stellen erhalten. Diese Informationen können dem Patienten ebenfalls technisch vor bzw. während des Speichervorgangs zugetragen werden.

Im Zeitpunkt der Abgabe der Einwilligung in die Speicherung einer digitalisierten Patientenverfügung in einem Register ist ferner die Einwilligungsfähigkeit der betroffenen Person vonnöten.[894] Ein Arzt kann diese Einwilligungsfähigkeit feststellen, ist aber nicht zwingend am Speichervorgang beteiligt. Erstellt und speichert ein Patient eigenständig einen notfallrelevanten Verfügungstext, ist dessen Einwilligungsfähigkeit hinsichtlich der Datenverarbeitung im Erstellungszeitpunkt schwer nachprüfbar. Dabei handelt es sich aber um eine generelle Problematik digitalisierter Prozesse. Im digital vernetzten Alltag ist die Einwilligungsfähigkeit des virtuellen Gegenübers durch den beweisbelasteten Verantwortlichen[895] oftmals kaum nachprüfbar. Entsprechendes gilt für die

890 Hierzu generell *Arning/Rothkegel*, in: Taeger/Gabel, DSGVO/BDSG, Art. 4, Rn. 269 f.
891 Hierzu generell *Arning/Rothkegel*, in: Taeger/Gabel, DSGVO/BDSG, Art. 4, Rn. 273 f.
892 Vgl. *Arning/Rothkegel*, in: Taeger/Gabel, DSGVO/BDSG, Art. 4, Rn. 277; vgl. auch Transparenzgebot aus Art. 5 Abs. 1 lit. a DSGVO sowie die Informationspflichten des Verantwortlichen nach Art. 13 DSGVO.
893 *Ingold*, in: Sydow, HK-DSGVO, Art. 7, Rn. 34; *Taeger*, in: Taeger/Gabel, DSGVO/BDSG, Art. 7, Rn. 75.
894 Vgl. *Arning/Rothkegel*, in: Taeger/Gabel, DSGVO/BDSG, Art. 4, Rn. 266, 290.
895 Vgl. generell vertiefend *Taeger*, in: Taeger/Gabel, DSGVO/BDSG, Art. 7, Rn. 37.

Einwilligungsfähigkeit im Erstellungszeitpunkt einer analogen Patientenverfügung, die therapiebegrenzende Behandlungsentscheidungen enthält. Nur wenn der Gesetzgeber bspw. eine ärztliche Mitwirkungspflicht im Erstellungszeitpunkt einer Patientenverfügung vorsehen würde, könnte dieser Problematik begegnet werden. Allerdings ginge dies auf Kosten der niedrigschwelligen Errichtungsvoraussetzungen einer Patientenverfügung. Nichtsdestotrotz kann insgesamt eine Einwilligung in datenschutzrechtlicher Hinsicht für eine Patientenverfügung eingeholt werden, die in einem Patientenverfügungsregister gespeichert und im Bedarfsfall verarbeitet wird. Bei Zweifeln hinsichtlich der Einwilligungsfähigkeit im Erstellungszeitpunkt der Patientenverfügung sind auch im digitalen Kontext die indizierten Rettungsbemühungen fortzusetzen, bis Klarheit herrscht.

c. Datenschutzrechtliche Betroffenenrechte

Der datenschutzrechtlich betroffenen Person, hier perspektivisch dem Notfallpatienten mit einer digitalisierten Patientenverfügung, stehen verschiedene Betroffenenrechte zu, die gegenüber dem bzw. den Verantwortlichen geltend gemacht werden können müssen. Relevante datenschutzrechtliche Betroffenenrechte sind u.a. der Widerruf der Einwilligung (1), die Einschränkung des Datenzugriffs (2) sowie der Löschungsanspruch (3).[896] Auch diese müssen im Zusammenhang eines hypothetischen Patientenverfügungsregisters technisch umsetzbar sein, damit überhaupt ein tragfähiges Modell der digitalen Patientenverfügung für den Rettungsdienst möglich erscheint. Andernfalls können die nachfolgenden Betroffenenrechte des Erstellers einer Patientenverfügung nicht gewahrt werden, sodass eine rechtliche Realisierung des Lösungsansatzes in die Ferne rückt.

(1) Widerruf

Grundsätzlich hat eine datenschutzrechtlich erteilte Einwilligung kein Verfallsdatum.[897] Mit Wirkung für die Zukunft (Art. 7 Abs. 3 S. 2 DSGVO) kann eine ursprünglich erteilte Einwilligung in die Datenverarbeitung aber jederzeit widerrufen werden, Art. 7 Abs. 3 S. 1 DSGVO. Ein Widerruf einer der

896 Besprochen werden nur die für den Lösungsansatz als relevant erachteten Betroffenenrechte. Daneben bestehen bspw. Auskunftsrechte (Art. 15 DSGVO) und Berichtigungsrechte (Art. 16 DSGVO) sowie das Recht der Datenübertragung an einen anderen Verantwortlichen (Art. 20 DSGVO).

897 Zu den Ausnahmen siehe *Taeger*, in: Taeger/Gabel, DSGVO/BDSG, Art. 7, Rn. 67 m.w.N.

Datenverarbeitung zu Grunde liegenden Einwilligung hat zur Folge, dass die Datenverarbeitung einzustellen ist sowie die Daten zu löschen sind, Art. 17 Abs. 1 lit. b DSGVO.[898] Aus dem Widerruf resultiert die Löschungsverpflichtung der datenschutzrechtlich verantwortlichen Stelle. Der Einwilligungswiderruf sowie das Löschungsverlangen können dabei zeitlich zusammentreffen und aus dem Löschungsverlangen jedenfalls ein konkludenter Einwilligungswiderruf hervorgehen.[899] Gemäß Art. 7 Abs. 3 S. 3 DSGVO ist der Betroffene über die Widerrufsmöglichkeit bereits vor dessen Einwilligungserteilung zu informieren.[900] Wie gesehen, können entsprechende Informationen kommuniziert werden. Mit gesetzlicher Erweiterung um ein Patientenverfügungsregister kann sich die datenschutzrechtliche Informationsverpflichtung auch auf die Möglichkeit der digitalen Patientenverfügung sowie deren Widerruflichkeit erstrecken. Weiter folgt aus Art. 7 Abs. 3 S. 4 DSGVO, dass der Widerruf einer ursprünglich erteilten Einwilligung in die Datenverarbeitung so einfach wie die ursprüngliche Einwilligung möglich sein muss.[901] Die ursprüngliche Einwilligung in eine Datenverarbeitung über ein Patientenverfügungsregister kann eine Software erfragen. In umgekehrter Weise ist softwarebasiert ebenfalls möglich sich ohne Angabe von Gründen von der ursprünglichen Einwilligung zu lösen, indem etwa über das Anklicken einer programmierten Checkbox[902] innerhalb der Benutzeroberfläche dem System der Widerruf kommuniziert wird. Hiermit kann der Patient eine erfolgende Gesundheitsdatenverarbeitung nutzerfreundlich widerrufen.[903] Die gespeicherten Gesundheitsdaten sind infolgedessen dem

---

898 Sog. „Recht auf Vergessenwerden"; *Heinemann/Straub*, DuD 2019, 7 (9); Ausnahmen gelten, auch nach Art. 17 Abs. 1 lit. b. DSGVO, wenn sich aus anderen Rechtsgrundlagen, wie Art. 6 Abs. 1 lit. b DSGVO, die Zulässigkeit der Datenverarbeitung trotz Widerrufs einer Einwilligung ergibt. Weiterführend etwa *Peuker*, in: Sydow, HK-DSGVO, Art. 17, Rn. 1 f., 31 ff.; *Taeger*, in: Taeger/Gabel, DSGVO/BDSG, Art. 17, Rn. 72 ff.

899 *Meents/Hinzpeter*, in: Taeger/Gabel, DSGVO/BDSG, Art. 17, Rn. 38. Aus dem Einwilligungswiderruf allein ergibt sich hingegen kein automatisiertes Löschungsverlangen, da die Datenverarbeitung vom Betroffenen auch lediglich eingeschränkt werden kann, Art. 18 Abs. 1 lit. b DSGVO.

900 Vgl. auch Art. 13 Abs. 2 lit. c DSGVO.

901 *Heinemann/Straub*, DuD 2019, 7 (9).

902 Vgl. ErwG 32 DSGVO. Eine Checkbox ist ein ankreuzbares Kontrollkästchen innerhalb der Benutzeroberfläche der Software.

903 Die Nutzerfreundlichkeit der Telematikinfrastruktur sieht der Gesetzgeber als einen wesentlichen Aspekt für die Akzeptanz digitaler Anwendungen im Gesundheitswesen an, BT-Drs. 19/18739, S. 2.

Rettungsdienst dann nicht mehr zugänglich, wodurch auch kein Rechtsschein einer nicht widerrufenen Patientenverfügung mehr erzeugt wird. Diese technisch umsetzbare, datenschutzrechtliche Widerrufsmöglichkeit spricht in der Theorie weiterhin für die Implementierbarkeit des Lösungsansatzes.

Das datenschutzrechtliche Widerrufsrecht ist weiter abgesichert über das Auskunftsrecht i.S.d. Art. 15 DSGVO. Dem Patienten kommt ein Auskunftsrecht nach Art. 15 Abs. 1 lit. b DSGVO zu, um die Information zu erhalten, ob und in welchem Umfang er als datenschutzrechtlich betroffene Person beim Verantwortlichen geführt wird.[904] Auch dieses Auskunftsrecht erscheint im hypothetischen Lösungsansatz umsetzbar, wenn eine Abfragemöglichkeit hinsichtlich gespeicherter Daten des Patienten programmiert wird.

Ändert sich der Patientenwille in Bezug auf vorausverfügte Therapieentscheidungen und wird entsprechend umformuliert, ist eine Veränderung der gespeicherten Daten und kein Widerruf gegeben.[905] Nötig ist, dass der Patient die Speicherung der Änderungen im Register vorantreibt. Eine Anpassung gemäß Art. 4 Nr. 2 Var. 6 DSGVO und kein Widerruf liegt z.B. bei einer Namensänderung vor.[906] Auch die Vornahme von Veränderungen ursprünglich gesicherter Angaben in einem Patientenverfügungstext sind durchaus denkbar. Die Betroffenenrechte des Widerrufs, des Auskunftsrechts und der Veränderung von Daten können somit bei der Schaffung eines Patientenverfügungsregisters technisch ermöglicht werden.

(2) Einschränkung des Datenzugriffs

Als Alternative zum Widerruf kommt datenschutzrechtlich die Einschränkung der Zugriffsrechte auf hinterlegte Daten in Betracht, sodass eine Datenverarbeitung vorübergehend ausgeschlossen ist, vgl. Art. 18 DSGVO.[907] Die Beschränkung des Datenzugriffs sorgt dafür, dass die gespeicherten Daten weiterhin existieren, aber nur mit Überwindung etwa eines Sperrmechanismus genutzt werden können.[908] Die Einschränkung erfolgt durch digitale Markierung bestimmter personenbezogener Daten, mit dem Ziel, ihre künftige Verarbeitung

904 *Mester*, in: Taeger/Gabel, DSGVO/BDSG, Art. 15, Rn. 2 f.; *Specht*, in: Sydow, HK-DSGVO, Art. 15, Rn. 5 ff.

905 Vgl. *Arning/Rothkegel*, in: Taeger/Gabel, DSGVO/BDSG, Art. 4, Rn. 78.

906 Vgl. *Arning/Rothkegel*, in: Taeger/Gabel, DSGVO/BDSG, Art. 4, Rn. 77.

907 In der neugeregelten Terminologie des SGB V ist dagegen von „sperren" die Rede, vgl. bspw. § 291c Abs. 1, Abs. 3 SGB V n.F.

908 Vgl. *Hunzinger*, S. 29.

einzuengen, Art. 4 Nr. 3 DSGVO. Einzuschränkende Daten können hierfür auch auf ein anderes Verarbeitungssystem übertragen werden, sodass kein Zugriff mehr besteht.[909] Generell ist denkbar, dass eine Datenverarbeitung durch Einschränkung der Zugriffsrechte auch auf einen in einem Register gespeicherten Verfügungstext erreicht werden kann. Die Patientenverfügung ist weiterhin digital hinterlegt, bspw. in einem eigenen Benutzerprofil. Eine notfallrelevante digitale Patientenverfügung ist dann aber nicht mehr rettungsmedizinisch aus einem Register einsehbar. Gleichzeitig wird dem Patienten ermöglicht, einen digitalen Verfügungstext zu reaktivieren, indem eine im Benutzerprofil abgelegte Patientenverfügung dem Adressatenkreis wieder aktiv freigegeben wird. Das datenschutzrechtliche Betroffenenrecht der Einschränkung des Zugriffs erscheint damit insgesamt erreichbar und steht dem hypothetischen Lösungsmodell nicht entgegen.

(3) Löschung und Vernichtung

Als weiteres Datenschutzrecht steht der betroffenen Person ein Löschungsanspruch von preisgegebenen Gesundheitsdaten gegenüber der verantwortlichen Stelle zu, Art. 17 Abs. 1 lit. b. DSGVO i.V.m. Art. 4 Nr. 2 Var. 15 DSGVO. Gemäß Art. 4 Nr. 2 DSGVO ist auch ein Löschen eine Datenverarbeitung. Unter dem Begriff des Löschens wird im Allgemeinen[910] die Herbeiführung eines Zustandes verstanden, wodurch Daten nicht mehr wahrnehmbar sind.[911] Eine weitere Kenntnisnahme der ursprünglich gespeicherten Daten wird durch das Löschen verhindert.[912] Maßgeblich ist, dass die ursprünglich gespeicherten Daten nicht mehr ausgelesen werden können. Dies kann bspw. durch mehrfaches Überschreiben der Daten erfolgen.[913] Innerhalb des vorgeschlagenen Lösungsansatzes muss daher die Möglichkeit eröffnet sein, den Verfügungstext aus dem Patientenverfügungsregister wieder zu entfernen. Dies ist technisch zu gewährleisten,

---

909 ErwG 67 DSGVO.

910 Zum Meinungsstand vgl. *Hunzinger*, S. 56 ff.

911 Zum Irreversibilitätsansatz siehe bspw. *Arning/Rothkegel*, in: Taeger/Gabel, DSGVO/BDSG, Art. 4, Rn. 94 f.; *Herbst*, in: Kühling/Buchner, DSGVO/BDSG, Art. 17, Rn. 37; *Peuker*, in: Sydow, HK-DSGVO, Art. 17, Rn. 32; *Roßnagel*, in: Simitis/Hornung/Spiecker gen. Döhmann, DSGVO, Art. 4, Rn. 30; demgegenüber die Stimmen, die zu einem verhältnismäßigen Löschungsaufwand tendieren bspw. *Meents/Hinzpeter*, in: Taeger/Gabel, DSGVO/BDSG, Art. 17, Rn. 74; *Worms*, in: BeckOK/DSGVO, Art. 17, Rn. 55 m.w.N.

912 *Peuker*, in: Sydow, HK-DSGVO, Art. 17, Rn. 32.

913 Zur technischen Umsetzbarkeit des Löschens siehe *Hunzinger*, S. 118 ff.

sodass der Löschvorgang durch den Inhaber der Patientenverfügung eigenständig initiiert werden kann.

Um die ärztliche Dokumentationsverpflichtung zu wahren, ist aber zu beachten, dass datenschutzrechtliche Betroffenenrechte, wie dem Löschungsanspruch außerhalb der Telematikinfrastruktur, hier nur eingeschränkt durchsetzbar sind: Wird ein Arzt bei der Speicherung eines digitalen Verfügungstextes beteiligt, unterliegt dieser sowohl der ärztlichen Schweigepflicht[914] als auch einer gesetzlichen Dokumentationsverpflichtung[915]. Um dem Patienten eine Hilfestellung im Speicherungsprozess bieten zu können, müssen notwendigerweise Patientendaten durch den beteiligten Arzt erhoben werden. Diese Datenerhebung ist Teilbereich des konkreten Behandlungsvertrages zwischen Arzt und Patient und ärztlicherseits zu dokumentieren.[916] Auf eine Löschung erhobener Daten innerhalb des ärztlichen Dokumentationsbereichs hat der Patient keinen Anspruch. Die Reichweite eines datenschutzrechtlichen Löschungsanspruchs endet dort, wo die ärztlich verpflichtende Dokumentation aus Beweiszwecken und der Gedächtnisstütze[917] für die Behandlung seitens des Arztes beginnt.[918] Selbiges gilt für die rettungsdienstliche Einsatzdokumentation.

Als Alternative zum Löschen kommt datenschutzrechtlich die ebenfalls in Art. 4 Nr. 2 DSGVO genannte Vernichtung von Daten als Betroffenenrecht in Betracht, um deren Wahrnehmbarkeit zu verhindern. Die Vernichtung bezeichnet im allgemeinen Sprachgebrauch die Zerstörung des Datenträgers, sodass die hierauf gespeicherten Daten nicht mehr ausgelesen werden können.[919] Mit der Vernichtung des Datenträgers kann somit ein Löschen von Daten einhergehen. Eine digitale Patientenverfügung soll aber in einer Serverdatenbank als Teil der Telematikinfrastruktur gespeichert werden, die der Patient wohl nicht zerstören kann. Eine technische Möglichkeit, um einen Patientenverfügungstext aus einem Patientenverfügungsregister zu löschen, genügt.

---

914 § 203 Abs. 1 Nr. 1 StGB, siehe auch § 9 MBO-Ä.

915 § 630f BGB; § 10 MBO-Ä. Vertiefend *Rehborn/Kern*, in: Laufs/Kern/Rehborn, HdArztR, § 61, Rn. 14 ff.

916 *Hornung*, S. 60.

917 § 10 Abs. 1 MBO-Ä.

918 *Hornung*, S. 60.

919 *Hunzinger*, S. 29 f.; *Meents/Hinzpeter*, in: Taeger/Gabel, DSGVO/BDSG, Art. 17, Rn. 72; *Roßnagel*, in: Simitis/Hornung/Spiecker gen. Döhmann, DSGVO, Art. 4, Rn. 33.

(5) Zwischenergebnis

Die genannten datenschutzrechtlichen Betroffenenrechte müssen bei der Schaffung eines Patientenverfügungsregisters gewahrt werden, was wiederum technisch durchaus realisierbar ist. Ein datenschutzrechtlicher Einwilligungswiderruf ist dabei praktisch möglich. Ferner kann technisch die Einschränkung des Datenzugriffs umgesetzt werden. Dasselbe gilt für das Löschen von in einem Patientenverfügungsregister gespeicherten Daten, mit Ausnahme des ärztlichen und rettungsdienstlichen Dokumentationsbereichs. Eine Vernichtung des Datenservers durch den Patienten ist weder erforderlich noch praktisch umsetzbar. Festzuhalten ist damit, dass bei der Realisierung eines Patientenverfügungsregister die genannten wesentlichen datenschutzrechtlichen Betroffenenrechte gewahrt werden können.

d. Datensicherheit

Die Zentralisierung von sensiblen Gesundheitsdaten in der Telematikinfrastruktur weist einen Nutzen für alle Beteiligten auf, um Gesundheitsinformationen zu kommunizieren und jederzeit verfügbar zu machen. Gleichzeitig maximiert sich aber auch das Risikopotential, wenn ein nichtberechtigter Zugriff auf zentral gespeicherte sowie schutzbedürftige Gesundheitsdaten gelingt.[920] Bspw. können nichtberechtigt offengelegte Gesundheitsdaten im Gegensatz zu finanziellen Schäden aus rechtswidrig abgeschöpften Geldbeträgen nicht schlicht rückerstattet werden.[921] Die Vertraulichkeit von Gesundheitsinformationen geht durch ihre Veröffentlichung vielmehr unwiederbringlich verloren.[922] Fraglich ist, ob ein Patientenverfügungsregister dem notwendigen Schutz in Bezug auf die Sicherheit von Gesundheitsdaten gerecht werden kann, sodass hierin gespeicherte Verfügungstexte Nichtberechtigten nicht zugänglich sind.

Die Anforderungen an die Datensicherheit der Telematikinfrastruktur richten sich nach § 306 Abs. 3 SGB V n.F. Demnach ist ein hohes Schutzniveau anzulegen, um die „angemessenen und verhältnismäßigen technischen und organisatorischen Maßnahmen nach dem Stand der Technik die besonders schutzwürdigen personenbezogenen Daten gegen unbefugte Kenntnisnahme und Verwendung schützen und die Gewährleistungsziele Datenminimierung, Verfügbarkeit, Integrität, Vertraulichkeit, Transparenz, Nichtverkettung und Intervenierbarkeit

---

920 Zu Gefahren von Telematikanwendungen im Gesundheitswesen allgemein *Dochow*, S. 259 f. Vgl. auch *Weichert*, DuD 2019, 622 (624).

921 *BSI*, Sicherheitsanforderungen an digitale Gesundheitsanwendungen, S. 5.

922 *BSI*, Sicherheitsanforderungen an digitale Gesundheitsanwendungen, S. 5.

ein[zu]halten."[923] In Anlehnung an § 2a Abs. 2 S. 3 TPG n.F. muss ein Patientenverfügungsregister ebenfalls gegen unbefugtes Löschen, Hinzufügen, Verändern, die Kenntnisnahme oder Weitergabe von gespeicherten Verfügungstexten technisch gesichert sein.[924] Die hierfür notwendigen technischen Grundvoraussetzungen sind nach dem jeweils aktuellen Stand der Technik zu gewährleisten. Bereits derzeit wird die Datensicherheit durch die Gesellschaft für Telematik stets im Einvernehmen mit dem BSI angestrebt, § 311 Abs. 2 SGB V n.F. Mit Angliederung eines Patientenverfügungsregisters kann über die Einbindung der Gesellschaft für Telematik und dem BSI ein risikoangemessenes Schutzniveau erreicht werden. Dies bedeutet, dass – bei Speicherung einer Patientenverfügung in einem Register – die Eintrittswahrscheinlichkeit eines Schadens bspw. durch einen Hackerangriff abzuwägen ist, um derartigen Gefahren präventiv begegnen zu können.[925] Eine völlige Datensicherheit erscheint allerdings generell nie garantiert werden zu können.[926] Ein Patientenverfügungsregister kann sich aber den technischen und organisatorischen Anforderungen, die der Gesetzgeber insgesamt für die Telematikinfrastruktur als dem datensicheren zentralen Netz der Kommunikation im Gesundheitswesen vorsieht, orientieren. Durch technische Vorkehrungen ist ein unautorisierter technischer Zugriff auf hinterlegte Daten zu verhindern und gesetzgeberisch bei etwaiger Datenmissbrauchsanfälligkeit zu reagieren.[927] Es besteht folglich eine Pflicht zum stetigen Streben nach Datensicherheit. Ein Restrisiko bleibt dennoch stets gegeben, sodass gespeicherte Daten in die Hände unbefugter Personen geraten können, unabhängig davon, ob es sich nunmehr um ein Register für Erklärungen zur Organ- oder Gewebespende,

923 BT-Drs. 19/18793, S. 99; vertiefend *Dochow*, S. 789 ff.; vgl. auch *Mand*, MedR 2003, 393 (397), der ähnliche Sicherheitsziele beschreibt.

924 Das Transplantationsregister ist derzeit nicht an die Telematikinfrastruktur angeschlossen. Dies wird auch in BT-Drs. 19/11087 und BT-Drs. 19/18793, S. 125 für die Zukunft interessanterweise nicht angestrebt, obwohl § 291a Abs. 3 S. 1 Nr. 7, 8 SGB V a.F. und der neue § 334 Abs. 1 S. 2 Nr. 2 SGB V n.F. Bezug auf Erklärungen zur Organ- und Gewebespende nehmen. Eine entsprechende Registeranbindung erscheint daher durchaus sachgerecht. Demgegenüber soll wiederum das Implantateregister die Telematikinfrastruktur nutzen, was sich aus § 18 IRegG n.F. ergibt (vgl. auch § 291b Abs. 1d S. 4 SGB V a.F.) Auch dem Implantateregister ist dabei technisch der notwenige Schutz zu gewähren, vgl. § 4 Abs. 5 IRegG.

925 Vgl. ErwG 75, 76 DSGVO.

926 Wie hier *Dochow*, S. 797 m.w.N.

927 Vgl. auch die Ordnungswidrigkeiten- und Strafvorschriften der §§ 394 ff. SGB V n.F. die u.a. das Vertrauen in die Sicherheit gespeicherter Daten untermauern können.

Implantaten oder aber Patientenverfügungen handelt.[928] Die Datensicherheit kann aber technisch so aufgestellt sein, dass hohe Hürden hinsichtlich eines unbefugten Zugriffs auf ein Patientenverfügungsregister bestehen.

Fehlerquellen auch außerhalb des technischen Systems der Telematikinfrastruktur sind allerdings ebenfalls zu beachten und zu unterbinden, um ein tragfähiges datensicheres Lösungsmodell etablieren zu können. Die sichere Herausgabe von Chipkarten, die den Schlüssel zur Telematikinfrastruktur bieten, ist nun – neben der technischen Sicherung des Gesundheitsdatennetzes – die notwendige Voraussetzung, um einen missbräuchlichen Zugang zu Anwendungen des vernetzten Gesundheitswesens gewährleisten zu können.[929] Der nichttechnische Ausgabeprozess ist das erste Glied der Kette in der Sicherheitsarchitektur der Telematikinfrastruktur. Gemäß § 311 Abs. 1 Nr. 9 SGB V n.F. zählt die Koordinierung des Ausgabeprozesses der in der Telematikinfrastruktur genutzten Identifikations- und Authentifizierungsmittel, insbesondere der Karten und Ausweise, zu den Aufgaben der Gesellschaft für Telematik. Umfasst ist die Überwachung der Ausgabeprozesse und im Bedarfsfall der Vorgabe und Vornahme von verbindlichen Maßnahmen, die bei Sicherheitsmängeln zu ergreifen sind.[930] Der Gesellschaft für Telematik kommt damit eine Beobachtungspflicht der Ausgabeprozesse zu. Die Ausgabe der elektronischen Gesundheitskarten erfolgt wiederum über die Krankenkassen, § 291 Abs. 1 SGB V n.F. Demgegenüber fällt ausweislich des § 340 SGB V n.F. die Ausgabe von elektronischen Heilberufsausweisen sowie entsprechenden Berufsausweisen in die Verantwortung der Länder. Diese können eine gemeinsame Stelle für die Ausgabe schaffen, § 340

928 Selbst wenn ein digitalisierter Patientenverfügungstext missbräuchlich erlangt wird, ist fraglich, welchem datenschutzrechtlichen Risiko der betroffene Patientenverfügungsinhaber hierdurch ausgesetzt ist. Gelangt eine größere Anzahl von Patientenverfügungen an die Öffentlichkeit können zunächst die personenbezogenen Informationen ausgewertet und für missbräuchliche Zwecke genutzt werden. Werden Inhalte von Patientenverfügungen publik, sind statistische Auswertungen denkbar. Hiermit gehen aber wohl keine konkreten Nachteile für den Ersteller einer Patientenverfügung einher. Gefahrträchtig ist aber das Löschen einer Patientenverfügung, das Hinzufügen eines patientenseitig nicht authentifizierten Verfügungstextes, das inhaltliche Verändern oder die Weitergabe von Patientenverfügungen durch einen Nichtberechtigten. Die Selbstbestimmung des Patienten wird hierdurch verfälscht, sodass die Aussagekraft hinsichtlich des tatsächlichen vorausverfügten Willens verloren geht.

929 *gematik*, Schlüsselgenerierungsdienst ePA, S. 8. Vor Verlust oder Diebstahl der eigenen Chipkarte ist der Betroffene hingegen nicht gefeit.

930 Vgl. auch BT-Drs. 19/19365, S. 6, 19.

Abs. 3 S. 1 SGB V n.F. Die Ausgabe authentifizierender Ausweise erfolgt entsprechend des gesetzlichen Zugriffskonzepts für die jeweilige Anwendung der Telematikinfrastruktur. Notärzte, Notfallsanitäter und Rettungsassistenten, die bspw. gemäß § 359 Abs. 1 Nr. 1, 6 SGB V n.F. auf elektronische Notfalldaten nach § 334 Abs. 2 S. 1 Nr. 5 SGB V n.F. zugreifen dürfen, erhalten dementsprechend elektronische Heilberufsausweise und elektronische Berufsausweise von der für die Ausgabe zuständigen Stelle. Im Zweifelsfall übernimmt die Gesellschaft für Telematik die Ausgabe notwendiger dezentraler Komponenten zur Nutzung der Telematikinfrastruktur, § 340 Abs. 4 SGB V n.F.[931] Entfällt die Berechtigung des Inhabers eines elektronischen Heilberufsausweises oder entsprechenden Berufsausweises, ist eine unverzügliche Sperrung der Authentifizierungsfunktion des jeweiligen Ausweises vorzunehmen, § 340 Abs. 3 S. 3 SGB V n.F. So wird ein weiterer Zugriff auf Patientendaten über die Telematikinfrastruktur unterbunden.

Kommt ein Nichtberechtigter in den Besitz etwa eines gültigen elektronischen Heilberufsausweises, besteht eine Zugriffsgefahr auf Anwendungen der Telematikinfrastruktur und persönliche Gesundheitsdaten. Der Kartenausgabeprozess u.a. der elektronischen Gesundheitskarte kann eine zentrale Schwachstelle und potentieller Angriffspunkt sein, wenn keine suffiziente Identitätsprüfung erfolgt.[932] Gesetzlich normierte Sicherheitsmechanismen, wie der persönlichen Antragsstellung und einer Identitätsprüfung bei postalischer Auslieferung der elektronischen Gesundheitskarte, fehlen. Ist aber bereits der nichttechnische Ausgabeprozess fehleranfällig, fällt das technische Sicherheitskonzept der Telematikinfrastruktur in sich zusammen. Mit Einführung eines Registers für Patientenverfügungen und dessen Anbindung an die Telematikinfrastruktur bedarf es dementsprechend eines spezifizierten Konzepts zur Ausgabe von

---

931 Hierzu siehe BT-Drs. 19/18793, S. 111.

932 Dem *CCC* ist es gelungen, in den Besitz aller (!) relevanten Schnittstellen für den Zugang zur Telematikinfrastruktur (elektronische Gesundheitskarte, Heilberufsausweis, Praxisausweis und Konnektor) ohne nennenswerten Aufwand zu kommen. Infolgedessen konnten Beispielangriffe auf die Telematikinfrastruktur demonstriert werden, die rein nichttechnischer Natur waren. Hierzu https://www.ccc.de/de/updates/2019/neue-schwachstellen-gesundheitsnetzwerk (zuletzt abgerufen am 09.06.2020). In einer anschließenden Stellungnahme zum Patientendaten-Schutzgesetz (BT-Drs. 19/18793) wurde erneut auf die aufgedeckten Mängel explizit hingewiesen und eine Identitätsprüfung bei Beantragung entsprechender Schlüsselkarten und deren Ausgabe gefordert; *CCC*, Stellungnahme zur Sachverständigenanhörung im Gesundheitsausschuss am 27. Mai 2020, S. 4 f. Dieser Forderung kam der Gesetzgeber bisweilen nicht nach.

elektronischen Gesundheitskarten. Das Erstellen einer neuen digitalen Patientenverfügung oder eine inhaltliche Änderung durch einen Nichtberechtigten über eine unberechtigt erlangte Karte muss unterbunden sein. Werden Gesundheitsdaten zum Nachteil des Versicherten verändert und kommuniziert, können schwerwiegende Therapieentscheidungen mit negativen gesundheitlichen Auswirkungen resultieren.[933] Eine entsprechende Missbrauchsgefahr sorgt ebenfalls für eine fehlende Akzeptanz einer Registerlösung, sodass Patientenverfügungen weiterhin in Papierform erstellt werden und es bei den derzeitigen präklinischen Problemen bleibt.

4. *Weitere datenschutzrechtliche Vorgaben*

Die Preisgabe von Daten bei der Speicherung einer Patientenverfügung in einem Register muss sich auf das notwendige Maß beschränken. Ausgangspunkt dieses Grundsatzes ist die Datenminimierung nach Art. 5 Abs. 1 lit. c DSGVO, die beinhaltet, dass eine Datenverarbeitung auf ein angemessenes Niveau begrenzt wird.[934] Im Einzelfall ist dieses Niveau auf Basis von Verhältnismäßigkeitserwägungen zu benennen.[935] Eine notfallspezifisch begrenzte digitale Patientenverfügung für den Rettungsdienst zielt auf eine Datenpreisgabe der absolut notwendigen Behandlungswünsche und kommunikationsbedürftigen Informationen in zeitkritischen Lagen ab. Sie beinhaltet Angaben zum Patienten selbst, wie dessen Namen und inhaltliche Angaben zu im Voraus bestimmten Behandlungsentscheidungen und entspricht damit einem Notfallbogen. Den Umfang der Patientenverfügung bestimmt allerdings weiterhin der Patient selbst, auch wenn sich zur vorklinischen Wahrung der Selbstbestimmung kurze Verfügungstexte anbieten. Eine digitale Patientenverfügung im hiesigen Lösungsmodell wird sich auf das notwendige Maß an erforderlichen Gesundheitsdaten des Patienten beschränken müssen, um präklinisch berücksichtigt werden zu können. Über die Software zum Erstellen einer Patientenverfügung kann bspw. durch eine Zeichenbegrenzung ein knapper notfallrelevanter Verfügungstext erreicht werden. Auch vorgefertigte Muster bieten eine Begrenzung auf das notwendige Maß der vom Ersteller der Patientenverfügung preiszugebener Daten. Darüber hinaus ist das Lösungsmodell bestrebt, den Kreis der Zugriffsberechtigten „so

933 *BSI*, Sicherheitsanforderungen an digitale Gesundheitsanwendungen, S. 5.

934 *Reimer*, in: Sydow, HK-DSGVO, Art. 5, Rn. 29 ff.; *Voigt*, in: Taeger/Gabel, DSGVO/BDSG, Art. 5, Rn. 27.

935 *Reimer*, in: Sydow, HK-DSGVO, Art. 5, Rn. 32; *Voigt*, in: Taeger/Gabel, DSGVO/BDSG, Art. 5, Rn. 27.

groß wie nötig, aber so klein wie möglich"[936] zu halten. Der datenschutzrechtliche Grundsatz der Datenminimierung kann daher gewahrt werden.

5. *Zwischenergebnis*

Bei Einführung eines zentralen Registers für Patientenverfügungen kann das verfassungsrechtlich abgesicherte Selbstbestimmungsrecht sowie das Recht auf informationelle Selbstbestimmung gewahrt werden. Des Weiteren stehen die einfachgesetzlichen Voraussetzungen des § 1901a BGB dem Lösungsvorschlag nicht entgegen. Darüber hinaus besteht aus datenschutzrechtlicher Perspektive die Möglichkeit, die dortigen normierten generellen Vorgaben, insbesondere die Betroffenenrechte, auch bei Implementierung eines Patientenverfügungsregisters zu wahren. Technisch kann wiederum ein sicherheitsangemessener Schutz für Gesundheitsdaten einen unbefugten Zugriff auf ein digitales Patientenverfügungsregister verhindern. Allerdings ist der Herausgabeprozess der für den Registerabruf vorgesehenen Schlüsselkarten so zu optimieren, dass auch auf der nichttechnischen Seite ein unbefugter Zugriff auf gespeicherte Gesundheitsdaten unterbunden wird.

D. Praxisgerechter Zugriff auf ein Patientenverfügungsregister

Nachdem der Vorschlag eines Patientenverfügungsregisters auf seine technische und rechtliche Realisierbarkeit überprüft wurde, stellt sich die Frage nach einem praxisgerechten Zugriff auf ein entsprechendes Register. Ein tatsächlicher Registerzugriff bildet den Schlüssel für eine effektive Umsetzbarkeit vorausverfügter Behandlungsentscheidungen einer präklinischen Patientenverfügung, denn es bedarf der rettungsmedizinischen Verfügbarkeit der Registerdaten.[937] Zunächst kommt hierfür in Betracht, dass die Rettungsleitstelle über eine Anbindung an die Telematikinfrastruktur einen lesenden Zugriff auf ein Patientenverfügungsregister erhält (I) und an die anfahrenden Rettungsmittel eine vorliegende Patientenverfügung kommuniziert wird. Ob und inwieweit auftretende Zugriffsprobleme bei einer Abfrage über die Rettungsleitstelle relativiert werden können, indem der Rettungsdienst selbst auf ein entsprechendes Patientenverfügungsregister zugreifen kann, wird anschließend thematisiert (II). Geleitet werden die Ausführungen weiterhin davon, wie durch ein zentrales Register die

936 *Zimmer*, DuD 2014, 394 (395) zu § 291a SGB V a.F.
937 Vgl. allgemein zu diesem Aspekt *Mand*, MedR 2003, 393 (397).

rettungsmedizinischen Probleme im Zugriff auf eine Patientenverfügung praxisgerecht effektiv lösbar werden, sodass schlussendlich eine flächendeckende Kommunikation zwischen Sender und Empfänger möglich wird. Wie einer immerwährenden Gefahr technischer Störungen der Telematikinfrastruktur im Zeitpunkt des präklinischen Zugriffs auf einen digitalen Verfügungstext umgangen werden kann, wird im Nachgang erörtert (III).

I. Registerzugriff durch die Rettungsleitstelle

Denkbar ist, dass der Rettungsleitstelle technisch und rechtlich ein Registerzugriff gestattet wird. Eine entsprechende Implementierung wird in Teilen bereits generell erwogen.[938] In der Praxis wird – ausgelöst durch einen Notruf und die Mitteilung der koordinierenden Leitstelle – der Notfallort rettungsmedizinisch angefahren. Praktisch vorstellbar ist nun, dass dem den Notruf entgegennehmenden Leitstellendisponenten die Information im internen IT-System geteilt wird, dass eine Patientenverfügung digital im zentralen Register gespeichert wurde. In dem Zeitpunkt, in welchem Einsatz- und Patienteninformationen während des Telefonats zusammengeführt werden, kann eine Registerrückmeldung zum Vorliegen einer gespeicherten Patientenverfügung erfolgen. Voraussetzung hierfür ist wiederum, dass nähere Patienteninformationen, wie etwa der Name, das Geburtsdatum und die Adresse, während der Notrufannahme vom Anrufer erfahrbar sind. Erfährt der Leitstellendisponent im Gespräch mit dem Anrufer detailliertere Informationen zum Patienten und erhält auf dieser Basis eine Registerrückmeldung über das Vorhandensein einer digitalisierten Patientenverfügung, kann mithilfe technischer Gerätschaften (z.B. Lesegerät, Tablet-Computer) den konkreten Rettungsmitteln auf der Anfahrt zum Patienten dessen registrierte Patientenverfügung angezeigt werden. Dies sorgt für eine Zeitersparnis, da bereits vor Ankunft beim Notfallpatienten die im Voraus festgelegten Behandlungsentscheidungen für konkretisierte Situationen bekannt sein können. Vor Ort ist dann vom Rettungsdienst zu prüfen, ob die antizipierte Behandlungssituation auch tatsächlich gegeben ist.

Konzeptionell ist ebenfalls denkbar, dass eine Patientenverfügung durch den Rettungsdienst im Rettungsmittel ausgedruckt wird. Im Rahmen der Erprobung des Telenotarztes konnte bereits die präklinische Nutzung eines im Rettungswagen angeschlossenen Druckers getestet werden.[939] Hierbei dient der

938 *Fehn/Selen*, S. 337 f.
939 *Czaplik/Bergrath*, in: Fischer/Krämer, S. 326 f.

Drucker dem Zweck, das Protokoll der Korrespondenz während der Telekonsultation zwischen Telenotarzt und Rettungsteam auszudrucken.[940] Infolgedessen kann das Protokoll bspw. in der Notaufnahme der rettungsmedizinischen Behandlungs- und Einsatzdokumentation beigefügt werden. Diese konzeptionelle Systemarchitektur ist neben der Anzeige eines Verfügungstextes auf einem mobilen Lesegerät vorstellbar. Damit besteht die Möglichkeit, dass ein digitaler Patientenverfügungstext bereits auf der Anfahrt vom Beifahrer gelesen und inhaltliche Therapiewünsche des zu behandelnden Notfallpatienten ausgewertet werden. Notwendigerweise bedarf es hierfür eines tauglichen Transportnetzes für die Informationsweitergabe, wofür eine Internetanbindung zwischen Rettungsleitstelle und Telematikinfrastruktur sowie Rettungsleitstelle und Rettungsmittel in Betracht kommt.

Kritisch müssen bei dieser vorgestellten Konzeption des Registerzugriffs über die Rettungsleitstelle und Mitteilung an die anfahrenden Rettungsmittel allerdings mehrere Schwachstellen aufgezeigt werden, die einer praktischen Realisierbarkeit entgegenstehen können: Anrufer und Notfallpatient sind nicht unbedingt personenidentisch. Dies kann der Fall sein, ist allerdings keineswegs zwingend. Vielmehr kann bei Personenverschiedenheit dem notrufabsetzenden Anrufer der konkrete Patient gänzlich unbekannt sein. Der Leitstellendisponent wird im Notrufgespräch daher primär den Ort des Notfallgeschehens in Erfahrung bringen, um entsprechende Rettungsmittel entsenden zu können. Hierdurch wird er seiner dezentral koordinierenden und lenkenden Funktion des Rettungseinsatzes gerecht.[941] Dabei ist der Name des Notfallpatienten zweitrangig, sodass dieser nicht stets für eine angedachte Registerabfrage zur Verfügung steht. Entsprechendes gilt für das Geburtsdatum, welches zwar grundsätzlich Identifikationszwecken bei mehreren gleichnamigen Patienten dienen kann, aber ebenfalls hinter der Information des konkreten Notfallortes nachrangig ist. Eine, der Informationsarmut im Notrufgespräch geschuldeten, alleinige Registerabfrage einer Patientenverfügung wiederum über den Notfallort ist trügerisch, da sich die in einer digital gespeicherten Patientenverfügung angegebene Adresse nicht zwingend mit dem Notfallort deckt. Der überwiegende Teil von Herz-Kreislauf-Stillständen, die regelmäßig in einem Abschnitt einer Patientenverfügung erwähnt sind[942] – und damit initial einhergehende rettungsdienstliche Reanimationen – finden zwar im häuslichen Umfeld statt.[943] Der Notfallort

940 *Czaplik/Bergrath*, in: Fischer/Krämer, S. 327.

941 Vgl. etwa *Prütting*, RettG NRW, § 8, Rn. 1.

942 *in der Schmitten/Rixen/Marckmann*, in: Coors/Jox/in der Schmitten, S. 293.

943 *Fischer*, et al., AI 2020, V89 (V90).

kann sich aber ebenfalls mit nicht unerheblicher Wahrscheinlichkeit etwa auch in der Öffentlichkeit befinden.[944] Des Weiteren können mehrere Parteien an der Adresse des Einsatzortes wohnen, sodass eine adressenbasierte Registerabfrage auch die Anzeige mehrerer digitaler Patientenverfügungen zur Folge haben kann, was zu Unsicherheiten in der Zuordnung führt. Damit ist eine adressenbasierte Abfrage aus einem Patientenverfügungsregister nicht vollumfänglich notfallgerecht. Die Adresse des Einsatzortes, ohne nähere Angaben zum Patienten, ist kein taugliches Kriterium für eine Registerabfrage der Rettungsleitstelle.

Kann im Einzelfall zusätzlich der Vor- und Nachname des Notfallpatienten durch den Leitstellendisponenten vom Anrufer ermittelt werden, erleichtern diese Informationen hingegen die Abfrage aus einem Register und die Zuordnung einer digitalen Patientenverfügung zu einer konkreten Person. Ein bekanntes Geburtsdatum und der Geburtsort können sich ebenfalls als hilfreich erweisen. Liegen derartige Angaben vor, ist eine Registerabfrage durch die Leitstelle zum Vorliegen einer gespeicherten Patientenverfügung durchaus möglich und ein Verfügungstext kann an die anfahrenden Rettungsmittel kommuniziert werden. Vor Ort muss der Rettungsdienst allerdings trotzdem zusätzlich verifizieren, dass eine digital abgerufene Patientenverfügung auch dem konkreten Notfallpatienten zuzuordnen ist. Dazu werden nähere Informationsquellen, wie z.B. der Personalausweis oder eine elektronische Gesundheitskarte benötigt, um die Deckungsgleichheit der Identität zwischen dem Patienten und einer digital angezeigten Patientenverfügung zu überprüfen. Entsprechende Dokumente sind beim konkreten Patienten zu suchen oder eine sichere Auskunft über Anwesende zur Identität des Patienten zu erfragen. Letzteres ist naturgemäß fehler- und missbrauchsanfällig, sodass der Rettungsdienst gerade bei therapiebegrenzenden Behandlungsentscheidungen einer Patientenverfügung nicht hierauf vertrauen sollte. Erst mit einem selbst durchgeführten Abgleich zwischen den Personenangaben in einer digital angezeigten Patientenverfügung und weiteren Identifikationsmitteln kann eine inhaltliche Berücksichtigung eines Verfügungstextes durch die Mitarbeiter des Rettungsdienstes erfolgen. Mit Blick auf eilige Behandlungsentscheidungen in der Notfallrettung nehmen derartige Identifizierungsbestrebungen wiederum Zeit ein, die oftmals nicht zur Verfügung steht. Förderlich für eine zügige Identifikation und eindeutige Zuordnung zwischen Verfügungstext und Patienten im Notfalleinsatz kann dann ein auf einer digitalen Patientenverfügung enthaltenes Foto vom Patienten sein. Ein optischer

944 *Fischer*, et al., AI 2020, V89 (V90) errechneten, dass sich 2019 ca. 20 % der außerklinischen Reanimationen in Deutschland außerhalb des häuslichen Umfelds ereigneten.

Vergleich zwischen Bild und Patient erübrigt möglicherweise eine Suche nach weiteren Identifikationsmitteln. Allerdings ist bereits einfachgesetzlich ein auf oder in einer Patientenverfügung enthaltenes Foto des Patienten nicht vorgesehen und dementsprechend wohl nicht verbreitet. Davon abgesehen bleiben auch mit einem Foto Restrisiken mangelnder eindeutiger Identifizierbarkeit und Zuordnung einer Patientenverfügung bspw. bei veralteten Bildern oder bei Zwillingen. Ein Foto des Patienten zu dessen Identifizierung am Einsatzort und Zuordnung einer Patientenverfügung bei einem Registerabruf über die Leitstelle kann damit einerseits zweckdienlich sein, allerdings sind andererseits weiterhin auftretende Unsicherheiten denkbar. Praktisch ist dann kaum ein Effektivitätsgewinn gegeben, da der Zugriff erleichtert sein kann, aber die für die Umsetzung notwendige Zuordnung der Patientenverfügung zum konkreten Notfallpatienten nicht gelingt.

Insgesamt erscheint ein Registerzugriff der Leitstelle im Vergleich zur derzeitigen Situation im präklinischen Umgang mit analogen Patientenverfügungen aufgrund der genannten Unwägbarkeiten daher lediglich im Ansatz förderlich, um eine effektivere Berücksichtigung des Selbstbestimmungsrechtes des Notfallpatienten zu erreichen. Kann der Leitstellendisponent, trotz der für den Anrufer regelmäßig gegebenen Ausnahmesituation und Aufregung, wesentliche Patientendaten in Erfahrung bringen, ist eine individualisierende Abfrage zum Vorhandensein einer digitalen Patientenverfügung über ein Register mithilfe dieser Angaben zwar denkbar und zeitsparend möglich. Dabei ist aber eine Zieladresse des Rettungseinsatzes ein nahezu untaugliches Kriterium, welches Unsicherheiten aufweist. Ein Registerabruf durch die Leitstelle und die Weitergabe der Information einer vorhandenen digitalisierten Patientenverfügung an die Rettungsmittel und deren lesender Zugriff ist damit allerdings nicht generell ausgeschlossen. Von Vorteil ist insbesondere, dass bereits auf der Anfahrt Zugriff auf eine Patientenverfügung bestehen kann, wenn denn nähere Informationen zum Notfallpatienten bekannt sind.[945] Im Gegensatz zum jetzigen Umgang mit analogen Patientenverfügungen im Rettungsdienst ist jedenfalls ein Mehrwert in der Kommunikation über einen Registerabruf durch die Leitstelle gegeben. Jede Verbesserung im Zugriff gegenüber den aktuellen präklinischen Bedingungen ist von Vorteil. Nichtsdestotrotz muss eine eindeutige Identifizierung des

945 Inwieweit sich dann allerdings eine negative Vorprägung des Rettungsdienstpersonals einstellen kann, wäre zu beobachten. Erfährt der Rettungsdienst bereits auf der Anfahrt vom Vorhandensein einer Patientenverfügung, könnten halbherzige Rettungsbemühungen drohen, da eine nicht gewünschte Behandlung vermutet wird.

Patienten und Zuordnung einer digitalen Patientenverfügung am Einsatzort erfolgen. Dort auftretende Unwägbarkeiten, wie das fehlende Auffinden eines Personalausweises, sorgen dafür, dass eine Registerabfrage über die Leitstelle mit Mitteilung an den Rettungsdienst in der Gesamtschau nicht vollumfänglich überzeugt.

II. Registerzugriff durch den Rettungsdienst

Da ein Registerzugriff über die Rettungsleitstelle praktische Unwägbarkeiten u.a. bereits in der Registerauskunft und der tatsächlichen Zuordnung eines Verfügungstextes zum Patienten am Einsatzort aufweist, ist fraglich, ob nicht alternativ der Rettungsdienst selbst Zugriff auf ein Patientenverfügungsregister erhalten sollte und wie dies möglich sein kann. Der Zugriff ist über die elektronische Gesundheitskarte denkbar, die beim konkreten Notfallpatienten aufgefunden wird. Im Gegensatz zu einer Registerabfrage durch die Leitstelle wird das Vorhandensein einer Patientenverfügung in dieser Variante allerdings nicht bereits während der Anfahrt des Rettungsmittels an eben dieses kommuniziert. Die elektronische Gesundheitskarte wurde bereits in ihren rechtlichen und funktionalen Grundzügen dargelegt.[946] Über ihre notfallrelevanten Funktionen (1) soll sie bereits jetzt in der Präklinik zur Informationsgewinnung unterstützend eingesetzt werden. Anknüpfend an die derzeitigen Anwendungen der elektronischen Gesundheitskarte bietet sich eine technische und rechtliche Funktionserweiterung an (2), die perspektivisch in der Lage ist, der rettungsmedizinischen Praxis eine tatsächliche Zugriffserleichterung (3) und Zuordnung zu bieten (4).

1. Notfallrelevante Funktionen der elektronischen Gesundheitskarte

Die notfallrelevanten Funktionen der elektronischen Gesundheitskarte liegen in den Anwendungen des § 334 Abs. 1 S. 2 Nr. 4, 5 SGB V n.F. (Medikationsplan und elektronischen Notfalldaten). Notarzt und nichtärztlicher Rettungsdienst können auf diese Daten lesend zugreifen, sodass ein tatsächlicher Mehrwert für die präklinische Versorgung gegeben ist.[947] Darüber hinaus ist auch der Hinweis auf das Vorhandensein und den Aufbewahrungsort von Vorsorgevollmachten oder Patientenverfügungen gemäß § 334 Abs. 1 S. 2 Nr. 3 SGB V n.F. präklinisch relevant. An einer lesenden Zugriffsberechtigung ohne notärztliche Anwesenheit

---

946 Hierzu siehe Teil 2, B. II. 3. a.

947 Vgl. die gesetzgeberische Intention BT-Drs. 19/18793, S. 1, 80, 94. Hierzu bereits oben unter Teil 2, B. II. 3. a.

des nichtärztlichen Rettungsdienstpersonals auf diesen Datensatz persönlicher Erklärungen fehlt es nach jetziger Rechtslage. Erst mit notärztlicher Anwesenheit besteht die Zugriffsmöglichkeit, was im rettungsmedizinisch üblichen Rendezvous-System misslich ist, wenn bis zum Eintreffen eines nachrückenden Notarztes gewartet werden muss. Insgesamt ist mithilfe der elektronischen Gesundheitskarte in ihrer jetzigen Ausgestaltung aber ein Instrument gegeben, welches notfallrelevante Informationen an den Rettungsdienst kommunizieren kann. Insbesondere die Mobilität der elektronischen Gesundheitskarte ist von Vorteil, da eine jederzeitige Zugriffsmöglichkeit auf patientenrelevante Informationen besteht.

2. Anwendungserweiterung der elektronischen Gesundheitskarte

Auf dieser Grundlage soll weiter hinsichtlich des rettungsmedizinischen Zugriffs auf eine Patientenverfügung angeknüpft werden. Da die derzeitigen Anwendungen der elektronischen Gesundheitskarte technisch und rechtlich weder ein Register für Patientenverfügungen noch einen Zugriff hierauf vorsehen, sind zunächst die hierfür erforderlichen technischen (a) und rechtlichen (b) Erweiterungen zu prüfen.

a. Technische Anwendungserweiterung

Für einen rettungsmedizinischen Zugriff – unabhängig eines Registerzugriffs durch die Leitstelle – muss auf technischer Seite über die elektronische Gesundheitskarte des Patienten und ein mobiles Endgerät des Rettungsdienstes eine Verbindung zur Telematikinfrastruktur hergestellt werden können. Über eine sichere Datenverbindung wird die technische Anfrage nach dem Vorhandensein einer registrierten Patientenverfügung gestellt. Die elektronische Gesundheitskarte enthält das hierfür notwendige entsprechende Schlüsselmaterial, welches das Auslesen autorisiert. Aus dem Gesundheitsdatennetz wird dann rückgemeldet, ob eine registrierte Patientenverfügung existiert. Ist dies der Fall wird dem patientenseitig spezifizierten Adressatenkreis auf dem Bildschirm des mobilen Endgeräts der Verfügungstext angezeigt oder die Information kommuniziert, dass keine Patientenverfügung elektronisch registriert ist. Parallel können die derzeit bereits abrufbaren Informationen zu Medikamenteneinnahmen und sonstigen notfallrelevanten Daten angezeigt werden, vgl. § 334 Abs. 1 S. 2 Nr. 4, 5 SGB V n.F.

Alternativ bietet sich ein Ausdruck eines registrierten und abgerufenen Verfügungstextes an.[948] Findet ein Ausdruck allerdings erst über einen im Rettungsmittel verbauten Drucker statt, wirkt sich limitierend aus, dass der Ausdruck

948 Siehe hierzu bereits oben Teil 4, D. I.

nach Auslesen der Patientenverfügung erst im Transportstadium des Patienten stattfindet. Dies bedeutet wiederum, dass im Vorfeld alle – mitunter in einem Verfügungstext patientenseitig ausgeschlossenen Behandlungsmaßnahmen – durchgeführt wurden, bevor eine inhaltliche Kenntnisnahme des Verfügungstextes erfolgt. Hiermit droht weiterhin eine zeitliche Verschiebung der Berücksichtigung des Selbstbestimmungsrechts in das Transportstadium und damit nur einen Teilbereich der präklinischen Behandlungsphase. Dementsprechend bietet sich konzeptionell weiterhin die Anzeige oder der Ausdruck einer Patientenverfügung direkt beim Notfallpatienten vor Ort an. Einerseits ist hierfür die Anzeige des Verfügungstextes über ein mobiles Lesegerät denkbar bzw., dass eine digitalisierte Patientenverfügung – zusätzlich zur Anzeige – ausgedruckt werden kann. Bspw. verfügen die gängigen EKGs des Rettungsdienstes über einen Bildschirm und eine Druckfunktion, über die die Ableitung der Herzfunktionen angezeigt und auf Temperatur empfindlichem Papier in unmittelbarer Nähe des Patienten auch ausgedruckt werden können. Aus technischer Sicht bedarf es daher Erweiterungen sowohl auf Seiten der Funktionen der elektronischen Gesundheitskarte selbst als auch bei der notwendigen Hardware, die eine digitalisierte Patientenverfügung schlussendlich anzeigen oder ausdrucken kann.

b. Rechtliche Anwendungserweiterung

Nunmehr stellt sich die Frage, welche Erweiterungen aus rechtlicher Sicht zu schaffen sind, um einen Zugriff über die elektronische Gesundheitskarte zur Anzeige auf eine registrierte Patientenverfügung präklinisch zu erhalten.

Da zur Anzeige des Verfügungstextes einer digitalen Patientenverfügung ein mobiles Leseterminal benötigt wird, ist zunächst fraglich, ob der Rettungsdienst eine Berechtigung zum Auslesen des digitalisierten Verfügungstextes technisch nachweisen muss (Authentifikation). Im Rahmen der momentanen Sicherheitsarchitektur der Telematikinfrastruktur bedarf es grundsätzlich der Autorisierung des Versicherten bzw. ein Auslesen der elektronischen Gesundheitskarte ist gegenwärtig nur in Verbindung mit einem elektronischen Heilberufsausweis oder entsprechendem elektronischen Berufsausweis zulässig. Denkbar ist, dass ein Authentifikationserfordernis des Rettungsdienstes über den elektronischen Heilberufsausweis oder einen elektronischen Berufsausweis innerhalb des Lösungsansatzes beibehalten wird. Bei analogen Patientenverfügungen ist allerdings kein entsprechender Mechanismus gegeben. Der Leser einer Patientenverfügung in Papierform überprüft sich selbst, indem er seine Adressatenstellung feststellt. Auch im präklinischen Kontakt mit Patientenverfügungen bedarf es derzeit keines besonderen Nachweises der Eigenschaft als Rettungsdienstmitarbeiter. Es genügt das Auffinden der analogen Patientenverfügung, ohne sich im Speziellen als tauglicher Adressat zu authentifizieren. Da es sich bei einer Registerabfrage um einen nur lesenden rettungsmedizinischen Zugriff auf den Verfügungstextes handelt, ist in dieser Hinsicht kein Unterschied zur analogen Patientenverfügung gegeben. Entgegen der derzeitigen gesetzlichen Ausgestaltung der Zugriffsrechte über die elektronische Gesundheitskarte könnte eine Authentifizierung im hypothetischen Lösungsmodell daher obsolet sein. Es drängt sich nicht zwingend auf, dass auch bei einer digitalen notfallrelevanten Patientenverfügung ein Berechtigungsnachweis für den lesenden Zugriff erbracht werden muss. Schließlich will der Ersteller der Verfügung in aller Regel einen breiten Kreis an Adressaten ansprechen, um eine Kommunikation seines vorausverfügten Willens zu erreichen. Allein das Auffinden der elektronischen Gesundheitskarte könnte daher für einen Registerabruf genügen. Hiergegen spricht aber, dass der Gesetzgeber im Rahmen der Implementierung der Telematikinfrastruktur stets die Authentifizierung über die Eingabe einer Geheimnummer durch den Versicherten oder aber den (lesenden) Zugriff auf Informationen mithilfe eines elektronischen Heilberufs- bzw. Berufsausweises favorisiert.[949] Ohne eine entsprechende Authentifikation können Informationen weder digital gespeichert noch ausgelesen werden. Bei Erweiterung der Telematikinfrastruktur durch den hier diskutierten Ansatz eines Registers ist dementsprechend nicht absehbar, dass der Gesetzgeber von dieser Linie abrückt. Zu erwarten ist vielmehr, dass bei Implementierung eines digitalen Registers für Patientenverfügungen ein Authentifizierungserfordernis der berechtigenden Berufszugehörigkeit zum Abruf eines gespeicherten Verfügungstextes vonnöten sein wird. Denn auch für zeitkritische Geschehen wird derzeit die Authentifikation für einen Datenzugriff als erforderlich angesehen, was § 339 Abs. 3 SGB V n.F. zeigt. Ebenfalls zu Dokumentationszwecken von erfolgten Registerzugriffen auf digitalisierte Inhalte ist die Authentifikation sinnvoll.[950] Im Gegensatz zur analogen Patientenverfügung ist das Erbringen eines Auslesungsberechtigungsnachweis des Rettungsdienstes daher bei gesetzgeberischem Aufgreifen eines Patientenverfügungsregisters zu erwarten. Daneben bedarf es einer rechtlichen Neustrukturierung des derzeitigen Zugriffskonzepts auf Anwendungen der Telematikinfrastruktur. Eine rechtliche Neuregelung muss aufgrund der möglichen

949 Vgl. §§ 336, 339 SGB V n.F.

950 Der Verarbeitungsprozess von Patienten- und Gesundheitsdaten muss lückenlos nachvollzogen werden können, hierzu *Mand*, MedR 2003, 393 (397).

Adressatenstellung auch des nichtärztlichen Rettungsdienstes, diesem lesenden Zugriff auf eine digitale Patientenverfügung gewähren. Insbesondere Notfallsanitäter, Rettungsassistenten und Notärzte müssen auf ein Patientenverfügungsregister zugreifen können. Denn ein Aspekt der Authentifikation ist, dass sich die inhaltlichen Bestimmungen einer Patientenverfügung an alle rettungsdienstlichen Akteure oder aber nur an Ärzte richten können. Diese Spezifikationsbefugnis des Patienten hinsichtlich des Adressatenkreises setzt sich in der digitalen Variante fort. Auch im Rahmen der hypothetischen Registerlösung obliegt dem Patienten über seine Einwilligung die Festlegung des Adressatenkreises und wer Zugriff auf gespeicherte Informationen erhalten soll.[951] Die elektronische Gesundheitskarte muss folglich technisch in der Lage sein, im Erstellungszeitpunkt den vom Patienten als Ausdruck seiner Selbstbestimmung bestimmten Adressatenkreis aufzunehmen. Legt der Patient den rein ärztlichen Adressatenkreis für das Notfallgeschehen fest, muss dem nichtärztlichen Rettungsdienst entweder der lesende Zugriff einer digitalisierten Patientenverfügung über das Lesegerät verwehrt oder die auslesbare Verfügung mit einem deutlichen Hinweis des konkreten Adressatenkreises technisch versehen werden. Ein entsprechend angezeigter Hinweis im Lesegerät weist allerdings den Nachteil auf, dass dem Patienten der Verlust präventiven Schutzes durch Unkenntnis des Auslesenden vom Verfügungsinhalt droht. Die digitale Anzeige eines Patientenverfügungstextes gegenüber nicht adressierten Mitarbeitern des Rettungsdienstes kann für Verwirrungen sorgen. Der Notfallpatient ist zwar bei einer dem nichtärztlichen Rettungsdienst nicht erteilten Einwilligung in die Berücksichtigung einer Patientenverfügung straf- und zivilrechtlich (§§ 223 ff. StGB, §§ 630a ff. BGB) geschützt. Dieser rechtliche Schutz genügt aber mitunter nicht, um tatsächliche Handlungen oder Unterlassungen des nichtärztlichen Rettungsdienstes gegen einen eingegrenzten vorausverfügten Adressatenkreis zu unterbinden. Es bietet sich folglich an, dass nicht adressierten Auslesenden eine Registerabfrage nach einer vorhandenen Patientenverfügung aufgrund patientenseitig verwehrter Berechtigung von vorneherein technisch verwehrt wird.

3. *Praxistauglichkeit eines Registerzugriffs über die elektronische Gesundheitskarte*

Fraglich ist, ob die bisher erwogenen technischen und rechtlichen Anwendungserweiterungen der elektronischen Gesundheitskarte, die den Zugriff des

951 Zum „selektiven Informationszugang" im Generellen vgl. *Hornung*, S. 209 f., 224.

Rettungsdienstes auf eine online registrierte Patientenverfügung ermöglichen, überhaupt einen praktischen Mehrwert darstellen. Hierfür müssen die derzeitigen Rahmenbedingungen im vorklinischen Umgang mit Patientenverfügungen effektiver gestaltet werden können, was beim rettungsmedizinischen Zugriff beginnt. Ein Registerabruf über die Leitstelle überzeugte nicht vollumfänglich, obwohl eine Verbesserung im Zugriff erreicht werden kann, was im Gegensatz zu den derzeitigen Rahmenbedingungen einen Mehrwert darstellt. Das Abrufen und die Möglichkeit eines lesenden Zugriffs auf einen Patientenverfügungstext mithilfe der elektronischen Gesundheitskarte bedürfen demgegenüber zunächst das Auffinden der Karte. Diese Lösungsspezifikation sieht sich somit dem „Vorwurf" ausgesetzt, dass die präklinische Zugriffsproblematik, die derzeit mit Patientenverfügungen in Papierform gegeben ist, durch eine Suche, nunmehr nach der elektronischen Gesundheitskarte, ersetzt wird. Ein Effektivitätsgewinn im Zugriff durch den Austausch der Suchobjekte ist damit durchaus zu bezweifeln, zumal die elektronische Gesundheitskarte kleiner und dadurch schwieriger auffindbar sein kann als eine übliche Patientenverfügung im DIN A4-Format. Allerdings besteht ein wesentlicher Unterschied im Aufbewahrungsort, der den zügigen Zugriff im Einsatzgeschehen erleichtert. Die elektronische Gesundheitskarte dürfte in den meisten Fällen in der Geldbörse mitgeführt werden und damit relativ einfach zu finden sein. Dies ist ein wesentlicher Vorteil, vor allem im Vergleich zu analogen Patientenverfügungen. Der Patient ist in der Aufbewahrung einer analogen Patientenverfügung vollkommen frei. Eine Einheitlichkeit ist nicht gegeben. Grundsätzlich trifft dies auch auf den Verwahrungsort einer elektronischen Gesundheitskarte zu. Auch hier besteht keine einheitliche Regelung für einen zentralen Aufbewahrungsort, aber erfahrungsgemäß ist der Verwahrungsort die Geldbörse. Hiermit geht zudem eine regelmäßige Mitführbarkeit der elektronischen Gesundheitskarte durch den Patienten einher. Aufgrund der Mobilität und der jederzeitigen Mitführbarkeit bietet sich die elektronische Gesundheitskarte als taugliches Trägermedium für notfallrelevante Informationen an. Andernfalls verlöre insbesondere § 334 Abs. 1 S. 2 Nr. 4 SGB V n.F. seinen Sinn und Zweck, wenn elektronische Notfalldaten nicht in der Notfallrettung aufgefunden und genutzt werden sollen bzw. können. Dementsprechend werden die technischen Anwendungsmöglichkeiten der elektronischen Gesundheitskarte als Vorteile in der Kommunikation im Gesundheitswesen gefördert und kontinuierlich ausgebaut.[952] Da nunmehr perspektivisch der gesetzlich normierte, elektronische Notfalldatensatz durch

952 BT-Drs. 19/18793, S. 1 ff.

den Rettungsdienst genutzt werden soll, wird auch eine Suche oder Frage nach der elektronischen Gesundheitskarte künftig präklinisch anzustreben sein.[953] Sobald sich die Nutzung des Notfalldatensatzes flächendeckend verbreitet hat, kann rettungsmedizinisches Personal die Möglichkeit der Informationsgewinnung über den digitalen Notfalldatensatz nicht schlicht unberücksichtigt lassen. Vielmehr ist bei dessen Verbreitung ein aktiver Zugriff anzustreben, wenn die konkrete Notsituation entsprechende Bemühungen zulässt.[954] Der Notfallpatient bzw. dessen näheres Umfeld wird dementsprechend nach einer Geldbörse im Eilfall durchsucht werden müssen, um eine elektronische Gesundheitskarte zu finden.[955] Der hiermit einhergehende Eingriff in die Privatsphäre des Notfallpatienten kann zum einen durch dessen mutmaßlichen Willen gerechtfertigt werden. Die Chancenerhöhung eine am tatsächlichen Patientenwillen orientierte rettungsmedizinische Behandlung in der Notsituation vornehmen zu können, spricht objektiv dafür, dass eine Durchsuchung des Patienten, mit dem Ziel dessen elektronischer Gesundheitskarte habhaft zu werden, gerechtfertigt ist. Ausgegangen werden kann zum anderen auch von einer konkludenten Einwilligung des Patienten durch eine Speicherung von Notfalldaten auf der elektronischen Gesundheitskarte, um nach eben dieser bei Einwilligungsunfähigkeit durchsucht zu werden.[956] Das Ziel der Speicherung – insbesondere von elektronischen Notfalldaten – ist schließlich deren Verwendungsmöglichkeit im Eilfall. Darüberhinausgehende Bemühungen in der Suche nach der elektronischen Gesundheitskarte abseits der Geldbörse können hingegen nur angenommen werden, wenn es konkrete Anhaltspunkte zu deren Verwahrungsort gibt. Während der Suche steht weiterhin eine primär erforderliche medizinische Betreuung des Notfallpatienten im Vordergrund. Besteht ein Kartenzugriff, kann parallel zum

---

953 Hierzu siehe Teil 2, B. II. 3.

954 Vgl. die gesetzgeberische Erwartungshaltung, dass 20 % der Versicherten bspw. die elektronische Patientenakte 2021 nutzen werden, was ungefähr 14 Millionen gesetzlich Versicherte umfasst. Parallel ist auch mit einer Verbreitung des Notfalldatensatzes auf der elektronischen Gesundheitskarte zu rechnen, zumal der Gesetzgeber Vergütungsanreize für Ärzte setzt, die Notfalldatensätze mit dem Patienten anlegen, BT-Drs. 19/18793, S. 85.

955 Ggf. können die Anforderungen an die äußere Gestaltung von elektronischen Gesundheitskarten vereinheitlicht werden. Insbesondere eine Signalfarbe, etwa am oberen Rand der Karte, sorgt für Aufmerksamkeit bei der Suche.

956 Ähnlich zur alten Rechtslage aber auf die mutmaßliche Einwilligung abstellend *Dochow*, S. 1047 f.

Auslesen von Notfalldaten dann auch ein Registerabruf zum Vorliegen einer elektronisch gespeicherten Patientenverfügung erfolgen.

Aus einer praxistauglichen Perspektive tritt hinzu, dass das deutsche Sozialversicherungssystem grundsätzlich eine Versicherungspflicht vorsieht (§§ 5 ff. SGB V). Die überwiegende Anzahl der Bürger ist gesetzlich krankenversichert.[957] Allgemein bekannt ist demnach, dass mit großer Wahrscheinlichkeit eine gesetzliche Krankenversicherung besteht[958] und der Bürger bzw. Patient in aller Regel einen entsprechenden Versicherungsnachweis besitzt. Dieser Versicherungsnachweis ist weit überwiegend die elektronische Gesundheitskarte. Andernfalls ist oftmals eine Privatversicherung gegeben. Dem Rettungsdienst ist somit geläufig, dass der konkrete Notfallpatient über einen Versicherungsschutz verfügen dürfte, worüber häufig eine elektronische Gesundheitskarte nähere Auskünfte gibt und diese regelmäßig patientenseitig mitgeführt wird. Ein entsprechendes Wissen zu einer existierenden (analogen oder digitalen) Patientenverfügung ist demgegenüber nicht gegeben. Dem Rettungsdienst ist ohne nähere Anhaltspunkte nicht ersichtlich, dass der konkrete Notfallpatient eine Patientenverfügung erstellt hat, wohl aber, dass ein Versicherungsnachweis üblicherweise in Form der elektronischen Gesundheitskarte gegeben und zu finden sein dürfte. Dies spricht für eine Praxistauglichkeit des Lösungsmodells über einen Registerabruf des Rettungsdienstes, um tatsächlich einer Patientenverfügung habhaft zu werden.

Ein Vorwurf gegen die Praxistauglichkeit eines Registerzugriffs über die elektronische Gesundheitskarte kann dann aber lauten, dass nicht jeder Notfallpatient über eine elektronische Gesundheitskarte verfügt. Bspw. steht es privaten Krankenversicherungen offen, ob sie überhaupt mit der elektronischen Gesundheitskarte vergleichbare Karten an ihre Versicherten ausgeben, vgl. § 362 SGB V n.F. Das hier gewählte Zugriffsinstrument der elektronischen Gesundheitskarte steht damit nicht jedem zur Verfügung. Dem lässt sich entgegnen, dass auch nicht gesetzlich aber anderweitig krankenversicherte Patienten an

957 Der Gesetzgeber geht von rund 72 Millionen Bürgern aus, BT-Drs. 19/18793, S. 1.

958 Allerdings existiert auch eine nicht unerhebliche Anzahl (etwa 61.000) nicht krankenversicherter Personen; siehe hierzu Statistisches Bundesamt, Angaben zur Krankenversicherung - (Ergebnisse des Mikrozensus) - Fachserie 13 Reihe 1.1. - 2019, 28. Juli 2020; S. 28; abrufbar unter https://www.destatis.de/DE/Themen /Gesellschaft-Umwelt/Gesundheit/Gesundheitszustand-Relevantes-Verhalten/Publikationen/Downloads-Ges-undheitszustand/krankenversicherung-mikrozensus-2130110199004.html (zuletzt abgerufen am 19.09.2020). Dennoch ist die weit überwiegende Gesamtbevölkerung versichert.

die Telematikinfrastruktur angeschlossen werden können[959], deren System für den Registerzugriff genutzt werden soll. Des Weiteren kann ein vergleichbares kompatibles Registersystem bestehen bzw. dasselbe Register der Telematikinfrastruktur für Patientenverfügungen interoperabel genutzt werden. Dies erscheint auch sinnvoll, da dem Rettungsdienst im Vorhinein nicht bekannt und für die primäre rettungsmedizinische Versorgung nicht erheblich ist, welchem Versicherungsschutz der Notfallpatient unterliegt. Da die weit überwiegende Anzahl der Versicherten in der gesetzlichen Krankenversicherung versichert sind, bietet es sich an, gerade die elektronische Gesundheitskarte für einen Registerzugriff zu nutzen, um begrenzte Einzellösungen zu vermeiden. Der breiten Masse der Versicherten kann mithilfe der elektronischen Gesundheitskarte ermöglicht werden, dass ein rettungsmedizinischer Zugriff auf eine erstellte Patientenverfügung über eine Registerlösung möglich ist. Ein vergleichbares System für privat krankenversicherte Bürger kann sich dann hieran anschließen.

Ein weiterer Vorteil des Registerzugriffs über die elektronische Gesundheitskarte des Patienten ist darüber hinaus, dass ein Aktualitätsabgleich stattfinden kann. Die patientenseitig jederzeit möglichen Änderungen und Ergänzungen der eigenen Patientenverfügung über ein Patientenportal der Telematikinfrastruktur können beim Registerabruf aktuell angezeigt werden. Ähnlich des derzeitigen Versichertenstammdatenmanagements, welches u.a. einen Adressenabgleich vornimmt, kann stets die aktuelle Version des gespeicherten Verfügungstextes kommuniziert werden. Vergleichbar dem § 2 Abs. 2 S. 3 TPG n.F. zählt dann stets die neuere Version eines gespeicherten Verfügungstextes. Allerdings ist für einen Aktualitätsabgleich eine störungsfreie Anbindung an die Telematikinfrastruktur vonnöten. Gerade aufgrund der Vielfalt der potentiellen Einsatzorte des Rettungsdienstes ist fraglich, ob ein Registerzugriff und eine Aktualitätsabfrage über die Telematikinfrastruktur jederzeit und überall gewährleistet ist.[960] Nichtsdestotrotz liegt mit einer präklinischen Abrufbarkeit von Verfügungstexten aus einem Patientenverfügungsregister über die elektronische Gesundheitskarte grundsätzlich ein praxistauglicher Zugriff vor, der jedenfalls eine Verbesserung zu der derzeitigen Zugriffsproblematik auf analoge Patientenverfügungen bietet.

959 Vgl. auch BT-Drs. 19/18793, S. 130.
960 Hierzu sogleich, Teil 4, D. III.

4. *Zuordnung*

Mit dem Zugriff über die elektronische Gesundheitskarte auf einen Verfügungstext kann dieser inhaltlich ausgewertet werden. Dabei ist die Übereinstimmung des im Verfügungstext genannten Erklärenden mit dem konkreten Notfallpatienten zu prüfen. Der im Voraus antizipierte Patientenwille muss dem Notfallpatienten eindeutig zuzuordnen sein, um eine rechtliche Bindung der rettungsdienstlichen Adressaten an die inhaltlichen Festlegungen herbeizuführen. Hierfür können mehrere Kriterien eine identifizierende Hilfestellung bieten. Zunächst ist ein Namensvergleich zwischen dem angezeigten Verfügungstext und dem auf der elektronischen Gesundheitskarte abgedruckten Namen möglich. Namens- und Adressangaben aus der Einsatzmeldung können ebenfalls zur Identifizierung und Zuordnung des Verfügungstextes zum konkreten Notfallpatienten herangezogen werden. Des Weiteren enthält die elektronische Gesundheitskarte ein Foto des Patienten, welches insbesondere der unbefugten Verwendung der Karte vorbeugen soll, § 291a Abs. 5 SGB V n.F.[961] Innerhalb der hier vorgeschlagenen Registerlösung kann das abgedruckte Foto mit dem Notfallpatienten verglichen werden. Mit entsprechender gesetzlicher Erweiterung ist darüber hinaus denkbar, ein Bild des Patienten zusätzlich über das, einen Verfügungstext anzeigende Lesegerät einzublenden. Wird die elektronische Gesundheitskarte im Portemonnaie des Notfallpatienten gefunden und hierüber eine Patientenverfügung digital abgerufen, spricht dies ferner dafür, dass Patient und Verfügungstext zusammengehören. Stimmen zusätzlich der Name auf dem Verfügungstext und der elektronischen Gesundheitskarte überein und kann das Lichtbild der Karte mit dem Patienten verglichen werden, ist eine Zuordnung gegeben. Eine mehrschichtige Überprüfung aus Indizien (Auffindungsort der elektronischen Gesundheitskarte, Lichtbild) und sicheren Angaben (Name, Unterschrift) ermöglichen eine notwendige Übereinstimmungsprüfung einer abgerufenen Verfügung zum Notfallpatienten. Dafür spricht auch, dass momentan in dieser Weise gesetzlich normierte elektronische Notfalldaten dem konkreten Patienten zugeordnet werden. Der Gesetzgeber hält die derzeit von ihm statuierten identifizierenden Merkmale der elektronischen Gesundheitskarte (Name, Lichtbild, Unterschrift) für genügend, um eine eindeutige Zuordnung der elektronischen Notfalldaten zu gewährleisten. Auch hier ist eine Überprüfung nötig, um erhaltene Angaben eines elektronischen Notfalldatensatzes zu verifizieren und auf dieser Grundlage rettungsmedizinische

961 BT-Drs. 19/18793, S. 96.

Behandlungsmaßnahmen vorzunehmen. Nähere identifizierende Zuordnungsmerkmale nennt der Gesetzgeber nicht. Daher kommt eine Übertragbarkeit der Zuordnungsmerkmale auch auf eine Registerlösung in Betracht, um mithilfe der elektronischen Gesundheitskarte eine notfallrelevante Patientenverfügung abrufen und konkret zuordnen zu können.

5. *Zwischenergebnis*

Eine technische und rechtliche Anwendungserweiterung der elektronischen Gesundheitskarte um ein Register für Patientenverfügungen ist grundsätzlich nicht ausgeschlossen. Aus rechtlicher Perspektive bedarf es dabei einer Berücksichtigung des nichtärztlichen Rettungsdienstes im Zugriffskonzept auf Daten eines Patientenverfügungsregisters. Die elektronische Gesundheitskarte bietet über ihre Mobilität, den regelmäßigen Auffindungsort in der unmittelbaren Nähe des Patienten und die mögliche Aktualitätsabfrage über die Telematikinfrastruktur eine praxistaugliche Lösungsoption. Im Notfallgeschehen kann eine Zuordnung zum konkreten Patienten mithilfe von Indizien (z.B. Auffindungsort der elektronischen Gesundheitskarte) und sicheren Kriterien, wie etwa dem Namen des konkreten Patienten, erfolgen.

III. Technisches Störungspotential

Der Zugriff auf die elektronische Gesundheitskarte, um hierüber einen Registerabruf zu einer Patientenverfügung zu erreichen, erscheint praxisgerecht insgesamt möglich. Kritisch zu sehen ist allerdings, dass eine konstante Netzanbindung des Rettungsdienstes zur Telematikinfrastruktur gegeben sein muss, damit überhaupt ein Registerabruf einer Patientenverfügung erfolgen kann. Das bis zu dieser Stelle beschriebene hypothetische Lösungsmodell des Abrufs einer registrierten Patientenverfügung bei Zugriff auf die elektronische Gesundheitskarte weist über die Abhängigkeit zu einer Netzanbindung eine Schwachstelle auf. Naturgemäß wohnt einem zentralen technischen System auch ein hohes Ausfallpotential bei Störungen inne. Ein Systemausfall bzw. Störungen der Telematikinfrastruktur sind bereits vorgekommen, wodurch bspw. der Versichertenstammdatenabgleich übergangsweise nicht möglich war.[962] Ist durch eine

---

962 Pressemitteilungen der *gematik* vom 03.06.2020 und 04.06.2020, jeweils abrufbar unter https:// www.gematik.de/presse/ (zuletzt abgerufen am 05.06.2020). Grund für die Störung war, dass die Transport Layer Security (TLS, zu Deutsch: die Transportsicherheit) zur Datenübertragung bei einer Aktualisierung nicht mehr gewährleistet war. Infolgedessen konnten die Konnektoren bspw. in Arztpraxen keine vertrauensvolle

technische Störung oder fehlenden Empfang kein Registerabruf im Notfalleinsatz über die Telematikinfrastruktur möglich, kann eine dort gespeicherte Patientenverfügung mangels Zugriffs präklinisch nicht berücksichtigt werden. Als Alternative gegenüber dem Zugriff auf ein Patientenverfügungsregister über die Leitstelle oder aber des Rettungsdienstes selbst wird daher nunmehr erwogen, eine Patientenverfügung zusätzlich direkt auf der elektronischen Gesundheitskarte zu speichern. Hierdurch wird ein präklinischer Netzzugang zur Telematikinfrastruktur vermieden und damit eine mögliche Störungsquelle eliminiert.[963] Des Weiteren wird hierdurch der notwendige technische Aufwand in der vorklinischen Behandlungsphase minimiert. Derweil sieht auch § 358 Abs. 4 SGB V n.F. vor, dass die Verarbeitung von elektronischen Notfalldaten ohne Netzzugang unmittelbar über die elektronische Gesundheitskarte möglich sein muss. Hieran wird sich bei der nachfolgenden weiterführenden Spezifizierung des Konzeptvorschlags eines zentralen elektronischen Registers für Patientenverfügungen (1) orientiert. Im Anschluss rückt die Fragen der Realisierbarkeit eines Zugriffs einer auf der elektronischen Gesundheitskarte gesicherten Patientenverfügung (2) in den Fokus.

1. Konzeptionsspezifizierung

Im spezifizierten Konzeptvorschlag zu einem Registerabruf einer Patientenverfügung über die Telematikinfrastruktur wird ein digitalisierter Verfügungstext in einem Register und ebenfalls unmittelbar auf der elektronischen Gesundheitskarte abrufbar gespeichert. Die freiwillige Speicherung einer digitalisierten Patientenverfügung erfolgt über entsprechende Soft- und Hardwarekomponenten, die den Verfügungstext auch auf die elektronische Gesundheitskarte als tauglichen Datenträger transportieren. Aktiv gestaltend kann der Patient seine Patientenverfügung hierdurch digitalisieren. Im Notfalleinsatz bedarf es dann grundsätzlich „nur" dem Auffinden der elektronischen Gesundheitskarte durch den Rettungsdienst und keines zwingenden Netzzugangs, was derzeit ebenfalls für eine Verarbeitung von elektronischen Notfalldaten gilt, vgl. § 358 Abs. 4 SGB V n.F. Mit Auffinden der elektronischen Gesundheitskarte im Notfall kann

---

VPN-Verbindung mehr zur Telematikinfrastruktur herstellen, um den Versichertenstammdatenabgleich vorzunehmen. Eine Reparatur vor Ort wurde nötig. Hierzu auch https://www.heise.de/news/Elektronische-Gesundheitskarte-Wer-bezahlt-den-Pannendienst-4775747.html (zuletzt abgerufen am 08.06.2020).

963 Eine weitere denkbare Störungsquelle ist ein Defekt der elektronischen Gesundheitskarte.

eine Patientenverfügung perspektivisch so ohne einen netzgebundenen Registerzugriff über ein Lesegerät ausgelesen oder alternativ auch ausgedruckt werden. Der wesentliche Unterschied in dieser konzeptionellen Spezifizierung zu den vorherigen Erwägungen liegt in der nicht notwendigen Netzanbindung zur Telematikinfrastruktur im Zugriffszeitpunkt, um eine hierin gespeicherte Patientenverfügung auslesen zu können. Weiterhin ist aber die Mobilität des Verfügungstextes gewährleistet. Allerdings ist darauf zu achten, dass sich der im Register der Telematikinfrastruktur gesicherte und der auf der elektronischen Gesundheitskarte gespeicherte Verfügungstext inhaltlich decken und widerspruchsfrei sind. Mit Änderung oder Löschung des Verfügungstextes im Patientenverfügungsregister muss technisch gleichzeitig die auf der elektronischen Gesundheitskarte abgelegte Information geändert bzw. gelöscht werden. Die Speichersoftware darf eine Änderung folglich nur zulassen, wenn auf der elektronischen Gesundheitskarte und innerhalb der Telematikinfrastruktur der identische Verfügungstext für den Notfall hinterlegt wird.

2. *Realisierbarkeit*

Fraglich ist, ob die weiterführende konzeptionelle Spezifizierung der Speicherung eines Verfügungstextes neben einem zentralen Register auch auf der elektronischen Gesundheitskarte umgesetzt werden kann. Generell stellt die elektronische Gesundheitskarte ein taugliches Trägermedium für digitalisierte Informationen dar. Technisch bedarf es nunmehr eines in der elektronischen Gesundheitskarte verbauten Speichers, der hinreichend Speicherkapazität für einen digitalisierten Verfügungstext bietet. Notwendig ist, dass ein speicherbarer Patientenverfügungstext nicht größer als der verfügbare Speicherplatz auf der elektronischen Gesundheitskarte ist.[964] Neben diese technischen Vorbedingungen rückt erneut die rechtliche (a) und praktische (b) Realisierbarkeit der Speicherung einer Patientenverfügung auch auf der elektronischen Gesundheitskarte in den Vordergrund.

---

964 Vgl. *gematik*, NFDM, S. 15, 25, 45 zu den Vorbedingungen des Notfalldatensatzes und des Datensatzes persönlicher Erklärungen sowie den Speicherkapazitäten einer elektronischen Gesundheitskarte; vgl. auch *Mand*, MedR 2003, 393 (399), der allgemein auf die technische Komplexität sowohl einer Karten- als auch einer Serverlösung hinweist.

a. Rechtliche Realisierbarkeit

Die Wahrung verfassungsrechtlicher, einfachgesetzlicher und auch datenschutzrechtlicher Vorgaben müssen und können bei einer Speicherung einer Patientenverfügung auf der elektronischen Gesundheitskarte gewahrt werden. Insofern ergeben sich keine Unterschiede zu den obigen Ausführungen.[965]

Wie aktuell im Zusammenhang mit der Verarbeitung von elektronischen Notfalldaten gemäß § 358 Abs. 4 SGB V n.F. verlangt wird, muss nunmehr ein Auslesen einer gespeicherten Patientenverfügung ohne Netzzugang zur Telematikinfrastruktur möglich sein. Rechtlich zweifelhaft könnte allerdings sein, dass in dieser Konzeption keine Aktualitätsabfrage aus der Telematikinfrastruktur heraus erfolgt. Es ist nachteilig, dass der Vorteil des Aktualitätsabgleichs nicht genutzt werden kann. Im Auslesungszeitpunkt besteht somit die Gefahr, dass eine mitunter veraltete Patientenverfügung angezeigt wird, die auf der elektronischen Gesundheitskarte gespeichert ist. Die aus analogen Patientenverfügungen bekannte Problematik der Aktualitätsüberprüfung des Verfügungstextes[966] stellt sich somit auch im Digitalisierungskontext, wenn keine parallele technische Überprüfung der Aktualität mithilfe der Telematikinfrastruktur stattfindet. Die zum Ausdruck kommende Selbstbestimmung des Notfallpatienten könnte dann nicht mehr dessen aktuellen Vorstellungen und Wünschen in Behandlungsfragen entsprechen. Allerdings besteht nach der perspektivischen konzeptionellen Gestaltung die jederzeitige Möglichkeit der Aktualisierung des Verfügungstextes, wofür stets die in der Telematikinfrastruktur gespeicherte Patientenverfügung mit gleichzeitiger Aktualisierung des auf der elektronischen Gesundheitskarte gesicherten Verfügungstextes technisch erfolgen soll. Lediglich die störungsanfällige Fehlerquelle der Netzanbindung über die Telematikinfrastruktur im präklinischen Notfallgeschehen soll perspektivisch unterbunden werden. Insofern ist ein Gleichlauf zu den Voraussetzungen einer analogen Patientenverfügung gegeben. Auch dort ist für die Aktualisierung ein eigenständiges Tätigwerden des Erklärenden nötig. Andernfalls ist, ohne nähere konkrete Anhaltspunkte auf einen geänderten Patientenwillen, der ursprünglich erstellte Verfügungstext verbindlich[967], da Patientenverfügungen generell kein Ablaufdatum besitzen. Auch eine lange Zeitspanne zwischen dem Erstellungszeitpunkt und dem Zeitpunkt der Anwendungsbereichseröffnung der Patientenverfügung wegen Einwilligungsunfähigkeit ohne regelmäßige Aktualisierungen schmälern deren

965 Hierzu siehe Teil 4, C. II. 1, 2, 3 und 4.

966 Siehe hierzu oben unter Teil 2, A. I. 4.

967 *Verrel*, in: May/Kreß/Verrel/Wagner, S. 91.

inhaltliche Geltungskraft nicht. Wird eine Patientenverfügung auch ohne Netzanbindung auslesbar auf der elektronischen Gesundheitskarte hinterlegt, werden diese Grundsätze aus dem analogen Bereich übertragen. Ein Beibehalten der Aussagekraft eines digitalen Verfügungstextes kann grundsätzlich durch regelmäßige Aktualisierungen erreicht werden, sodass es nicht zwingend eines stetigen Registerabrufs im Auslesungszeitpunkt bedarf.

Hinzu kommt, dass Ärzte bereits angehalten sind, Notfalldaten für eine reibungslose medizinische Betreuung regelmäßig mit dem Patienten zu aktualisieren.[968] Hierdurch können auch digitale Patientenverfügungstexte neben Notfalldaten auf dem aktuellen Stand gehalten werden. Für eine aktive Gestaltung der Selbstbestimmungsausübung ist wiederum einem Patienten zuzumuten, Änderungen eigenständig anzustreben und bei Bedarf die eigene digitale Patientenverfügung zu aktualisieren, die dann auf der elektronischen Gesundheitskarte abrufbar sind. Eine fehlende technische Aktualitätsüberprüfung steht der Speicherung einer Patientenverfügung auf der elektronischen Gesundheitskarte ohne Netzanbindung im Auslesungsprozess damit nicht entgegen und konterkariert die rechtliche Realisierbarkeit des so spezifizierten Lösungsansatzes nicht.

b. Praktische Realisierbarkeit

Im Hinblick auf die praktische Realisierbarkeit des so spezifizierten Lösungsansatzes kann zunächst auf die obigen Ausführungen zum Zugriff auf die elektronische Gesundheitskarte sowie die Zuordnung eines ausgelesenen Verfügungstextes verwiesen werden.[969] Entsprechende praktische Probleme sind auch bei einer unmittelbar auf der elektronischen Gesundheitskarte gespeicherten Patientenverfügung gegeben. Selbiges gilt für die Ausführungen zur Anzeige bzw. dem Ausdruck einer Patientenverfügung.[970] Stärker in den Vordergrund rückt nun eine mögliche andere praktische Limitation, die eine Realisierbarkeit einer zusätzlich auf der elektronischen Gesundheitskarte gespeicherten Patientenverfügung fragwürdig werden lässt: Elektronische Gesundheitskarten werden bzw. müssen regelmäßig ausgetauscht werden. Ein Austausch der elektronischen Gesundheitskarte mit der Ausgabe einer neuen Karte findet gegenwärtig bei Verlust[971], bei Befristung der Gültigkeit[972], mitunter beim Wechsel der

---

968 *gematik*, Notfalldaten Gesundheitskarte, S. 33; vgl. *Scholz*, in: BeckOK SozialR, BMV-Ä Anlage 4a, Rn. 16.

969 Siehe hierzu Teil 4, D. II. 3 und 4.

970 Siehe hierzu Teil 4, D. I. und II. 2. a.

971 Vgl. § 15 Abs. 6 S. 3 SGB V.

972 § 291 Abs. 4 S. 2 SGB V n.F.

Krankenversicherung[973] oder aber dann statt, wenn der Lebenszyklus der Karte ihren technischen Zenit erreicht hat.[974] Letzteres ist nach fünf Jahren der Fall, damit aktuelle technische Anforderungen mit einer neu ausgegebenen Karte umgesetzt werden können.[975] Die Speicherung einer Patientenverfügung auf der elektronischen Gesundheitskarte darf nunmehr nicht dazu führen, dass der Verfügungstext bei Austausch der Karte verloren geht und „nur" noch in einem Register gespeichert ist. Es bedarf vielmehr einer kontinuierlichen Abrufbarkeit trotz eines Kartenwechsels. Zwar ist eine Neuanlage eines digitalen Verfügungstextes für den Notfall auf einer neu ausgegebenen elektronischen Gesundheitskarte so lange nicht problematisch, wie die Einwilligungsfähigkeit des Patienten gegeben ist. Eine mit dem Austausch der elektronischen Gesundheitskarte gelöschte Patientenverfügung kann eigenständig neu für eine technisch erneuerte Karte aus einem Register heraus gespeichert und aktualisiert werden. Es findet eine Synchronisierung der Daten von der alten auf die neue Karte statt. Damit ist sie konzeptionell wieder ohne Netzzugang zur Telematikinfrastruktur ständig verfügbar. Möglich ist aber auch, dass der Patient gesundheitlich zur erneuten Speicherung nicht mehr in der Lage ist, da zwischenzeitlich eine dauerhafte Einwilligungsunfähigkeit eingetreten ist. Aufgrund der Höchstpersönlichkeit vorausverfügter Festlegungen ist auch keine Vertretung für die Neuanlage einer digitalen Patientenverfügung möglich.[976] Für eine tragfähige Lösung ist daher insgesamt notwendig, dass keine digitale Patientenverfügung mit einer begrenzten Wirksamkeit implementiert wird, die durch den Austausch der elektronischen Gesundheitskarte entstehen kann. Dieser Umstand würde einen tiefgehenden Nachteil darstellen, zumal eine analoge Patientenverfügung dieser Gefahr des Verfallsdatums im Voraus festgelegter Behandlungsentscheidungen nicht ausgesetzt ist. Aktuell ist bei einem Austausch der elektronischen Gesundheitskarte (Verlust, technische Erneuerung) sowie bei Beendigung des Versicherungsschutzes oder dem Wechsel der Krankenkasse aber von der einziehenden Krankenkasse auch sicherzustellen, dass eine Weiternutzung der Daten nach § 334 Abs. 1 S. 2 SGB V n.F. möglich ist, § 291c Abs. 3 SGB V n.F. Ferner ist der Versicherte in der gegenwärtigen gesetzlichen Konzeption über eine Löschung der Daten nach § 334 Abs. 1 S. 2 Nr. 2 bis 5 SGB V n.F. zu informieren, § 291c Abs. 4 SGB V n.F. Dementsprechend können elektronische Notfalldaten oder

973 § 291 Abs. 4 S. 1 SGB V n.F.

974 BT-Drs. 17/9030, S. 17.

975 BT-Drs. 17/9030, S. 17.

976 Hierzu bereits Teil 4, C. II. 2. b.

persönliche Erklärungen aus § 334 Abs. 1 S. 2 SGB V n.F. für eine neu ausgegebene Karte gelöscht werden, sodass eine Neuanlage notwendig wird. Dies ist allerdings nicht zwingend, da auch eine Weiternutzung der gespeicherten Daten gesetzlich ermöglicht ist. An dieser momentanen normativen Konzeption orientiert, kann perspektivisch mit dem Austausch der elektronischen Gesundheitskarte ein vormals gesicherter Patientenverfügungstext auf Verlangen gelöscht oder auf einer neuen Karte automatisch weiter genutzt werden. Für die Weiternutzung bedarf es dann einer Speicherung des im Register hinterlegten Verfügungstextes auf der elektronischen Gesundheitskarte. Wie bei den gegenwärtigen, durch die Krankenkassen zu gewährleistenden, störungsfreien Nutzungsmöglichkeiten elektronischer Notfalldaten werden bei Austausch der Karte die in der Telematikinfrastruktur gesicherten Daten konzeptionell erneut auf der neu auszugebenen Karte gespeichert. Ein zentrales Register für Patientenverfügungen fungiert in dieser Spezifizierung damit als Speicher für Verfügungstexte, die zusätzlich für die Notfallrettung auf der elektronischen Gesundheitskarte abgelegt werden können, insbesondere bei Kartenwechseln. Für den Rettungsdienst bleibt so eine digitalisierte Patientenverfügung unter präklinischen Bedingungen am Einsatzort generell auslesbar, ohne aber einen Netzzugang zur Telematikinfrastruktur zu benötigen. Unterbunden wird damit, dass mit einem Austausch der elektronischen Gesundheitskarte eine Patientenverfügung verloren geht. Eine praktische Realisierbarkeit der hypothetischen Registerlösung ist damit insgesamt gegeben, auch wenn auf eine präklinische Netzanbindung an die Telematikinfrastruktur, wie derzeit bei elektronischen Notfalldaten, verzichtet wird.

IV. Zwischenergebnis

Ein alleiniger Zugriff auf ein Patientenverfügungsregister über die Rettungsleitstelle weist einige Fehlerquellen und Ungenauigkeiten auf. Die aufgeführten Fehlerquellen, wie etwa die nötige separate Identifizierung des Patienten und Zuordnung einer digitalen Patientenverfügung am Einsatzort, stehen damit einer überzeugenden Tragfähigkeit einer digitalen Abfrage eines Verfügungstextes nur durch die Leitstelle in der Gesamtschau entgegen. Die derzeit mangelnde flächendeckende Zugriffsproblematik wird durch andere praktische Schwierigkeiten im präklinischen Umgang mit Patientenverfügungen ersetzt, wodurch kaum ein Effektivitätsgewinn für das eigentliche Ziel – der Kommunikation zwischen den Beteiligten und rettungsmedizinischen Umsetzung des Patientenwillens – gegeben ist.

Ein Registerzugriff durch den Rettungsdienst erscheint demgegenüber sachgerecht und technisch, rechtlich sowie in einer praxistauglichen Art und Weise über die elektronische Gesundheitskarte durchaus möglich. Zum Nachweis der Auslesungsberechtigung von gespeicherten Registerinformationen ist ein gesetzliches Authentifizierungserfordernis zu erwarten. Hierdurch wird einerseits der rettungsmedizinisch auslesungsberechtigte Adressatenkreis umgrenzt, der andererseits auch durch den Patienten im Rahmen seiner Selbstbestimmung näher spezifiziert werden kann. Mit Einführung eines Patientenverfügungsregisters als Anwendung der Telematikinfrastruktur bedürfen darüber hinaus die derzeitigen gesetzlichen Zugriffsrechte auf Anwendungen der Telematikinfrastruktur einer Neustrukturierung. Weiter kann die rettungsmedizinische Zuordnung eines digital angezeigten Verfügungstextes mithilfe der Angaben der elektronischen Gesundheitskarte erfolgen, die der Gesetzgeber gegenwärtig auch für elektronische Notfalldaten vorsieht (Name, Lichtbild, Unterschrift).

Um wiederum potentiellen technischen Störungen durch eine Anbindung an die Telematikinfrastruktur im rettungsmedizinischen Einsatzgeschehen vorbeugend zu begegnen, sollte eine digitale Patientenverfügung auch auf der elektronischen Gesundheitskarte hinterlegt sein. Technisch bietet die elektronische Gesundheitskarte bereits einen tauglichen Speicher für elektronische Notfalldaten, vgl. § 358 Abs. 4 SGB V n.F. Eine Netzanbindung an die Telematikinfrastruktur im Notfalleinsatz ist nicht zwingend nötig, um präklinisch auf eine digitalisierte Patientenverfügung zugreifen zu können. Jedoch ist nötig, dass sich ein auf der elektronischen Gesundheitskarte und in einem zentralen Register gespeicherter Verfügungstext inhaltlich stets decken. Dementsprechend ist technisch zu gewährleisten, dass die Änderung des einen Verfügungstextes bspw. im Register nur mit gleichzeitiger inhaltlicher Änderung der auf der elektronischen Gesundheitskarte gesicherten Patientenverfügung möglich ist. Es bedarf darüber hinaus einer mit § 291c Abs. 3 SGB V n.F. vergleichbaren Normierung, sodass bei einer Neuausgabe einer elektronischen Gesundheitskarte eine lückenlose Weiternutzung gespeicherter Daten gegeben ist. Der begrenzte technische Lebenszyklus einer elektronischen Gesundheitskarte darf praktisch nicht dazu führen, dass ein ursprünglich hierauf gesicherter Patientenverfügungstext verloren geht, insbesondere wenn der Ersteller aufgrund von zwischenzeitlich eingetretener Einwilligungsunfähigkeit zur Neuanlage nicht mehr in der Lage ist. Ein Register für Patientenverfügungen fungiert nach dieser Konzeptspezifizierung im präklinischen Kontext dann als Zentralspeicher, um im Ausgabeprozess der elektronischen Gesundheitskarte diese mit den freiwillig gesicherten Patienteninformationen zu bespielen.

E. Ergebnis

Im Vordergrund dieses vierten Teils stand die Frage, wie die fortschreitende Digitalisierung und die sich im Aufbau befindende Telematikinfrastruktur für einen praktikablen Lösungsansatz im präklinischen Umgang mit Patientenverfügungen genutzt werden können. Konzeptionell erscheint perspektivisch ein zentrales Register für digitalisierte Verfügungstexte technisch, rechtlich und praktisch durchaus realisierbar. Dieses Register kann an die bestehenden Systemstrukturen der Telematikinfrastruktur angebunden werden. Weiter bietet es sich an, dass der Rettungsdienst über die elektronische Gesundheitskarte des Notfallpatienten einen unmittelbaren Zugriff auf eine gespeicherte Patientenverfügung erhält. Nicht zwingend nötig ist eine präklinische Netzanbindung. Mit Zugriff auf einen digital hinterlegten Verfügungstext wird es dem Rettungsdienst möglich, flächendeckend auf Patientenverfügungen präklinisch zuzugreifen, um therapiebegrenzende Behandlungswünsche eines Notfallpatienten bei Passgenauigkeit auf die Situation schlussendlich umsetzen zu können.

Schlussbetrachtung

Die mit dieser Arbeit gefundenen wesentlichen Ergebnisse (A) werden nunmehr zusammengefasst. Anschließend rücken Limitationen (B) eines zentralen Registers für Patientenverfügungen in den Vordergrund. Darauf folgt ein abschließender Ausblick (C) zur Realisierbarkeit des hiesigen Lösungsansatzes.

A. Ergebnisse

Im ersten Teil zeigte sich, dass das Selbstbestimmungsrecht des Patienten den verfassungsrechtlichen Ausgangspunkt auch für therapiebegrenzende Behandlungsentscheidungen bildet. Es lässt sich u.a. an Art. 2 Abs. 1 GG i.V.m. Art. 1 Abs. 1 GG anknüpfen. Niemand muss sich gegen seinen freiverantwortlich gebildeten Willen – auch nicht durch den Rettungsdienst – lebenserhaltend behandeln lassen.[977] Eine Patientenverfügung dient als einfachgesetzliche Konkretisierung und Ausdrucksform dieses Selbstbestimmungsrechts für den einwilligungsunfähigen Zustand des Patienten. Dabei ist sie nicht rein auf den innerklinischen Bereich oder aber einen eingesetzten Sterbeprozess begrenzt. Vielmehr entfaltet eine Patientenverfügung unabhängig von Art und Stadium der Erkrankung des Patienten ihre rechtliche Geltung (§ 1901a Abs. 3 BGB), weshalb sie auch für die zeitkritische präklinische Notfallrettung relevant ist. Dort ist ärztliches und nichtärztliches rettungsmedizinisches Personal tätig. Ein regelmäßig vorkommendes, rettungsmedizinisches Einsatzszenario, welches eilige Entscheidungen erfordert, stellt die Konfrontation mit einem reanimationspflichtigen Notfallpatienten dar. Mithilfe einer Patientenverfügung kann ein Notfallpatient wiederum antizipiert und hinreichend bestimmt indizierte Wiederbelebungsmaßnahmen ausgeschlossen haben, um ein Überleben mit potentiell irreversiblen Folgeschäden zu verhindern. Dies ist Ausdruck seiner Patientenselbstbestimmung, die grundsätzlich ohne Abstriche auch im rettungsmedizinischen Eilfall Geltung beansprucht.

Das ärztliche und nichtärztliche Personal des Rettungsdienstes ist infolgedessen vollumfänglich an inhaltliche Festlegungen von Patientenverfügungen – die auf die konkrete Behandlungssituation zutreffen – rechtlich gebunden, da hierüber eine Einwilligung in rettungsmedizinische Maßnahmen erteilt oder

977 Vgl. BVerfG, Urt. v. 26.02.2020 – 2 BvR 2347/15 u.a. = NJW 2020, 905 (907); vgl. auch *Lindner*, AöR 2015, 542 (548 f.).

aber verweigert werden kann. Einer dauerhaften Einwilligungsunfähigkeit des Patienten bedarf es hierbei nicht. Allerdings ist eine rechtliche Bindungsvoraussetzung an einen im Voraus verfügten Willen, dass die Patientenverfügung nicht widerrufen worden ist. Bei Anhaltspunkten oder Zweifeln hinsichtlich eines patientenseitigen Widerrufs der Patientenverfügung sind die indizierten lebenserhaltenden Maßnahmen fortzusetzen. Selbiges gilt bei Hinweisen für eine fehlende Einwilligungsfähigkeit im Errichtungszeitpunkt des Verfügungstextes. Eine mangelnde Bestellung bzw. die Nichtanwesenheit eines Betreuers im Notfallgeschehen – der dem Patientenwillen zu Ausdruck und Geltung verhelfen soll (§ 1901a Abs. 1 S. 2 BGB) – ändert nichts an der rechtlichen Bindung des Rettungsdienstes an einen passgenauen Verfügungstext. Der Notfallpatient hat bereits selbst die ihn betreffenden medizinischen Behandlungsfragen entschieden. Auch eine lange Zeitspanne zwischen dem Erstellungszeitpunkt einer Patientenverfügung und deren Anwendungssituation schmälern nicht deren grundsätzliche inhaltliche Geltungskraft. Selbst bei unbeabsichtigter Eröffnung des Anwendungsbereichs einer Patientenverfügung durch rettungsmedizinisches Handeln sind passgenaue Festlegungen eines entsprechenden Verfügungstextes rechtlich bindend. Wie der einwilligungsunfähige Zustand, der in einer vorliegenden Patientenverfügung individuell als für nicht tragbar antizipiert wurde, eingetreten ist, ist ohne Belang. Eine Ausnahme hiervon gilt aber, wenn der von der Patientenverfügung erfasste und rettungsmedizinisch ausgelöste Anwendungsfall zügig wieder beseitigt werden kann.

Tatsächlich erforderlich ist allerdings stets der präklinische Zugriff auf einen Verfügungstext. Sender und Empfänger können nur so über das Medium Patientenverfügung kommunizieren. Sowohl dem Notfallpatienten als auch dem Rettungsdienst sind daher zugriffsfördernde Mitwirkungshandlungen abzuverlangen, damit ein verschriftlichter Patientenwille am Einsatzort Berücksichtigung finden kann. Den Notfallpatienten trifft die Mitwirkungsobliegenheit, eine präklinisch relevante Patientenverfügung tatsächlich für den Rettungsdienst auffindbar zu machen und in den Rechtsverkehr zu bringen. Bei Anhaltspunkten auf das Vorliegen einer Patientenverfügung hat der Rettungsdienst im Rahmen seiner Ressourcen und den Gegebenheiten des Einzelfalles hiernach zu suchen oder jedenfalls zu fragen. Ihn trifft ein das Selbstbestimmungsrecht des Patienten unterstützendes Verhalten. Ohne nähere Anhaltspunkte ist wiederum keine aktive Suche nach einer Patientenverfügung rettungsmedizinisch anzustreben, wohl aber die Frage hiernach bei einer naheliegenden Existenz, etwa in einem Pflegeheim. Die Frage nach einem potentiellen Verfügungstext dient dazu, Rückschlüsse hinsichtlich des tatsächlichen oder aber mutmaßlichen Patientenwillens zu erlangen. Damit wird die Ermittlung möglicher behandlungsleitender, selbstbestimmt getroffener Entscheidungen des Notfallpatienten vorklinisch erreicht.

Da eine elektronische Gesundheitskarte gemäß § 334 Abs. 1 S. 2 Nr. 3 SGB V n.F. derzeit Hinweise auf das Vorhandensein und den Aufbewahrungsort von Vorsorgevollmachten oder Patientenverfügungen enthalten kann, ist nach eben dieser Karte rettungsdienstlich zu fragen, jedenfalls ab dem Zeitpunkt der flächendeckenden Nutzung. Dabei sieht das gesetzliche Zugriffskonzept gegenwärtig allerdings nicht vor, dass das nichtärztliche rettungsmedizinische Personal eigenständig Hinweise nach § 334 Abs. 1 S. 2 Nr. 3 SGB V n.F. von der elektronischen Gesundheitskarte auslesen kann. Nichtsdestotrotz kann der nichtärztliche Rettungsdienst bis zum notärztlichen Eintreffen vorbereitend tätig werden, um mit notärztlicher Anwesenheit ohne weiteren Zeitverzug einen Hinweis nach § 334 Abs. 1 S. 2 Nr. 3 SGB V n.F. auszulesen.

Die inhaltliche Ausgestaltung eines Verfügungstextes liegt wiederum im Verantwortungsbereich des Patienten. Eine inhaltlich hinreichend bestimmte Patientenverfügung hat der Rettungsdienst präklinisch umzusetzen, wenn die konkrete Behandlungssituation mit dem antizipierten Patientenwillen übereinstimmt. Dies umfasst auch eine lebensbeendende Therapieeinstellung durch nichtärztliches Rettungsdienstpersonal. Mit einem Verfügungstext, der Wiederbelebungsmaßnahmen ausschließt, fehlt es an der erforderlichen Einwilligung des Notfallpatienten zur Fortsetzung von Reanimationsmaßnahmen. Auf eine ärztliche Anwesenheit am Einsatzort kommt es nicht zwingend an, da sich der Patientenwille in verbindlicher Weise therapieverzichtend an alle Beteiligten richtet. Bei Zweifeln an der Wirksamkeit einer aufgefundenen Patientenverfügung sind wiederum stets die jeweils indizierten rettungsmedizinischen Bemühungen durchzuführen, um das Leben des Patienten zu erhalten. So wird die nötige Zeit gewonnen, die für die Willensermittlung erforderlich ist. Dies ergab sich im zweiten Teil der Arbeit.

Deutlich wurde dann im dritten Teil dieser Arbeit, dass in der momentanen tatsächlichen Praxisanwendung von Patientenverfügungen im Rettungsdienst oftmals nur deren zufällige präklinische Berücksichtigungs- und Umsetzungsmöglichkeit gegeben ist. Bereits die dem Patienten treffende Mitwirkungsobliegenheit hinsichtlich eines rettungsmedizinischen Zugriffs auf einen Verfügungstext ist kaum erreichbar. Die verschiedensten Einsatzszenarien erschweren die erforderlichen Mitwirkungsbemühungen des Notfallpatienten, sodass der Kommunikationsprozess mit dem Rettungsdienst gestört ist. Ein wesentlicher Grund hierfür ist eine fehlende einheitliche sowie rettungsdiensttaugliche Systemstruktur, die einen flächendeckenden Zugriff auf Patientenverfügungen gewährleistet und zusätzlich eine leichte Zuordnung eines Verfügungstextes zum Patienten ermöglicht. Demgegenüber wägt sich der Ersteller einer Patientenverfügung in der Vorstellung, alles Nötige getan zu haben.

Das rechtliche Soll sieht hingegen die Wahrung selbstbestimmt getroffener Entscheidungen vor, die über eine Patientenverfügung an den Rettungsdienst kommuniziert werden. Der Patient bestimmt hierdurch die gewünschte Therapierichtung. Allerdings konterkarieren die feststehenden, tatsächlichen vorklinischen Umstände das Erreichen des rechtlichen Solls. Derzeitige Abhilfemöglichkeiten, wie etwa kurze und übersichtliche Patientenverfügungen in Form von Notfallbögen, vermögen es nicht die Zugriffsproblematik zu lösen. Allerdings bieten sie bei Zugriff einen tauglichen Ansatz, um inhaltlich knapp den antizipierten Behandlungswunsch hinsichtlich rettungsdienstlicher Wiederbelebungsmaßnahmen zu kommunizieren. Die praktischen Umstände sorgen dafür, dass eine effektive Berücksichtigung eines in einer umfangreichen Patientenverfügung festgelegten Willens oftmals nur im Einzelfall rettungsmedizinisch erfolgen kann. Im Regelfall verdrängen die tatsächlichen vorklinischen Gegebenheiten und die derzeit fehlende gesetzliche Standardisierung der Patientenverfügung die rechtlich verpflichtende Beachtung eines passgenauen Patientenwillens. Zugunsten des Lebenserhalts wird der patientenseitige Wunsch nach Therapiebegrenzung regelmäßig präklinisch nicht umgesetzt. Dabei ist die rechtliche Grundentscheidung eindeutig, welche eine rettungsdienstliche Berücksichtigung des über eine Patientenverfügung konkretisierten Selbstbestimmungsrechts vorgibt. Der aktuelle Ist-Zustand im Umgang mit Patientenverfügungen im Rettungsdienst konterkariert diese rechtliche Basis. Derzeit überlagert der Lebensschutz regelmäßig das eigentlich vorrangig angesehene Ziel der Selbstbestimmungsberücksichtigung.

Die auch im Gesundheitswesen zunehmende digitale Vernetzung kann nun perspektivisch eine taugliche Lösung für eine präklinisch flächendeckende und effektive Berücksichtigung von Patientenverfügungen darstellen, womit sich der vierte Teil dieser Arbeit befasst hat. Dazu muss die Zugriffsproblematik sowie die Fragen, die mit einem Zugriff auf eine Patientenverfügung auftreten, gelöst werden. Grundsätzlich ist denkbar, dass Patientenverfügungen digitalisiert und in einem zentralen Register abrufbar gesichert werden, damit ein präklinischer flächendeckender Zugriff erreichbar wird. Eine ähnliche Konzeption sieht der Gesetzgeber etwa für Erklärungen zur Organ- und Gewebespende vor (§ 2a Abs. 1 TPG n.F.), wodurch zentral gespeicherte, entsprechende Erklärungen abrufbar sind. Für die notwendige technische Realisierbarkeit eines hieran angelehnten Registers für Verfügungstexte bietet die sich im Aufbau befindende Telematikinfrastruktur einen möglichen Ausgangspunkt. Eine Anbindung und

Erweiterung dieser Systemstruktur um ein zentrales Register für Patientenverfügungen ist vorstellbar. Der hiesige Lösungsansatz macht sich dafür das sichere Gesundheitsdatennetz zunutze, welches mit der Telematikinfrastruktur angestrebt wird.

Aus rechtlicher Perspektive können – zugunsten einer Realisierbarkeit eines an die Telematikinfrastruktur angebundenen Registers für Patientenverfügungen – die verfassungsrechtlichen Vorgaben des Selbstbestimmungsrechts sowie die informationelle Selbstbestimmung über das Einwilligungserfordernis des Patienten gewahrt werden. Die Einwilligung des Patienten ist jeweils Ausgangspunkt einer antizipierten Behandlungsentscheidung einerseits und der Preisgabe persönlicher speicherbarer Daten andererseits. Daneben sind die in § 1901a Abs. 1 BGB statuierten Voraussetzungen einer Patientenverfügung auch unter dem Blickwinkel der Digitalisierung eines Verfügungstextes erfüllbar. Sie stehen der Speicherung einer Patientenverfügung in einem zentralen Register nicht entgegen. Die Grundlage ist die Einwilligung des Patienten, die freiwillig erteilt werden kann. Bei einer die Schriftform wahrenden qualifizierten elektronischen Signatur ist aber zu beachten, dass eine Patientenverfügung höchstpersönlicher Natur ist. Sie ist vom Patienten selbst zu erstellen. Des Weiteren ist die qualifizierte elektronische Signatur abträglich für ein niedrigschwelliges Erstellen eines Verfügungstextes. Unter Bestimmtheitsgesichtspunkten ist auch darauf zu achten, dass eine digitalisierte Patientenverfügung nicht zu umfangreich ausgestaltet wird. Andernfalls drohen die bekannten vorklinischen Auslegungsschwierigkeiten am Einsatzort. Des Weiteren ist auch eine jederzeitige Widerruflichkeit einer gespeicherten Patientenverfügung bei einer Registerlösung niedrigschwellig möglich, um den Rechtsschein einer Fortgeltung antizipierter Behandlungsentscheidungen zu unterbinden. Eine digitale Registrierung einer Patientenverfügung sorgt nicht für eine übermäßig starke Selbstbindung. Vielmehr sieht auch der Gesetzgeber in einem erforderlichen Login in ein Register für Erklärungen zur Organ- oder Gewebespende keine nennenswerte Hürde für einen Widerruf. Darüber hinaus können bei der Realisierung eines Patientenverfügungsregisters auch die gegebenen datenschutzrechtlichen Vorgaben gewahrt werden. Mit Eingliederung eines Registers für Patientenverfügungen ist dann eine klare rechtliche Benennung der datenschutzrechtlichen Verantwortlichkeit vonnöten. In die Datenverarbeitung kann ein Patient nach Erhalt entsprechender Informationen einwilligen. Datenschutzrechtliche Betroffenenrechte, wie der Widerruf der Einwilligung in die Datenverarbeitung oder aber das Löschungsverlangen, sind bei der Schaffung eines zentralen Registers für Patientenverfügungen zu beachten, was technisch und praktisch möglich ist.

Die Telematikinfrastruktur bietet ferner eine angemessene technische Sicherheitsstruktur für sensible Gesundheitsdaten, wie eines digitalisierten Patientenverfügungstextes. Da die elektronische Gesundheitskarte sowie die, die jeweilige Berufszugehörigkeit authentifizierenden, elektronischen Heilberufs- und Berufsausweise die dezentralen technischen Schlüssel zur Telematikinfrastruktur darstellen, muss insbesondere deren nichttechnischer Ausgabeprozess sicher sein. So wird einem potentiellen Missbrauch der Schlüsselkarten vorbeugend begegnet. Um eine Patientenverfügung präklinisch flächendeckend und effektiv berücksichtigen zu können, ist obendrein ein rettungsdienstlicher Registerzugriff notwendig. Ein entsprechender Zugriff über die Rettungsleitstelle erweist sich aber als nicht vollumfänglich praxistauglich. Vielmehr sollte der Rettungsdienst selbst am Einsatzort Zugriff auf eine Patientenverfügung erhalten können. Technisch und rechtlich besteht die Möglichkeit, die elektronische Gesundheitskarte hierfür mit in den vorgeschlagenen Lösungsansatz einzubeziehen, wodurch ein Registerzugriff grundsätzlich möglich erscheint. Unter dem Gesichtspunkt der rettungsmedizinischen Praxis spricht die Mitführbarkeit der elektronischen Gesundheitskarte sowie der hierauf teils abgedruckten, den Patienten identifizierenden Merkmale (Name, Lichtbild, Unterschrift) dafür, dass der Rettungsdienst hierüber Zugriff auf eine digitalisierte Patientenverfügung erhält. Der Gesetzgeber sieht bereits aktuell in der elektronischen Gesundheitskarte ein taugliches Instrument, um u.a. einen Medikationsplan (§ 334 Abs. 1 S. 2 Nr. 4 SGB V n.F.) und elektronische Notfalldaten (§ 334 Abs. 1 S. 2 Nr. 5 SGB V n.F.) an den Rettungsdienst zu kommunizieren (vgl. § 359 SGB V n.F.). Über den Namen des Notfallpatienten und einen Vergleich mit dem Bild auf der elektronischen Gesundheitskarte kann ein abgerufener Verfügungstext praxisgerecht zugeordnet werden. Der bildliche Vergleich zwischen Notfallpatient und dem auf der elektronischen Gesundheitskarte abgedruckten Bild stellt dabei eine Verbesserung zum jetzigen Umgang mit analogen Patientenverfügungen dar, da einfachgesetzlich kein Bild des Erstellers des Verfügungstextes nötig ist. Die identifizierende Zuordnung erfolgt primär über den Namen. Darüber hinaus ist von Vorteil, dass elektronische Gesundheitskarten regelmäßig an einem einheitlichen Aufbewahrungsort (u.a. Geldbörse, Patientenakte im Pflegeheim) verwahrt werden. Dieser Umstand fördert eher ein rettungsmedizinisches Auffinden als unter den derzeitigen Rahmenbedingungen mit analogen Verfügungstexten. Mithilfe der elektronischen Gesundheitskarte des Patienten sowie zum lesenden Zugriff authentifizierenden elektronischen Heilberufs- bzw. Berufsausweisen auf Seiten des Rettungsdienstes kann eine inhaltliche Kenntnisnahme einer registrierten Patientenverfügung über ein nötiges Lesegerät erfolgen.

Um dabei aber das potentielle technische Ausfallrisiko des Netzzugangs zur Telematikinfrastruktur gering zu halten, bietet es sich an, eine digitalisierte Patientenverfügung sowohl in einem zentralen Register als auch unmittelbar auf der elektronischen Gesundheitskarte zu speichern. Angelehnt an § 334 Abs. 1 S. 2 Nr. 5 SGB V n.F. wird hierdurch erreicht, dass ohne Netzanbindung an die Telematikinfrastruktur ein gespeicherter Verfügungstext mit Auffinden der elektronischen Gesundheitskarte angezeigt und umgesetzt werden kann. Wird dieses Konzept eines zentralen Registers aufgegriffen und weiterverfolgt, ist aber zu beachten, dass elektronische Gesundheitskarten regelmäßig – vornehmlich aus technischen Gründen – ausgetauscht werden müssen. Eine, bei Austausch einer elektronischen Gesundheitskarte, ursprünglich im Register gesicherte Patientenverfügung, ist dann auf einer neu ausgegebenen Karte bereits zu speichern, es sei denn, der Versicherte verlangt – vergleichbar dem § 337 Abs. 2 SGB V n.F. – die Löschung. Ein Register für Patientenverfügungen dient nach dieser Konzeptspezifizierung im präklinischen Zusammenhang somit als zentraler Speicher, um im Ausgabeprozess der elektronischen Gesundheitskarte diese mit einem freiwillig gesicherten Verfügungstext zu bespielen. Zu berücksichtigen ist noch, dass auch privatversicherte Patienten einen barrierefreien Zugang zu einer entsprechenden Systemstruktur erhalten müssen, die sich an die Telematikinfrastruktur anschließt, vgl. § 362 SGB V n.F.

B. Limitationen

Hervorzuheben sind aber auch Limitationen des hiesigen Lösungsansatzes. Auch eine denkbare Digitalisierung von Patientenverfügungen vermag es nicht, die Zugriffsproblematik in der Notfallrettung auf einen Verfügungstext vollumfänglich auszuschließen. Die Vielfalt an Einsatzszenarien und präklinischen Umständen kann stets einen tatsächlichen Zugriff nicht zulassen. Dann bleibt es bei den auf den Lebenserhalt ausgerichteten indizierten Behandlungsmaßnahmen des Rettungsdienstes. Auch schränken potentiell auftretende inhaltliche Auslegungsprobleme einer aufgefundenen Patientenverfügung deren Umsetzung ein. Dem Ersteller eines Verfügungstextes muss es weiterhin freistehen, antizipierte Behandlungsentscheidungen in dem Umfang zu verschriftlichen, den er persönlich für angemessen hält. Infolgedessen kann innerhalb eines tatsächlich gegebenen nur engen präklinischen Zeitfensters mitunter keine inhaltliche Prüfung des Behandlungswillens erfolgen, auch wenn dieser digitalisiert vorliegt. Der vorgeschlagene Lösungsansatz kann aber jedenfalls eine Verbesserung im präklinischen Umgang mit Patientenverfügungen bieten, wenn sich in Ausgestaltung und Inhalt an Notfallbögen orientiert wird. Ein Haken ist allerdings die qualifizierte elektronische Signatur, die die Schriftform einerseits ersetzen kann. Zweifelhaft ist aber andererseits, ob eine qualifizierte elektronische Signatur überhaupt praktikabel ist oder nicht flexiblere Authentifikationsmittel zum Einsatz kommen sollten, die einen Verfügungstext dem Ersteller konkret zuordnen können. Zu denken ist hier etwa an eine PIN-Eingabe. Insbesondere die Niedrigschwelligkeit zum Erstellen einer digitalen Patientenverfügung ist durch das komplizierte Verfahren einer qualifizierten elektronischen Signatur fraglich.

C. Ausblick

Für die Zukunft lässt sich sagen, dass jede Verbesserung des jetzigen Zustandes im Umgang mit Patientenverfügungen im Rettungsdienst erstrebenswert erscheint. Die Digitalisierung kann hier einen vereinfachenden Umgang ermöglichen. Mit dem Patientendaten-Schutzgesetz hat die Digitalisierung im Gesundheitswesen zudem wieder an Fahrt aufgenommen. Allerdings bleiben Patientenverfügungen – insbesondere für die rettungsmedizinische Behandlungsphase – hiervon unberücksichtigt. Mit dieser Arbeit sollte das Potential der Digitalisierung aufgegriffen und ein neuer Impuls für eine perspektivische Lösung gesetzt werden. Wenn aber zukünftig ein rettungsmedizinischer Zugriff mithilfe eines Registers gegeben ist, rücken andere Faktoren in den Vordergrund. Im rettungsdienstlichen Bereich, in dem der Zeitfaktor und die Schnelligkeit des Einsatzgeschehens eine große Rolle spielen, ist fraglich, wie etwa mit Behandlungsentscheidungen abseits des Herz-Kreislauf-Stillstandes umgegangen werden kann. Ein patientenseitiger Reanimationsausschluss lässt sich zielführend und übersichtlich formulieren. Bei anderweitigen Patientenverfügungsinhalten erscheint dies in kurzer und übersichtlicher Form überaus schwierig. Daran mag auch eine Digitalisierung eines Verfügungstextes nichts zu ändern. Es bedarf insgesamt einer Möglichkeit zur Standardisierung des kommunikativen Aktes zwischen Sender und Empfänger für verschiedenste Behandlungssituationen.

Möglicherweise eröffnen sich durch ein digitales Patientenverfügungsregister noch zusätzliche anderweitige Problembereiche, die eine Realisierung des erwogenen Lösungsansatzes erschweren. In Betracht kommt etwa eine gewisse faktische Zwangswirkung zur Nutzung eines Patientenverfügungsregisters, trotz einer vorgesehenen Freiwilligkeit der Speicherung. Wird ein Patientenverfügungsregister geschaffen und flächendeckend dessen Existenz und Nutzen auch für die Notfallrettung kommuniziert und etabliert, wird ggf. auch suggeriert, dass ein Zugriff und eine vorklinische Berücksichtigung eines Verfügungstextes nur stattfinden kann, wenn eine Patientenverfügung auch in diesem Register gespeichert wurde. Das Versprechen des flächendeckenden, einfachen und zielführenden Zugriffs durch eine zentrale Registerlösung vermittelt, dass sich die Wahrscheinlichkeit der Berücksichtigung im Rettungsdienst erhöht. Im Umkehrschluss kann sich ein Patient nunmehr angehalten sehen, seinen Verfügungstext in diesem Register speichern zu müssen, um nicht Gefahr zu laufen, dass seine analoge Patientenverfügung im beabsichtigten Anwendungsfall übersehen wird. Eine Art „faktischer Zwang" zur Datenpreisgabe steht dann gegenüber der Annahme, dass ohne eine registrierte Patientenverfügung wohl keine oder nur eine zufallsabhängige präklinische Berücksichtigung erfolgen kann. Die Freiwilligkeit einer antizipierten Behandlungsentscheidung mit deren Speicherung in einem zentralen Register ist in einem solchen Falle zweifelhaft. Eine derartige, die Freiwilligkeit potentiell, schmälernde Wirkung ist zum jetzigen Stand zwar spekulativ, perspektivisch aber mit der Schaffung eines digitalen Patientenverfügungsregisters denkbar und ggf. auch hinnehmbar. Entsprechende Wirkungen bei Etablierung einer Registerlösung sollten aber im Blick behalten werden.

Abschließend ist festzuhalten, dass sich gerade die Hilfe technischer Systeme anbietet, um eine taugliche Lösung im präklinischen Umgang mit Patientenverfügungen zu erreichen. Ein zentrales Register für Patientenverfügungen, auf welches mithilfe der Komponenten der Telematikinfrastruktur ein präklinischer Zugriff besteht, ist im Augenblick ein mögliches, aber auch nur ein hypothetisches Konstrukt. Dabei sind nur wenige gesetzliche Änderungen nötig, um auf Basis des jetzigen Rechts eine Registerlösung anzustreben. Gegenwärtig sind allerdings keine gesetzgeberischen Bestrebungen ersichtlich, die auf die Schaffung eines entsprechenden bzw. vergleichbaren Lösungsansatzes abzielen. Es bleibt abzuwarten, ob und wenn ja, inwieweit der Gesetzgeber das Potential der Digitalisierung auf Patientenverfügungen und die präklinische Notfallrettung ausweitet. Sie bietet einen denkbaren Lösungsansatz und einen Mehrwert für eine erleichterte Kommunikation im Notfallgeschehen.

Literaturverzeichnis

Adler, Christoph/*Paul*, Christian/*Hinkelbein*, Jochen/*Michels*, Guido/*Pfister*, Roman/*Krings*, Andrea/*Lechleuthner*, Alexander/*Stangl*, Robert: Welcher Patient profitiert von einem Transport unter laufender kardiopulmonaler Reanimation? Retrospektive Analyse von 70 Patienten mit refraktärem präklinischem Herzstillstand, Anaesthesist 2018, S. 343-350.

Ahnefeld, Friedrich W./*Brand*, Ludwig: Die historischen Fundamente der Notfallmedizin, N+R 2002, S. 607-612.

Ahnefeld, Friedrich W.: Die Rettungskette: eine Idee wurde Wirklichkeit, N+R 2003, S. 520-525.

Albers, Marion: Zur rechtlichen Ausgestaltung von Patientenverfügungen, MedR 2009, S. 138-144.

Albrecht, Andreas/*Albrecht*, Elisabeth: Die Patientenverfügung – jetzt gesetzlich geregelt, MittBayNot 2009, S. 426-435.

Albrecht, Andreas/*Albrecht*, Elisabeth/*Böhm*, Horst/*Böhm-Rößler*, Ulrike: Die Patientenverfügung, 2. Aufl., Bielefeld 2018.

Augsberg, Steffen: Big Data im Recht der Transplantationsmedizin – Vom „Ende der Theorie" zum „Ende der Aporie"?, MedR 2016, S. 699-705.

Badura, Peter: Generalprävention und Würde des Menschen, JZ 1964, S. 337-344.

Bahner, Beate: Bereitschaftsdienst – Notdienst – Notfalldienst: Fehlsteuerung von Patienten durch Begriffsverwirrung?, ZMGR 2019, S. 148-155.

BÄK, Bekanntmachung: Grundsätze der Bundesärztekammer zur ärztlichen Sterbebegleitung, DÄBl 2011; Jhg. 108, Heft 7 (18. Februar 2011), S. A346-A348.

BÄK, Bekanntmachung: Indikationskatalog für den Notarzteinsatz: Handreichung für Telefondisponenten in Notdienstzentralen und Rettungsleitstellen, DÄBl 2013; Jhg. 110, Heft 11 (15. März 2013), S. A521-A521.

BÄK, Bekanntmachung: Umgang mit Vorsorgevollmacht und Patientenverfügung in der ärztlichen Praxis – Empfehlungen der Bundesärztekammer und der Zentralen Ethikkommission bei der Bundesärztekammer, DÄBl 2013; Jhg. 110, Heft 33-34 (19. August 2013), S. A1580-A1585.

BÄK/ZEKO, Bekanntmachung: Hinweise und Empfehlungen zum Umgang mit Vorsorgevollmachten und Patientenverfügungen im ärztlichen Alltag (Stand: 25.10.2018), DÄBl 2018; Jhg. 115, Heft 51-52 (24. Dezember 2018), S. A2434-A2441.

Bales, Stefan/*Schwanenflügel, v.*, Matthias: Die elektronische Gesundheitskarte, NJW 2012, S. 2475-2479.

Ballhausen, Benedikt: Das arztrechtliche System als Grenze der arbeitsteiligen Medizin. Zugleich ein Beitrag zur privatrechtsdogmatischen Integration des Arztrechts, Göttingen 2013.

Barzen, Stefan/*Koetter*, Gertraude/*Wohlrath*, Bernd/*Schweigkofler*, Uwe/*Hoffmann*, Reinhard: Besonderheiten bei der Notfallversorgung von geriatrischen Traumapatienten, retten 2019, S. 32-43.

BASt (Hrsg.): Leistungen des Rettungsdienstes 2012/13, Bremen 2015 (zit.: *BASt*, Leistungen Rettungsdienst 2013/2014).

BASt (Hrsg.): Analyse des Leistungsniveaus im Rettungsdienst für die Jahre 2016 und 2017, Bremen 2019 (zit.: *BASt*, Leistungsniveau RD 2016/2017).

Becker, Ulrich/*Kingreen*, Thorsten (Hrsg.): SGB V Gesetzliche Krankenversicherung – Kommentar, 7. Aufl., München 2020 (zit.: *Bearbeiter*, in: Becker/Kingreen).

Beckmann, Jan P.: Autonomie und Selbstbestimmung auch am Lebensende, in: Welsh, Caroline/Ostgathe, Christoph/Frewer, Andreas/Bielefeldt, Heiner (Hrsg.), Autonomie und Menschenrechte am Lebensende – Grundlagen, Erfahrungen, Reflexionen aus der Praxis, Bielefeld 2017, S. 27-44.

Beermann, Christopher: Die Patientenverfügung, FPR 2010, S. 252-255.

Bender, Albrecht: Zeugen Jehovas und Bluttransfusionen, MedR 1999, S. 260-267.

Bens, Daniel/*Lipp*, Roland (Hrsg), Notfallsanitätergesetz, Edewecht 2014 (zit.: *Bearbeiter*, in: Bens/Lipp, NotSanG).

Bergmann, Karl Otto/*Pauge*, Burkhard/*Steinmeyer*, Heinz-Dietrich (Hrsg.), Gesamtes Medizinrecht, 3. Aufl., Baden-Baden 2018 (zit.: *Bearbeiter*, in: Bergmann/Pauge/Steinmeyer).

Biermann, Elmar: Patientenverfügung in Österreich: Skizze eines Vergleichs Österreich – Deutschland; in: Bormann, Franz-Josef (Hrsg.), Lebensbeendende Handlungen, Berlin/Boston 2017, S. 635-644.

Birnbacher, Dieter: Vulnerabilität und Patientenautonomie – Anmerkungen aus medizinischer Sicht, MedR 2012, S. 560-565.

Bobbert, Monika/*Werner*, Micha H.: Autonomie/Selbstbestimmung, in: Lenk, Christian/Duttge, Gunnar/Fangerau, Heiner (Hrsg.), Handbuch Ethik und Recht der Forschung am Menschen, Heidelberg 2014, S. 105-114.

Boemke, Burkhard: Unterlassen lebenserhaltender Maßnahmen bei einwilligungsunfähigen Patienten, NJW 2013, S. 1412-1414.

Boemke, Burkhard: Die Ermittlung des in der Patientenverfügung niedergelegten Patientenwillens, NJW 2017, S. 1706-1708.

Boll, Matthias: Strafrechtliche Probleme bei Kompetenzüberschreitungen nichtärztlicher medizinischer Hilfspersonen in Notsituationen, Berlin 2001.

Boll, Matthias: Strafrechtliche Risiken bei Hilfeleistung ohne Arzt, N+R 2003, S. 345-352.

Born, Judith/*Albert*, Jürgen/*Bohn*, Andreas/*Butz*, Norbert/*Fuchs*, Karlheinz/*Loos*, Stefan/*Schenkel*, Johannes/*Juhra*, Christian: Der Notfalldatensatz für die elektronische Gesundheitskarte – Die Sicht von Notfallmedizinern und Rettungsdienstpersonal, N+R 2017, S. 32-37.

Bossaert, Leo/*Perkins*, Gavin/*Askitopoulou*, Helen/*Raffay*, Violetta/*Greif*, Robert/*Haywood*, Kirstie/*Mentzelopoulos*, Spyros/*Nolan*, Jerry/*Van de Voorde*, Patrick/*Xanthos*, Theodoros: Ethik der Reanimation und Entscheidungen am Lebensende – Kapitel 11 der Leitlinien zur Reanimation 2015 des European Resuscitation Council, N+R 2015, S. 1035-1047.

BSI, Sicherheitsanforderungen an digitale Gesundheitsanwendungen, Technische Richtlinie BSI TR-03161, Stand 15.04.2020.

Breidenstein, Christiane: Patientenverfügung und mutmaßlicher Patientenwille – Bindungswirkung und Rechtfertigung, jM 2016, S. 222-227.

Brink, Stefan/*Wolff*, Heinrich Amadeus (Hrsg.), BeckOK Datenschutzrecht, 32. Edition, Stand 01.05.2020, München 2020 (zit.: *Bearbeiter*, in: BeckOK/DSGVO).

Brokmann, Jörg/*Grützmann*, Tatjana/*Pidun*, Anne/*Groß*, Dominik/*Rossaint*, Rolf/*Beckers*, Stefan/*May*, Arnd T.: Vorsorgedokumente in der präklinischen Notfallmedizin, Anaesthesist 2014, S. 23-31.

Brose, Johannes: Aufgaben und Befugnisse nichtärztlichen Rettungsdienstpersonals, VersR 2014, S. 1172-1178.

Buchner, Benedikt: Datenschutz und Datensicherheit in der digitalisierten Medizin, MedR 2016, S. 660-664.

Bühler, Ernst/*Kren*, Rita/*Stolz*, Konrad: Betreuungsrecht und Patientenverfügungen - Praktische Informationen für Ärzte und Interessierte, 5. Aufl., München 2015.

Burghofer, Karin/*Lackner*, Christian: Kommunikation – Risikofaktor für die Akutmedizin, N+R 2010, S. 363-367.

Bürger, Andreas/*Wnent*, Jan/*Bohn*, Andreas/*Jantzen*, Tanja/*Brenner*, Sigrid/*Lefering*, Rolf/*Seewald*, Stephan/*Gräsner*, Jan-Thorsten/*Fischer*, Matthias: Einfluss der Hilfsfrist auf das Überleben nach plötzlichem Herz-Kreislauf-Stillstand, DÄBl Int 2018; Jhg. 115, Heft 33-34 (20. August 2018), S. 541-548.

Buschmann, Claas/*Kleber*, Christian/*Tsokos*, Michael/*Kerner*, Thoralf/*Püschel*, Klaus/*Schmidt*, Uwe/*Fischer*, Hartmut/*Stuhr*, Markus: Mortui vivos docent – Die Toten lehren die Lebenden, Anaesthesist 2016, S. 601-608.

CCC: Stellungnahme zum Entwurf eines Gesetzes zum Schutz elektronischer Patientendaten in der Telematikinfrastruktur (Patientendaten-Schutz-

Gesetz – PDSG), 19. Mai 2020; abrufbar unter https://www.ccc.de/de/updates/2020/pdsg (zuletzt abgerufen am 02.09.2020).

Choi, Seong-Jin: Patientenverfügung und Patientenautonomie zwischen Rechtsdogmatik und Rechtswirklichkeit, Frankfurt am Main 2010.

Coeppicus, Rolf: Anreize zur Errichtung von Patientenverfügungen, ZRP 2003, S. 175-178.

Coeppicus, Rolf: Offene Fragen zum „Patientenverfügungsgesetz", NJW 2011, S. 2085-2091.

Coeppicus, Rolf: Erfordernis der Zustimmung eines Betreuers und einer gerichtlichen Genehmigung für einen Behandlungsabbruch, NJW 2013, S. 2939-2942.

Coester-Waltjen, Dagmar: Reichweite und Grenzen der Patientenautonomie von Jungen und Alten – Ein Vergleich, MedR 2012, S. 553-560.

Cooper, Lori/*Aronowitz*, Paul: DNR Tattoos: A Cautinonary Tale, Journal of General Internal Medicine 2012, S. 1383.

Czaplik, Michael/*Bergrath*, Sebastian: Telemedizin in der Notfallmedizin, in: Fischer, Florian/Krämer, Alexander (Hrsg.), eHealth in Deutschland, Berlin/Heidelberg 2016, S. 319-333.

Denninger, Erhard: Rettungsdienst und Grundgesetz, DÖV 1987, S. 981-991.

Deuter, M. (Vorname unbekannt): Notfalldose – Top oder Flop?, Notarzt 2019, S. 127.

Deutsch, Erwin/*Spickhoff*, Andreas (Hrsg.), Medizinrecht, 7. Aufl., Berlin/Heidelberg 2014.

Deutscher Rat für Wiederbelebung (Hrsg.), Reanimation 2015 – Leitlinien kompakt, 2015, abrufbar unter https://grc-org.de/wissenschaft/leitlinien (zuletzt abgerufen am 07.09.2020).

Diehn, Thomas/*Rebhan*, Ralf: Vorsorgevollmacht und Patientenverfügung, NJW 2010, S. 326-331.

Dielmann, Gerd/*Malottke*, Annette: Notfallsanitätergesetz und Ausbildungs- und Prüfungsverordnung für Notfallsanitäterinnen und Notfallsanitäter – Text und Kommentar für die Praxis, Frankfurt am Main 2017.

Dierks, Christian: Gesundheits-Telematik – Rechtliche Antworten, DuD 2006, S. 142-147.

Dißmann, Patrick: Europäische Facharztprüfung für Notfallmedizin, N+R 2014, S. 697-700.

Dochow, Carsten: Gesundheitsdatenschutz gemäß der EU-Datenschutzgrundverordnung, GesR 2016, S. 401-409.

Dochow, Carsten: Grundlagen und normativer Rahmen der Telematik im Gesundheitswesen – Zugleich eine Betrachtung des Systems der Schutzebenen im Gesundheitsdaten- und Patientengeheimnisschutzrechts, Baden-Baden 2017.

Dörries, Andrea: Die medizinische Indikation: Begriffsbestimmung und Rahmenbedingungen, in: Dörries, Andrea/Lipp, Volker (Hrsg.), Medizinische Indikation, Stuttgart 2015, S. 13-23.

Dreier, Horst (Hrsg.): Grundgesetz Kommentar, Band I, Artikel 1-19, 3. Aufl., Tübingen 2013 (zit.: *Bearbeiter*, in: Dreier).

Druml, Wilfred/*Druml*, Christiane: Übertherapie in der Intensivmedizin, Med Klinik 2019, S. 194-201.

Dürig, Günter: Der Grundrechtssatz von der Menschenwürde, AöR 1956, S. 117-157.

Duttge, Gunnar: Preis der Freiheit, 2. Aufl., Frankfurt am Main 2006.

Duttge, Gunnar: Juristische Fragen und Kritik am Instrument der Patientenverfügung, in: Coors, Michael/Jox, Ralf/in der Schmitten, Jürgen (Hrsg.), Advance Care Planning – Von der Patientenverfügung zur gesundheitlichen Vorausplanung, Stuttgart 2015, S. 39-51.

Duttge, Gunnar: Quo vadis, moderne Intensivmedizin? Unzeitgemäße Betrachtung zu ihren Risiken und Nebenwirkungen, Med Klinik 2016, S. 235-240.

Duttge, Gunnar: Dokumentationsbogen zur Therapiebegrenzung: Bedeutsames organisatorisches Hilfsmittel oder Schritt zur weiteren „Entmenschlichung der Medizin"?, MedR 2018, S. 82-84.

Duttge, Gunnar: Folgenlose Missachtung der Pflicht zur ärztlichen Indikationsstellung? – zu Risiken und Folgewirkungen von BGH, Urteil v. 2.4.2019 (VI ZR 13/18) – medstra 2019, S. 266-274.

Duttge, Gunnar: Juristische Implikationen einer Übertherapie, Med Klinik 2019, S. 229-233.

Duttge, Gunnar: Rechtssicherheit von End-of-Life-Decisions, in: Intensiv- und Notfallbehandlung 2019, S. 77-85.

Eichenhofer, Eberhard/*Koppenfels-Spies*, v., Katharina/*Wenner*, Ulrich (Hrsg.), Kommentar zum Sozialgesetzbuch V, 3. Aufl., Köln 2018 (zit.: *Bearbeiter*, in: Eichenhofer/v. Koppenfels-Spies/Wenner).

Engelbrecht, Kai: Rettungsdienst, lebensrettende Sofortmaßnahmen und Aspekte der apparativen Intensivmedizin, in: May, Arnd/ Kreß, Hartmut/Verrel, Torsten/Wagner, Till (Hrsg.), Patientenverfügungen – Handbuch für Berater, Ärzte und Betreuer; Berlin/Heidelberg 2016, S. 189-207.

Erbguth, Frank/*Erbguth*, Lukas: Therapieentscheidungen am Ende des Lebens, DMW 2016, S. 1484-1496.

Eser, Albin: Die Regulierung des Lebensendes als rechtliche Herausforderung, MedR 2018, S. 734-741.

Fehn, Karsten/*Selen*, Sinan: Die Bedeutung des Patiententestaments im rettungsdienstlichen Einsatz (Teil 1), RD 2000, S. 991-993.

Fehn, Karsten/*Selen*, Sinan: Die Bedeutung des Patiententestaments im rettungsdienstlichen Einsatz (Teil 2), RD 2000, S. 1102-1105.

Fehn, Karsten/*Selen*, Sinan: Rechtshandbuch für Feuerwehr-, Rettungs- und Notarztdienst, 3. Aufl., Edewecht 2010.

Fischer, Matthias/*Wnent*, Jan/*Gräsner*, Jan-Thorsten/*Seewald*, Stephan/*Brenner*, Sigrid/*Jantzen*, Tanja/*Bein*, Berthold/*Bohn*, Andreas: Jahresbericht des Deutschen Reanimationsregisters – Ausserklinische Reanimation 2019, AI 2020, S. V89-V93.

Fischer, Thomas: Strafgesetzbuch mit Nebengesetzen – Kommentar, 67. Aufl., München 2020.

Flentje, Markus/*Seebode*, Ralf/*Flemming*, Andreas: Ergänzungsprüfung Notfallsanitäter für Rettungsassistenten. Erfahrungen aus einem Jahr Vorbereitung, Schulung und Prüfung, N+R 2017, S. 24-31.

Gahl, Klaus: Medizinische Indikation und die Selbstbestimmung des Patienten, ZME 2020, S. 273-285.

Geier, Artur: Anspruch des Patienten auf eine Behandlung contra legem, MedR 2017, S. 293-296.

gematik: Systemspezifisches Konzept Notfalldaten-Management (NFDM), Vers. 1.3.0. Stand: 14.05.2018; Referenzierung: gemSysL_NFDM; abrufbar unter https://www.vesta-gemat ck- online.GrosskommentarBGB,Stik.de/standards/detail/standards/systemspezifisches-konzept-notfalldaten-management-nfdm-1/; zuletzt abgerufen am 19.09.2020; (zit.: *gematik*, NFDM).

gematik: Spezifikation Schlüsselgenerierungsdienst ePA, Vers. 1.2.0. Stand. 02.10.2019; Referenzierung: gemSpec_SGD_ePA; https://www.vesta-gematik.de/standard/formhandler/324/gem Spec_SGD_ePA_V1_2_0.pdf; zuletzt abgerufen am 19.09.2020 (zit.: *gematik*, Schlüsselgenerierungsdienst ePA).

gematik: Konzept Architektur der TI-Plattform, Vers. 2.10.0. Stand: 02.03.2020; Referenzierung: gemKTP_Arch_TIP (zit.: *gematik*, Architektur der TI-Plattform).

gematik: Whitepaper: Datenschutz und Informationssicherheit in der Telematikinfrastruktur, Stand: September 2020; abrufbar unter https://www.gematik.de/news/news/neues-whitepaper-sicherheit-von-gesundheitsdaten-im-fokus/; zuletzt abgerufen am 19.08.2020. (zit.: *gematik*: Whitepaper Datenschutz Informationssicherheit).

gematik: Notfalldaten auf der Gesundheitskarte; Leitfaden für Ärzte, Zahnärzte und medizinisches Fachpersonal, Stand Februar 2019, https://www.gematik.de/fileadmin/user_upload/gematik /files/Anwendungen/Notfalldaten/gemLF_NFDM_Produktivbetrieb_V1.0.0.pdf; zuletzt abgerufen am 19.09.2020 (zit.: *gematik*, Notfalldaten Gesundheitskarte).

Gerth, Mathias/*Kettler*, Dietrich/*Mohr*, Michael: Patientenverfügungen in der präklinischen Notfallmedizin: Eine Befragung von Notärzten, AINS 2005, S. 743-749.

Gerth, Mathias/*Mohr*, Michael/*Paul*, Norbert/*Werner*, Christian: Präklinische Notfall-Patientenverfügung – eine Evaluation aus Sicht des Hausarztes, ZFA 2011, S. 72-77.

Geser, Felix: Grenzen der Hilfeleistungspflicht des Notarztes im öffentlichen Rettungsdienst, Notarzt 2019, S. 130-136.

Goldmann, Justus: Geschichte der Medizinischen Notfallversorgung – Vom Programm der Aufklärung zur systematischen Organisation im Kaiserreich (1871 – 1914), Bielefeld 2000.

Goos, Christoph: Innere Freiheit; Eine Rekonstruktion des grundgesetzlichen Würdebegriffs, Göttingen 2011.

Gries, André/*Arntz*, Hans-Richard/*Lackner*, Christian/*Seekamp*, Andreas/*Altemeyer*, Karl-Heinz: Facharzt für Notfallmedizin – Pro und Kontra N+R 2010, S. 469-474.

Gross, Benedict/*Schanderl*, Florian/*Staedt*, Nele/*Elsner*, Christian: App-basierte Systeme zur Ersthelferalarmierung, N+R 2019, S. 483-491.

Groß, Marisa/*Joschko*, Annabel: Wie frei ist die „freie Einwilligung"?, GuP 2019, S. 91-96.

Groß, Raoul/*Böttiger*, Bernd W./*Thaiss*, Heidrun M.: Laienreanimation in Deutschland: Das Nationale Aktionsbündnis Wiederbelebung (NAWIB), N+R 2019, S. 715-722.

Grützmann, Tatjana/*May*, Arnd T./*Pidun*, Anne K./*Groß*, Dominik/*Brokmann*, Jörg: Patientenverfügungen in der präklinischen Notfallmedizin. Ergebnisse einer Erhebung zum Kenntnisstand, zu den Erfahrungen und Empfehlungen der Notärzte in Aachen, in: May, Arnd T./Grützmann, Tatjana/Brokmann, Jörg (Hrsg), Patientenverfügungen in der präklinischen Notfallmedizin, Berlin 2013, S. 53-66.

Gsell, Beate/*Krüger*, Wolfgang/*Lorenz*, Stephan/*Reymann*, Christoph (Gesamt-Hrsg.): beck-online. Grosskommentar BGB, Stand: 01.08.2020, München 2020 (zit.: *Bearbeiter*, in: BeckOGK/BGB).

Hallich, Oliver: Selbstbindungen und medizinischer Paternalismus – Zum normativen Status von „Odysseus-Anweisungen", ZPhF 2011, S. 151-172.

Härle, Wilfried: Patienten„autonomie“ aus ethischer Sicht – Zur Aufhebung des Widerspruchs zwischen Selbstbestimmung und Fürsorge, FPR 2007, S. 47-51.

Hau, Wolfgang/*Poseck*, Roman (Hrsg.), BeckOK BGB, 55. Edition, Stand: 01.08.2020, München 2020 (zit.: *Bearbeiter*, in: BeckOK/BGB).

Hausner, Helmut: Mitwirkung Privater am Rettungsdienst – Ein Beitrag zur Problematik der öffentlichen Verwaltung durch Private, Regensburg 1993.

Heide, Steffen/*Romanowski*, Uta/*Kleiber*, Manfred: Notarzteinsatz mit fataler Folge, Rechtsmedizin 2004, S. 37-39.

Heinemann, Andreas/*Straub*, Tobias: Datenschutz muss benutzbar sein – Wie *Usable Security and Pricacy* die Ausübung von Betroffenenrechten erleichtern kann, DuD 2019, S. 7-12.

Helm, Matthias/*Lampl*, Lorenz/*Hossfeld*, Björn: Organisation des Rettungsdienstes – Luftrettung, Notarzt 2017, S. 38-42.

Hintzenstern, v., Ulrich/*Erbguth*, Frank: Juristische Aspekte, in: *v. Hintzenstern*, Ulrich (Hrsg.), Notarzt-Leitfaden, 8. Aufl., München 2017, S. 23-28.

Höfling, Wolfram: Um Leben und Tod: Transplantationsgesetzgebung und Grundrecht auf Leben, JZ 1995, S. 26-33.

Höfling, Wolfram: Das neue Patientenverfügungsgesetz, NJW 2009, S. 2849-2852.

Höfling, Wolfram: Recht auf Selbstbestimmung versus Pflicht zur Gesundheit, ZEFQ 2009, S. 286-292.

Höfling, Wolfram: Salus aut/et voluntas aegroti suprema lex – Verfassungsrechtliche Grenzen des Selbstbestimmungsrechts, in: Wienke, Albrecht/Eberbach, Wolfram E./Kramer, Hans-Jürgen/Janke Kathrin (Hrsg.), Die Verbesserung des Menschen, Berlin/Heidelberg 2009, S. 119-128.

Höfling, Wolfram: Organgewinnung durch effektivere Organisationsstrukturen?, GesR 2019, S. 415-417.

Höfling, Wolfram: „Autonomie Selbstbestimmung“ – und was nun? Kritische Anmerkungen und rechtspolitische Fragen zum Urteil des Bundesverfassungsgerichts zu § 217 StGB, ZME 2020, S. 245-257.

Hofmann, Hasso: Die versprochene Menschenwürde, AöR 1993, S. 353-377.

Holt, Gregory/*Sarmento*, Bianca/*Kett*, Daniel/*Goodman*, Kenneth: An Unconscious Patient with a DNR Tattoo, The New England Journal of Medicine 2017, S. 2192-2193.

Holzem, Christoph: Patientenautonomie: Bioethische Erkundungen über einen funktionalen Begriff der Autonomie im medizinischen Kontext, Münster 1999.

Holzhauer, Heinz: Patientenautonomie, Patientenverfügung und Sterbehilfe, FamRZ 2006, S. 518-528.

Hornung, Gerrit: Die digitale Identität – Rechtsprobleme von Chipkartenausweisen: Digitaler Personalausweis, elektronische Gesundheitskarte, JobCard-Verfahren, Baden-Baden 2005.

Hufen, Friedhelm: In dubio pro dignitate – Selbstbestimmung und Grundrechtsschutz am Ende des Lebens, NJW 2001, S. 849-857.

Hufen, Friedhelm: Erosion der Menschenwürde?, JZ 2004, S. 313-318.

Hufen, Friedhelm: Die Menschenwürde, Art. 1 I GG, JuS 2010, S. 1-10.

Hufen, Friedhelm: Selbstbestimmtes Sterben – Das verweigerte Grundrecht, NJW 2018, S. 1524-1528.

Hunzinger, Sven: Das Löschen im Datenschutzrecht, Baden-Baden 2018.

Huster, Stefan: Solidarität und Eigenverantwortung – Spannung oder Gleichklang?, ZEFQ 2012, S. 195-198.

ILCOR, Summary Statement – 2017 International Consensus on Cardiopulmonary Resuscitation an Emergency Cardiovascular Care Science With Treatment Recommendations Summary, Resuscitation 2017, S. 201-214.

in der Schmitten, Jürgen/*Nauck*, Friedemann/*Marckmann*, Georg: Behandlung im Voraus planen (Advance Care Planning): ein neues Konzept zur Realisierung wirksamer Patientenverfügungen, Palliativmed 2016, S. 177-193.

in der Schmitten, Jürgen/*Rixen*, Stephan/*Marckmann*, Georg: Vorausplanung in der Notfall- und Intensivmedizin, in: Coors, Michael/Jox, Ralf/in der Schmitten, Jürgen (Hrsg.), Advance Care Planning – Von der Patientenverfügung zur gesundheitlichen Vorausplanung, Stuttgart 2015, S. 288-301.

in der Schmitten, Jürgen/*Rixen*, Stephan/*Marckmann*, Georg: Wahrung der Patienten-Selbstbestimmung in der Notfallmedizin durch vorausschauende Behandlungsplanung (Advance Care Planning), in: Salomon, Fred (Hrsg.), Praxisbuch Ethik in der Notfallmedizin – Orientierungshilfen für kritische Entscheidungen, Berlin 2016, S. 85-100.

in der Schmitten, Jürgen/*Rixen*, Stephan/*Marckmann*, Georg: Patientenverfügungen im Rettungsdienst (Teil 1), N+R 2011, S. 448-458.

in der Schmitten, Jürgen/*Rothärmel*, Sonja/*Rixen*, Stephan/*Mortsiefer*, Achim/*Marckmann*, Georg: Patientenverfügungen im Rettungsdienst (Teil 2), N+R 2011, S. 465-474.

Jaeger, Karsten/*André*, Marcel/*Ruschulte*, Heiner/*Osthaus*, Alexander/*Debertin*, Annette/*Heine*, Jörn/*Leuwer*, Martin: Iatrogene Trachealverletzung als Folge mehrfacher Intubationsversuche (Fallbericht), N+R 1999, S. 500-503.

Jäkel, Christian: Patientenrechtegesetz – Auswirkungen auf die Behandlung von Notfallpatienten?, N+R 2013, S. 593-597.

Janda, Constanze: Überversorgung am Lebensende – Ursachen und Lösungsansätze, MedR 2018, S. 778-784.

Janda, Constanze: Medizinrecht, 4. Aufl., München 2019.

Jarass, Hans: Das allgemeine Persönlichkeitsrecht im Grundgesetz, NJW 1989, S. 857-862.

Joecks, Wolfgang/*Miebach*, Klaus (Hrsg.): Münchener Kommentar zum StGB, 4. Aufl., Band 1 (§§ 1- 37 StGB), München 2020; 3. Aufl., Band 4 (§§ 185-262 StGB), München 2017 (zit.: *Bearbeiter*, in: MüKo/StGB).

Joerden, Jan: Patientenautonomie am Lebensende, MedR 2018, S. 764-772.

Joppich, Robin/*Elsner*, Frank/*Radbruch*, Lukas: Behandlungsabbruch und Behandlungspflicht am Ende des Lebens, Anaesthesist 2006, S. 502-514.

Jorzig, Alexandra/*Sarangi*, Frank: Digitalisierung im Gesundheitswesen, Berlin 2020.

Jurgeleit, Andreas: Sterbehilfe in Deutschland, NJW 2015, S. 2708-2714.

Jurgeleit, Andreas (Hrsg.): Betreuungsrecht Handkommentar, 4. Aufl., Baden-Baden 2018 (zit.: *Bearbeiter*, in: Jurgeleit).

Katzenmeier, Christian/*Schrag-Slavu*, Stefania: Rechtsfragen des Einsatzes der Telemedizin im Rettungsdienst – Eine Untersuchung am Beispiel des Forschungsprojektes Med-on-@ix, Heidelberg 2010.

Kaulmann, Rüdiger: Reanimation – ja oder nein? Die Patientenverfügung, in: retten 2014, S. 156-159.

Kern, Bernd-Rüdiger: Fremdbestimmung bei Einwilligung in ärztliche Eingriffe, NJW 1994, S. 753-759.

Kern, Bernd-Rüdiger: Das Spannungsverhältnis von Haftungsrecht und Kassenarztrecht, MedR 2004, S. 300-303.

Killinger, Elmar: Die Besonderheiten der Arzthaftung im medizinischen Notfall, Berlin/Heidelberg 2009.

Kirschner, Martin: Die fahrbare chirurgische Klinik, Der Chirurg 1938, S. 714-719.

Klausmeier, Matthias/*Pillkowsky*, Martin/*Thöle*, Matthias: Prüfungstrainer Notfallsanitäter Heute, München 2018.

Klasen, Bernd/*Klasen*, Christine: Update Patientenverfügung – Durchsetzung des autonomen Patientenwillens aus medizinisch-juristischer Sicht, jM 2019, S. 222-226.

Kloepfer, Michael: Handbuch des Katastrophenrechts, Baden-Baden 2015.

Kloke, Marianne: Notfallpalliation statt Notarzt, N+R 2011, S. 459-464.

Ko, Seo Young/*Shin*, Sang Do/*Ro*, Young Sun/*Song*, Kyoung Jun/*Hong*, Ki Jeong/*Park*, Jeong Ho/*Lee*, Seung Chul: Effect of detection time interval for out-of-hospital cardiac arrest on outcomes in dispatcher-assisted cardipulmonary resuscitation: A nationwide observational study, in: Resuscitation 2018, S. 61-69.

Koch, Manuel/*Marx*, Sven/*Elmer*, Arno: Informationelle Selbstbestimmung und Patientensouveränität in einem vernetzten Gesundheitswesen, DuD 2013, S. 131-136.

Koch, Manuel/*Weide*, Enrico/*Pawils*, Andrea: Das Standard-Datenschutzmodell in der Telematikinfrastruktur – Anwendungen und Erfahrungen, DuD 2020, S. 104-110.

Koranyi, Johannes: Verfassungsrechtliche Grundlagen, in: May, Arnd/Kreß, Hartmut /Verrel, Torsten/Wagner, Till (Hrsg.), Patientenverfügungen – Handbuch für Berater, Ärzte und Betreuer; Berlin/Heidelberg 2016, S. 63-84.

Kreß, Hartmut: Heiligkeit des Lebens und Selbstbestimmung im Sterben, ZRP 2005, S. 139-140.

Kreß, Hartmut: Patientenverfügungen und Selbstbestimmung in Anbetracht der Notfallmedizin, ZRP 2009, S. 69-71.

Krüger-Brand, Heike: Elektronische Gesundheitskarte – Gang durch ein Minenfeld, DÄBl 2007, S. A1452-A1454.

Kubiciel, Michael: Die Patientenautonomie und das Lambert-Dilemma: Zu den Grenzen einer Legitimationsfigur, in: Beckmann, Rainer/Hillgruber, Christian/Duttge, Gunnar/Windhöfel, Thomas/Gärditz, Klaus Ferdinand (Hrsg.), GS Tröndle, Berlin 2019, S. 615-625 (zit.: *Kubiciel*, in: GS Tröndle).

Kudlich, Hans/*Klautke*, Holger: Ist Selbstbestimmung wirklich zu gefährlich? in: Beckmann, Rainer/Hillgruber, Christian/Duttge, Gunnar/Windhöfel, Thomas/Gärditz, Klaus Ferdinand (Hrsg.), GS Tröndle, Berlin 2019, S. 431-442 (zit.: *Kudlich/Klautke*, in: GS Tröndle).

Kühling, Jürgen: Datenschutz im Gesundheitswesen, MedR 2019, S. 611-622.

Kühling, Jürgen/*Buchner*, Benedikt: Datenschutz-Grundverordnung/BDSG, 2. Aufl., München 2018 (zit.: *Bearbeiter*, in: Kühling/Buchner).

Kutzer, Klaus: Ärztliche Pflicht zur Lebenserhaltung unter besonderer Berücksichtigung des neuen Patientenverfügungsgesetzes, MedR 2010, S. 531-533.

Lanzrath, Sascha: Patientenverfügung und Demenz – Der abgestufte Schutz von Willensäußerungen des erkrankten Patienten, MedR 2017, S. 102-107.

Laufs, Adolf/*Katzenmeier*, Christian/*Lipp*, Volker, Arztrecht, 7. Aufl., München 2015 (zit.: *Bearbeiter*, in: Laufs/Katzenmeier/Lipp).

Laufs, Adolf/*Kern*, Bernd-Rüdiger/*Rehborn*, Martin: Handbuch des Arztrechts, 5. Aufl., München 2019 (zit.: *Bearbeiter*, in: Laufs/Kern/Rehborn).

Lechleuthner, Alexander: Architektur des Rettungsdienstes in Deutschland; Teil I: Einordnung in das System der operativen Gefahrenabwehr, N+R 2019, S. 136-146.

Lechleuthner, Alexander/*Neupert*, Michael: Tätigkeit als Notfallsanitäter im öffentlichen Rettungsdienst. Anwendung von Maßnahmen zur Lebensrettung und zur Abwehr schwerer gesundheitlicher Schäden, N+R 2015, S. 413-420.

Lentz, Dennis: Rechtliche Rahmenbedingungen des Rettungsdienstes, in: Luxem, Jürgen/Runggaldier Klaus/Karutz, Harald/ Flake, Frank (Hrsg.), Notfallsanitäter heute, 7. Aufl., München 2020, S. 1329-1361.

Lindner, Josef Franz: Fremdbestimmung durch Selbstbestimmung – Die „Entscheidungsalternative" als Grundrechtsproblem, AöR 2015, S. 542-570.

Lindner, Josef Franz: Das Paradoxon der Selbstbestimmung, in: *ders.* (Hrsg.), Selbst – oder bestimmt? Illusionen und Realitäten des Medizinrechts, Baden-Baden 2017, S. 9-26.

Lindner, Josef Franz/*Huber*, Franziska: Widerruf der Patientenverfügung durch den einwilligungsunfähigen Patienten? Das Problem des „natürlichen Willens", NJW 2017, S. 6-10.

Linoh, Kim Philip: Die mutmaßliche Einwilligung im Medizinrecht – Gewohnheitsrechtlich anerkannte Illusion der Selbstbestimmung?, medstra 2017, S. 216-222.

Lipp, Volker: Die medizinische Indikation – ein „Kernstück ärztlicher Legitimation"?, MedR 2015, S. 762-766.

Lippert, Hans-Dieter: Gesetzliche Änderungen im Rettungswesen durch das Notfallsanitäter- und das Patientenrechtegesetz, GesR 2013, S. 583-587.

Lippert, Hans-Dieter: Der Wille des Patienten in der präklinischen Notfallmedizin, GesR 2014, S. 710-713.

Lippert, Hans-Dieter: Die Behandlung des Patienten als Notfall in der präklinischen Notfallmedizin, GesR 2015, S. 268-276.

Lippert, Hans-Dieter/*Gliwitzky*, Bernhard: Das Gesetz über den Beruf des Notfallsanitäters, N+R 2013, S. 590-592.

Lippert, Hans-Dieter/*Jäkel*, Christian: Die Versorgung des Rettungsdienstes mit Arznei- und Betäubungsmitteln, MedR 2012, S. 175-177.

Magnus, Dorothea: Patientenautonomie im Strafrecht, Tübingen 2015.

Makowski, Corinna/*Marung*, Hartwig/*Callies*, Andreas/*Knacke*, Peer/*Kerner*, Thoralf: Notarzteinsätze bei Palliativpatienten, AINS 2013, S. 90-96.

Makoski, Kyrill: Das Gesetz zur Errichtung eines Implantateregisters, GuP 2020, S. 7-14.

Mand, Elmar: Datenschutz in Medizinnetzen, MedR 2003, S. 393-400.

Mangoldt, v., Hermann/*Klein*, Friedrich/*Stark*, Christian, Grundgesetz Kommentar. Band I, 7. Aufl., München 2018 (zit.: *Bearbeiter*, in: v. Mangoldt/Klein/Starck).

Mann, Valesco/*Mann*, Sascha T. W./*Müller*, Matthias/*Edeler*, Birte/*Sander*, Michael/*Brenck*, Florian: Standardisierte Handlungsanweisungen für (invasive) heilkundliche Maßnahmen durch Notfallsanitäter, N+R, 2020, S. 16-22.

Marung, Hartwig/*Hackstein*, Achim/*Lenz*, Wolfgang: Telefonische Reanimationsanleitung durch Leitstellendisponenten, N+R 2015, S. 567-572.

Maunz, Theodor/*Dürig*, Günter (Begr.), Grundgesetz Kommentar, Band I, 90. Ergänzungslieferung Februar 2020, München (zit.: *Bearbeiter*, in: Maunz/Dürig).

Mazur, Szymon/*Kießling*, Bernhard: Recht auf Zwangsbehandlung?, MedR 2019, S. 792-796.

Meier, Stefan: Konventionelle Patientenverfügungen im Krankenhaus – ein nicht eingelöstes Versprechen, in: Höfling, Wolfram/Otten, Thomas/in der Schmitten, Jürgen (Hrsg.), Advance Care Planning/Behandlung im Voraus Planen: Konzept zur Förderung einer Patientenzentrierten Gesundheitsversorgung, Baden-Baden 2019, S. 209-226.

Meran, Johannes/*Geissendörfer*, Sylke/*May*, Arnd/*Simon*, Alfred (Hrsg.): Möglichkeiten einer standardisierten Patientenverfügung – Gutachten im Auftrag des Bundesministeriums der Gesundheit, Münster 2002.

Merkel, Grischa: Patientenwille und Lebensschutz – Klärungsversuch in einer unwegsamen Debatte; zugleich eine Besprechung des BGH-Beschlusses vom 6.7.2016 – XII ZB 61/16, MedR 2017, S. 1-8.

Mesch, Maria: Die Ermittlung des Patientenwillens beim aktuell einwilligungsunfähigen Patienten, in: Spickhoff, Andreas/Kossak, Volodymyr/Kvit, Natalia (Hrsg.), Aktuelle Fragen des Medizinrechts, Berlin 2018, S. 185-194.

Miranowicz, Elisa: Die Entwicklung des Arzt-Patienten-Verhältnisses und seine Bedeutung für die Patientenautonomie, MedR 2018, S. 131-136.

Moecke, Heinzpeter: 50 Jahre Notarztdienst in Deutschland – Aspekte der historischen Entwicklung, N+R 2007, S. 515-522.

Mohr, Michael: Auf der Grenze: präklinische Wiederbelebung im hohen Alter, N+R 2007, S. 182-188.

Mohr, Michael/*Gerth*, Mathias/*Janssens*, Uwe: Ethische Konflikte in der Notfallmedizin, Damals wie heute – ein Update, N+R 2017, S. 602-610.

Mühe, Karin/*Alt-Epping*, Bernd/*Duttge*, Gunnar/*Steuer*, Melanie/*Zimmermann*, Anja: Die Minuten bis der „Doktor" kommt, Palliativmed 2020, S. 27-33.

Müller, Gabriele: Die Patientenverfügung nach dem 3. Betreuungsänderungsgesetz: alles geregelt und vieles ungeklärt, DNotZ 2010, S. 169-188.

Müller, Gerda: Ärztliche Kompetenz und Patientenautonomie, MedR 2009, S. 309-313.

Müller-Platz, Carl: Gesetz über den Rettungsdienst sowie die Notfallrettung und den Krankentransport durch Unternehmen (Rettungsgesetz NRW – RettG NRW), in: Praxis der Kommunalverwaltung, Landesausgabe Nordrhein-Westfalen Stand 02/2019, K 23 NW, Wiesbaden.

Nauck, Friedemann/*Marckmann*, Georg/*in der Schmitten*, Jürgen: Behandlung im Voraus planen - Bedeutung für die Intensiv- und Notfallmedizin, AINS 2018, S. 62-70.

Neumann, Ulfried: Das Rechtsprinzip der Menschenwürde als Schutz elementarer menschlicher Bedürfnisse. Versuch einer Eingrenzung, ARSP 2017, S. 287-301.

Neupert, Michael: Die konkurrierende Gesetzgebung im Gesundheitswesen am Beispiel der „Regelkompetenz" von Rettungsassistenten, MedR 2004, S. 134-138.

Nimis, Jens: Sonderrechte im Rettungsdienst – Sonderprobleme?, NZV 2009, S. 582-587.

Nishino, Mototsugu: Einige Reflexionen zu Menschenwürde und Menschenleben, ARSP 2017, S. 304-321.

Nüßen, Marc: Recht in der Notfallmedizin, in: Salomon, Fred (Hrsg.), Praxisbuch Ethik in der Notfallmedizin, Berlin 2016, S. 71-83.

Ohly, Ansgar: „Volenti non fit iniuria" – Die Einwilligung im Privatrecht, Tübingen 2002.

Olzen, Dirk/*Kaya*, Eylem: Der Behandlungsvertrag, §§ 630a-h BGB, JA 2013, S. 661-671.

Paland, Norbert/*Holland*, Jana: Das Gesetz für sichere digitale Kommunikation und Anwendungen im Gesundheitswesen, NZS 2016, S. 247-256.

Palandt, Otto (Begr.), Bürgerliches Gesetzbuch mit Nebengesetzen, Kommentar, 79. Aufl., München 2020 (zit.: *Bearbeiter*, in: Palandt).

Panagopoulou-Koutnatzi, Fereniki: Die Selbstbestimmung des Patienten – Eine Untersuchung aus verfassungsrechtlicher Sicht, Berlin 2009.

Peters, Mike/*Kern*, Bernd-Rüdiger/*Buschmann*, Claas: Medizinrechtliche Aspekte bei der notärztlichen Versorgung, Analyse zur Häufigkeit von

Patientenverfügungen und deren Einfluss auf notärztliche Entscheidungsprozesse, Med Klinik 2017, S. 136-144.

Petri, Sabine/*Zwißler*, Bernhard/*in der Schmitten*, Jürgen/*Feddersen*, Berend: Behandlung im Voraus Planen – Weiterentwicklung der Patientenverfügung, Anaesthesist 2020, S. 78-88.

Pitz, Andreas/*Hartweg*, Hans: Die Reform der Notfallversorgung, SGb 2019, S. 395-404.

Pötsch, Marvin: Die Rettungsleitstelle im Länderüberblick, KommJur 2018, S. 86-89.

Prütting, Dorothea: Rettungsgesetz Nordrhein-Westfalen – Kommentar für die Praxis, 4. Aufl., Stuttgart 2016.

Pschyrembel, Willibald (Begr.), Klinisches Wörterbuch, 268. Aufl., Berlin/Boston 2020.

Putz, Wolfgang: Die Patientenverfügung, FPR 2012, S. 13-16.

Quaas, Michael/*Zuck*, Rüdiger/*Clemens*, Thomas: Medizinrecht, 4. Aufl., München 2018 (zit.: *Bearbeiter*, in: Quaas/Zuck/Clemens).

Reifferscheid, Florian/*Harding*, Ulf/*Dörges*, Volker/*Knacke*, Peer/*Wirtz*, Sebastian: Einführung der Zusatzbezeichnung Notfallmedizin, AI 2010, S. 82-89.

Reifferscheid, Florian/*Harding*, Ulf/*Hossfeld*, Björn: Einmal Notarzt – immer Notarzt?, N+R 2016, S. 554-558.

Renteln-Kruse, v., Wolfgang: Iatrogene Störungen, in: ders. (Hrsg.), Medizin des Alterns und des alten Menschen, 2. Aufl., Hamburg 2009, S. 70-83.

Reus, Katharina: Die neue gesetzliche Regelung der Patientenverfügung und die Strafbarkeit des Arztes, JZ 2010, S. 80-84.

Richter, Isabell: Indikation und nicht-indizierte Eingriffe als Gegenstand des Medizinrechts – Zur Systematisierung der rechtlichen Behandlung nicht-indizierter medizinischer Maßnahmen auf der Grundlage der medizinrechtlichen Bedeutung des Indikationsbegriffs, Berlin 2018.

Rieger, Gregor: Gesetzliche Regelung von Patientenverfügungen und Behandlungswünschen: Auswirkungen auf die Beratungspraxis, FamRZ 2010, S. 1601-1608.

Rixen, Stephan: Lebensschutz am Lebensende: Das Grundrecht auf Leben und die Hirntodkonzeption; zugleich ein Beitrag zur Autonomie rechtlicher Begriffsbildung, Berlin 1999.

Rixen, Stephan: Rechtliche Aspekte in der vorausschauenden Behandlungsplanung (Advance Care Planning), in: Coors, Michael/Jox, Ralf/in der Schmitten, Jürgen (Hrsg.), Advance Care Planning – Von der Patientenverfügung zur gesundheitlichen Vorausplanung, Stuttgart 2015, S. 164-180.

Rixen, Stephan/*Marckmann*, Georg/*in der Schmitten*, Jürgen: Gesundheitliche Versorgungsplanung für die letzte Lebensphase – Das Hospiz- und Palliativgesetz, NJW 2016, S. 125-129.

Roedl, Kevin/*Jarczak*, Dominik/*Becker*, Sophie/*Fuhrmann*, Valentin/*Kluge*, Stefan/*Müller*, Jakob: Long-term neurological outcomes in patients aged over 90 years who are admitted to the intensive care unit following cardiac arrest, Resuscitation 2018, S. 6-12.

Roessler, Markus/*Eulitz*, Nina-Kristin: Palliativmedizin im Notarztdienst, Anaesthesist 2018, S. 366-374.

Rohrer, Jens: Menschenwürde am Lebensanfang und am Lebensende und strafrechtlicher Lebensschutz, Berlin 2012.

Rolfs, Christian/*Giesen*, Richard/*Kreikebohm*, Ralf/*Udsching*, Peter (Hrsg.), BeckOK Sozialrecht, 57. Edition, Stand: 01.06.2020, München 2020 (zit.: *Bearbeiter*, in: BeckOK/SozialR, SGB V).

Rossaint, Rolf/*Wolff*, Jürgen/*Lapp*, Nils/*Hirsch*, Frederik/*Bergrath* Sebastian/*Beckers*, Stefan/*Czaplik*, Michael/*Brokmann*, Jörg: Indikationen und Grenzen des Telenotarztsystems, N+R 2017, S. 410-417.

Roth, Andreas: Die Verbindlichkeit der Patientenverfügung und der Schutz des Selbstbestimmungsrechts, JZ 2004, S. 494-502.

Roth, Karsten/*Baier*, Natalie/*Henschke*, Cornelia/*Felgner*, Susanne/*Busse*, Reinhard: Rechtliche Rahmenbedingungen in der präklinischen Notfallversorgung, N+R 2017, S. 237-250.

Röthel, Anne: Form und Freiheit der Patientenautonomie, AcP 2011, S. 196-220.

Rubenstein, Dorit: End-of-Life Decisions: DNR vs. AND, Medicine and Law 2015, S. 135-146.

Ruhs, Anna: Behandlung wider Willen?! Zur Bedeutung der Patientenverfügung im Notfalleinsatz, RD 2005, S. 94-97.

Sachs, Michael (Hrsg.): Grundgesetz Kommentar, 8. Aufl., München 2018 (zit.: *Bearbeiter*, in: Sachs, GG).

Säcker, Franz Jürgen/*Rixecker*, Roland/*Oetker*, Hartmut/*Limperg*, Bettina: Münchener Kommentar zum Bürgerlichen Gesetzbuch, Band. 10 (§§ 1589-1921), 8. Aufl., München 2020 (zit.: *Bearbeiter*, in: MüKo/BGB).

Sahm, Stephan: Digitale Anthropologie: Ethische Probleme der Anwendung künstlicher Intelligenz und Robotik in der Pflege und Medizin, MedR 2019, S. 927-933.

Salkic´, Amina/*Zwick*, Anna: Acronyms of Dying versus Patient Autonomy, European Journal of Health Law 2012, S. 289-303.

Salomon, Fred: Entscheidungskonflikte am Notfallort, AINS 2000, S. 319-325.

Salomon, Fred: Beendigung einer Reanimation – Ethische Aspekte einer verantwortungsvollen Entscheidung, N+R 2018, S. 199-204.

Salomon, Fred: Ethische Aspekte der Reanimation, Pflegezeitschrift 2018, S. 18-21.

Schäfer, P. Klaus: Das Selbstbestimmungsrecht, NJ 2019, S. 381-382.

Schick, Guido: Patientenverfügung in der Intensiv- und Notfallmedizin, in: May, Arnd/Kreß, Hartmut/Verrel, Torsten/Wagner, Till (Hrsg.), Patientenverfügungen – Handbuch für Berater, Ärzte und Betreuer, Berlin/Heidelberg 2016, S. 177-188.

Schmücker, Paul: E-Health-Gesetz und seine Chancen für das Gesundheitswesen, GuP 2016, S. 81-88.

Schönke, Adolf/*Schröder*, Horst: Strafgesetzbuch Kommentar, 30. Aufl., München 2019 (zit.: *Bearbeiter*, in: Schönke/Schröder).

Schuster, Frank Peter: Arztpraxen in der Cloud? – Strafbarkeitsrisiken nach § 203 StGB und weitere Fragestellungen, medstra 2015, S. 280-284.

Schuster, Frank Peter/*Müller*, Daniel: Arztpraxen in der Cloud, medstra 2020, S. 323-329.

Schwedler, Anna-Kathrin: Die ärztliche Therapiebegrenzung lebenserhaltender Maßnahmen auf Wunsch des Patienten, Frankfurt am Main 2010.

Schweim, Janna/*Schweim*, Harald: Implantateregister und Methodenbewertung des G-BA, GuP 2019, S. 172-175.

Seewald, Sebastian/*Jäkisch*, Barbara: Update Reanimation – Reanimation 4.0, AINS 2020, S. 426-256.

Sefrin, Peter: Notfallmedizin, 3. Aufl., Landsberg am Lech 2018.

Sefrin, Peter/*Kerner*, Thoralf/*Dörges*, Volker: Verzicht auf Einleitung oder Abbruch der Reanimation in der Präklinik, Notarzt 2019, S. 16-22.

Seibl, Maximilian: Die Bestimmtheit von Vorsorgevollmachten und Patientenverfügungen, NJW 2016, S. 3277-3280.

Simitis, Spiros/*Hornung*, Gerrit/*Spieker* gen. Döhmann, Indra (Hrsg.): Datenschutzrecht – DSGVO mit BDSG, Baden-Baden 2019 (zit.: *Bearbeiter*, in: Simitis/Hornung/Spiecker gen. Döhmann).

Simon, Alfred: Patientenverfügung in der Intensiv-und Notfallmedizin, Int Med 2010, S. 43-48.

Siqueira, Flavia: Gesundheitsschädigende Patientenaufklärung. Grund und Grenzen einer Entbehrlichkeit der Aufklärung von Heileingriffen, medstra 2018, S. 153-159.

Soar, Jasmeet/*Nolan*, Jerry/*Böttiger*, Bernd/*Perkins*, Gavin/*Lott*, Carsten/*Carli*, Pierre/*Pellis*, Tommasso/*Sandroni*, Claudio/*Skrifvars*, Markus/*Smith*, Gary/

Sunde, Kjetil/*Deakin*, Charles: Erweiterte Reanimationsmaßnahmen für Erwachsene („adult advanced life support") N+R 2015, S. 770-832.

Spickhoff, Andreas: Rechtssicherheit kraft Gesetzes durch sog. Patientenverfügungen?, FamRZ 2009, S. 1949-1957.

Spickhoff, Andreas: Patientenrechte und Patientenpflichten – Die medizinische Behandlung als kodifizierter Vertragstypus, VersR 2013, S. 267-282.

Spickhoff, Andreas (Hrsg.): Medizinrecht, 3. Aufl., München 2018 (zit.: *Bearbeiter*, in: Spickhoff).

Spickhoff, Andreas: Die Entwicklung des Arztrechts 2018/2019, NJW 2019, S. 1718-1724.

Stegers, Christoph-M.: Mitwirkung, Mitverschulden, Schadensminderung: Der Patient in der Pflicht?, ZGMR 2010, S. 129-138.

Sternberg-Lieben, Detlef: Rechtliche Aspekte in der Situation der Therapiebegrenzung, Atemwegs- und Lungenkrankheiten 2009, S. 395-406.

Sternberg-Lieben, Detlef: Anmerkung zu BGH, Beschl. v. 6. 7. 2016 – XII ZB 61/16 (LG Mosbach), MedR 2017, S. 42-45.

Stolz, Konrad: Patientenverfügungen in Notfallsituationen, Notarzt 2012, S. 101-106.

Storr, Stefan: Der rechtliche Rahmen für die Entscheidung zum Therapieabbruch, MedR 2002, S. 436-441.

Stroop, Ralf/*Strickmann*, Bernd/*Horstkötter*, Harald/*Kuhlbusch*, Thomas/*Hartweg*, Hans/*Kerner*, Thoralf: Smartphone-basierte First-Responder-Alarmierung „Mobile Retter", Notarzt 2015, S. 239-245.

Sydow, Gernot (Hrsg.): Europäische Datenschutzgrundverordnung – Handkommentar, 2. Aufl., Baden-Baden 2018 (zit.: *Bearbeiter*, in: Sydow).

Tachezy, Dorothea: Mutmaßliche Einwilligung und Notkompetenz in der präklinischen Notfallmedizin – Rechtfertigungsfragen und Haftungsfolgen im Notarzt- und Rettungsdienst, Frankfurt am Main 2009.

Taeger, Jürgen/*Gabel*, Detlev (Hrsg.): DSGVO – BGSG, Kommentar, 3. Aufl., Frankfurt am Main 2019 (zit.: *Bearbeiter*, in: Taeger/Gabel).

Tamm, Marina: Patientenverfügung: Selbstbestimmung am Lebensende – Die neue Rechtslage, VuR 2009, S. 449-459.

Taupitz, Jochen: Medizinische Informationstechnologie, leitliniengerechte Medizin und Haftung des Arztes, AcP 2011, S. 352-394.

Tellioglu, Jill Meltem: Medikamentöse Analgesie durch Notfallsanitäter, Düsseldorf 2016.

Thiele, Rene/*Kramarz-von Kohout*, Gerhart: Projekt „SiReNE": Wie kann ein Notruf 110/112 möglichst überall helfen?, DuD 2019, S. 90-96.

Thöns, Matthias/*Schürrle*, Svenja/*Korn*, Henrike: Reanimation im Rettungsdienst: Eine leidensverlängernde Maßnahme?, RD 2019, S. 862-868.

Thöns, Matthias/*Sitte*, Thomas: Übertherapie am Lebensende, Intensiv 2019, S. 208-214.

Tries, Ralf: Strafrechtliche Probleme im Rettungsdienst – Erklärungen, Fallbeispiele und Verhaltenstipps, 4. Aufl., Edewecht 2015.

Tries, Ralf: Die Not mit der Kompetenz – Juristische Bestandsaufnahme, in: Lüttgen, Roderich (Begr.), Handbuch des Rettungswesens, Ordner 7, Ergänzung 4/2017, C 33, Bochum, S. 1-8 (zit.: *Tries*, HdRW).

Trzeczak, Stefan: Das medizinisch-ethische Dilemma von Reanimationsentscheidungen bei Notfallpatienten, N+R 2014, S. 613-619.

Ufer, Michael: Grenzen der präklinischen Notfallmedizin aus juristischer Sicht, AINS 1999, S. 3-6.

Uhlenbruck, Wilhelm: Der Patientenbrief – die privatautonome Gestaltung des Rechts auf einen menschenwürdigen Tod, NJW 1978, S. 566-570.

Ulsenheimer, Klaus: Neue Regelung der Patientenverfügung – Welche Konsequenzen ergeben sich für die Praxis?, Anaesthesist 2010, S. 111-117.

UVB, Bericht über Maßnahmen auf dem Gebiet der Unfallverhütung im Straßenverkehr 2016 und 2017, BT-Drs. 19/5000, S. 1-104 (zit.: *UVB* Straßenverkehr von 2016 und 2017, BT-Drs. 19/5000).

Van de Voorde, Patrick/*Bossaert*, Leo/*Mentzelopoulos*, Spyros/*Blom*, Marieke T./*Couper*, Keith/*Djakow*, Jana/*Druwé*, Patrick/*Lilja*, Gisela/*Lulic*, Ileana/*Raffay*, Violetta/*Perkins*, Gavin/*Monsieurs*, Koenraad G.: Ethik der Reanimation und Entscheidungen am Lebensende – COVID-19-Leitlinien des European Resuscitation Council, N+R 2020, S. 263-267.

Verrel, Torsten: Patientenverfügungen. Rechtliche Aspekte, in: Verrel, Torsten/Simon, Alfred (Hrsg.), Patientenverfügungen – Rechtliche und ethische Aspekte, Freiburg 2010, S. 13-57.

Verrel, Torsten: Grundzüge der gesetzlichen Regelungen von Patientenverfügungen, in: May, Arnd/Kreß, Hartmut/Verrel, Torsten/Wagner, Till (Hrsg.), Patientenverfügungen – Handbuch für Berater, Ärzte und Betreuer; Berlin/Heidelberg 2016, S. 85-98.

Verrel, Torsten: Die jüngere Rechtsentwicklung – Patientenverfügungsgesetz (2009); in: Bormann, Franz-Josef (Hrsg.), Lebensbeendende Handlungen, Berlin/Boston 2017; S. 617-634.

Weichert, Thilo: Praktische Anwendungsprobleme im Gesundheitsdatenschutz, DuD 2019, S. 622-625.

Weyd, Jens: Digitalisierung in der Gesetzlichen Krankenversicherung – Ein Überblick über das Digitale-Versorgung-Gesetz, MedR 2020, S. 183-192.

Wiese, Christoph H. R./*Bartels*, Utz/*Geyer*, Almut/*Duttge*, Gunnar/*Graf*, Bernhard M./*Hanekop*, Gerd-Gunnar: Göttinger Palliativkrisenbogen: Verbesserung der notfallmedizinischen Versorgung von ambulanten Palliativpatienten – Die „Gelbe Karte für den Rettungsdienst“, in: DMW 2008, S. 972-976.

Wiese, Christoph/*Duttge*, Gunnar/*Weber*, Alexandra/*Zausig*, York/*Ruppert*, David/*Hanekop*, Gunnar/*Graf*, Bernhard, Notfallmedizinische Betreuung von Palliativpatienten am Lebensende – Juristische Beurteilung notfallmedizinischer Handlungsweisen – retrospektive Fallbetrachtung zur medizinischen Indikation und zum Patientenwillen, Anaesthesist 2009, S. 1097-1106.

Wiese, Christoph/*Ittner*, Karl Peter/*Graf*, Bernhard/*Lassen*, Christoph: Palliative Notfälle – Definition, Besonderheiten und therapeutische Entscheidungen, Notarzt 2011, S. 223-236.

Wietfeld, Dominik: Selbstbestimmung und Selbstverantwortung – Die gesetzliche Regelung der Patientenverfügung; Eine Untersuchung unter besonderer Berücksichtigung des Verfassungsrechts, Baden-Baden 2012.

Wissenschaftliche Dienste des Deutschen Bundestags: Die Organisation der Notfallversorgung in Deutschland, Fachbereich Gesundheit, Familie, Senioren, Frauen und Jugend, WD 9 - 3000 - 105/14, v. 24. Oktober 2014 (zit.: WD 9 - 3000 - 105/14).

Wissenschaftliche Dienste des Deutschen Bundestags: Die Ausbildungszielbestimmungen des § 4 Abs. 2 Nr. 2 Buchstabe c des Notfallsanitätergesetzes; Bundesrechtliche Vorgaben und Umsetzung durch die Bundesländer, Fachbereich Gesundheit, Familie, Senioren, Frauen und Jugend, WD 9 - 3000 - 042/16, v. 12. September 2016 (zit.: WD 9 - 3000 - 042/16).

Wnent, Jan/*Gräsner*, Jan-Thorsten/*Seewald*, Stephan/*Brenner*, Sebastian/*Jantzen*, Tanja/*Fischer*, Matthias/*Jakisch*, Barbara/*Bein*, Berthold/*Bohn*, Andreas: Jahresbericht – Außerklinische Reanimation 2018 des Deutschen Reanimationsregisters, AI 2019, S. 1-3.

Wurmb, Thomas/*Brederlau*, Jörg: Patientenwille und Akutmedizin, in: Med Klinik 2016, S. 113-117.

Zimmer, Lars: Notfalldaten-Management mit der elektronischen Gesundheitskarte, DuD 2014, S. 394-398.

Zimmermann, Walter: Vorsorgevollmacht, Betreuungsverfügung, Patientenverfügung für die Beratungspraxis, 3. Aufl., Berlin 2017.

Zoller, Gustav/ *Wurmb*, Thomas: Polizei und Rettungsdienst bei der Bewältigung lebensbedrohlicher Einsatzlagen – Unterschiedliche Strukturen – Gemeinsames Vorgehen, Die Polizei 2018, S. 178-185.

www.ingramcontent.com/pod-product-compliance
Ingram Content Group UK Ltd.
Pitfield, Milton Keynes, MK11 3LW, UK
UKHW021929290926
8980IPUK00016B/1537

9 783631 853580